마한 · 백제인들의 일본열도 이주와 교류

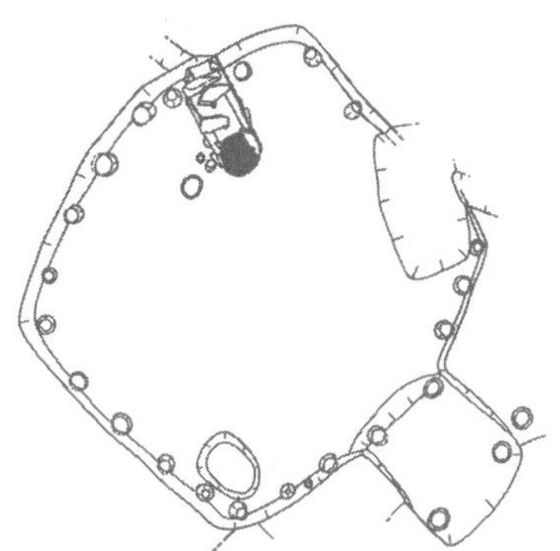

● 집필인

공동집필자(목차순)

양기석 _ 충북대학교

홍지윤 _ 중앙문화재연구원

신연식 _ 중앙문화재연구원

조규택 _ 국립전주박물관

重藤輝行 _ 佐賀大學

宮崎泰史 _ 大阪府教育委員會

중앙문화재연구원 학술총서 4

마한·백제인들의 일본열도 이주와 교류

초판인쇄일	2012년 3월 26일
초판발행일	2012년 3월 30일
집 필 인	중앙문화재연구원
발 행 인	김선경
책 임 편 집	김윤희, 김소라
발 행 처	도서출판 서경문화사
	주소 : 서울 종로구 동숭동 199 - 15(105호)
	전화 : 743 - 8203, 8205 / 팩스 : 743 - 8210
	메일 : sk8203@chollian.net
인 쇄	바른글인쇄
제 책	반도제책사
등 록 번 호	제300-1994-41호

ISBN 978-89-6062-087-2   94900

• 파본은 본사나 구입처에서 교환하여 드립니다.

정가 22,000원

마한·백제인들의 일본열도 이주와 교류

중앙문화재연구원 편

서경문화사

책을 펴내며

　　우리 연구원은 2010년 11월 20일 국립공주박물관과 백제학회와 함께 '馬韓·百濟 사람들의 일본열도 이주와 교류'라는 주제로 중앙문화재연구원 창립 10주년 기념 국제 학술회의를 개최하였습니다. 이 국제학술회의에서는 양기석 선생님의 기조강연을 비롯하여 여러 선생님들의 발표와 토론이 있었고, 이를 토대로 학술총서 4를 간행하게 되었습니다.

　　이 학술총서에는 백제인들의 일본열도 이주, 중부지역 원삼국~백제 주거 변천, 호서지역 마한·백제 주거지 연구, 호남지역 마한·백제주거 구조와 전개, 큐슈(九州)에 형성된 마한·백제인의 집락, 키나이(畿內)에 정착한 백제계 馬飼집단 등 6편의 논고와 번역문을 담았고, 마지막에 지정토론문과 함께 종합토론의 내용을 수록하였습니다. 비록 1년이 넘는 시간이 지났지만, 이 학술총서가 관련 연구자들과 한국 고고학계에 작으나마 보탬이 되기를 기대하며, 앞으로도 한국 고고학계에 도움이 될 수 있는 학술총서를 지속적으로 발간할 것을 약속드립니다.

　　끝으로 옥고를 집필하여 주신 선생님들께 감사의 말씀을 드리며, 더불어 일문을 번역해 주신 선생님들과 열띤 토론에 참가해 주신 여러 선생님들께 감사의 말씀을 드립니다. 또한 학술총서가 간행될 수 있도록 애써준 학예연구실 직원 여러분과 이 학술총서의 간행을 맡아주신 김선경 사장님을 비롯한 서경문화사 관계자 여러분들께 깊은 감사의 말씀을 드립니다.

2012년 2월

중앙문화재연구원장　**조 상 기**

차례

009 _ Ⅰ. 百濟人들의 日本列島 移住　　　　　　　　　　　　　　　양기석

009 _ 　　1. 머리말

011 _ 　　2. 移住의 槪念-移住民·歸化人·渡來人

015 _ 　　3. 移住 時期와 活動

023 _ 　　4. 移住民의 定着과 유력한 성씨세력의 대두

025 _ 　　5. 맺음말

033 _ Ⅱ. 中部地方 原三國·百濟 住居 變遷　　　　　　　　　　　홍시윤
　　　　　 - 南楊州 長峴里遺蹟을 中心으로 -

033 _ 　　1. 머리말

034 _ 　　2. 중부지방 원삼국~백제 주거지 현황과 장현리 주거지의 분류

041 _ 　　3. 장현리 주거지의 변화와 단계 설정

050 _ 　　4. 중부지방 원삼국~백제 주거 변천

054 _ 　　5. 맺음말

059 _ Ⅲ. 호서지역 마한·백제 주거지 연구　　　　　　　　　　　신연식

059 _ 　　1. 머리말

060 _ 　　2. 지역별 주거지 조사현황

072 _ 　　3. 지역별 주거지 양상

075 _ 　　4. 분기설정 및 주거지 변화 양상

082 _ 　　5. 맺음말

087 _ **IV. 湖南地域 馬韓・百濟住居 構造와 展開**　　　　　　　　　　조규택

087 _ 　　1. 머리말

088 _ 　　2. 호남지역 마한·백제주거 분포권역

089 _ 　　3. 호남지역 마한·백제주거의 구조와 난방 체계

098 _ 　　4. 호남지역 마한·백제주거 전개양상

112 _ 　　5. 맺음말

125 _ **V. 九州に形成された馬韓・百濟人の集落**　　　　　　　　　　重藤輝行
　　　　　- 福岡縣福岡市西新町遺跡を中心として -

125 _ 　　1. はじめに

126 _ 　　2. 西新町遺跡の事例- 3世紀後半~4世紀中頃の馬韓地域との交易拠点 -

138 _ 　　3. 5~6世紀の北部九州における馬韓系資料

144 _ 　　4. おわりに

164 _ **V - 번역 | 九州에 形成된 馬韓・百濟人의 集落**　　　　　　　　平郡達哉
　　　　　- 福岡縣 福岡市 西新町遺蹟을 中心으로 -

164 _ 　　1. 머리말

165 _ 　　2. 西新町遺蹟의 事例- 3世紀 後半~4世紀 中半頃 馬韓地域과의 交易 據點-

177 _ 　　3. 5~6世紀 北部 九州에서의 馬韓系 資料

183 _ 　　4. 맺음말

185 _ **VI. 畿内に定着した百濟系馬飼集團**　　　　　　　　　　　　宮崎泰史
　　　　　- 大阪・蔀屋北遺跡を中心として -

185 _ 　　1. 蔀屋北遺跡の概要

186 _   2. 集落域から見つかった馬具

189 _   3. 馬

192 _   4. 製塩土器

193 _   5. 朝鮮半島との深いつながりを示す土器・土製品

198 _   6. 骨角製品

201 _   7. 鐵製品

220 _   **VI - 번역 | 키나이(畿內)에 정착한 백제계 馬飼집단**   이기성
                - 오사카 · 시토미야기타유적을 중심으로 -

220 _   1. 蔀屋北遺蹟의 槪要

221 _   2. 취락역에서 발견된 마구

224 _   3. 馬

227 _   4. 제염토기

228 _   5. 한반도와 깊은 관계를 나타내는 토기 · 토제품

233 _   6. 골각제품

236 _   7. 철제품

237 _   **VII. 지정 토론문**

257 _   **VIII. 종합토론 녹취**

I.
百濟人들의 日本列島 移住

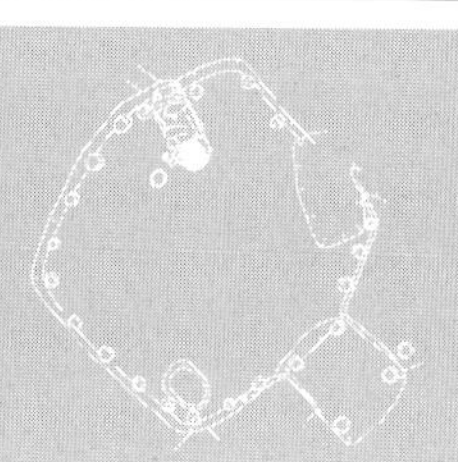

양기석 충북대학교

1. 머리말

삼국 중 백제는 일본열도의 倭세력과 대체적으로 긴밀한 우호관계를 유지했던 것으로 나타난다. 삼국간의 항쟁 과정에서 백제는 정치적으로 고구려나 신라를 견제하는데 왜세력을 우군으로 활용하였고, 이를 통해 왜세력은 백제로부터 선진문물을 받아들여 고대국가 수립에 적극 활용해 나갔다. 지금도 일본의 畿內지역에 가면 '百濟川', '百濟村', '百濟驛' 등 백제 사람들이 남긴 역사적 흔적과 숨결을 생생하게 느낄 수 있을 정도이다. 백제가 일본열도에 이중구연토기·양이부호·거치문토기·조족문토기 등 마한계 토기류를 비롯하여 백제계 와전·부뚜막시설·대벽건물·장식대도·횡혈식석실묘 등 위세품이나 장송의례품에서 생활문화 요소에 이르기까지 다양한 문물을 전해 준 것으로 알려졌다. 이러한 문물 이외에도 토목·건축·불교·도교·율령·部民制와 氏姓制 확립, 문자생활과 유교적 교양·예술 등 각종 선진기술과 고급의 정신문화를 일본열도에 이식시킴으로써 일본 고대국가 수립과 고대 문화 형성에 크게 기여한 것으로 판단된다.

그런데 그동안 백제와 왜의 관계에 대한 연구는 한일 두 나라간의 상이한 국가주의적 역사 인식으로 인해 그 실상이 제대로 파악되지 못한 한계를 갖고 있었다. 우리의 경우 백제가 일본 고대 문화 형성에 큰 영향을 끼친 점에 대해 일본에 대한 상대적 우월감 내지는 자부심을 느끼고 있지만, 진작 비교 연구 차원에서 이를 입증하려는 구체적인 논거 제시는 아직 충분하지 못한 상태였다. 일본인의 경우 4세기 중반부터 畿內의 大和 정권이 정치적 군사적 강국이어서 한반도로부터 철과 기술노예 및 노동력을 공납받아 성립된 것이라 주장하고 나아가 한반도 남부 지역을 지배했다는 소위 임나일본부설을 주장해 온 것이 사실이다. 이처럼 일본은 '강력한 大和朝廷의 像(이진희 1982 : 58)'을 설정해 놓고 백제의 종속적인 입장을 강조하여 백제와 왜 관계를 왜곡해 왔음을 알 수 있다. 그리고 이러한 인식하에 계기마다 일본에 건너 간 백제인들을 '歸化人'이나 '기술노예'로 격하시켜 그들의 역할과 위상을 과소평가해 왔다.

이러한 인식을 갖게 된 배경에는 무엇보다도 8세기 고대 일본의 천황 중심의 역사관을 반영한 『일본서기』에 대한 신뢰와 일제의 식민지배를 정당화하기 위한 정치적 목적이 크게 작용한 것으로 볼 수 있다. 또한 백제 고고학 자료가 절대 부족한 상태에서 백제권 지역에서의 다양한 지역문화상을 구체적으로 파악할 수 없었던 점, 그리고 일본 고고학계에서 백제 고고학에 대한 정보가 부족하여 일본 출토 고고학 자료 가운데 그 구체적인 기원을 찾지 못하는 경우가 많았던 점(吉井秀夫 1999 : 70~71) 등을 들 수 있다. 그러다 보니 일본열도 내에서 출토되는 백제계 토기를 '韓式土器'로 총괄하여 분류한다든가, 또는 4세기 후반부터 5세기 말까지 일본열도에 들어온 문물은 가야계의 것이 주류로 보고 백제의 문물은 6세기 초가 되어서야 비로소 일본열도에 등장하는 것으로 파악하는 견해(박천수 2007 : 331~354)도 제시되었다.

그러나 최근에는 『일본서기』의 백제 관련 기사에 대한 엄밀한 사료 비판을 통해 새로운 관점에서의 역사 해석이 이루어지고 있으며, 또한 백제권 지역에서 활발한 고고학적 발굴조사를 통해 주목할 만한 백제 유적과 유물이 속속 출토됨으로써 이제 백제권 지역에서의 다양한 지역문화 양상을 새롭게 파악할 수 있게 되었다. 특히 새로이 발굴된 백제 고고학적 자료를 통해 백제권역을 서울지역, 중서부지역, 영산강유역권 등으로 대별하여 영역별로 그 지역적 문화 특성을 세밀하고도 체계적으로 파악하려는 연구가 나타나고 있다. 이를 통해 종래 미흡했던 백제와 일본열도 간의 물질문화 교류 양상에 대해 지역적으로 문물교류의 구체상을 밝히려는 연구가 진행되고 있어 무척 고무적이라 할 수 있다. 예컨대 마한계 토기로 알려진 조족문토기·양이부호·이중구연토기·거치문토기 등의 분포와 편년, 그리고 일본열도와의 비교 분석을 통해 백제토기와의 차별성을 인식하게 되었고 나아가 백제권역과 일본열도간의 지역간 문물 교류 양상을 확인할 수 있게 되었다(吉井秀夫 1999 : 70~71·191~207, 김종만 1999 : 49~78, 박중환 1999a : 33~59·1999b : 97~124, 白井克也 2002 : 120~137, 서현주 2001 : 37~

66·2004 : 35~65). 아울러 횡혈식석실묘와 대벽건물, 아궁이틀, 금속유물 등 여러 분
야에 걸쳐 백제권역과 일본열도의 관계에 대한 비교 연구도 진행되고 있다(홍보식
1993, 小田富士雄 2000 : 111~117, 三井健 2001, 박경도 2002 : 147~163, 박보현 2002 :
129~146, 靑柳泰介 2002, 서현주 2003, 우재병 2005·2006a, 권오영 2008a). 반면 백제
권역에 분포하는 일본계 유적 유물인 공주지역의 횡혈묘(박대순·지민주 2004, 이호형
2008)와 영산강유역의 전방후원분[장고분](김낙중 2000, 박순발 2000, 田中俊明 2000,
주보돈 2000, 土生田純之 2000, 임영진 2005·2009, 박천수 2006, 정제윤 2010)과 분주
토기(우재병 2000 : 39~54, 임영진 2006 : 23~36) 등에 대해서도 그 분포 양상과 편년,
그리고 기원 및 성격 등을 찾으려는 연구도 함께 진행되고 있어 고대 한일관계사 연구
가 이제 한일 쌍방간에 새로운 경지에 진입하고 있는 것으로 판단된다.

　이처럼 백제와 일본 간의 관계사 연구를 국가와 국가간에, 지역과 지역간에 이루어
진 문화의 전파와 문물의 교류 시각에 국한하여 파악하는 것은 올바른 역사 이해로 볼
수는 없다. 한 지역에서 다른 지역으로의 문물 교류는 일시적 단기간에 이루어져 정치
적으로 통제될 수 있는 경우가 생겨날 수도 있다. 반면 이주민의 경우는 이주집단의 물
질문화를 이주한 지역에 직접 이식시킴으로써 문화변동을 촉진시켜 새로운 물질문화
를 만들어낼 수 있는 장점이 있다. 따라서 단순한 문화 교류의 시각이 아닌 인간집단의
교류와 이주의 시각에서 백제와 고대 일본 관계의 실상을 보다 접근해 갈 수 있을 것이
다. 이러한 의미에서 백제 이주민들의 일본열도 이주에 대한 연구는 지금까지 굴절되
어 온 일본 고대사상을 바로 잡는데 필요할 뿐 아니라 자료가 절대 부족한 백제사를 복
원하는데 큰 도움이 될 것으로 기대된다.

2. 移住의 槪念-移住民·歸化人·渡來人

　이주는 개인이나 종족·민족 따위의 집단이 본래 거주하던 지역을 떠나 다른 지역
으로 이동하여 정착 생활하는 경우를 말한다. 이주의 개념은 다양하게 정의될 수 있지
만 대체로 지역단위의 이주(Local migration), 순환적 이주(Circular migration), 연쇄적
이주(Chain migration), 직업상 이주(Career migration), 강요된 이주(Coered migration)
등을 포함한다(Anthony. D. W, 1997 : 26~27, 김종일 2010 : 13 재인용). 위의 개념에

따르면 이주민은 상시적인 정착 생활자 이외에 자의적이든 타의적이든 어떤 특별한 목적을 갖고 일시적으로 체류하는 사람까지 포함하는 개념임을 알 수 있다.

이주와 관련된 용어로는 移民, 流移民, 歸化人, 渡來人 등이 있다. 그 중 이민은 현대적인 용어로 한 국가에서 다른 국가로 이주하여 해당 국적을 취득하고 정착 생활하는 사람을 뜻한다. 유이민은 자연재해나 전쟁 등으로 생활 터전을 잃고 나라를 옮겨다니거나 떠도는 부랑민을 지칭하는 사회경제적인 용어에 더 가까운 말이다. 이는 주로 하층민을 대상으로 지칭할 때 쓰는 용어라 할 수 있다. 반면 귀화인이나 도래인은 한반도에서 일본열도에 건너간 이주민들을 일본학계에서 지칭하는 특수한 용어로서 기술·문화·지식을 갖고 일본열도에 來航해 와 일정기간 왜왕권에 귀의하여 거주하는 사람을 뜻한다. 귀화인은 일본이 8세기 이후 율령제국가를 지향하면서 생겨난 귀화인 사관에 기초하는 용어다. 현재는 7세기 이전 중국이나 한반도에서 이주해 온 사람들을 지칭하는 용어이다. 고대 일본에 건너간 이주민들은 일본열도의 원주민들보다 훨씬 선진문화를 향유하고 있었기 때문에 그들 원주민에 흡수 동화되었다기보다는 오히려 원주민의 토착사회를 근본적으로 변화시키는 역할을 한 점에 주목할 필요가 있다. 이러한 사례는 서양의 게르만민족이나 아메리카대륙에 건너가 새로운 국가를 만든 유럽인들 경우에서 찾아 볼 수 있다. 이들 이주민들은 원주민들까지 동화시켜 새로운 문화를 창출해 내었던 것이다. 따라서 이주민이란 용어는 세계사에서 두루 그 적합한 사례를 찾아 볼 수 있어 객관적인 용어로서 적합한 것으로 판단된다.

그러면 일본학계에서 사용하고 있는 귀화인과 도래인에 대해 그 사용 배경과 의도를 검토하고 아울러 그 용어 사용에 따른 문제점들을 살펴보기로 하자.

마한을 포함한 백제계 이주민들이 일본열도로의 이주와 활동한 사실에 대해서는 일본 고대 사서인 『日本書紀』와 『古事記』, 그리고 『新撰姓氏錄』, 『風土記』 등에서 많이 찾아볼 수 있다. 이 사서들은 대개 8세기 이후 일본 율령국가체제 하에서 천황에 복속된 각 씨족 조상의 유래를 전하는 족보적 성격을 다분히 띠고 있어 부회·윤색된 부분이 많다. 그리고 설사 백제인 출신이었다고 하다라도 그들이 처한 현실적 입장을 고려하여 그 출계를 분식·호도하는 경우가 많아 엄밀한 사료비판이 전제되지 않는 한 그 실상을 찾는데 큰 어려움이 따르고 있다. 그럼에도 불구하고 백제계인들의 일본열도 이주와 정착과정에 대한 연구는 일찍부터 일본인들에 의해 歸化人이나 渡來人의 개념으로 널리 연구되어 왔고 또한 이에 대한 많은 연구 성과가 축적되어 있다.

그렇지만 일본들이 한반도에서 건너간 이주민들을 이해하는 시각에는 우리와는 큰 차이가 있음을 알 수 있다. 현재의 일본학계에서는 한반도에서 건너온 이주민들을 종래의 귀화인 대신에 도래인으로 고쳐 부르고 있지만 우리가 부르는 이주민 개념과는 차이가 있다. 종전의 일본인들은 한반도에서 일본열도에 건너간 사람들을 『일본서기』 등의 용례에 따라 歸化人이란 개념으로 이해하여 왔다. 이는 明治時代 이래로 '삼한을 복속시킨 이래 皇化를 사모하여 건너 온 사람들'이란 의미를 가진 귀화인 사관에서 비롯된 것이었다. 이들 귀화인들은 임나일본부설을 긍정하는 인식위에서 자발적으로 건너온 측면보다는 대륙의 군주의 증여에 의하거나, 또는 기술노예로 약탈되어 데리고 온 존재로 파악하여 이주민들을 피정복민 측면에서 보려는 시각이 지배적이었다.

이러한 귀화인 사관이 비판을 받게 된 계기는 1963년 북한의 金錫亨이 「삼한 삼국의 일본열도내의 분국에 대하여」란 논문(김석형 1963)이 발표되면서부터이다. 그는 彌生文化의 개시부터 한반도의 주민들이 연속해서 이동하여 6세기 대화조정에 의해 통합되기까지 일본열도 안에 삼한, 삼국의 분국을 만들었다고 하였다. 아울러 이들 分國 사람들은 大和政權이 아직 국내를 통합하지 못한 시기에 이주해 온 사람들이기 때문에 이를 귀화인으로 규정하는 것은 잘못이라고 비판하였다. 이 설은 일본학계로부터 큰 비판을 받게 되었지만 일본학계에서 귀화인에 대한 인식을 재검토하게 될 계기를 만들었다는 점에서 큰 의미를 갖는다. 이후 1960년대 중반부터 일본학계에서는 귀화인 문제를 최초로 비판한 上田正昭를 비롯하여 平野邦雄, 田中史生 등에 의해 귀화인 문제를 새롭게 인식하려는 노력이 나타나게 되었다(上田正昭 1965·1997, 平野邦雄 1969, 田中史生 1997·2005). 上田正昭는 大寶令(701)과 養老令(718)의 제정 직후에 편찬된 『일본서기』와 『신찬성씨록』 등에 '歸化', '化歸', '投化', '來歸' 등이 나타난 반면, 『고사기』에는 '渡來'로 표현한 점에 주목하여 귀화란 용어가 율령체제의 王化思想을 반영하는 것으로 보고 귀화인 대신에 도래인으로 부를 것을 제안하였다.

이처럼 현재 일본학계에서는 한반도에서 건너온 이주민들을 귀화인에서 도래인으로 보고 이들이 가지고 온 우수한 선진기술과 지식 및 문물이 일본 사회의 진전과 문화의 발달에 큰 역할을 한 것으로 인식하고 있다. 이러한 인식은 대체로 우리의 입장과 견해를 같이 하는 것으로 볼 수 있지만, 그 이면에는 문화 수용자인 일본측의 특수한 입장이 반영되어 있다. 즉 일본에서는 도래문화를 비단 한반도뿐만 아니라 중국대륙에서 일본열도로 전해진 것으로 이해하고 있다. 어떻게 보면 선진문물의 수용에 있어서 한반도의 역할을 축소하거나 또는 한반도를 거쳐 일회성을 수용되는 교량 역할로 보면서 그 역할과 의미를 축소해 보려는 시각을 갖고 있다. 물론 고대 일본은 중국과 직접 대외

교섭을 전개한 일도 있지만 대부분 한반도로부터 국가 발전을 위한 선진문물을 수용해 왔다. 3세기경 卑彌呼때부터 5세기경 왜의 5왕시대에 이르는 시기에는 중국 왕조와 직접 교섭을 벌린 일이 있었지만, 478년 왜왕 武때 宋과의 교섭을 단절한 이후부터 6세기 후반 隋왕조때 국교를 재개하기까지는 중국과 한동안 교섭을 중단한 일이 있었다. 이때에는 고대 일본은 한반도 특히 정치적으로 친연관계에 있던 가야나 백제로부터 선진문물을 수용해 온 것이다. 이러한 고대 일본의 대외관계를 고려해 보면 중국이나 한반도의 양 방향에서 선진문물을 수용한 것처럼 이해될 수가 있다. 그러나 『일본서기』나 『고사기』 등의 문헌자료와 일본열도에서 출토된 고고학 자료를 보면 외래문물이 중국이 아니라 거의 한반도에서 건너온 것임을 여실히 보여주고 있다. 중국에서 발달한 유교·불교·도교·천문·역법 등 고급의 정신문화조차도 대부분 백제를 거쳐 수용되고 있는 것으로 나타난다. 백제가 중국에서 발달한 고급의 정신문화요소들을 단순히 일본열도에 전하는 교량적 역할로 끝난 것[1]이 아니라 백제인들이 인적 관계를 통해 일본열도에 직접 이식하여 일본 고대문화의 개발과 수준 향상에 큰 영향을 준 것으로 이해된다.

또한 도래인의 범주 설정에 종래의 귀화인 사관을 여전히 답습하고 있다는 점이다. 田中史生은 도래인의 범주를 넓게 이해하여 ①자발적인 의지로 도래한 사람들, ②표착민, ③외국사절, ④인질, ⑤증여, ⑥약탈, ⑦국제상인으로 유형화하여 파악하고 있다 (田中史生 2005 : 23~26). 그에 의하면 도래인을 자발적으로 일본열도에 이주하여 정착한 사람 이외에 일시적으로 체류하는 사람들인 표착민과 외교사절 및 국제상인까지도 그 범주에 포함시켜 놓고 있다. 다만 백제가 왜에 파견한 왕족과 대신들을 모두 人質로 파악한 점,[2] 그리고 도래인의 선진기술 전파를 기술자 약탈 측면으로 본 점(田中

---

1 예컨대 6세기 초 무령왕대부터 백제는 오경박사를 비롯한 박사제도를 통해 백제의 선진문물을 일본열도에 제도적으로 전수하게 된다. 이때 일본에 건너간 중국계 인물들을 남조에서 백제에 파견되었다가 다시 일본에 건너간 것으로 이해하는 견해가 있다. 당시 중국과 일본간의 대외 교섭이 한동안 중단된 상태에서 중국 남조의 승인없이 중국계 관료들을 백제가 일본에 파견할 수 있었는지에 대해서는 의문이 간다. 그들은 백제 관등을 소지하고 있는 것으로 보아 백제에 거주하고 있었던 중국계 후예로 보는 것이 합리적이다.

2 백제가 397년 태자 전지를 왜에 인질로 파견한 사례에서 보듯이 국가적 위기에 처해 있어 왜로부터 군사적 도움이 필요하게 될 때 왕족과 같은 비중있는 인물을 인질외교 형식을 빌어 왜에 파견한 사례를 종종 찾아볼 수 있다. 백제가 왜에 파견한 인질은 국왕을 대신하는 외교 특사의 성격을 가진 것으로, 외교관계에 있어서 상대국에게 절대 신뢰성을 보장해 주기 위한 정치적 담보물을 제공한 다음 강력한 정치적 군사적 협력을 요청하기 위한 것이었다(梁起錫 1981, 羅幸柱 1993). 백제의 인질 파견을 왜왕 책립설로 연결시켜 이해하는 것은 8세기 천황중심 사관의 산물로서 받아들일 수 없다(연민수 1998 : 422~427).

史生 2005 : 27~48) 등에서 종전의 귀화인 사관을 여전히 답습하고 있는 점을 찾아 볼
수 있다.

이상으로 일본학계에서 거론하고 있는 귀화인과 도래인 개념에 대해 검토한 결과
한반도에서 일본열도로 건너간 이주민들을 종래 귀화인 대신에 도래인의 개념으로 이
해하고 있어 진전된 역사인식을 엿볼 수 있으나, 여전히 종전의 귀화인 사관을 답습하
고 있는 점에서 문제가 있는 것으로 드러났다.

3. 移住 時期와 活動

백제와 왜왕권이 최초로 국가간의 교섭을 벌인 것은 『일본서기』 신공기 46년에 해
당하는 4세기 후반의 일이다. 백제가 남해안에 위치한 卓淳을 매개로 해서 왜와 공식적
인 접촉을 한 것이다. 이를 계기로 하여 백제와 왜 두 나라가 사신을 파견하여 공식적인
교섭을 갖게 되었다. 그 이전 彌生時代에도 마한과 백제인들이 시간적 선후관계를 가
지면서 일본열도와 이주와 교류를 해 왔다는 사실은 고고학 자료나 형질인류학 자료를
통해 입증해 볼 수 있다. 고고학상으로 북 큐슈지방 일대에서 출토되는 水田稻作의 농
경, 마제석기, 농경도구, 무문토기, 공열문토기, 동검 · 동모 · 銅戈 등 청동기, 세문경,
동탁, 지석묘 · 옹관묘 · 토광묘 등 묘제가 한반도 남부의 것과 연결된 것임이 밝혀졌
다.[3] 형질인류학상으로도 현대 일본인 가운데 畿內型에 속하는 사람들이 한국인에 가
장 가까운 것으로 밝혀졌다(小濱基次 1960, 이기백 1995 : 186~187 재인용). 이 시기에
는 국가간의 공적인 교류나 대규모 주민집단의 이주가 이루어지지 않았지만 일본 큐슈
지역과 가까운 한반도 남부지역과 간헐적인 교류나 교역 활동을 통해 소규모의 이주가
있었을 것으로 추정된다.

먼저 마한을 포함한 백제계 사람들이 어떠한 해상 루트로 일본열도에 건너가게 되
었는지에 대해 알아보자. 이와 관련하여 3세기경의 사실을 알려주는 『삼국지』 위지 동

---

3 일본 彌生時代에 한반도의 도래인들이 왜인사회에 끼친 영향을 고고학적으로 고찰한 연구가 있다(武末
  純二 1991, 片岡宏二 1999 · 2003).

이전 한조의 기사가 주목된다. 당시 한군현인 대방군의 사신이 서해와 남해안을 따라 狗邪韓國(김해)에 이른 후 이곳에서 다시 남쪽으로 對馬島와 壹岐를 거쳐 末盧國(松浦)에 상륙한 다음 육로로 伊都國→奴國→不彌國→投馬國을 거쳐서 당시 왜국의 중심지로서 여왕이 통치하던 邪馬臺國에 도착한 것으로 되어 있다. 이 해로는 한반도에서 일본열도에 이르는 최단코스로서 섬과 섬으로 연결되어 있어 가장 안전하고 시간을 단축할 수 있는 장점이 있다(정효운 2006 : 281~289). 김해 대성동유적에서 출토된 파형동기, 화살통, 방추차 석제품 등 소위 왜계 유물들이 일본 近畿지방과의 교역에 의한 산물로 추정되는 것으로 미루어 보아[4] 4~5세기경에도 김해지역이 이 해로상의 중요 교역거점이었음을 보여주고 있다.

그러나 5세기 후반에 이르면 금관가야의 쇠퇴와 대가야의 대두로 인해 기존의 교역시스템이 해체·재편되면서 왜의 한반도에 대한 교역로는 종전의 낙동강 하류일대 이외에 가야 서부지역과 영산강유역에까지 범위를 넓혀서 다원화하게 되었다(우재병 2006b : 193~195). 6세기 중반 이후 백제의 영산강유역 지배가 보다 강화되고 신라에 의해 대가야가 멸망당함으로써 백제와 왜간의 교역루트는 변화를 겪은 것으로 보인다. 『隋書』 왜국전에는 608년 隋의 文林郎 裵淸이 왜국에 사신으로 갈 때 이용한 항로가 소개되어 있는데, 이 해로는 백제 말기에 주로 이용된 것으로 보인다. 즉 배청 일행이 백제를 거쳐 竹島→耽羅國(제주도)→都斯麻國(대마도)→一支國(壹岐)→竹斯國(筑紫)→秦王國에 이르렀다고 한다. 백제와 왜는 신라가 확보한 낙동강 하류지역과 낙동강 서부지역을 피해 백제의 서남 해안과 서해안을 지나는 항로를 적극 활용한 것으로 보인다.

마한을 포함한 백제계 사람들의 일본열도 이주는 단기간에 일회적으로 이루어진 것이 아니라 여러 원인에 의해 집단성을 띠고 대규모로 전개되었다. 계기마다 一波, 二波, 파상적으로 일본열도에 몰려들어 새로운 지역기반을 만들어 나갔다. 그들은 해로를 통해 서해안과 남해안을 돌아 대마도와 壹岐섬을 거쳐 주로 큐슈지역과 키나이에 이르는 지역에 정착하였다. 그 이주민 대열 속에는 외교사절이나 혼인을 통하거나, 또는 정권에서 실세하여 망명을 떠나는 왕족이나 귀족층, 지방의 재지세력가, 이들과 함께 떠나

---

4 김해 대성동 13호분에서 출토된 파형동기는 일본 大阪 和泉의 황금총 고분의 것과 관련이 있으며(末永雅雄·森浩一 外 1980 : 81~88), 김해 대성동 14호분에서 출토된 화살통은 일본 滋賀縣 雪野山古墳의 것과 관련이 있다(杉井健 1996 : 117~119).

는 기술생산자 집단과 일반 백성들, 그리고 전란을 피하거나 또는 궁핍한 생활을 타개하기 위해 떠나는 대부분의 촌락민들이 대거 참여하여 이주의 길에 나섰다. 이들은 후진적인 일본열도에 진출하여 여러 분야에서 殖産 활동을 벌려 원주민과 큰 마찰없이, 오히려 그들을 주도해 나가면서 일본 고대국가 건설과 고대문화 창출에 큰 기여를 하였던 것이다.

그러면 백제 이주민들이 일본열도에 이주하려는 이유에 대해 살펴보기로 하자. 이주의 원인은 다양하다. 기후 변화나 자연재해와 같은 환경적인 요인과, 전쟁이나 정권 내부의 권력투쟁, 외교활동, 혼인, 교역, 인구증가, 이데올로기의 영향 등과 같은 정치적 사회적 측면에서 살펴볼 수 있다. 그 가운데 소수의 지나지 않지만 국가 차원에서 이루어지는 외교활동과 혼인을 통해 이주하는 경우가 있다. 5세기 이후 백제는 대외관계를 강화하기 위해 왜에 많은 왕족들을 파견하는데, 『일본서기』에 나오는 新齊都媛, 適稽女郎, 池津媛, 昆支, 酒君, 麻那君, 斯我君 등이 이에 해당한다. 이들 왕족 중 곤지처럼 백제로 귀환하는 경우도 있지만 왜에서 혼인관계를 통해 영주하는 경우가 많았다. 『신찬성씨록』에는 백제 왕족들의 후예들이 諸蕃으로 편성되어 일본의 지배층으로 거주한 것으로 되어있다. 그들 중 桓武天皇의 생모 和氏[高野新笠]는 백제 武寧王의 아들인 純陀太子의 후손으로 황태후가 된 일이 있었다.[5] 고대 일본의 유력한 씨족 중에서 秦氏・東漢氏・西漢氏・吉士集團・蘇我氏 등은 백제의 지배층으로서 왜에 이주해 와서 왜왕권과 관련을 가지며 두드러진 역할을 하였다. 이들 씨족들이 어떠한 연유로 일본열도에 이주하게 되었는지에 대해서는 알 수 없다. 다만 소아씨는 웅진 천도때 문주왕을 보필하였던 木劦滿致와 같은 인물로서 6~7세기 중엽에 걸쳐 천황의 외척이 되어 왜 왕권 최대의 정치세력을 형성한 백제계 이주민 출신이었다. 소아씨가 왜에 건너오게 된 것은 병관좌평 해구와 권력 다툼에서 패했기 때문이라고 한다.[6] 소아씨의 경우는 권력 다툼과 같은 정치적 이유에서 일본열도에 이주하게 된 케이스라 할 수 있다. 이들

---

5 『續日本記』卷40, 今皇帝 桓武天皇 延曆 8년 12월.

6 목협만치를 蘇我氏의 계보 전승에서 최초로 나타난 蘇我滿智와 동일인으로 보고 그가 왜에 건너간 시기를 475~476년경으로 보고 병관좌평 해구와 권력을 다투다가 패하여 많은 주민들과 함께 왜로 망명하였다고 한다(門脇禎二 1971 : 12). 이러한 견해와는 달리 목협만치가 왜에 건너간 시기를 475년 전후한 시기로 보고 그 목적이 고구려 남침에 대한 구원을 요청하기 위한 것으로 보는 견해(김현구 1993 : 59)가 있으나, 곤지가 이미 왜에 체류하고 있는데다가 그 이후 목협만치가 귀국하지 않고 왜에 정착하고 있는 점 등에서 받아들일 수 없다.

백제의 왕족과 귀족들은 왜에 이주하여 새로운 일본 사회에 지배층을 형성하면서 백제로부터의 선진문물의 수용과 확산에 큰 영향을 미치기도 하였다.

한편 백제인들 중에 왜사회에서 크게 환대를 받았던 계층은 기술자집단이었다. 이들은 오경박사와 같은 백제와의 공적인 채널을 통해 왜에 공식적으로 전수되기도 하고, 또는 이주민과 함께 선진기술을 왜에 전해주는 역할을 하였다. 이들 백제의 기술자집단이 가지고 온 농업기술, 문필, 천문학, 건축, 공예, 기악, 의학, 조선술 등은 단순한 문물 교류 차원을 넘어 일본 고대 국가의 성립과 고대 문화의 바탕을 형성하는데 크게 기여하였음은 주지의 사실이다.

일반민들은 왕족이나 귀족과 같은 지배층의 인솔 하에 대규모의 이주가 행해졌다. 應神紀에 백제지역에서 弓月君이 거느린 120현의 사람들이 대규모로 일본열도에 이주한 사례[7]가 있다. 일반민들은 자연재해나 과중한 국역 부담으로 인하여 신라와 고구려에 이주하는 경우가 있었다. 491년에는 기아에 허덕이던 백제 민호 6백여 家가 신라에 망명한 일이 있었고,[8] 499년에는 굶주린 백제의 민호 2천여 명이 고구려에 망명해 간 일도 있었다.[9] 510년에는 백제의 백성들이 가야지역으로 유망해 간 사례도 찾아진다.[10] 위 사례에서 보듯이 백제의 백성들이 飢餓에 처해 있을 때 인근에 있는 고구려나 신라, 가야에까지 유망해 갔음을 보여주고 있다. 그런데도 일반민들이 바다를 건너 일본열도에 이주하게 된 데에는 단순히 자연재해와 같은 환경적 요인으로만 설명하기는 부족하다. 오히려 한반도에서 대규모의 집단 이주가 행해지려면 큰 전란이나 어떤 정치적인 측면에서 접근하는 것이 설득력이 있을 것이다.

백제의 일반민들은 일본열도가 바다로 가로막혀 있어서 상대적으로 안전판으로 인식되었기 때문에 이주를 선호하였을 것이다. 그리고 일본열도에는 彌生文化 이래 마한을 포함한 백제권역에서 이주한 선주집단들이 한반도의 정서와 문화를 영위하면서 생활하고 있었다. 백제에서 새로이 이주한 사람들은 이들을 통해 문화적 동질성을 갖고 쉽게 적응해 나갈 수 있는 배경으로 삼았다. 또한 당시 일본열도는 백제보다 정치 사회

---

7 『日本書紀』卷10, 應神紀 14년 是歲.
8 『三國史記』百濟本紀 東城王 13년 추 7월.
9 『三國史記』百濟本紀 東城王 21년 하.
10 『日本書紀』卷17, 繼體紀 3년 봄 2월.

적으로 후진지역이었기 때문에 전문지식이나 선진기술을 지니고 있을 경우 일본사회로부터 크게 대우를 받았을 뿐 아니라 백제 땅에서 이루지 못한 꿈을 실현할 수 있는 기회의 땅으로 인식되었던 것이다. 반면 왜가 백제와는 지리적으로 가까울 뿐 아니라 가야와 함께 정치적으로 긴밀한 우호관계를 유지하고 있다는 점에서 백제로부터 대규모의 이주민을 받아들이려 하였다. 무엇보다도 왜가 백제 이주민들을 적극적으로 받아들이려는 목적은 왜왕권 내부에 있었다. 畿內의 왜는 일본열도 각지에서 독자적인 세력을 유지하고 있었던 지역의 호족세력을 통합해 나가고 점차 고대국가로 성장해감에 따라 무기와 생산력 향상에 필요한 철 자원과 선진 문물의 확보를 통해 국가 발전의 계기로 삼으려 하였기 때문이다. 그리고 선진문물에 익숙한 백제 이주민들을 왜정권의 세력기반으로 삼아 왕권의 기반을 공고히 하려는 의도에서였다.

다음으로 백제계 이주민들의 일본열도에서의 활동에 대하여 알아보자. 마한인들을 포함한 백제계 사람들이 일본열도에 이주하고 교류한 것은 관련 자료에 의거해 볼 때 백제가 왜와 국가간의 공식적인 대외교섭이 시작되는 4세기 후반부터 백제가 멸망한 7세기 후엽에 걸친 시기로 설정해 볼 수 있다. 백제인들의 이주 시기는 그 성격상 그세 세 시기로 구분해 볼 수 있다. ①1기는 4세기 말에서 5세기 중엽에 걸친 시기로 4세기 말 고구려 광개토왕의 백제 공격을 계기로 많은 백제 이주민들이 전란을 피해 일본열도에 대규모로 이주하였는데, 『일본서기』와 『고사기』 應神紀와 繼體紀에 한반도 이주민에 관한 기사가 나오고 있다. ②2기는 5세기 후반에서 6세기를 전후로 한 시기로서 475년 고구려의 한성 함락과 백제의 웅진 천도, 무령왕대의 섬진강유역 진출 등으로 인해 백제계 이주민들이 또 한 차례 일본열도에 이주하거나 또는 백제권역의 지역단위로 일본열도와 교류하는 시기에 해당한다. 이때는 백제가 왜에 오경박사와 같은 선진문물을 제도적으로 제공하는 대신 왜와 긴밀한 우호관계를 맺는 시기로서 일본열도에서는 종래 가야계 문물보다도 백제 문물이 보다 선호되면서 백제의 비중이 점차 높아지는 시기라 할 수 있다. ③3기는 660년 나당연합군에 의한 백제 멸망과 백제부흥운동 실패로 인해 백제 유망민들이 일본열도에 망명하여 대규모 이주가 행해지는 시기이다.

그러면 백제계 이주민들이 일본열도 내에서의 활동 내용을 시기별로 살펴보기로 하자.

1) 제1기(4세기 후반~5세기 중엽) : 생산기술자의 이주

이때는 백제 근초고왕의 위업이 이루어지면서 영역이 크게 확장이 되고 東晉과 倭와의 공식적인 교섭이 열리게 되었다. 이어 4세기 말에는 고구려 광개토왕이 즉위하면서 남진정책을 추진하여 적극적인 백제 공격에 나섰다. 〈광개토왕릉비문〉에 의하면 영락 6년(396) 작전, 영락 10년(400) 작전, 영락 4년(404) 작전, 영락 17년(407) 작전을 통해 고구려는 백제와 그에 연합세력인 가야와 왜세력을 공격하여 큰 전과를 올린 기사가 참고가 된다.

이 시기 백제인들의 이주 상황을 전하고 있는 것이 『일본서기』와 『고사기』의 응신기와 계체기 기사이다. 『일본서기』에는 응신기·인덕기·웅략기에 걸쳐 나누어서 기술하고 있는 반면, 『고사기』에는 응신기에 일괄 기록해 놓고 있다. 특히 5세기 후반 웅략기에는 응신기의 이주민 기사를 중복하여 기록하고 있어 사료 비판을 요한다. 이는 『일본서기』 편찬시에 유력한 씨족들의 분식된 가계 원장에 나타난 전승을 그대로 채록한 데에서 기인한 것으로 생각된다. 응신기가 이주민들 씨족의 시조설화로 구성되어 있다면 웅략기는 일정한 사건지나 씨족적 기반을 닦은 후의 활동을 일괄 기록한 데에서 연유한 것이 아닐까 한다. 따라서 응신기에 보이는 한반도 주민들의 이주 사실은 어느 정도 신뢰할 수 있는 것으로 생각된다. 이 시기 백제인들의 이주 사실을 정리하면 다음과 같다.

- 弓月君 : 127 縣民을 거느리고 가야를 거쳐 이주함.
- 阿直岐 : 良馬 2필을 전함. 태자 菟道稚郎子의 스승이 됨, 阿直岐史의 시조임.
- 王仁 : 『論語』 10권과 千字文 1권을 전함. 그의 후예는 西門氏라 하여 문인직의 시조가 됨.
- 阿知使主와 都加使主 : 17개 縣民을 거느리고 이주함. 倭漢直의 시조임.
- 기술자 집단의 이주 : 縫女와 織女, 冶工 卓素, 직조공 西素(吳服師), 飼鷹師 酒君, 釀造工仁番
- 辰孫王 : 近仇首王의 孫으로 왜 태자의 스승이 되었고, 서적을 전하고 儒風을 진작시킴.
- 百濟池 축조

이와 같이 백제의 이주민들은 선진 수공업 기술과 학술, 그리고 야철기술, 직조와 농업기술 등을 왜에 전해주었는데, 이를 바탕으로 하여 주로 북 큐슈지방과 긴키지방에서 유력한 씨족으로 성장해 나갈 수 있게 되었다. 이들은 백제와 일정한 관계를 맺고 왜가 친백제노선을 유지하는데 주요한 역할을 하였다. 이들 이주민집단은 광개토왕의 남진시에 곤핍해진 백제를 도와 한반도에 파병을 하였고, 전지왕의 옹립에도 일정한 관여를 하였다.

2) 제2기(5세기 후반~6세기 후반) : 문물교류의 제도화

이 시기는 475년 고구려의 백제 한성 공함, 백제의 웅진 천도, 성왕대의 한성고토 회복, 관산성 전투와 제라동맹의 해체 등 삼국의 항쟁이 격화되는 시기이다. 지배층 간에 권력 다툼이 심화되고 고구려의 남진 공세가 격화되면서 새로운 삶의 터전을 찾아 일본열도에 문을 두드리는 경우가 있었다. 이때는 많은 백제인들이 전란을 피해 대규모로 일본열도에 이주하였다. 백제 이주민들은 일본열도 내에서 북 큐슈지역뿐 아니라 긴키지방에 걸쳐 분포하게 되었는데, 하내와 대화지방이 그 세력 중심지역이었다. 5세기 후반부터 새로이 등장하는 건전농법인 中干농법과 철제 농기구, 토목용 대형 톱, 토목·관개기술, 금은제 장신구나 마구류, 새로운 주거양식인 대벽건물, 새로운 묘제인 횡혈식석실분 등이 이들 이주민들에 의해 일본열도에 전래되었다. 이러한 새로운 농토목용구 사용과 영농법의 적용, 새로운 생활양식의 도입은 당시 일본사회에는 획기적인 일이었으며, 大和朝廷이 정치적으로 성장하는데 큰 바탕이 되었다.

5세기 후반에는 개로왕의 동생인 昆支가 17년 동안 왜에 체류하면서 왜가 친백제노선을 유지하도록 외교활동을 하였을 뿐 아니라 일본에 거주하는 백제계 이주민을 통솔하는 역할을 수행하였다. 후에 그의 아들 동성왕과 무령왕이 왕위에 오를 수 있었던 것은 그가 왜에 구축한 세력기반과 경제력이 바탕이 된 것이다. 이러한 분위기를 타고 왜인이 백제에 건너와 관료로 활동하는 현상도 나타났고, 백제의 중심부와 영산강지역에서는 일시적으로 왜계 고분과 문물이 출현되기도 하였다. 공주 단지리의 왜계 횡혈묘와 영산강유역의 전방후원형고분과 왜계 유물들이 이러한 교류 사실을 짐작케 해주고 있다.

백제와 왜 사이의 긴밀한 관계가 6세기 이후에도 이어졌다. 백제는 오경박사제와 같은 제도 장치를 통해 왜에 고대국가 통치 기술과 지배 이념 확립에 필요한 새로운 선진 문물을 제공하였고, 왜는 반대급부로 백제에 유사시에 약간의 군사와 군수물자를 지원하는 관계로 발전시켜 나갔다. 무령왕릉의 목관재는 왜에서 수입한 금송(金松)임이 밝혀졌고, 부장품인 동경 역시 왜경과 관련이 있는 것으로 밝혀졌다. 반면 백제가 일본열도에 전파해 준 문화 요소로는 영산강유역에서 출토되는 마한계 토기류를 비롯하여 와전·부뚜막시설·대벽건물·장식대도·횡혈식석실묘 등 일상생활에서 위세품이나 장송의례품에 이르기까지 백제의 다양한 문물들이 포함되어 있다. 이 시기 양국 관계에는 물적인 교류 못지않게 인적인 교류도 활발히 이루어졌다. 한반도 정세와 관련하여 많은 백제의 이주민들이 일본열도에 건너갔는데, 이들이 지니고 있던 선진 기술과 지식, 그리고 불교·유학·도가사상·천문·역법 등 고도의 정신 문화요소는 단순한 문물 교류 차원을 넘어 일본 고대 국가의 성립과 고대 문화의 바탕을 형성하는데 크기 기여하였음은 주지의 사실이다.

3) 제3기(7세기 후반 백제 멸망 이후) : 백제 유민의 이주

660년 나당연합군에 의한 백제 멸망, 이어 백제부흥운동의 전개와 실패로 인해 백제인들이 망국의 한을 품고 일본열도에 대규모로 이주하였다. 한편 왜에서는 권세가 소가씨가 몰락하고 신라의 삼국통일로 이어지는 한반도 정세의 변화에 따라 멸망한 백제 대신에 선진문화의 공급선을 당으로 전환하고 천황 중심의 일원적 지배체제를 만들려는 움직임이 일어나게 되었다. 이에 따라 백제 이주민들은 왜정권의 통제하에 들어가게 되었고 독자적인 세력단위를 완전히 상실하게 되었다. 백제의 지배층으로 왜에 망명한 일부 왕족과 백제 귀족들이 왜정권 내에서 중요한 위치를 점하였다. 백제 멸망 후 왜에 건너간 鬼室集斯, 沙宅紹明 등은 위화감 없이 바로 요직에 임명되어 천황을 중심으로 한 지배체제 확립에 큰 역할을 하게 되었다. 9세기 초에 편찬된 『신찬성씨록』에 기재된 皇別, 神別, 諸蕃別 모두 1,183성씨 가운데 이주민인 제번별이 374개 성씨인데, 그 가운데 백제인이 143개 성씨로 제일 많았다는 사실도 이를 반영해 준다고 하겠다.

4. 移住民의 定着과 유력한 성씨세력의 대두

5세기 이후 고구려의 남진 공세에 따른 전란과 백제 내부의 정정 불안으로 인해 백제인들의 일본열도로의 이주가 대규모의 집단성을 띠고 전개되었다. 그들은 백제 서해안과 서남해안에서 배를 타고 출발하여 對馬島와 壹岐섬을 거쳐 북 큐슈와 긴키지역에 이르기까지 광범위한 지역에 정착하였다. 일본열도 내의 백제계 유물과 유적 분포를 통해 그 지역적인 분포를 살펴보면 九州지역에는 福岡, 熊本, 佐賀, 長崎, 大分, 宮崎, 鹿兒島에, 近畿지역에는 大阪, 京都, 奈良, 滋賀, 兵庫, 和歌山, 三重에 걸쳐 분포하고 있다. 그밖에 中國·四國지역의 山口, 島根, 島取, 高知, 岡山, 廣島, 東海·關東·東北지방의 愛知, 崎阜, 崎玉, 群馬, 長野, 千葉 등지에 널리 분포하고 있다(국립공주박물관 1999 : 7). 그 가운데 백제계 유물과 유적이 집중적으로 분포하는 곳은 큐슈지역과 긴키지역이다. 이들 유물과 유적의 존재는 일본열도와 백제권역과의 단순한 문물 교류를 나타내 주기도 하지만, 포괄적으로 백제인들의 이주와 관련이 있는 것이 많다. 여기서는 큐슈지역과 긴키지역을 중심으로 백제계 이주민들의 문물교류나 정착과정을 파악하기로 한다.

먼저 큐슈지역에 분포하는 백제계 유물과 유적을 살펴보자. 이 지역에서 발견되는 토기로는 이중구연토기·양이부호·거치문토기·조족문토기 등 마한계 토기와 백제토기를 들 수 있고, 묘세로는 횡혈식석실분 등이 있다. 이들 자료를 통해 백제계 사람들의 이주와 정착과정을 어느 정도 파악할 수 있다(武末純二 2000 : 82~92). 이와 관련하여 주목되는 유적이 福岡市 西新町유적과 吉武유적, 福岡縣 三井郡 西森田유적 등이다. 그 가운데 西新町유적에서는 수혈주거지에서 3~4세기 후반에 걸친 한반도계 토기가 출토되었다. 이를 통해 당시 한반도 서남부와 남부지역의 가야 사람들이 이곳에 이주해 와 일본열도 내의 近畿系·山陰系 사람들과 함께 거주하였음을 알려주고 있다. 또한 4세기경부터 백제 중앙세력이 아닌 영산강유역의 마한세력과 교류가 빈번한 교류가 있었음을 알 수 있다.

다음 긴키지역에 분포하는 백제계 유물과 유적을 살펴보자. 고대 近畿지역은 攝津, 山城, 河內, 和泉, 大和에 고대 소국이 자리잡고 있었던 곳으로 현재 교토에서 오사카, 나라에 이르는 지역이다. 그 가운데 백제 이주민들이 개척하여 5세기의 기술혁명을 만개한 곳은 오사카 남부 연안의 河內지역이다. 하내지역은 瀨內를 통해 오사카에 진입하는 해로 교통상의 요지이자 기내세력의 중심지였던 대화조정의 관문에 해당하는 지역이었다. 이곳은 그 북부에서 흘러드는 하천인 淀川과 大和川 등이 오사카만에 유입되면서 그 주변 하구에 河內湖가 형성되어 있고, 그 주위에 광대한 충적 저습지가 펼쳐져 있었다. 5세기 중반 이후 백제 이주민들이 하내지역에 정착하면서 그 淀川 우안의 들과 桂川과 鴨川의 하류지역의 저습지 일대를 대대적으로 개발하게 되었다(李進熙 2006 : 52~56, 田中史生 2005 : 121~125). 우선 하천의 제방을 쌓아 물의 흐름을 조절하고 배후지를 수전으로 개발하고 나섰다. 이 개척사업에는 백제에서 가지고 온 새로운 토목·관개기술과 농토목용구 및 많은 노동력을 투하해서 새로운 경제 기반을 만들어 냈다. 이 토목·관개 사업에는 敷葉工法이라는 새로운 제방축조 기술이 적용이 되었는데 서울의 풍납토성이나 김제의 벽골제에서도 이 공법이 응용되었다. 'U' 자형 가래날·삽·괭이·톱 등 우수한 야철기술을 바탕으로 만들어진 철제 농토목용구를 사용하여 작업 효율과 생산성을 높였으며, 백제 이주민들의 대규모 노동력 편성으로 어려운 난제를 해결해 나갔다. 이로서 하내지방의 농업생산력은 급속히 향상되었으며, 주민들의 정착성도 또한 높아지게 되었다. 이처럼 백제 이주민들이 가져온 새로운 생산기술과 문화는 왜사회에 일대 혁신을 가져올 정도로 획기적인 일이었다.

현재 하내와 그 주변지역에는 백제 이주민들이 널리 분포하고 있었던 사실을 입증해 주는 유적들이 남아 있다. 하내와 그 주변의 和泉, 大和 등지의 陶邑유적, 百舌鳥고분군, 大縣유적, 布留유적, 森유적, 脇田유적, 南鄕유적이 이를 뒷받침해 주는 유적이다(국립공주박물관 1999·2002). 그 가운데 새로운 묘제로 종래의 전방후원분을 대신하여 횡혈식석실분이 5세기 중반경부터 긴키지역에 출현한다. 새로운 횡혈식석실분의 채용은 백제 이주민들에 의해 이루어지는데, 곧 일본 전통의 장송관념을 뒤바꾸는 왜사회 자체에 일대 변혁을 일으키게 하였다. 긴키지역의 횡혈식고분으로 가장 오랜 것으로 알려진 高井田山고분을 비롯하여 切戸 1호분, 丸山고분군 1호분 등이 분포하고 있다. 일본의 경질토기인 須惠器는 5세기 중반경부터 긴키지역에서 생산을 시작하였는데, 오사카부의 陶邑유적에서 그 생산이 개시되었음을 보여주고 있다. 스에키와 함께 개배, 유공광구소호, 조족문타날토기, 시루 등 백제토기가 함께 출토되었다. 백제 이주민의 긴키지역 이주와 관련하여 백제의 발달된 금속공예 기술도 이 지역에 전해졌다. 긴키지역에서 발견되는 5~6세기 금속공예품으로는 이식, 대금구, 금동제 관모, 금동제 신발, 장식대도 등이 있다. 그밖에 기와제작술과 생활유적인 대벽건물 등의 물질문화도 백제 이주민들의 긴키지역 정착과 함께 등장하고 있어 의식주를 포함한 왜의 생활문화 향상에 큰 변혁이 일어나고 있었음을 보여주고 있다.

이러한 긴키지역 하내의 개발로 인해 왜 사회에 적지 않은 파급효과가 초래되었다. 농업생산력이 급격히 향상되었고 인구가 증가하였으며, 생활문화가 향상됨으로써 이 지역이 일본열도 내의 정치 경제의 중심지로 발돋움하게 되었다.『신찬성씨록』에 의하면 하내국의 한반도 이주민 출신 씨족이 모두 68씨족 중 70%에 해당하는 48개 씨족이 분포하고 있었던 것으로 기록되어 있다. 즉 古市郡에서 12개 씨족 가운데 8개 씨족을 차지하였고, 高安郡에서는 18개 씨족 중 12개 씨족이, 安宿郡에서는 8개 씨족 중 6개 씨족이, 交野郡에서는 10개 씨족 중 8개 씨족이, 讚良郡에서는 8개 씨족 가운데 6개 씨족이, 茨田郡에서는 5개 씨족 가운데 3개의 씨족이, 錦部郡에서는 7개 씨족 중 5개 씨족임이 밝혀졌다. 백제를 포함한 한반도 이주민들이 많이 거주하는 곳은 후진 왜 사회를 계도하는 선진지역으로 부상된 것이다.

이러한 경제적 기반을 토대로 하여 유력한 백제계 호족세력이 대두하였다. 이들 중에는 은 대화정권과 손잡고 중앙에 진출하여 정치적인 위상을 높이는 세력도 나타나게 되었다. 秦氏는 주로 현재의 京都府 남쪽인 山城지방을 개척해서 양잠과 직조 및 양조의 기술을 전한 씨족이었는데, 조정의 창고업무를 관장하던 하급관인으로 활동하기도 하였다. 東漢氏는 倭漢氏로도 불리우는데 대화국의 檜隈와 飛鳥지역에 거주하였다. 6세기경에 하내에 근거를 西漢氏와 대비하여 동한씨로 불리웠다. 동한씨는 백제계 제철기술과 문필업에 종사하여 蘇我氏와 함께 불교의 융성이나 飛鳥文化 발전에 기여하였다. 긴키지역의 유력한 성씨세력으로는 蘇我氏를 꼽을 수 있다. 웅진천도의 공신 목협만치와 동일인으로 추정되는데, 6세기에서 7세기 중엽 천왕의 외척이 되어 권세를 뽐내던 왜왕권 최대의 정치세력이었다. 소아씨의 세력근거에 대해서는 여러 견해가 있어 분명치 않으나 대체로 대화와 하내지역을 기반으로 성세를 떨쳤다. 소아는 백제로부터 불교를 받아들여 자기의 사저에다 백제의 기술지원을 받아 法興寺(飛鳥寺)를 만든 것으로 유명하다.

5. 맺음말

이상과 같이 마한을 포함한 백제와 일본열도와의 교류와 주민 이주는 두 나라 간에 공식적인 교섭이 맺어진 4세기 후반 이전부터 간단없이 진행되어 왔음을 알 수 있다. 이러한 두 나라간의 이주와 교류는 당시 상대적으로 후진 사회였던 일본열도에 큰 문화적 충격과 사회 변동을 촉진시키는 계기를 만들었다. 백제 이주민들이 주로 정착한 곳은 큐슈지역과 긴키지역이었다. 이곳을 중심으로 하여 中國·四國지방과 멀리는 東北지방에 이르는 지역에까지 그 거주지역을 확산시켜 나갔다. 이 지역에는 백제 이주민들이 5세기 후반 이후 가야 이주민들에 이어 일본열도에의 정착을 통해서 한반도와의 교류를 촉진하고 또한 선진 생활문화와 기술문화를 이식시키는 역할을 하게 되었다. 그들이 이주하게 된 배경에는 고구려의 남진과 이에 따른 빈번한 전쟁, 그리고 대내적으로 권력 투쟁의 전개 등의 요인으로 전란과 정치적 박해 등이 작용을 하였다. 백제 이주민들은 왜와의 정치적 관계를 고려한 왕족과 일부 귀족, 그리고 오경박사와 전문 기술자집단의 파견, 그리고 이들과 함께 이주한 일반 주민들로 구성되어 있었다. 특히 백제 이주민들 가운데 대화조정에 큰 영향을 끼친 집단은 일본 긴키지방의 하내지역에 정착한 이주민들이었다. 이들은 황폐한 오사카만 연안일대의 충적저습지에 정착하여 백제의 선진 농토목기술과 야철기술, 그리고 영농기술 등을 적용하여 긴키지역에서 생산성과 정착성이 가장 높은 '약속의 땅' 으로 바꾸어 놓았던 것이다. 이러한 하내지역의 성장은 바로 대화정권의 권력기반 강화의 큰 배경이 되었다.

이처럼 긴키지방의 대화정권이 일본열도 내에서 중심세력으로 부상하게 된 배경에는 백제 이주민들의 정착과 지역 발전이 큰 요인으로 작용한 것이다. 이들의 우수한 인적 자원과 경제력이 대화정권의 정치적 발전에 밑거름이 되었다고 할 수 있다. 당시 일본열도 내에서 경쟁세력이었던 큐슈세력과 좋은 비교가 된다. 큐슈세력은 한반도와 지근한 거리에 있어 주로 남해안 동쪽연안의 가야지역이나 영산강유역 일대의 서부 남해안 세력과 빈번한 교류를 통해 선진문물을 수용한 결과 이 지역에 기반을 둔 각 호족세력의 성장은 가져왔지만 정치적 통일체 형성에는 큰 진전이 없었다. 반면 긴키지방의 대화조정은 하내지역에 정착한 백제 이주민들과 깊은 연관을 갖고 이들의 인적자원과 선진 생산기술을 적극 받아들였으며(人制, 部民制), 아울러 백제와의 국가 차원 하에서 긴밀한 교섭관계를 맺으면서 불교, 유교, 도교, 천문역법 등 고급 정신문화를 받아들임으로 인해 고대국가 형성에 유리한 조건을 확보해 나갔다. 대화조정은 하내지역의 백제 이주민들이 이루어 놓은 '작은 백제' 와 그 모국 '큰 백제' 두 세력을 적극 활용하여 일본열도 내에서 힘의 우위를 확보해 나갔던 것이다. 이런 점에서 일본 고대 국가 형성에 백제 이주민의 역할은 아무리 강조해도 지나치지 않을 것이다.

이런 점에서 백제 이주민들의 일본 고대사에서 차지하는 역할과 의미는 실로 크다. 고대 일본은 중국대륙과의 교섭 단절로 인해 체제 정비와 사회 발전에 필요한 선진문화를 직접 수용할 수 없었지만, 백제가 국가적인 채널이나 또는 백제 이주민을 통해 양방향에서 중국의 선진문물을 일본열도에 전하는 역할을 수행함으로써 동아시아문화벨트를 형성하는데 기여를 하였다. 그리고 일본열도 내에 외부의 침략이나 간섭 없이 정치적 지역적 통합을 촉진시켜 동아시아에서 늦게나마 고대국가를 형성할 수 있게 된 것도 바로 백제와 그 이주민들의 지대한 역할속에서 찾을 수 있다.

끝으로 백제 사람들의 일본열도 이주와 교류사를 연구하는데 있어서 고려해야 할 몇 가지 연구 방향에 대해 언급하고자 한다.

먼저 양국간의 문물교류사나 이주민사를 연구하는데에는 두 나라간의 비교사적 관점이 필요하다는 점이다. 지금까지 이 방면의 연구는 한일 양국 간에 자국 중심의 우월의식이나 또는 현대적인 관점에서 일방적인 해석을 시도해 왔다. 우리는 일본열도에 일방적으로 선진문물을 전해 준 것으로 이해하고 있으며, 심지어는 분국설의 영향에 의해서인지 한반도의 속국으로 인식하는 사람들도 있다. 반면 일본인들의 경우 『일본서기』 등에 의거하여 이주민들은 '귀화인'이나 '도래인'으로 인식하며 그 역할을 과소평가하는 경향이 있다. 이를 극복하기 위해선 관련 자료에 대한 엄밀한 비판과 비교사적 관점에서의 객관적 인식이 필요하다. 백제 이주민들에 관한 『일본서기』와 『고사기』 등 고대 일본측 사료에 대한 엄밀한 사료비판이 적극 요구된다. 예컨대 응신기와 계체기에 한반도에서 이주한 기사가 집중되어 있는데 일부 기사는 중복해서 기재되어 있다. 왜 이런 기사가 중출하여 나오게 되었는지에 대해 그 사실 여부와 작성 의도나 배경 등에 대한 면밀한 검토가 필요하다. 그리고 8세기 大寶令(701)과 養老令(718) 율령이 반포되기 이전의 이주민 기사에 대한 용례와 성립 배경 및 의도 등에 대해서도 세밀한 검토가 필요하다. 더욱 중요한 것은 한일 양국의 관점에서 벗어나 동아시아의 관점에서 이주민사의 역사적 위치와 의미를 객관적으로 인식해야 할 것이다.

다음으로 현재 한일 두 지역에서 출토되는 각 유물과 유적에 대한 분석적인 연구가 필요하다는 점이다. 현재 일본학계에서는 한반도와 관련된 토기를 韓式土器라는 포괄적인 명칭을 사용하고 있다. 그렇다 보니 일본열도 내의 백제 이주민들의 활동에 대해 면밀하게 분석하는 일에 한계를 주고 있다. 현재 백제권역에서 많은 백제계 유물들이 속속 발견되고 있어 백제 고고학 자료에 대한 양적 증가와 함께 지역별 문화양상을 개략적으로 규명할 수 있는 단계에까지 이르렀다. 따라서 한일 두 나라에서 출토된 고고학 자료를 비교 분석하여 그 기원과 문화 전파 과정 등에 대해 새로운 지견을 필요로 하고 있다. 최근에 이러한 의도에서 관련 고고학 자료를 세밀하게 분류 검토한 龜田修一(1993)과 權五榮(2008b) 등의 연구가 주목된다. 龜田修一은 일본에서 출토된 고고학 관련 자료에서 백제계 고고학 자료를 추출해 내는 요소로서 ①백제에서 만들어져 일본에 건너 온 것, ②백제 이주민이 일본에서 제작한 것, ③ ① · ②류를 직접 혹은 간접적으로 모방해서 만든 것 등 세 가지 유형으로 나누어 확실한 백제 자료와 비교 분석을 해서 구체적인 판단을 내리는 작업 같은 것이 필요한 것이다. 앞으로 이러한 연구가 보다 분석적으로 진행될 때 백제 이주민들의 역할과 활동 내용이 보다 분명히 우리 앞에 드러나게 될 것이다. 부족한 것은 후일에 보충해 드릴 것을 약속드리는 바이다.

참고문헌

국립공주박물관, 1999,『일본소재 백제문화재 조사보고서 I -近畿地方-』.

______________, 2002,『일본소재 백제문화재 조사보고서 II -近畿地方-』.

權五榮, 2008a,「벽주건물에 나타난 백제계 이주민의 일본 기내지역 정착」,『한국고대사연구』49.

______, 2008b,「백제의 문물교류 양상에 대한 유형화 시론」,『충청학과 충청문화』7.

龜田修一, 1993,「考古學から見た渡來人」,『古文化論叢』30(中).

吉井秀夫, 1999,「日本 近畿地方의 백제계 고고자료에 관한 제문제 - 5·6세기를 중심으로 -」,『일본소재 백제문화재 조사보고서 I -近畿地方-』, 국립공주박물관.

______,「토기자료를 통해서 본 3~5세기 백제와 왜의 교섭관계」,『한성기 백제의 물류시스템과 대외교섭』, 학연문화사.

김낙중, 2000,「5~6세기 영산강유역 정치체의 성격」,『백제연구』32, 충남대학교 백제연구소.

김석형, 1963,「삼한 삼국의 일본열도내의 분국에 대하여」,『력사과학』1963년 1호.

김종만, 1999,「마한권역출토 양이부호 소고」,『고고학지』10, 한국고고미술연구소.

김종일, 2010,「고고학에서 이주의 개념과 물질문화의 변이 -개념 및 서구사례를 중심으로-」,『이주의 고고학』, 제34회 한국고고학전국대회, 한국고고학회.

김현구, 1993,『임나일본부연구』, 일조각.

羅幸柱, 1993,「고대 한일관계에 있어서의 質의 의미」,『건대사학』8.

末永雅雄·森浩一 外, 1980,『和泉黃金塚古墳』, 東京堂出版.

武末純二, 1991,『土器からみた日韓交涉』, 學生社.

______, 2000,『일본소재 백제문화재 조사보고서 II -九州地方-』, 국립공주박물관.

門脇禎二, 1971,「蘇我氏の出自について」,『日本のなかの朝鮮文化』1.

박경도, 2002,「백제의 장식대도」,『일본소재 백제문화재 조사보고서 III -近畿地方-』, 국립공주박물관.

박대순·지민주, 2004,『공주 단지리 횡혈묘군』, (재)충청문화재연구원문화유적조사보고 제54집.

박보현, 2002, 「장신구로 본 백제 - 왜 문물교류사의 현단계」, 『일본소재 백제문화재 조사보고서Ⅲ -近畿地方-』, 국립공주박물관.

박순발, 2000, 「백제의 남천과 영산강유역 정치체의 재편」, 『한국의 전방후원분』, 충남대학교 백제연구소.

박중환, 1999a, 「일본의 조족문토기와 고대 한국문화」, 『동원학술논문집』 2, 한국고고미술연구소.

______, 1999b, 「조족문토기고」, 『고고학지』, 한국고고미술연구소.

박천수, 2006, 「영산강유역 전방후원분을 통해 본 5-6세기 한반도와 일본열도」, 『백제연구』 43, 충남대학교 백제연구소.

______, 2007, 『새로 쓰는 고대 한일교섭사』, (주)사회평론.

白井克也, 「日本出土の朝鮮産土器・陶器 -新石器時代から統一新羅時代まで-」, 『日本出土の船載陶瓷』.

________, 2002, 「土器からみた地域間交流 -日本出土の馬韓土器・百濟土器-」, 『檢證古代日本と百濟』, 大巧社.

上田正昭, 1965, 『歸化人』, 中公新書.

________, 1997, 『古代の日本と渡來の文化』, 學生社.

衫井健, 1996, 『雪野山古墳の研究』, 雪野山古墳發掘調査團.

三井健, 2001, 「朝鮮半島系渡來文化の動向と古墳の比較研究試論 -九州本島北部地域を題材として-」, 『考古學研究』 47-4, 考古學研究會.

서현주, 2001, 「이중구연토기 소고」, 『백제연구』 33, 충남대학교 백제연구소.

______, 2003, 「삼국시대 아궁이틀에 대한 고찰」, 『한국고고학보』 50, 한국고고학회.

______, 2004, 「4~6세기 백제지역과 일본열도의 관계」, 『호서고고학』 11, 호서고고학회.

小濱基次, 1960, 「生體計測學的でみた日本人の構成と起源に關する考察」, 『人類學研究』 7-1・2.

小田富士雄, 2000, 「백제 고분문화와 北部九州 -특히 횡혈식석실에 대하여-」, 『일본소재 백제문화재 조사보고서Ⅱ -九州地方-』, 국립공주박물관.

梁起錫, 1981, 「삼국시대 人質의 性格에 대하여」, 『사학지』 15.

연민수, 1998, 『고대한일관계사』, 혜안.

우재병, 2000, 「영산강 유역 전방후원분 출토 원통형토기에 관한 시론」, 『백제연구』 31, 충남대학교 백제연구소.

______, 2005, 「5세기경 일본열도 주거양식에 보이는 한반도계 취사・난방시스템의 보급과 그 배경」, 『백제연구』 41, 충남대학교 백제연구소.

______, 2006a, 「5~6세기 백제 주거・난방・묘제문화의 왜국전파와 그 배경」, 『한국사학보』 23, 고려대 사학회.

______, 2006b, 「4~5세기 왜에서 가야・백제로의 교역루트와 고대항로」, 『호서고고학』 6・7합집, 호서고고학회.

이기백, 1995, 『한국고대사론 증보판』, 일조각.

李進熙, 1982, 「고대한일관계사 연구와 무령왕릉」, 『백제연구』 특집호.

______, 2006, 『渡來文化のうねり -古代の朝鮮と日本-』, 靑丘文化社.

이호형, 2008, 「공주 단지리 횡혈묘군을 통해 본 고대 한일교류」, 『한국고대사연구』 50.

임영진, 1994, 「광주 월계동의 장고분 2기」, 『한국고고학보』 31, 한국고고학회.

______, 2005, 「韓國長鼓墳(前方後圓墳古墳)の被葬者と築造背景」, 『考古學雜誌』 89-1, 日本考古學會.

______, 2006, 「분주토기를 통해 본 5-6세기 한일관계 일면」, 『고문화』 67.

______, 2009, 「영산강유역권 장고분 조사연구」, 『영산강유역권 장고분 조사연구보고서』, 백제문화개발연구원.

田中史生, 1997, 『日本古代國家の民族支配と渡來人』, 校倉書房.

______, 2005, 『倭國と渡來人 -交錯する「內」と「外」-』, 吉川弘文館.

田中俊明, 2000, 「영산강유역에서의 전방후원분고분의 성격」, 『지방사와 지방문화』 3-1, 학연문화사.

정제윤, 2010, 「영산강유역 전방후원형분의 축조와 그 주체」, 『역사와 담론』.

정효운, 2006, 「백제의 왜의 문화 교류 양상에 대한 일고찰」, 『일어일문학』 31

주보돈, 2000, 「백제의 영산강유역 지배방식과 전방후원분 피장자의 성격」, 『한국의 전방후원분』, 충남대학교 백제연구소.

靑柳泰介, 2002, 「「대벽건물」고-한일관계의 구체상 구안을 위한 일시론-」, 『백제연구』 35, 충남대학교 백제연구소.

土生田純之, 2000, 「한·일 전방후원분의 비교검토」, 『한국의 전방후원분』, 충남대학교 백제연구소.

片岡宏二, 1999, 『彌生時代 渡來人と土器·靑銅器』, 雄山閣.

______, 2003, 『彌生時代 渡來人から倭人社會へ』, 雄山閣.

平野邦雄, 1969, 『大和前代社會組織の硏究』, 吉川弘文館.

홍보식, 1993, 「백제횡혈식석실분의 형식분류와 대외전파에 관한 연구」, 『박물관연구논집』 2, 부산직할시립박물관.

Anthony. D. W, 1997, Prehistoric Migration as Socail Process, *In Migrations and invasions in archaeological explanation*, J. Chapman, and H. hamerow, eds, British Archaeological Reports 664, Oxford : Archaeo Press.

홍 지 윤 중앙문화재연구원

II.
中部地方 原三國~百濟 住居 變遷
- 南楊州 長峴里遺蹟을 中心으로 -

1. 머리말

중부지방에서의 최근 활발한 조사 성과에 힘입어 원삼국 백제시기 주거지가 다수 확인되고 있으며, 수계별로 다양하게 조사된 양상으로 인해 각 지역 단위의 정치체를 논하는 단계에 이르고 있다.[1] 서해안을 따라 방형 내지 장방형 평면에 4주식 주공이 배치된 주거지가 확인되며, 한강을 따라 왕숙천과 북한강, 남한강유역 및 그 지천변을 비롯하여 임진·한탄강유역, 동해안지역에서는 출입시설이 부가된 주거지에 중도식 노지 내지 구들시설의 존재, 경질무문토기와 타날문토기가 공존한 중도유형문화권역이 설정되고 있다.

이 시기에 있어 중부지방의 지리적 범위는 아마도 중도유형문화의 분포범위와 통하며, 임진강과 한탄강을 북한계선[2]으로 하고, 안성천유역과 차령산맥을 경계로 한 남한계선 사이 지역이 된다.[3]

---

1 춘천지역을 중심으로 한 맥국설과 한강본류를 중심으로 한 예국설 등 다양하게 논의되고 있으나 아직 강역에 대한 검토에는 이르지 못하고 있다(권오영 1996, 宋滿榮 2003, 심재연 2004, 金容伯 2010).
2 조사의 제약으로 인한 한계이며, 북쪽지역에서도 이 문화유형의 주거는 조사될 가능성이 충분하다.
3 안성 평택지역에서 중도유형문화기의 유적이 확인된 예는 아직 없으며, 현재의 자료로 보는 한 발안리 유적이 가장 남단에 해당된다. 화성 석우리에서 4주식 주거지가 확인되며, 발안리에서도 4주식 주거지가 위치하고 있어 이즈음에서 중도식주거지와 4주식 주거지가 혼재한 양상을 보이고 있어 대략적인 남

생활유적이 당시 삶의 모습을 담고 있기는 하지만 폐기의 다양한 맥락에 의해 삶의 모습을 온전하게 전하지는 못한다. 주거지의 평면 형태나 구조는 축조 당시의 사회상을 반영한 것이고, 그 속에 담긴 유물은 폐기 맥락속에서 남겨진 것이기에 유물을 통한 가옥 구조 선후를 확인하기란 극히 어려운 부분이 있다.

따라서 본고에서는 남양주 장현리유적을 통해 제시(홍지윤 · 오준혁 · 김규홍 2008 : 117~155)한 난방시설의 변화가 중부지방 주거지에 어떻게 적용될 수 있으며, 원삼국에서 백제로 이행하는 시기의 모습이 어떠하였는지를 확인하고자 하는 목적에서 작성되었다. 먼저 중부지방 주거지 조사현황을 살피고 아울러 장현리 주거지에 나타난 제 속성을 검출하고자 한다. 다음으로 유구 상호간의 중복관계를 통해 추출한 속성의 변화를 살피고 시간성을 반영한 속성이 무엇인지를 밝혀 주거지 변천의 방향성을 확인하고자 한다. 이를 바탕으로 장현리취락의 단계를 설정하고, 단계별 주거유형의 변천을 통해 중부지방 원삼국에서 초기 백제에 이르는 시기 취락 및 주거의 변천이 어떠하였는지를 살펴보고자 한다.

2. 중부지방 원삼국~백제 주거지 현황과
　　장현리 주거지의 분류

1) 중부지방 원삼국~백제 주거지 조사현황

중부지방에서의 원삼국시대[4] 문화상은 1980년부터 국립중앙박물관에 의해 조사된 춘천 중도유적을 통해 확인되었다.[5] 중도유적에서는 중도식무문토기로도 불리는 경질

한계선을 이룬다. 아산 갈매리유적에서 1기의 중도식주거지가 조사되었으며, 이는 백제세력에 의한 아산지역 점거 이후의 양상을 반영한 것으로 이해된다.

4 시대구분에 대한 다양한 논의가 현재도 진행되고 있으며, 동일지역에 대해 원삼국시대와 철기시대, 삼한시대 등 다양한 시대명칭이 사용되고 있으며, 문화유형에 대해서도 다양한 의견들이 개진되는 등 중부지방에서 이 시기에 대한 다양한 논의가 상존하고 있다.

5 중도유적(국립중앙박물관 1980 · 1981 · 1982 · 1983 · 1984)이 조사되기 1년 전인 1979년 서둔동유적 (숭실대학교 기독교박물관 2010)이 조사되었으나, 중도유적 보고서가 먼저 간행되어 이들 문화상을 중도유형문화로 명칭하게 되었다.

무문토기와 타날문토기가 철기와 공반하여 출토되었다. 중도유형문화는 출입구가 달린 평면 '呂'자형이나 '凸'자형의 주거지와 주거지내에 중도식 노지 내지 '一'자형 혹은 'ㄱ'자형의 구들시설, 경질무문토기와 타날문토기의 공반출토 및 철기의 공반, 화재에 의한 높은 폐기율 등을 특징으로 들 수 있다. 중도유적이 조사되기 이전에도 가평 마장리와 이곡리 등 북한강유역에서 외반구연호와 제철 관련 유물이 공반 출토된 유적이 조사된 바 있었다.

어찌되었거나 가평 마장리, 이곡리, 중도유적, 서둔동 등에서 확인된 문화상은 2000년대에 들어와 급격한 개발과정의 조사를 통해 광범위하게 확인되었다. 먼저 북한강유역의 강원도지역에서는 춘천 신매리 일원과 율문리, 천전리, 삼천동, 우두동 등 소양강의 하안 충적지에서 '呂'자형과 '凸'자형 평면의 주거지가 조사되었으며, 북한강 상류의 화천 원천리유적에서도 원삼국에서 백제에 이르는 주거유적이 확인되었다. 또한 경기도지역에서는 전술한 가평천유역의 이곡리와 마장리유적, 조종천변의 가평 항사리

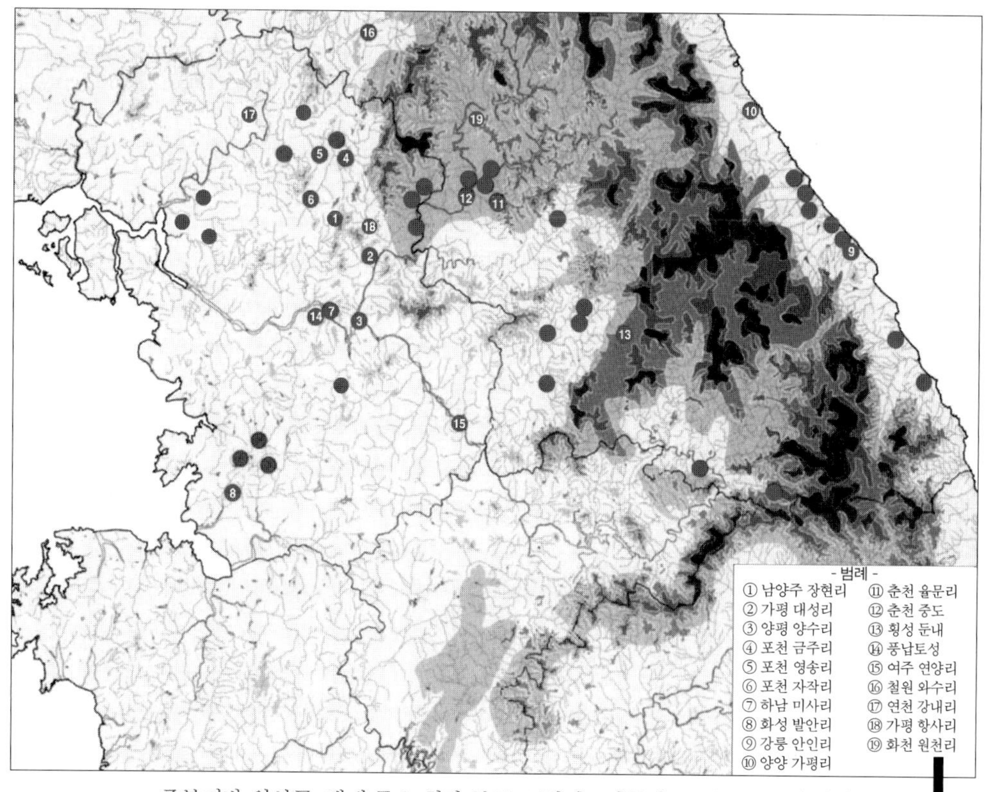

중부지방 원삼국~백제 중요 취락 분포도(경기도박물관 2006 : 24 수정 전제) 01

와 덕현리유적, 북한강 본류 자연제방상의 대성리유적 등이 조사되었다. 한편 양평 양수리와 하남 미사리, 풍납토성 내 유적 등의 조사를 통해 한강변에 위치한 원삼국시대 문화에 대한 다각적인 연구가 진행될 수 있게 되었다. 남한강유역의 여주 연양리와 중원 하천리, 단양 수양개 등지와 횡성 둔내를 비롯하여 홍천강유역의 하화계리유적에서도 주거지가 확인되는 등 천변 충적지를 따라 원삼국시대 주거지가 분포하고 있다.

또한 임진·한탄강유역의 포천 영송리, 자작리, 연천 삼곶리, 초성리, 강내리유적, 파주 성동리, 주월리, 당동리 등지에서도 구들시설을 갖춘 '呂'자형 내지 '凸'자형의 주거지가 조사되었다. 중부지방 원삼국시대 생활유적은 북한강·남한강유역을 넘어 영동지역 해안충적지에서도 폭넓게 확인되며, 경기 서해안에 인접하여 발안천유역과 황구지천유역 등 한반도 중부지방의 일반적인 문화상으로 확인되고 있다. 지금까지 조사된 결과로 볼 때, 중도식주거지는 임진·한탄강유역과 북한강유역, 남한강유역, 한강 하류역, 그리고 동해안 등을 중심으로 권역을 구분할 수 있다.

2) 장현리주거지의 속성분류

장현리유적은 한강의 제1지류인 왕숙천을 따라 북류하다 만나게 되는 충적대지의 자연제방상에 위치한다. 청동기시대에서 원삼국시대에 이르는 생활유적으로 170기의 유구가 확인되었다. 원삼국시대 유구는 주거지 85동, 수혈유구 55기, 구상유구 15기 등 155기로 상호 중복 조영되어 있어, 선후관계를 통한 시간적인 변화 추이를 살필 수 있었다(홍지윤·오준혁·김규홍 2008 : 117~155).

장현리 원삼국시대 주거지의 속성은 규모와 출입구 평면형태, 주거지 폐기요인, 구들형태 및 위치변화, 노지, 하부벽체, 상부벽체, 바닥다짐 등 다양하게 구분할 수 있다. 이중 중복을 통한 선후관계를 규명할 수 있고 대부분의 유구에서 확인되는 속성을 중심으로 살펴보고자 한다.

먼저 출입구는 '凸'자형으로 돌출된 부분에 마련되었으며, 폐기시의 요인으로 인해 적갈색점토가 두껍게 퇴적된 양상으로 노출된다. 때문에 돌출된 부분이 없더라도 적갈색점토의 퇴적이나 출입구 양측에 마련된 주혈을 통해 출입구 위치를 추정할 수 있다. 출입구는 내부공간과의 경계에 段이 형성된 것을 1식, 외부에서부터 경사를 이루면서 내부공간으로 연결된 것을 2식, 출입구가 설치되지 않은 것을 3식으로 구분하였다. 3식의 경우 상부가 교란되면서 유실되었을 가능성도 있으나 잔존하는 양상을 대상으로 구분하였다. 주거지의 평면형태는 방형은 Ⅰ식, 오각형을 Ⅱ식으로 하였으며, 출입구쪽 단벽이 둔각인 것을 Ⅱ1식으로, 출입구 반대편 단벽이 둔각인 형태를 Ⅱ2식으로 구분하였고, 평면 육각형은 Ⅲ식으로 구분하였다.

주거지 폐기원인[6]은 집단폐기라는 관점에서 주거지 폐기의 동시기성을 상정하여 구분하였으며, 화재 흔적의 유무를 기준으로 ⅰ식과 ⅱ식으로 구분하였다. 화재주거지는 내부에서 상부구조물이 탄화되어 일정한 형태를 갖춘 목탄이 확인된 경우로 한정하였다.

구들시설[7]은 구들의 형태에 의해 'ㄱ'자형과 'ㅡ'자형으로 구분되며, 아궁이의 위치에 따라 5유형으로 세분하였다. 'ㄱ'자형 구들의 장벽 중앙부에 아궁이가 마련된 것을 A유형으로 'ㄱ'자형 구들의 아궁이가 출입구 반대편 우측 모서리에 시설된 것을 B유형으로 구분하였다. 'ㅡ'자형 구들은 아궁이가 출입구 반대편 우측 모서리에 마련된 것을 C유형으로 'ㅡ'자형 구들이 출입구 반대벽 중앙부에 아궁이가 마련된 것을 D유형으로 구분하였다. 이중 C유형은 출입구 반대벽 우측 모서리에 아궁이가 시설된 C1유형과 출입구 반대벽 우측 모서리에서 반대벽 중앙부 사이에 아궁이가 마련된 C2유형으로 세분하였다(도 02, 中央文化財研究院 2010).

주거지 내의 노지는 모든 유구에서 확인되지 않으며, 다양한 형태로 구분되지만, 주거지 폐기 이후 변형되었을 가능성을 염두에 두면, 바닥에 얕은 움을 파고 돌을 깔아 점토를 덮은 후 주위에 점토띠를 두르고 후면에 돌을 세운 형태가 전형적인 것으로 이해된다.[8] 따라서 노지는 잔존상태에 의해 다양하게 구분될 수 있지만, 훼손되었을 가능성

6　宋滿榮(2000)은 취락에서 화재비율이 원삼국시대 중기에 이르러 급격히 늘어나고, 많은 양의 유물이 화재주거지 내부에서 출토되는 점에 근거하여 한반도 고대국가 형성과정 당시의 복잡한 사회상이 반영된 전란의 과정에서 방화로 인한 폐기 가능성을 제시하고 있다. 이후 이현석 등(2004)은 주거지 폐기 원인을 고의폐기, 불의폐기로 구분하고 취락유적 내에서 확인되는 화재주거지는 전란뿐 아니라 주거 공간 이동 과정에서 재사용이 가능한 건축 자재를 제거한 후, 남은 건축폐기물을 소각하는 과정에서 생성될 수 있다고 하였다.

7　아궁이와 부뚜막 고래가 연결된 복합적인 구조를 구들시설로 통칭하였다.

8　이러한 노지가 최초 보고된 중도유적을 따서 중도식 노지라 할 수 있을 것이다. 한편 장현리 40호 주거지의 부석식 노지는 다른 중도식 노지와 다른 형태로 중도식 노지의 부석에 강돌이 깔리는 것에 비해 판석을 깔아 마련하였다. 67호 주거지의 아궁이형 노지는 주거지 가운데에 아궁이 구조가 위치하며, 주변에서 자비용토기가 다수 확인되고 있어 구조에 대한 추가적인 검토가 필요할 것으로 판단된다.

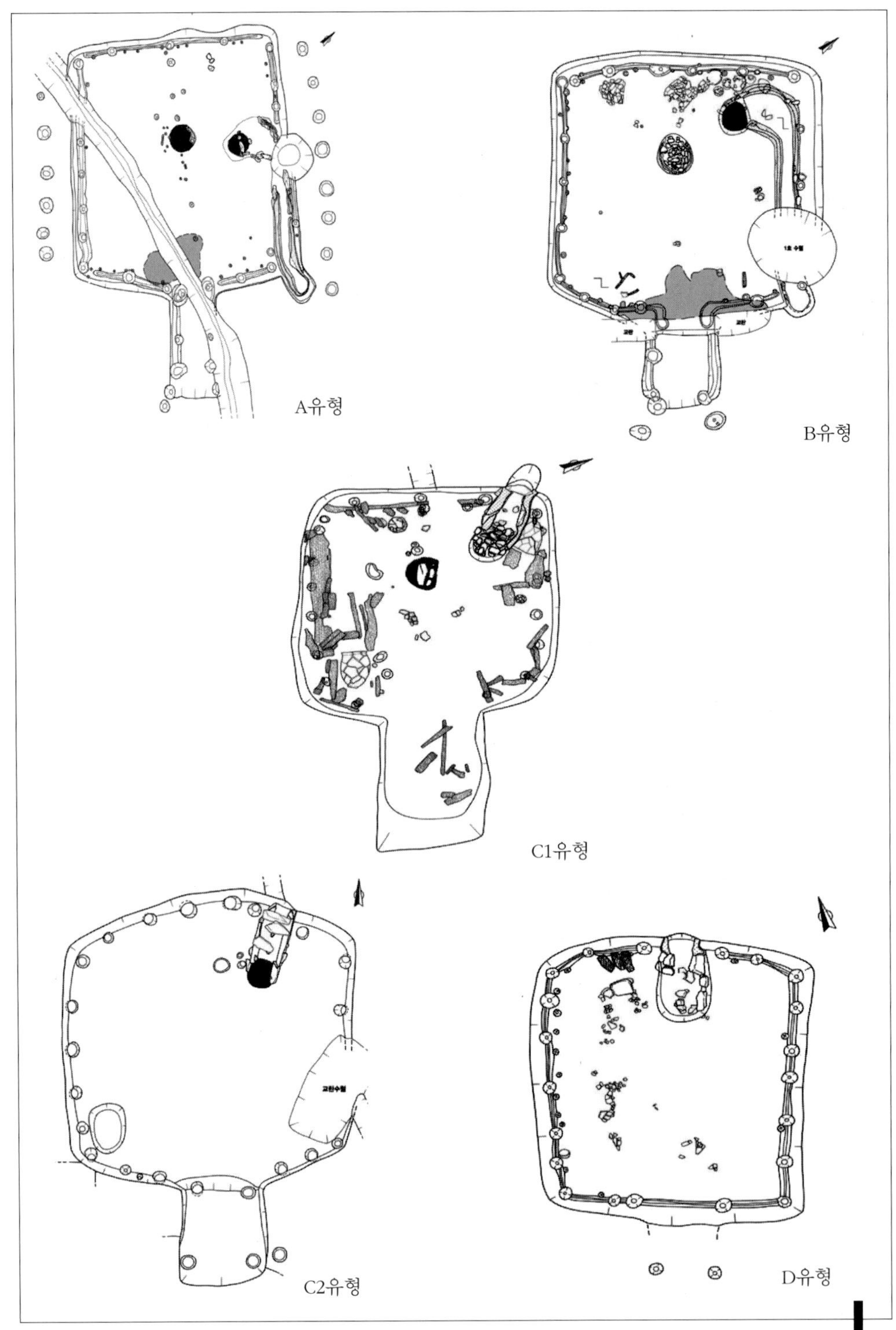

A유형
B유형
C1유형
C2유형
D유형

표 1 _ 장현리유적 원삼국시대 주거지 단계별 속성변화표

	규모(cm)			면적 (m²)	장축방향	출입구			평면형태				폐기		구들형태 및 위치					노지		하부벽체		
	길이	너비	깊이			1	2	3	I	II1	II2	III	i	ii	A	B	C1	C2	D	유	무	가	나	다
1	698	720	18	48.2	N-46°-W		●			●				●	●	●					●				●
14	906	723	42	65.5	N-41°-W	●			●					●	●					●		●		
35	722	738	53	50.9	N-44°-W		●			●			●		●					●		●		
36	833	820	34	58.5	N-4°-W		●			●				●	●					●		●		
41	1306	754	22	98.5	N-2°-W	●					●			●	●					●		●		
43	1300	840	48	112.0	N-30°-W		●			●				●	●					●				●
66	726	614	31	44.6	N-46°-W		●		●					●	●					●				●
71	1146	838	16	96.0	N-58°-W									●	●					●				●
81	478	337	12	12.5	N-18°-W		●			●				●	●					●				●
8	682	593	10	40.4	N-4°-W		●					●		●	●						●			
37	558	522	12	29.1	N-48°-W	●					●			●	●						●	●		
50	603	532	9	25.3	N-38°-W		●		●					●	●						●	●		
68	807	454	8	31.8	N-12°-W	●				●				●	●						●			●
70	686	553	2	33.6	N-52°-W				●					●	●						●			●
84	628	582	5		N-53°-W		●					●	●		●						●			●
6	660	644	34	42.5	N-56°-E	●			●			●		●					●		●			
11	534	612	11	32.7	N-47°-W		●		●					●		●				●				●
19	492	466	-	22.9	N-56°-W		●			●				●	●					●			●	
29	760	633	42	44.3	N-46°-W		●				●	●		●	●					●		●		
57	718	689	20	49.1	N-47°-W				●					●	●					●				●
21	484	422	23	19.8	N-30°-E	●			●					●	●						●			●
23	646	614	52	39.7	N-41°-W	●			●			●		●	●						●			●
26	636	541	24	34.4	N-48°-W	●				●				●	●						●			●
53	624	522	30	28.8	N-45°-W	●				●				●	●						●			●
55	536	310	22	11.7	N-38°-E	●				●				●	●						●			●
40	434	438	52	19.0	N-68°-W	●					●						●			●				●
49	479	388	48	15.5	N-48°-W	●				●			●				●			●				●
2	446	442	5	18.8	N-36°-E		●	●							●					●				●
13	604	502	38	30.3	N-2°-W		●								●						●			●
15	436	586	20	25.5	N-48°-E		●								●					●				●
17	334	314	42	10.5	N-3°-W		●			●					●					●				●
18	368	394	50	14.5	N-25°-E		●		●						●						●			●
22	490	584	48	28.6	N-48°-W	●									●					●				●
28	456	358	24	14.3	N-2°-W		●					●			●					●				●
32	575	524	60	30.1	N-24°-W		●			●					●					●				●
48	430	388	28	12.6	N-39°-W		●			●					●					●				●
63	420	490	44	20.6	N-53°-E	●				●					●						●	●		
65	610	602	12	36.0	N-17°-E				●								●			●			●	
74	1356	836	7	82.4	N-28°-W		●								●					●				●
7	415	450	18	18.7	N-30°-W		●					●						●		●				●

10	640	729	36	46.73	N-22°-W	●						●		●				●		●				●
34	568	570	28	28.5	N-3°-E		●					●	●					●		●				●
38	686	738	30	44.3	N-2°-W		●					●		●				●		●	●			
42	806	294	20		N-3°-E						●	●					●			●	●			
45	750	690	18	44.2	N-39°-E		●					●	●					●		●				●
52	454	272	8		N-3°-E				●					●				●						●
58	1176	848	10	99.7	N-68°-W							●		●				●		●				●
61	782	690	26	53.9	N-24°-W				●					●				●		●				●
72	896	512	5	36.7	N-6°-W	●						●	●					●		●				●
75	860	740	18	53.8	N-29°-W	●						●	●					●		●	●			
80	636	531	3	26.8	N-10°-E				●					●				●		●				●
4	340	328	18	11.2	N-68°-W					●	●			●							●			●
5	810	820	13	66.4	N-13°-E									●							●	●		●
9	400	358	22	14.3	N-5°-E	●					●			●							●	●		●
20	610	597	2	33.4	N-4°-E		●					●	●									●	●	
25	588	359	32	21.1	N-38°-E				●				●								●	●		
31	444	392	23	17.4	N-68°-E				●	●			●											●
44	618	651	24	34.0	N-25°-E	●						●	●								●	●		●
51	614	394	4	24.2	N-2°-W				●	●			●								●	●		●
54	778	724	20	33.6	N-15°-W		●				●		●								●	●		●
56	436	488	36	19.4	N-8°-W		●					●									●	●		●
59	510	364	22	16.7	N-44°-E	●						●	●								●	●		●
79	477	218	8	7.8	N-38°-E		●			●			●								●	●		●

을 염두에 두고 유무만을 기준으로 분류하였다.

　벽체는 주거지 어깨선을 중심으로 상부벽체와 하부벽체로 나눌 수 있다. 하부벽체는 수혈 벽 내부에 시설된 것으로 목재를 이용하여 수혈 벽의 무너짐을 방지하는 기능을 한 것으로 이해된다. 상부벽체는 지표면 상부에 시설되어 외벽을 형성한 구조물로 판재를 눕혀서 2, 3단 結構하여 축조하였다. 상부벽체는 일부 화재주거지에서만 확인되며, 취락내에서 변화상을 파악할 수 있는 자료의 제약으로 인해 속성분류에서 제외하였다.

　하부벽체는 주혈과 주혈 사이에 溝를 굴착하고 목재를 세워 벽체를 시설한 벽구식을 가식, 주혈과 주혈 사이에 바닥을 굴착하지 않고 보조기둥을 세워 벽체를 결구한 목주식을 나식, 주 기둥과 수혈 벽면 사이에 목재를 눕혀 벽체를 형성한 주혈식을 다식으로 구분하였다. 한편 주거지의 바닥에서부터 지표면의 상부까지 하부벽체와 상부벽체가 하나의 구조물로 연결된 경우도 있었을 것으로 판단하고 있다. 이러한 장현리 원삼국시대 주거지의 속성분석에 기초하여 속성의 발생에 따른 변화를 살펴보면 〈표 1〉과 같다.

〈표 1〉을 통해 장현리유적에서는 난방과 취사시설로서 구들형태와 아궁이 위치변화라는 속성이 일관성 있는 변화의 방향성을 제시하고 있음을 알 수 있다.

주거지의 규모는 가족구성원의 수 및 경제력과 밀접한 관련을 맺는 것으로 이해될 수 있다. 규모는 출입구를 제외한 내부 생활공간을 중심으로 출입구에서 반대편 벽까지를 길이로 하였고, 내부면적은 거주자의 신분을 반영한 것으로 이해될 수 있을 것이다.

3. 장현리 주거지의 변화와 단계 설정

청동기시대 주거지와 원삼국시대 주거지의 가장 큰 차이는 평면형태 및 출입시설의 차이도 있지만, 난방시설로서의 불 땐 장소의 차이를 들 수 있다. 즉 청동기시대와 이전의 주거지들은 중앙부에 돌을 돌리거나 움을 판 간단한 형태의 노지를 시설하여 난방과 취사 조명등 복합적인 용도로 사용하였다. 원삼국시대에 이르면 중도식 노지가 일반적으로 사용되다가 'ㄱ'자형이나 'ㅡ'자형의 구들이 벽체에 밀착되어 설치된 구조로 축조[9]된다. 구들은 난방 효용성의 증지과 함께 취사공간의 확보라는 점에서 의미가 크다. 본장에서는 앞장에서 살펴 본 장현리유적 주거지의 속성을 중복관계를 통해 어떻게 변화되었는지 살펴보고 이를 기초로 장현리유적의 변화 단계를 확인하고자 한다.

1) 장현리 주거지의 속성 변화

장현리 원삼국시대 주거지내의 다양한 속성에 따른 시간성 반영 여부를 중복관계를 통해 살펴본 바 있다(홍지윤 · 오준혁 · 김규홍 2008 : 117~155, 中央文化財研究院 2010).

---

9 구들의 등장배경에 대해서는 동북지방기원설, 서북지방기원설 등 다양한 논의가 진행되고 있다.

장현리 원삼국주거지의 평면형태는 방형계가 가장 높은 점유율을 보이며, 오각형과 육각형의 순으로 점유되고 있다. 장현리유적에서 주거지 평면형태의 변화는 육각형주거지를 오각형주거지와 육각형주거지가 파괴하기도 하고, 오각형주거지와 육각형주거지에 후행하여 방형계주거지가 축조되기도 한다. 또한 오각형주거지를 원형수혈이 파괴하고 이 원형수혈을 육각형주거지가 파괴하는 등 다양한 평면형 사이의 중복이 확인된다. 이러한 중복을 통해 장현리유적 내에서는 최소 3시기 이상의 생활유구가 중첩되어 축조되었음을 확인할 수 있으나 평면형태만을 대상으로 한 일률적인 변화의 방향성은 확인되지 않는다. 따라서 장현리유적에서는 다양한 형태의 가옥들이 동시기에 공존하였을 가능성이 높으며, 육각형주거지는 장현리유적에 원삼국시대 인들이 정착하면서부터 등장하여 증가하는 추세를 보이고 있다.

벽체시설은 상부벽체와 하부벽체로 구분된다. 상부벽체는 일부 화재주거지에서 확인되며, 형태를 추정할 수 있는 구조가 잔존하지 않아 객관적인 분류 기준으로 설정하기에는 적합하지 않다. 하부벽체는 수혈 벽면의 무너짐을 방지하기 위한 구조물로 벽구식과 주혈식, 목주식 등으로 구분되며, 주혈식이 높은 점유율을 보이고 있다. 하부벽체 사이에는 동일 형태가 서로 중복되기도 하고, 벽구식이 주혈식을 파괴하거나 주혈식이 벽구식을 파괴하기도 하는 등 변화의 일관성이 보이지 않는다. 이는 동시기에 다양한 벽체시설이 공존하였을 가능성을 반영한 것으로 이해된다.

원삼국시대 주거지의 가장 큰 특징 중의 하나가 별도로 돌출된 출입시설을 갖는다는 점이다. 출입구는 '凸'자형으로 돌출된 부분에 시설되는데, 그 형태는 경사식과 계단식으로 구분되며, 경사식이 높은 점유율을 보이고 있다. 중복관계는 계단식을 경사식이 파괴하고 있으며, 경사식끼리 중복되기도 한다. 계단식은 모두 경사식에 의해 파괴되고 있어 계단식에서 경사식으로 변화하였을 가능성을 엿볼 수 있다.

노지는 상대적으로 큰 규모의 주거지 내부에서 구들시설과 별개로 독립된 노지가 확인되기도 하는데, 노지의 형태는 복합식, 점토띠식, 부석식, 무시설식, 아궁이식 등 5가지로 구분할 수 있으며,[10] 복합식이 가장 높은 점유율을 보인다. 노지가 설치된 주거지 상호간의 선후 관계는 명확하지 않으나 노지가 설치된 주거지가 후행하는 주거지들

---

10 하지만 점토띠식이나 무시설식의 경우 바닥 부분만 잔존하는 상태로 확인되어 복합식노지가 유실된 형태일 가능성도 배제할 수 없다.

구분	모식도 / 개체수(%)
-A유형- (15동)	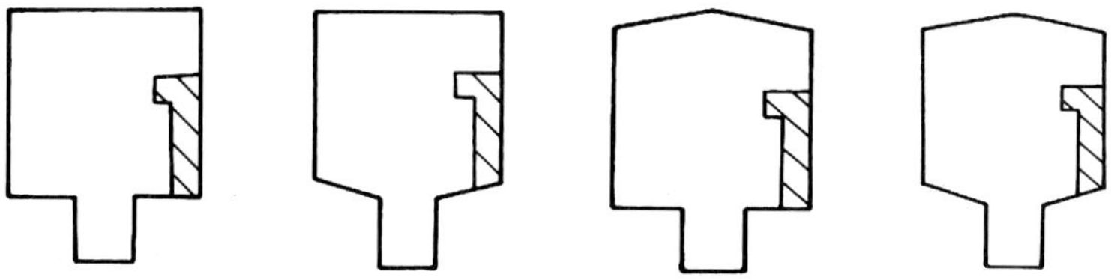 33%(5동) · 53%(8동) · 7%(1동) · 7%(1동)
-B유형- (10동)	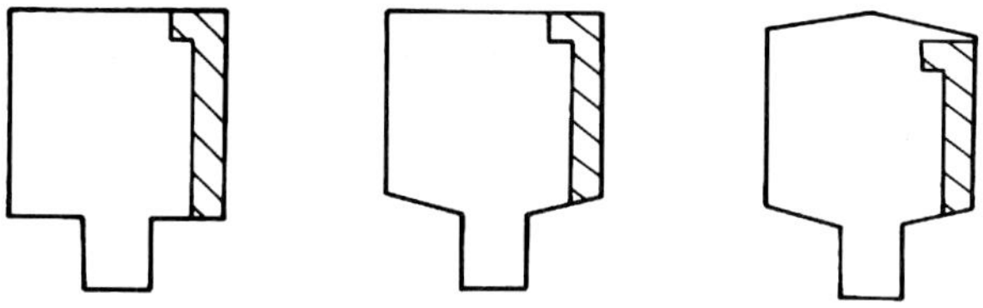 20%(2동) · 60%(6동) · 20%(2동)
-C1유형- (14동)	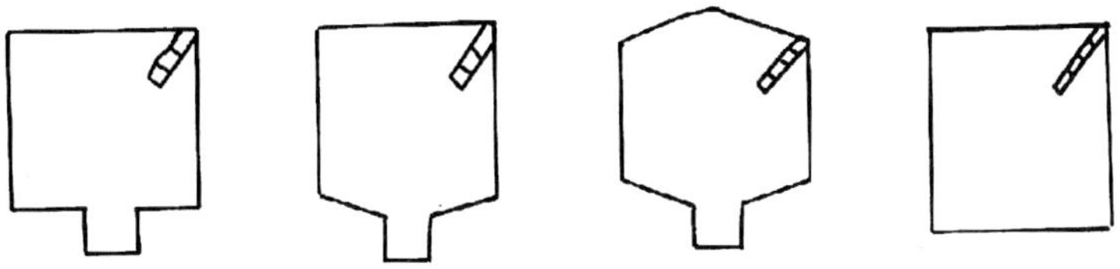 50%(7동) · 29%(4동) · 14%(2동) · 7%(1동)
-C2유형- (13동)	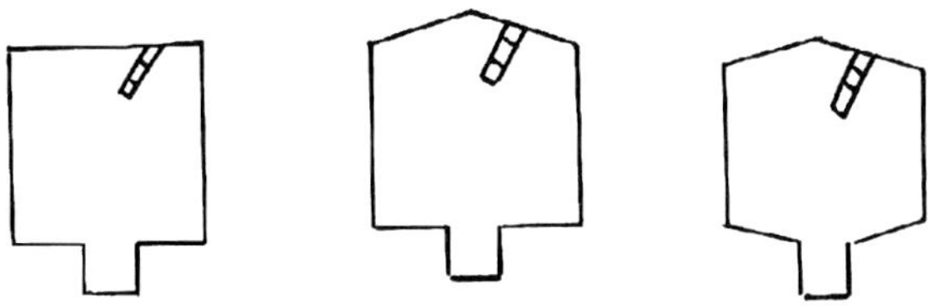 23%(3동) · 8%(1동) · 69%(9동)
-D유형- (12동)	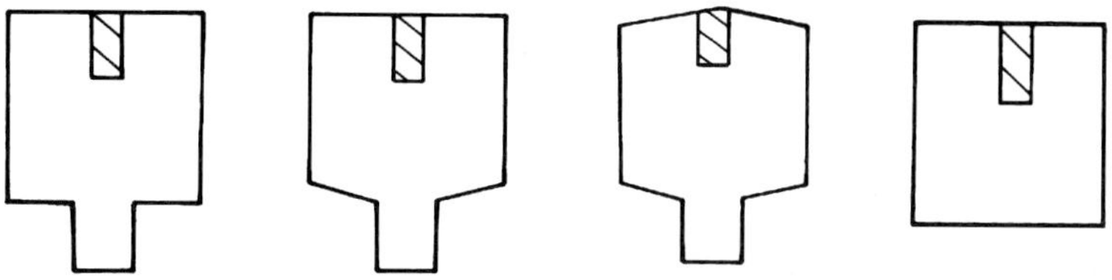 16%(2동) · 16%(2동) · 42%(5동) · 25%(3동)

에 의해 파괴되고 있어 상대적으로 이른 단계의 주거지에 노지가 설치되었음을 알 수 있다.

구들시설은 주거지 내부에 석재와 점토를 혼합하여 축조하였는데, 아궁이·부뚜막·고래·배연부를 포함하는 구조물로 주거지 장벽을 따라 고래가 설치된 'ㄱ'자형과 주거지 내부에서 바로 연도를 통해 밖으로 연결되는 'ㅡ'자형으로 구분된다. 아울러 앞에서 설정한 아궁이의 위치 변화를 중심으로 설정한 유형별 주거지 모식도는 〈표 2〉와 같으며, 각 유형별 주거지의 개체수는 비슷한 비율을 보이고 있다.

구들시설의 각 유형별 주거지는 여러 곳에서 중복 조영되어 있는데, 먼저 장현리 1호 주거지에서 'ㄱ'자형 구들이 A유형에서 B유형으로 변화함을 확인할 수 있다. 이는 주거지내에서 구들을 개량한 결과이며, 구들 규모의 확대를 반영한 것으로 이해된다. 중복관계를 통해 구들시설은 'ㄱ'자형에서 'ㅡ'자형으로 변화하며, A유형→B유형→C1·C2유형→D유형으로 변화됨을 살필 수 있다. 한편 A유형과 B유형 사이의 직접적인 중복은 확인되지 않지만, 1호 주거지의 'ㄱ'자형 구들 중복 예를 내부의 개량으로 이해할 때, 동시에 존재하였을 가능성도 배제할 수는 없다. 이들 'ㄱ'자형 구들은 'ㅡ'자형 구들에 선행함이 중복에서 확인된다. 또한 C유형 내에서의 중복관계가 확인되지 않고 있어 이 역시 동시기에 존재하였을 가능성을 시사한다(홍지윤·오준혁·김규홍 2008 : 117~155). 'ㅡ'자형 구들의 아궁이 위치는 출입구 반대편 오른쪽 모서리에 설치되었다가 차츰 출입구 반대편 중앙부로 옮겨가는 방향으로 변화함을 확인할 수 있다. 화재유무에 의한 주거지 변화는 파악되지 않으며, 시차를 두고 2회 이상의 화재가 발생하였음을 추정할 수 있다.

2) 장현리 취락의 단계 설정

장현리유적에서 주거지의 단계를 구분할 수 있는 유효한 속성은 앞 장에서 살펴보았듯이 구들의 형태와 아궁이 위치변화이다. 중복관계를 통해 'ㄱ'자형 구들시설이 먼저 등장한 것으로 확인되며, 중도식 노지는 설치된 것에서 사라지는 방향으로 변화한다. 'ㄱ'자형 구들 내에서의 변화는 1호 주거지에서 'ㄱ'자형 구들의 아궁이가 규모의 확대 방향으로 변하지만, 동일 주거 내에서의 개량으로 단계를 구분할 정도는 아니라고 판단된다. 이러한 구들구조의 변화를 중심으로 장현리 원삼국시대 취락은 3단계로 변화되었음을 살필 수 있다.

보고서에서 C1·C2유형에서 17호와 18호, 78호와 80호 주거지의 간격이 너무 밀착되어 있어 동시기로 보기 어렵다는 견해를 제시한 바 있으나, 18호와 80호 주거지가 다른 주거지에 비해 규모가 작음으로 볼 때, 기능적인 차이로도 이해할 수 있지 않을까 하며, C1·C2유형 사이에 발생의 선후가 있다 하더라도 중복이 없다는 점에서 동시기에 공존하였을 가능성을 배제할 수 없으므로 같은 단계로 설정하여도 무리는 없을 것이다.

이렇게 보면 장현리 원삼국시대 취락의 단계는 A유형과 B유형의 구들이 설치된 1단계와 C1·C2유형의 2단계, 그리고 D유형의 3단계로 변화되고 있었음을 상정할 수 있다.

1단계는 A유형과 B유형의 구들시설이 설치된 시기로 모두 25동의 주거지에서 확인된다. 평면형태는 방형과 출입구쪽이 둔각인 오각형주거지가 높은 점유율을 보이며, 육각형주거지는 12%의 점유율을 보인다. 하부벽체는 벽구식과 주혈식이 모두 나타나고 있다. 출입시설은 세난식과 경사식이 모두 보이지만 경사식이 우세하며, 구들과 별도의 노지가 설치된 유구가 전체의 50% 이상을 차지한다. 주거지의 규모는 110m² 이상의 초대형 주거지에서부터 20m²까지 고르게 분포되어 있으며, B유형은 대체로 중소형의 주거지에서 나타난다. 화재에 의한 주거지 폐기율은 낮게 나타난다.

1단계의 토기(도 03)는 경질무문토기에 격자 타날이 확인되며, 타날문호를 모방한 형태의 경질무문토기가 등장하는 등 韓志仙(2003)의 분류 II-2기의 특징을 보이고 있다. 경질무문토기 호가 자비용기로 사용되고, 시루는 평저인 경질무문토기 기종이 사용되며, 구연이 약간 외반하고 그루터기형 파수가 부착되어 있다. 박경신은 중부지방 원삼국시대 시루편년(박경신, 수원 서둔동유적 고찰) IIa단계로 설정하고 있다. 타날문 발이 등장하기 이전단계로 1단계는 경질무문토기의 변화나 유구의 특징에서 3세기 초로 편년할 수 있다.

한편 1단계의 6호와 29호 주거지에서 2차 소성에 의해 파손된 토기가 집중 출토되고 있어 당시 토기 제작기술의 한계를 반영한 것으로 이해된다.

2단계는 C유형의 구들과 아궁이가 설치된 시기로 26동의 주거지가 확인된다. 평면형태는 방형과 출입구쪽이 둔각인 오각형주거지, 출입구 반대쪽 벽이 둔각인 오각형주거지, 육각형주거지, 출입구가 없는 방형주거지 등 다양하게 확인되며, 육각형주거지는 33%의 점유율로 확인된다. 하부벽체는 벽구식과 주혈식이 모두 나타나나 주혈식이

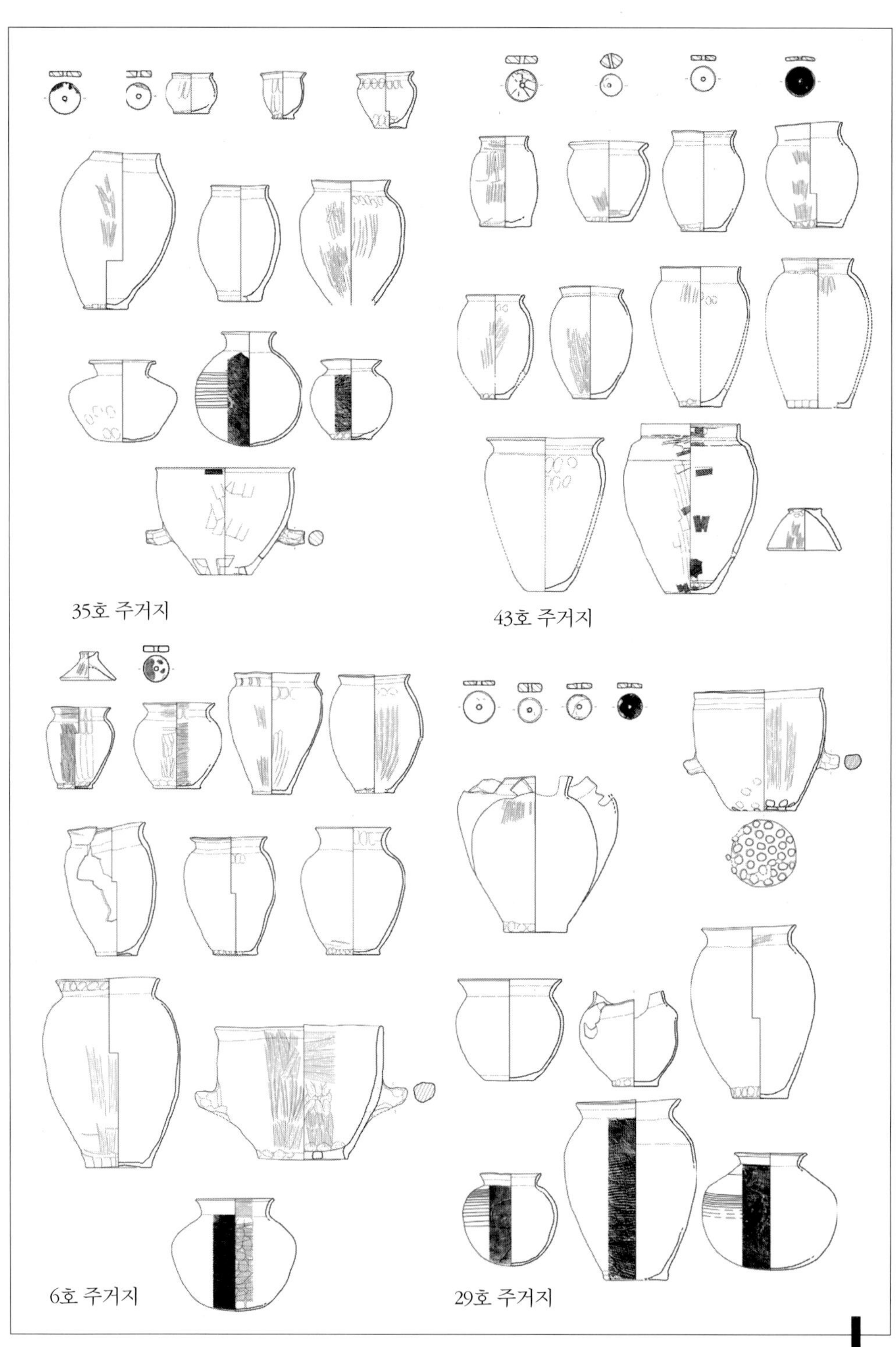

35호 주거지
43호 주거지
6호 주거지
29호 주거지

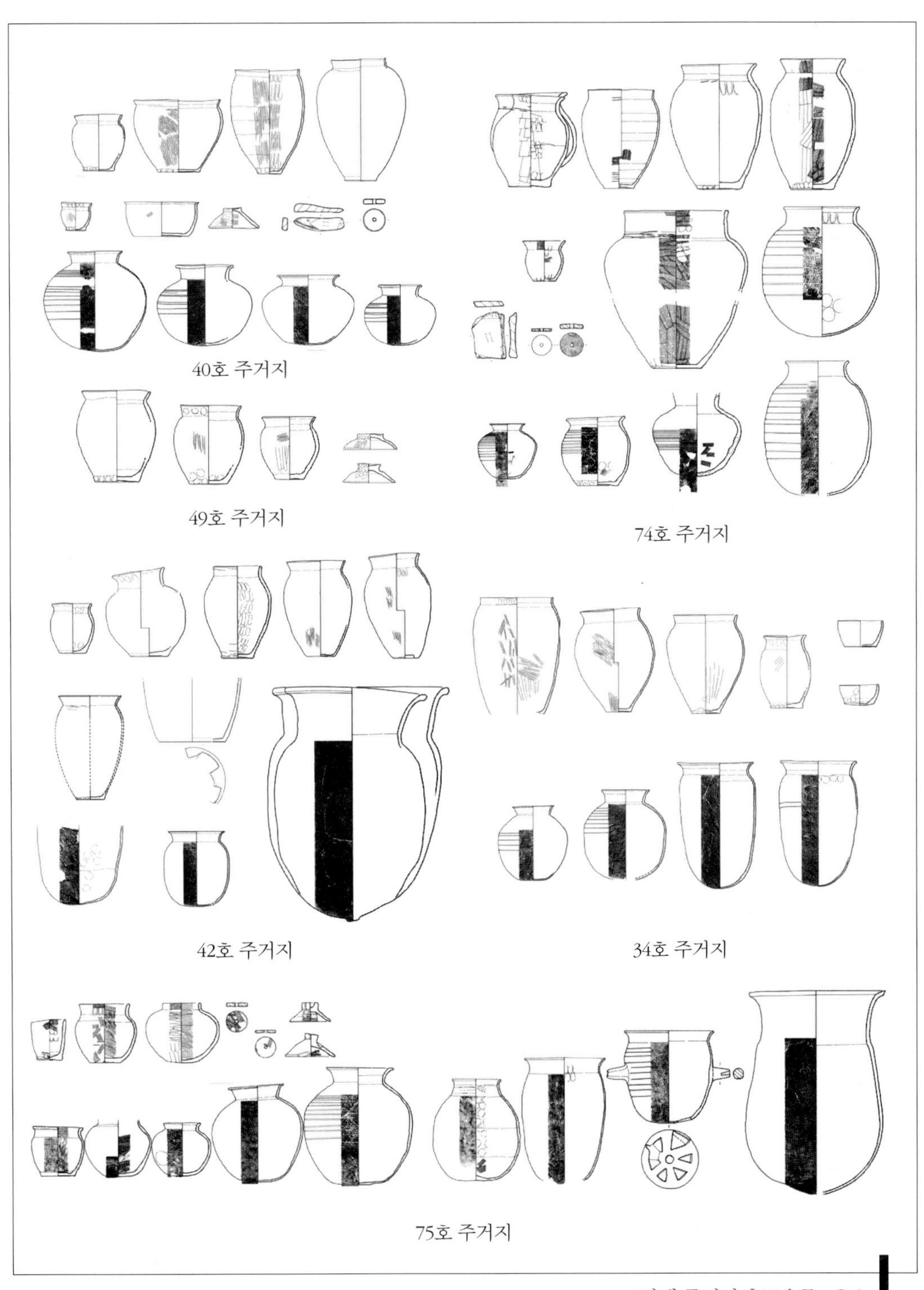

40호 주거지
49호 주거지
74호 주거지
42호 주거지
34호 주거지
75호 주거지

높으며, 출입구는 경사식과 계단식이 모두 보인다. 육각형인 58호 주거지와 74호 주거지가 80㎡ 이상으로 대형이며, 나머지는 50㎡ 이하이고, C2유형에서 40㎡ 이하의 소형 주거지의 비율이 높다. 대형주거지에서 화재의 비율이 높게 나타난다.

2단계의 토기(도 04)는 시루와 자비용기에 타날문토기가 채용되는 등 새로운 기종이 출현하는 시기로 장현리 45호 주거지에서 출토된 시루는 풍납토성 가2호 주거지 출토품과 비교되며, 삼각형의 증기공이 뚫리는 등 백제초기 단계의 속성이 보인다. 저장용기는 경질무문토기옹이 지속되며, 타날문호는 승문이나 격자문을 타날한 후 동체 상방으로 횡침선을 돌리고, 경부 하단의 문양은 물손질로 지운 특징을 보인다. 경질무문토기발과 타날문발이 공존하고 있는 시기로 한지선의 Ⅲ기 후반, 박경신의 시루분류 Ⅱb기와 평행기로 3세기 중엽으로 편년이 가능하다. 철기는 일부 주거지에서 철사 등 가공용구가 출토되며, 그 비중은 극히 낮다.

3단계는 D유형의 구들이 설치된 시기로 13동이 확인된다. 육각형주거지가 40%로 가장 높은 점유율을 보이며, 하부벽체는 벽구식과 주혈식으로 축조되었는데, 주혈식이 상대적으로 높게 나타난다. 출입시설은 계단식과 경사식이 비슷한 비율로 만들어지며, 노지는 더 이상 설치되지 않는다. 주거지 내부 면적이 40㎡ 이하인 중소형의 주거지가 대부분이며, 30%대의 화재에 의한 폐기율을 보이고 있다. 대형주거지가 보이지 않는 특징이 있다.

3단계의 토기(도 05)는 대부분의 기종에서 경질무문토기가 사라지고 타날문토기의 비중이 높게 나타나며, 뚜껑 등 일부 기종에만 경질무문토기가 지속된다. 마연과 저부 깎기, 직구호의 경향, 사격자 암문이 시문되는 등의 특징과 함께 호와 발 기종에 횡침선이 부가되며, 저부 및 동체 상방은 의도적으로 문양을 지우고 있다. 장란형토기의 구연이 'C'자형으로 급격히 외반하는 특징을 보인다. 한지선의 분류 Ⅳ~Ⅴ기의 경향을 보이며, 시루의 경우 타날에 평저화가 진행된 단계로 박경신의 시루편년 Ⅱc기 이후로 위치지울 수 있다. 철기의 경우 4호 주거지에서 주조철부편과 철겸, 도자, 철촉 등 다양하게 출토되었을 뿐, 대부분의 주거지에서 철기를 공반하지 않거나 도자나 철촉 등이 부분적으로 출토된다. 철촉의 경우 단면 볼록렌즈형의 사두형 철촉이 1점씩 확인된다. 한성백제 단계로 옮겨진 이후로 판단되며, 3세기 후반으로 편년할 수 있다.

장현리 주거지의 구들이 설치되지 않은 소형 주거지는 27호 주거지와 같이 구상유구에 의해 파괴되기도 하고, 24호 주거지는 8호 수혈유구에 의해 파괴되었다. 구들이 설치되지 않은 주거지는 모두 11동이 확인되었는데, 후대 유구에 의해 파괴되고 있어

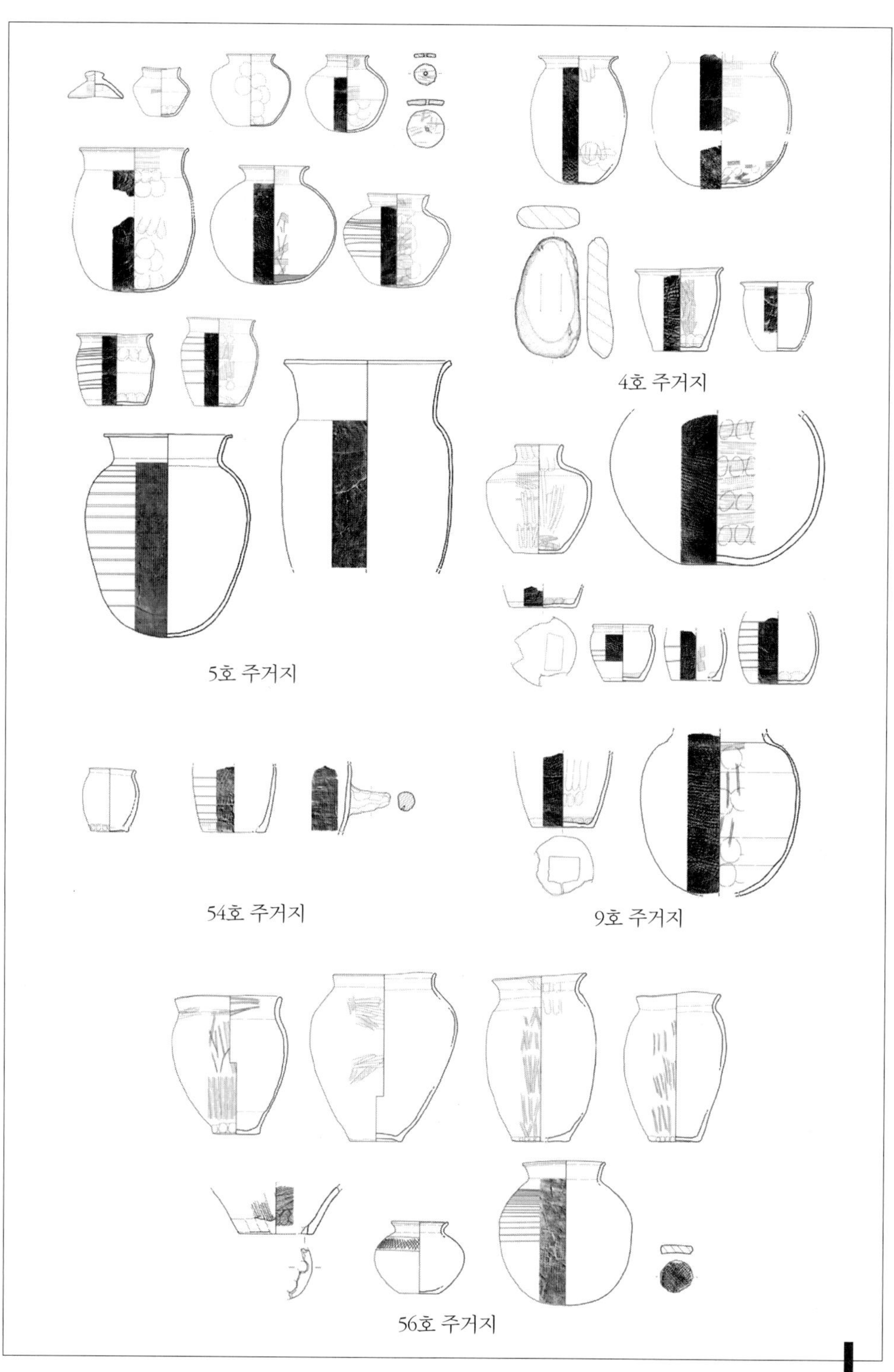

4호 주거지
5호 주거지
54호 주거지
9호 주거지
56호 주거지

대체로 이른 단계로 설정할 수 있으며, 계절적인 주거공간이거나 창고 등 부속 건물로 축조되었을 가능성이 높은 것으로 판단된다.

4. 중부지방 원삼국~백제 주거 변천

주거지 평면형태를 중심으로 변화 양상을 제시한 선행연구(宋滿榮 1999)를 장현리 유적에 대응시켜 보면, 방형 - 오각형 - 육각형으로의 단선적인 변화는 확인되지 않는다. 다양한 가옥구조가 취락의 출현기부터 공존하고 있었으며, 시간의 흐름에 따라 각 단계별 취락의 평면형태는 방형에서 육각형의 비율이 증가하는 방향으로 변화한다.

남양주 장현리 원삼국시대 취락은 등장기부터 다양한 가옥구조로 출발하는데, 동시기 가옥구조의 차이는 사용목적에 따른 차이나 신분에 의한 위계에 따른 차별화의 결과로 이해된다. 주거지를 통한 계층이나 신분에 따른 위계화의 증거는 유물의 질과 양 및 특정 신분 표식적 유물의 출토여부일 것이다. 하지만 주거지는 폐기 환경에 따라 유물이 잔존할 가능성에 차이가 있으므로 이를 통한 계층 파악은 설득력이 약할 수밖에 없다. 신분에 따라 주거지의 장식이나 구조에 차이가 있었겠지만, 삶의 모습 그대로 우리에게 전해지는 것이 아니기에 구조로 신분을 복원하기는 어려움이 있다.

주거지의 분포와 성격을 통해 계층적인 위계 증거를 밝히는 것이 취락연구의 한 방편이 되어야 함이 타당할 것이다. 단지 규모의 대소를 통해 신분적 차이를 규정할 수 있을까? 장현리유적 원삼국시대 주거지 가운데 규모를 파악할 수 있는 유구는 73기이다. 이중 20㎡ 이하의 소형은 24기, 20~40㎡의 중형은 27기로 가장 많은 비율을 보이며, 40~80㎡인 대형은 17기이고, 80㎡ 이상인 초대형은 5기가 확인되었다. 이러한 주거지 규모의 차이를 위계화의 차이로 해석하기는 어렵지만, 단계에 따른 주거지 규모의 변화를 통해 단계별 주거지의 성격은 파악될 수 있을 것이다.

1단계의 A유형에서는 초대형의 주거지가 다수 확인되는데, 초대형인 43호 주거지의 경우 내부에서 철생산 관련 내범과 송풍관편 등이 출토되고 있어 장현리유적에서 철을 다루던 최상위자의 주거지로 볼 수 있다. 1단계의 25동 유구 중 1점이라도 철기가 출토된 유구는 10동으로 40%이며, 대부분 1~2점의 철촉이나 도자편이 출토된다. 철촉은 刺가 휘어진 역자식 철촉이다. 이들 철촉과 도자는 사냥 및 가공용구로 이해할 수 있

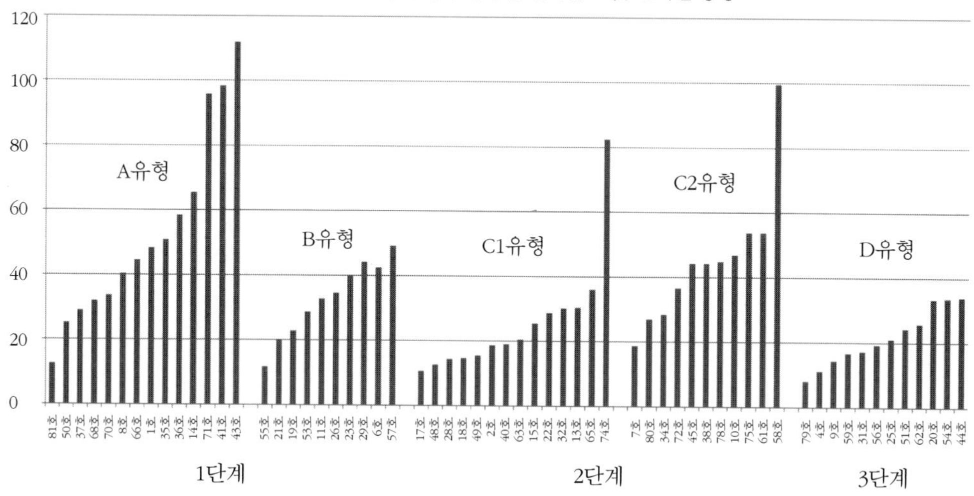

다. B유형 주거지는 중소형 규모의 주거지가 뚜렷한 구분 없이 나타나고 있으며, 화재에 의해 폐기된 6호 주거지 등에서 2차 소성되어 뒤틀린 토기가 집중되어 출토되고 있다. 1단계 토기에 나타나는 경질무문토기의 타날문호 모방이라던가 경질무문토기에 격자 타날이 베풀어지는 등의 특징은 독립적으로 존재하던 경질무문토기 제작기술과 타날문토기 제작기술이 일원화된 생산체제로 융합된 결과로 이해된다. 대형주거지와 중소형의 주거지가 고르게 분포된 양상에서 집권적인 힘이 미치지 못한 것으로 파악된다. 결국 1단계는 지역의 독자성이 어느 정도 용인된 시기로 이해될 수 있으며, 백제로 영역화되기 이전단계로 이해된다.

2단계에는 40m² 내외의 중소형이 대부분이나 74호와 58호 주거지와 같이 대형의 주거지가 공존하는 등 뚜렷한 위계화의 증거로 제시될 수 있다. 대형주거지를 공공의 장소로 해석할 수도 있지만, 상대적으로 많은 유물이 출토되고 있어 집단내에서 최상위자의 거주지로 해석하여도 무리가 없을 것으로 판단된다. 26동의 주거지 가운데 11동의 주거지에서 1점 이상의 철기가 출토되며, 철사와 철도자 등 가공용구가 중심을 이루고 있다. 미사리 고-010호, 풍납토성 가-2호, 풍납토성 가-7호 등이 C2유형에 속하며, 풍납토성 가-2호 출토 시루는 장현리 2단계 시루와 통하고 있다. 타날문토기가 자비용기와 시루로 사용되며, 격자문의 대옹이 저장용기로 사용되는 등에서 성장하는 한성백제와의 관련성이 확인된다. 대형주거지와 소형주거지의 배치 양상에서 중앙으로부터의 힘에 의존한 지배층과 피지배층으로 양분된 시기로 이해되며, 백제 세력의 진출과 관

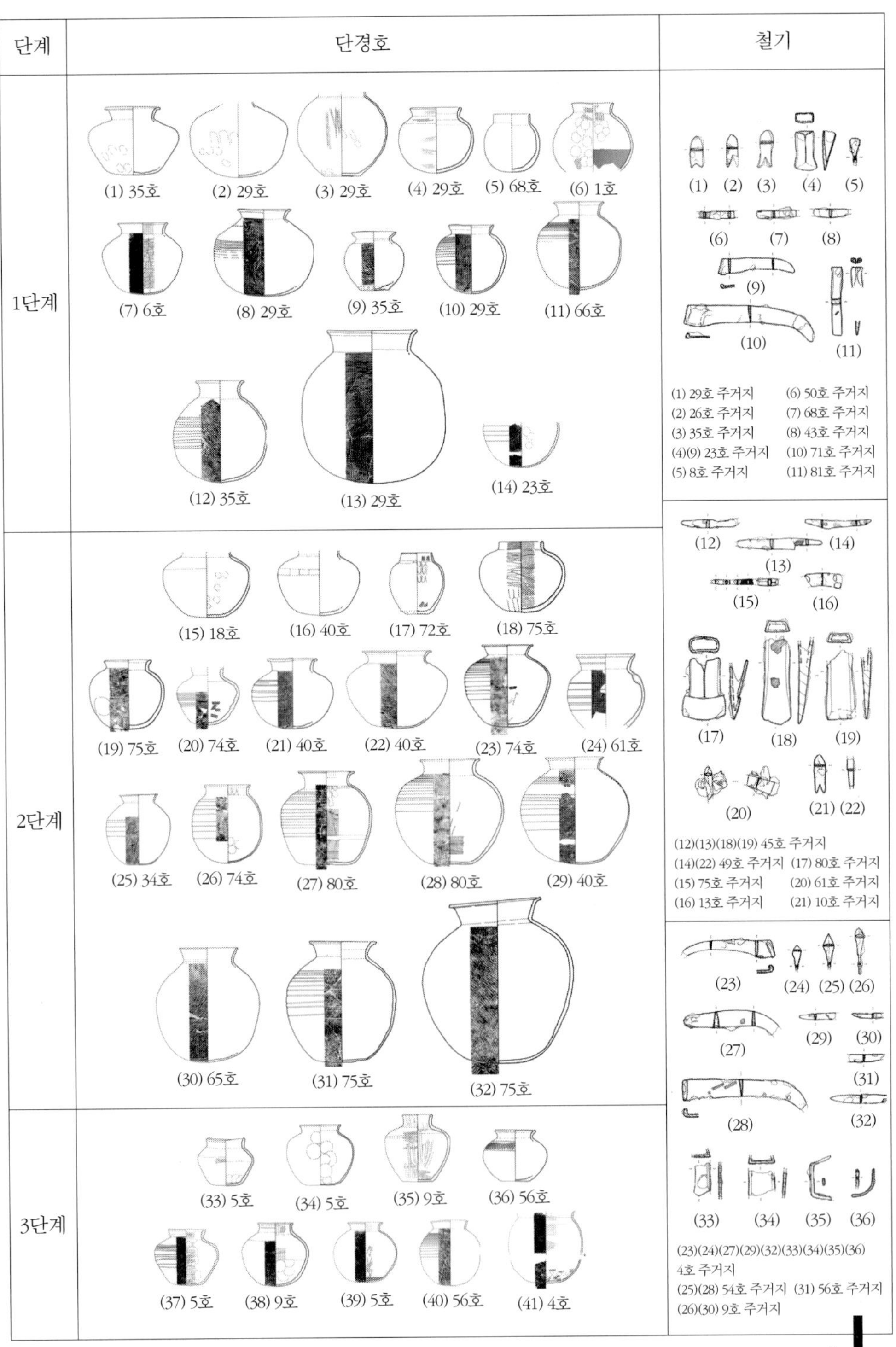

장현리 출토 단경호 · 철기의 단계별 변천　06

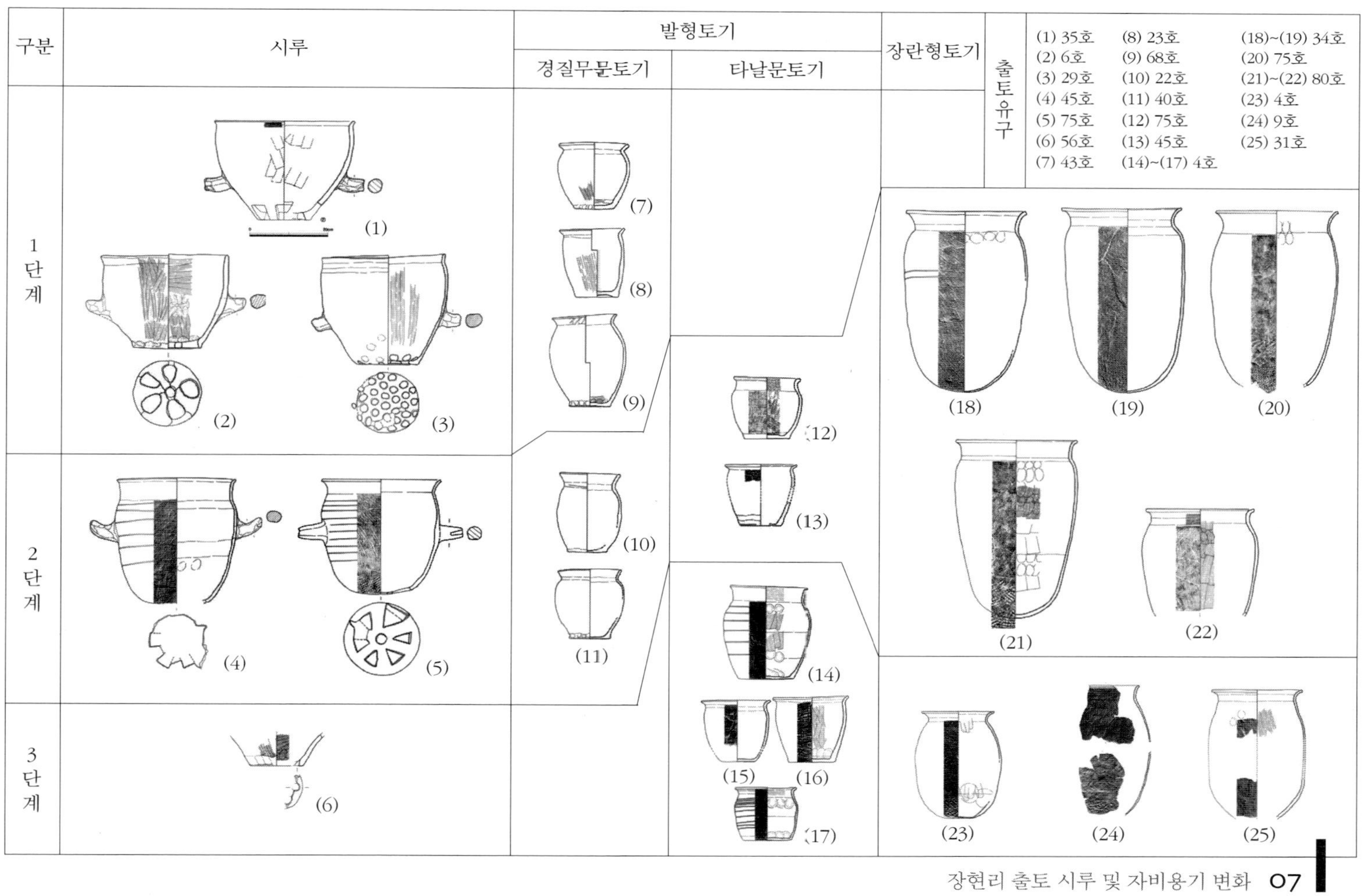

장현리 출토 시루 및 자비용기 변화　07

련된 시기로 파악된다.

3단계에는 대체로 40m² 미만의 소형 주거지만으로 구성되어 있다. 철기는 12동의 주거지 중 4동에서만 1~2점씩 확인된다. 무뉴식의 뚜껑과 타날문토기의 일반화 등에서 백제화된 경향을 확인할 수 있다. 소형의 주거지만이 축조되는 특징과 무기가 아닌 생활용구로서 소량의 철기가 부장된다는 점에서 지역 기반이 몰락하고 백제의 하위 취락으로 편재된 이후의 양상을 보여준다(도 06 · 07).

어찌되었거나 중부지방에서 선후를 보이며 축조된 구들의 형태와 아궁이 위치변화라는 속성은 寒期의 도래와 같은 기후 변화와 밀접히 관련되었을 것이며, 만일 그렇다면 이는 중부지방 주거지 전체의 변화상과 궤를 같이 하는 것으로 볼 수 있다. 즉 난방시설의 형태에서 원삼국시대의 이른 시기로 편년되는 대성리 전기 주거지에서는 중도식 노지만이 축조됨을 볼 수 있다. 이는 중도식 노지가 단독으로 설치된 주거지에서 중도식 노지와 'ㄱ'자형 구들이 혼합된 형태를 거쳐 'ㄱ'자형 구들이 단독으로 설치되다가 'ㅡ'자형 구들이 설치되는 방향으로 변화되는 방향성을 확인할 수 있는 것이다. 'ㅡ'자형 구들시설의 경우 아궁이 위치가 출입구 우측 모서리에서 출입구 반대벽 중앙으로 옮겨가는 방향으로 변화된 것으로 보인다. 원삼국에서 백제로의 변화는 'ㄱ'자형 구들에서 'ㅡ'자형 구들로의 변화와 함께 진행된 것으로 이해된다.

5. 맺음말

장현리유적에서 대부분을 차지하는 원삼국시대 주거지는 구들의 형태와 아궁이의 위치 변화라는 속성을 통해 3단계로 변화되었음을 살필 수 있었다. 중부지방에서 장현리유적보다 앞선 단계의 주거지에는 중도식 노지가 단독으로 설치되거나 적어도 'ㄱ'자형 구들이 설치된 주거지가 축조된 것으로 추정할 수 있다. 장현리유적의 1단계는 'ㄱ'자형 구들이 출입구 측벽의 중앙부에 아궁이가 설치되다가 아궁이가 출입구 대각쪽 모서리에 설치되는 방향으로 변화하며, 경질무문토기에 타날문이 시문되거나 타날문호의 영향으로 만들어진 경질무문토기 호가 제작되는 시기로 시루와 자비용기 및 발형토기에 경질무문토기만이 사용되고 있다. 철기의 경우 수량은 적으나 제철과 관련된 내범의 존재 등에서 마을내의 지배계층에서 간단한 철기를 직접 제작하여 분배하였음으로 이해할 수 있다.

2단계는 '一'자형 구들이 출입구 대각의 모서리에 설치되다가 출입구 반대편으로 옮겨가는 단계로 장란형토기가 자비용기로 사용되며, 타날문토기 시루가 제작되고, 저장용기로 타날문 대옹이 사용되기도 하며, 발형토기에 타날문토기와 경질무문토기가 공존한다. 대형주거지와 소형주거지의 구분이 뚜렷하며 유물의 집중현상도 두드러진다. 이는 중앙에 의존한 계층과 그렇치 못한 계층의 차이이며, 유물상에서 백제화의 경향이 간취된다.

3단계는 '一'자형 구들이 출입구 반대편 중앙에 설치되는 시기로 경질무문토기는 소수의 기종에만 잔존하고, 대부분이 타날문토기로 전환된다. 단경호에 흑색마연과 사격자암문이 등장하는 등 뚜렷한 백제화의 경향이 보이며, 소형주거지만이 축조되고 있어 장현리유적이 백제의 하위 취락으로 변모되었음으로 해석될 수 있다.

이렇듯 장현리유적을 통해 중부지방에서는 중도식주거지를 계승하여 한성백제가 성장하였음을 확인할 수 있으며, 중도유형문화는 백제로 성장한 세력의 중심문화요소가 되었음을 알 수 있다. 즉 백제의 형성은 전시기 중부지방의 문화를 계승하여 발전하였으며, 이러한 계승관계는 1단계에서 3단계로의 취사와 난방구조의 연속적인 변화와 함께 지속된 토기 양상에서 확인된다. 장현리 1단계의 선행 단계는 아마 중도식 노지가 독립적으로 축조된 주거유형일 것이며, 이는 대성리 전기 주거지의 예에서 확인된다. 이 중도유형문화는 위로부터의 낙랑과의 교류와 성장하는 백제국과의 관계정립 및 각 지역에 분기된 지역정치체를 통합하는 과정속에서 백제로 성장해간 것으로 이해할 수 있다.

취사와 난방구조는 중도식 노지→중도식 노지+'ㄱ'자형 구들시설→'ㄱ'자형 구들시설→'一'자형 구들시설로 변화된다. 백제는 '一'자형 구들시설의 등장과 함께 시작되며, 확산과 더불어 지방세력을 점거해 가는 모습을 살필 수 있다.

참고문헌

江陵大學敎博物館, 1998, 『江陵 橋項里 住居地』.

＿＿＿＿＿＿＿＿, 1998, 『江陵 柄山洞 遺蹟』.

강세호, 2007, 「嶺西地域 鐵器文化 硏究 -住居遺蹟을 中心으로」, 한림대학교 대학원 석사학위논문.

姜連洙, 1990, 「原三國時代의 住居建築에 관한 硏究」, 建國大學校 大學院 碩士學位論文.

江原大學校博物館, 1984, 『屯內』.

京畿道博物館, 1999, 『坡州 舟月里 遺蹟』.

＿＿＿＿＿＿, 2004, 『抱川 自作里 遺蹟 : 긴급발굴조사보고서』.

＿＿＿＿＿＿, 2006, 『묻혀진 백제문화로의 산책 한성백제』, 2006 경기도박물관 특별기획전 도록.

京畿文化財研究院, 2009, 『加平 大成里 遺蹟』.

＿＿＿＿＿＿＿＿, 2009, 『坡州 瓦洞里 I 遺蹟』.

高麗大學校 考古環境研究所, 2007, 『牙山 葛梅里(III地域) 遺蹟』.

국립문화재연구소, 2001, 『風納土城 I , I -2 : 현대연합주택 및 1지구 재건축 부지 』.

국립중앙박물관, 1980 · 1981 · 1982 · 1983 · 1984, 『中島 I ~ V 』.

국립창원문화재연구소, 2001, 『어은 2지구 선사유적(주거지, 석관묘 편)』.

권오영, 1996, 「삼한의 국에 대한 연구」, 서울대학교 대학원 박사학위논문.

＿＿＿＿, 2004, 「百濟의 住居址」, 『백제 문화의 원형』, 공주대학교 백제문화원형복원센타.

＿＿＿＿, 2007, 「住居構造와 炊事文化를 통해 본 백제계 이주민의 일본 畿內地域 정착과 그 의미」, 『韓國上古史學報』 第56號, 韓國上古史學會.

畿甸文化財研究院, 2007, 『華城 石隅里 먹실遺蹟』.

김권중, 2005, 「北漢江流域 靑銅器時代 住居址 硏究-龍岩里 · 泉田里遺蹟을 中心으로-」, 檀國大學校 大學院 碩士學位論文.

金南旽, 1996, 「우리나라의 初期鐵器時代 中部地方의 遺蹟硏究」, 江原大學校 大學院 碩士學位論文.

김동훈, 2005, 「한국터널식 노시설에 관한 시론」, 성균관대학교 대학원 석사학위논문.

金武重, 2006,「江原地域 原三國時代 土器 編年」,『江原地域의 鐵器文化』, 2006년 추계학술대회, 강원고고학회.

金容伯, 2010,「春川 貊國 硏究」, 강원대학교 대학원 박사학위논문.

金元龍, 1971,「加平馬場里冶鐵住居址」,『歷史學報』50·51 合本, 歷史學會.

김일규, 2007,「한강유역의 원삼국시대 성립과정」,『원삼국시대의 한강유역』, 2007년도 제3회 서울경기 고고학회 정기발표회, 서울경기고고학회.

盧爀眞, 2004,「中島式土器의 由來에 대한 一考」,『湖南考古學報』19輯, 湖南考古學會.

美沙里先史遺蹟發掘調査團·京畿道公營開發事業團, 1994,『美沙里 I ~ V』.

박경신, 2003,「한반도 중부이남지방 토기 시루의 성립과 전개」, 숭실대학교 대학원 석사학위논문.

박천택, 2007,「가평 현리 원삼국시대 취락유적」,『원삼국시대의 한강유역』, 2007년도 제3회 서울경기 고고학회 정기발표회, 서울경기고고학회.

宋滿榮, 1996,「火災住居地를 통해 본 中期無文土器時代 社會의 性格」,『古文化』49, 한국대학교박물관 협회.

______, 1999,「中部地方 原三國文化의 編年的 基礎」,『韓國考古學報』41, 韓國考古學會.

______, 2000,「中部地方 原三國時代-漢城百濟時代 戰爭樣相의 變化 -火災住居地 資料를 中心으로」,『韓國考古學報』43, 韓國考古學會.

______, 2003,「中部地方 原三國 文化의 展開過程과 韓濊 政治體의 動向」,『강좌 한국고대사』제10권(고대사 연구의 변경), 가락국사적개발연구원.

______, 2010,「六角形 住居址와 漢城期 百濟 聚落」,『韓國考古學報』74, 韓國考古學會.

숭실대학교 한국기독교박물관, 2010,『水原 西屯洞 遺蹟』.

申鍾國, 2002,「百濟土器의 形成과 變遷過程에 대한 硏究 -漢城期 百濟 住居遺蹟 出土 土器를 中心으로」, 성균관대학교 대학원 석사학위논문.

申熙權, 2001,「한강유역 1~3세기 주거지 연구-풍납동식 주거지 형성과정을 중심으로」, 서울대학교 대학원 석사학위논문.

______, 2001,「1~3세기 한강유역 주거와 백제의 형성」,『동아시아 1~3세기의 주거와 고분』, 국립문화재연구소.

沈載淵, 1996,「江原 嶺東·嶺西地域의 鐵器文化硏究」, 翰林大學校 大學院 碩士學位論文.

______, 2004,「춘천 맥국설 정립을 위한 제언」,『강원문화사연구』제9집.

______, 2007,「남한강 중상류지역의 철기시대 문화의 특징 -최근 발굴자료를 중심으로-」,『고고학』제6권 제2호, 서울경기고고학회.

안성민·박성남, 2010,「연천 강내리 유적」,『移住의 고고학』, 제34회 한국고고학전국대회 발표요지, 韓國考古學會.

안재호, 2008,「수혈주거지 조사법」, (재)영남문화재연구원 고고학 연구 공개강좌 제20회.

吳世筵, 1995,「중부지방 원삼국시대 문화에 대한 연구-주거양상을 중심으로」,『韓國上古史學報』제19
호, 韓國上古史學會.

吳焌赫, 2008,「大田地域 朝鮮時代 竪穴住居址에 대한 一研究」,『研究論文集』第4號, 中央文化財研究院.

유창현, 2007,「江原地域 鐵器時代 住居址 內 爐址 研究」,『江原考古學報』第9號, 江原考古學會.

이민석, 2002,「한국 상고시대의 노시설 연구」, 전북대학교 대학원 석사학위논문.

이승연·이상해, 2007,「철기시대 凸字形·呂字形 및 한성백제기 六角形住居址의 평면과 구조형식에
관한 연구」,『건축역사연구』통권53호.

이현석 외, 2004,「수혈건물의 폐기양식」,『발굴사례 연구 논문집』창간호, (사)한국문화재조사연구기관
협회.

이형주, 2001,「韓國 古代 부뚜막施設 研究」, 충남대학교 대학원 석사학위논문.

李弘種, 1993,「부뚜막시설의 登場과 地域像」,『嶺南考古學』12.

李熙濬, 2004,「초기철기시대·원삼국시대 再論」,『韓國考古學報』52, 韓國考古學會.

임윤미, 1990,「한국 선사시대 노지연구」,『崇實史學』6.

장경호, 1985,「우리나라의 煖房施設인 溫突(구들)形成에 對한 研究」,『考古美術』165, 한국미술사학회.

______, 2002,「우리나라 고대인의 주거생활과 건축」,『강좌 한국고대사』제6권, 가락국사적개발연구원.

장인경·김기룡·배기동, 2010,「연천 삼곶리 철기생산 마을유적 발굴조사 성과 및 향후과제」,『移住의
고고학』, 제34회 한국고고학전국대회 발표요지, 韓國考古學會.

정상석, 2006,「부뚜막부 쪽구들 구조분석과 조사방법에 대한 일고찰」,『야외고고학』창간호, (사)한국
문화재조사연구기관협회.

朱南哲, 1987,「온돌과 부뚜막의 고찰」,『文化財』제20권.

中央文化財研究院, 2010,『南陽州 長峴里遺蹟』, 發掘調査報告 第163册.

지현병, 1999,「영동지역의 철기시대 연구」, 단국대학교 대학원 박사학위논문.

忠南發展研究院, 2003,『公州 長善里 土室遺蹟』.

취락연구회, 2004,『竪穴建物址 調査方法論』, 춘추각.

韓志仙, 2003,「土器를 통해 본 百濟 古代國家 形成過程 研究」, 中央大學校 大學院 碩士學位論文.

______, 2005,「百濟土器 成立期 樣相에 대한 再檢討」,『百濟研究』第41輯, 忠南大學校 百濟研究所.

함재욱, 2010,「韓半島 中·西南部地域 鐵鏃의 變遷」,『제6회 한국철문화연구회 학술세미나』, 한국철문
화연구회.

홍지윤·오준혁·김규홍, 2008,「원삼국시대 주거지 축조과정과 상대편년 수립을 위한 기초적 연구」,
『야외고고학』제4호, 한국문화재조사연구기관협회.

황정욱, 2007,「원주 가현동 유적 조사개요 - 국군원주병원 재건축부지 발굴조사」,『원삼국시대의 한강
유역』, 2007년도 제3회 서울경기고고학회 정기발표회, 서울경기고고학회.

III.
호서지역 마한 · 백제 주거지 연구

신 연 식 중앙문화재연구원

1. 머리말

호서지역은 행정구역상 충청남도와 충청북도를 총칭한다. 호서지역은 동쪽으로는 소백산맥을 경계로 하고 있으며, 서쪽으로는 서해안과 맞닿아 있다. 또한 남쪽으로는 금강을 경계로 호남지역과, 북쪽으로는 차령산맥을 경계로 경기지역과 구분된다. 호서지역은 크게 금강과 남한강의 두 수계가 통과하며, 소백산맥을 경계로 영남지방과 연결되는 교통로가 발달되어 있다. 이러한 자연 · 지리적 여건과 교통로로 인하여 고대의 호서지역은 각국의 영토확장을 위한 각축장이 되어왔다. 호서지역에서 마한 · 백제시대에 대한 연구는 1980년대 초까지만 해도 극히 저조한 상태였다. 이 시기의 유적이 본격적으로 조사된 것은 1990년대에 들어서면서 각종개발과 관련된 건설사업이 진행되면서 부터이다. 물론 이 때의 조사 역시 분묘유적(천안 청당동유적 등)에 상당히 치중되어 있었다. 1990년대 이후 2000년대 초반까지 이 지역에서 발굴조사가 이루어졌지만 발굴 건 수에 비해 마한 · 백제시대 주거지유적은 상당히 빈약한 편이었다. 최근 주거지유적 조사예가 급증하였고, 논산 내동유적(225기) · 대전 용계동유적(443기) · 연기 대평리유적(133기)에서처럼 대규모의 주거지유적들이 확인되었다.

본고에서는 지금까지 조사된 마한 · 백제시대의 주거지유적을 대상으로 수계를 중심으로 시기별 주거지의 변화양상과 특징을 알아보고 호서지역에서 마한에서 백제화 되어가는 과정을 고찰해 보고자한다(도 01).

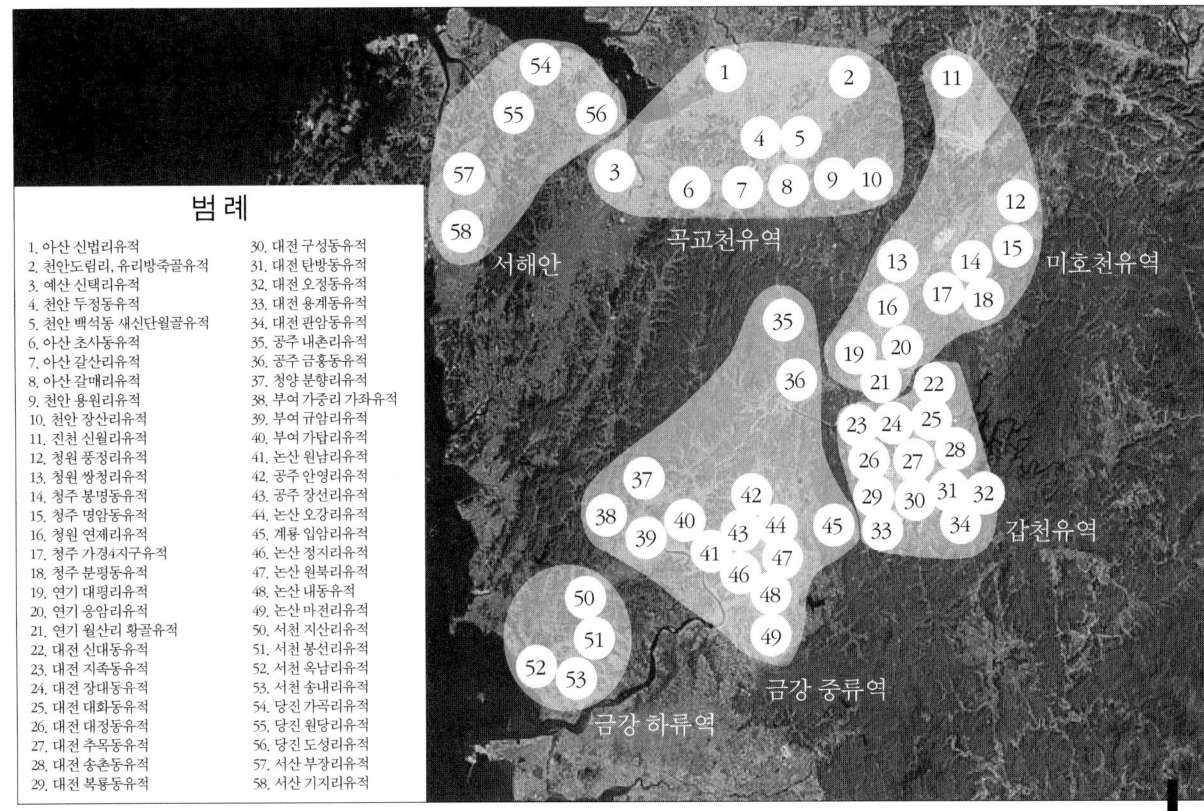

2. 지역별 주거지 조사현황

1) 곡교천유역(도 02)

곡교천유역의 대표적인 유적은 천안 장산리·두정동 C·D지구·용원리 A지구, 아산 갈매리·갈산리·신법리·초사동유적 등이 있다.

천안 장산리유적 주거지는 평면형태가 방형계[1]인 4주식 주거지로 내부시설은 노지

---

1 주거지의 평면형태는 크게 방형계(방형, 장방형)와 원형계(원형, 타원형)로 구분하고 주공의 존재 여부와 배치상태에 따라 4주식, 벽주식, 비4주식으로 구분한 김승옥(2007 : 12)의 분류안을 따랐다.

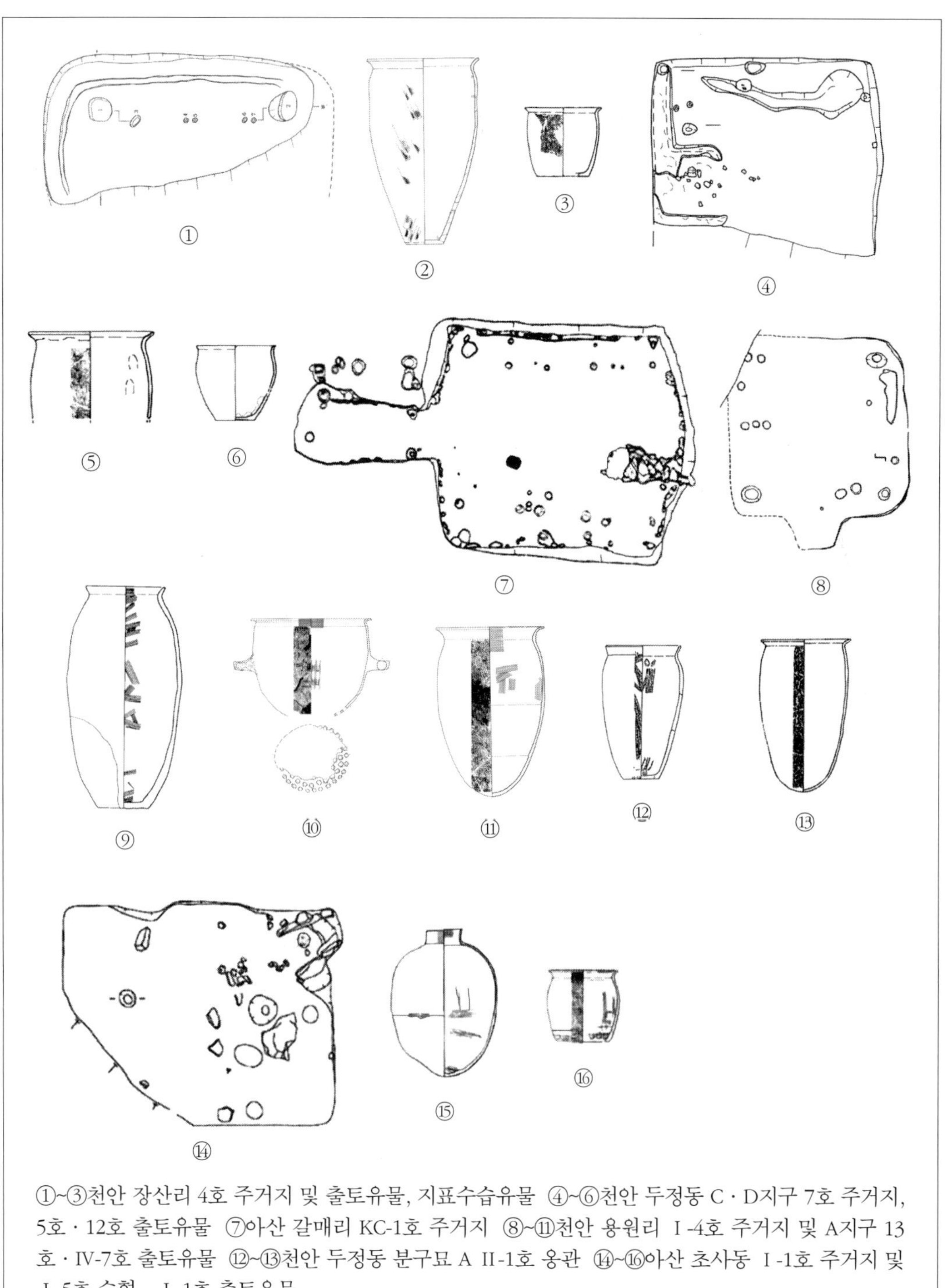

①~③천안 장산리 4호 주거지 및 출토유물, 지표수습유물 ④~⑥천안 두정동 C·D지구 7호 주거지, 5호·12호 출토유물 ⑦아산 갈매리 KC-1호 주거지 ⑧~⑪천안 용원리 I-4호 주거지 및 A지구 13호·IV-7호 출토유물 ⑫~⑬천안 두정동 분구묘 A II-1호 옹관 ⑭~⑯아산 초사동 I-1호 주거지 및 I-5호 수혈·I-1호 출토유물

가 확인된다. 또한 사면 위쪽에 벽구가 설치되는 경우가 많은데, 일부 주거지는 벽구 내에 소주공이 확인된다. 유물은 경질무문 심발형토기 · 외반구연옹, 격자문 심발형토기 · 원저단경호 · 동이, 무문 원저시루(소원공) 등이 출토되었다.

아산 갈매리유적 주거지의 평면형태는 '凸' 자형(6각형) 주거지로 소주공이 촘촘하게 배치된 벽주식이다. 내부시설은 출입구 맞은편 벽에서 부뚜막이 확인되었다. 출토유물은 격자문 심발형토기 · 장란형토기편 · 무문 완 등이 있으며, 유적 내에서 경질무문 심발형토기 · 외반구연옹, 격자문 타날 심발형토기 · 장란형토기, 무문 또는 타날문 원저시루 · 양이부호 등이 출토되었다. 이 유적에서는 주거지에 비해 고상건물지와 수혈유구가 많은 비중을 차지하며, 또한 철 생산과 관련된 공방지 등이 다수 확인되어 정주취락보다는 특수한 생산과 유통관련 유적으로 보고 있다(이홍종 외 2007).

용원리유적 A지구 주거지 평면형태는 대부분 방형계로 4주식 · 비4주식 · '凸' 자형 주거지가 확인되었다. 분포상태는 상당히 밀집된 양상을 보이며, 일부 주거지는 중복되었다. 주거지의 사면 위쪽에 벽구가 설치되는 경우가 많은데, Ⅰ지구 8호는 모서리에 큰 주공이 있고 그 사이에 소주공들이 촘촘하게 배치되어 벽주식 주거지로 볼 수 있다. 중복된 각 주거지간 조영순서는 4주식→'凸' 자형→비4주식으로 확인되며, 벽주식 주거지와 평저시루, 승문이 타날된 유물 등으로 보아 비교적 늦은 시기까지 조성된 것으로 판단된다.

곡교천유역 주거지의 평면형태는 대부분 방형계이며, 갈매리와 용원리유적에서 '凸' 자형 주거지 7기가 확인되었다. 원형주거지는 두정동 D지구에서 말각에 가까운 형태를 보이는 3기(9 · 11 · 12호)가 조사되었다.

주공의 배치는 4주식, 2주식, 벽주식으로 구분할 수 있으며, 그 중 4주식은 천안 장산리 · 용원리유적에서 비교적 많이 확인되었으며, 그 다음으로 두정동 D지구, 아산 갈산리유적에서 조사되었다. 2주식은 아산 초사동유적 방형계 주거지에서 확인되었다.

2) 미호천유역(도 03)

미호천유역의 대표적인 유적으로는 진천 삼룡리 · 산수리 · 신월리, 청원 연제리 · 풍정리, 청주 명암동 · 분평동 · 봉명동 V지구 · 가경4지구, 연기 응암리 · 대평리 등이 있다.

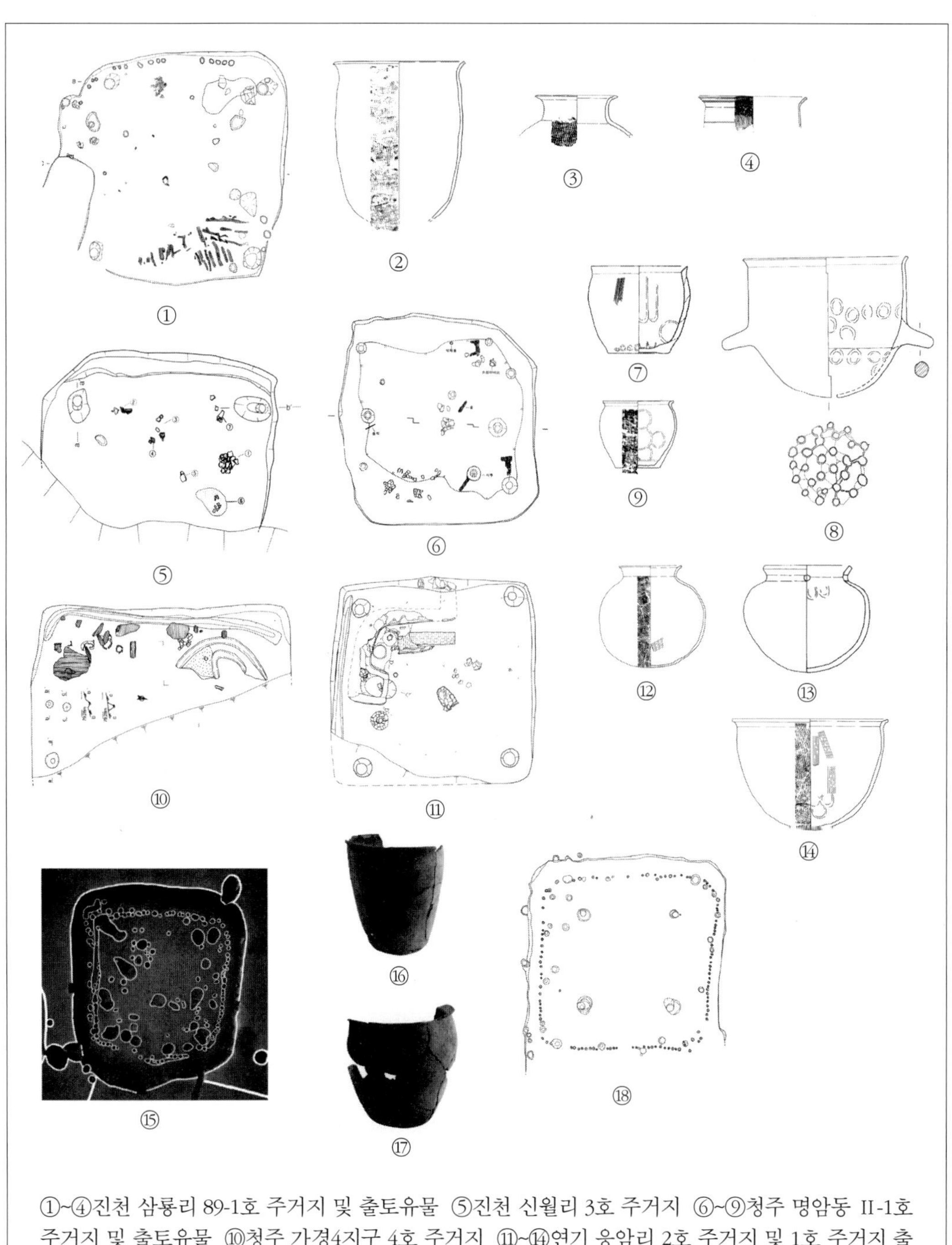

①~④진천 삼룡리 89-1호 주거지 및 출토유물 ⑤진천 신월리 3호 주거지 ⑥~⑨청주 명암동 II-1호 주거지 및 출토유물 ⑩청주 가경4지구 4호 주거지 ⑪~⑭연기 응암리 2호 주거지 및 1호 주거지 출토유물 ⑮~⑰연기 대평리 KC-023호 · KC-015호 · KC-018호 주거지 및 출토유물 ⑱청원 연제리 1호 주거지

진천 삼룡리 · 산수리유적에서 조사된 주거지는 가마와 관련된 공방지로 판단되며, 당시의 토기가마가 일반 취락 내에 존재하기보다는 별도의 공간에서 전업적인 방식으로 조업이 이루어진 것으로 보여진다.[2] 주거지는 방형계로 4주식으로 추정된다. 87-2호 · 88-1호 · 89-1호에서 벽구가 확인되는데, 88-1호는 4주공이 벽구 내부에서 확인된다. 유물은 경질무문토기 · 격자문(평행문) 단경호 · 심발형토기 · 장란형토기 · 동이, 승문 토기 등이 출토되었다.

청원 연제리유적 1호 주거지 평면형태는 방형계 4주식이다. 주거지 벽면에서 약간 안쪽에 중주공을 어느 정도 일정하게 배치하고 그 사이에 소주공들을 촘촘하게 설치하였다. 이 주거지는 화재로 인해 탄화된 목재들이 종방향과 횡방향으로 직교된 채 양호하게 남아 있었는데, 이것을 통해 수직으로 세운 벽주와 판재를 사용한 벽체의 구조를 확인할 수 있었다. 나머지 주거지들은 수혈벽면 밖에 구가 설치되었다. 유물은 격자문 심발형토기 · 평저시루(소원공), 구형호 · 파배 등이 출토되었다. 이 유적에서는 수혈주거지 외에 고상건물지와 제련로 및 철생산과 관련된 유구들이 다수 확인되어 아산 갈매리유적과 비슷한 성격의 특수한 생산유적으로 판단된다.

미호천유역 주거지의 평면형태는 대부분 방형계이며, 원형계는 분평동 5호 주거지가 있다. 주공의 배치는 4주식, 비4주식, 벽주식으로 구분 할 수 있으며, 그 중 4주식은 진천 삼룡리 · 신월리, 청주 분평동 5호 · 송절동 1호 등에서 주로 확인되고 있다. 벽주식은 청주 비하동 1 · 4 · 8호, 명암동 II-3 · 4호, 가경4지구 II-5호 주거지 등에서 조사되었다.

3) 갑천유역(도 04)

갑천유역의 대표적인 유적은 대전 구성동 · 오정동 · 탄방동 · 신대동 · 장대동 · 송촌동 · 용계동 · 판암동 · 노은동 · 추목동 · 지족동유적 등이 있다.

대전 구성동유적은 비교적 큰 취락(29기)을 형성하고 있으며, 주거지의 평면형태는

---

2 이러한 예는 공주 귀산리요지를 들 수 있다. 하지만 원삼국시대 유적으로 편년되는 승주 대곡리유적, 천안 용원리유적에서는 취락지 내에 토기 요지들이 1기씩 조사되었다.

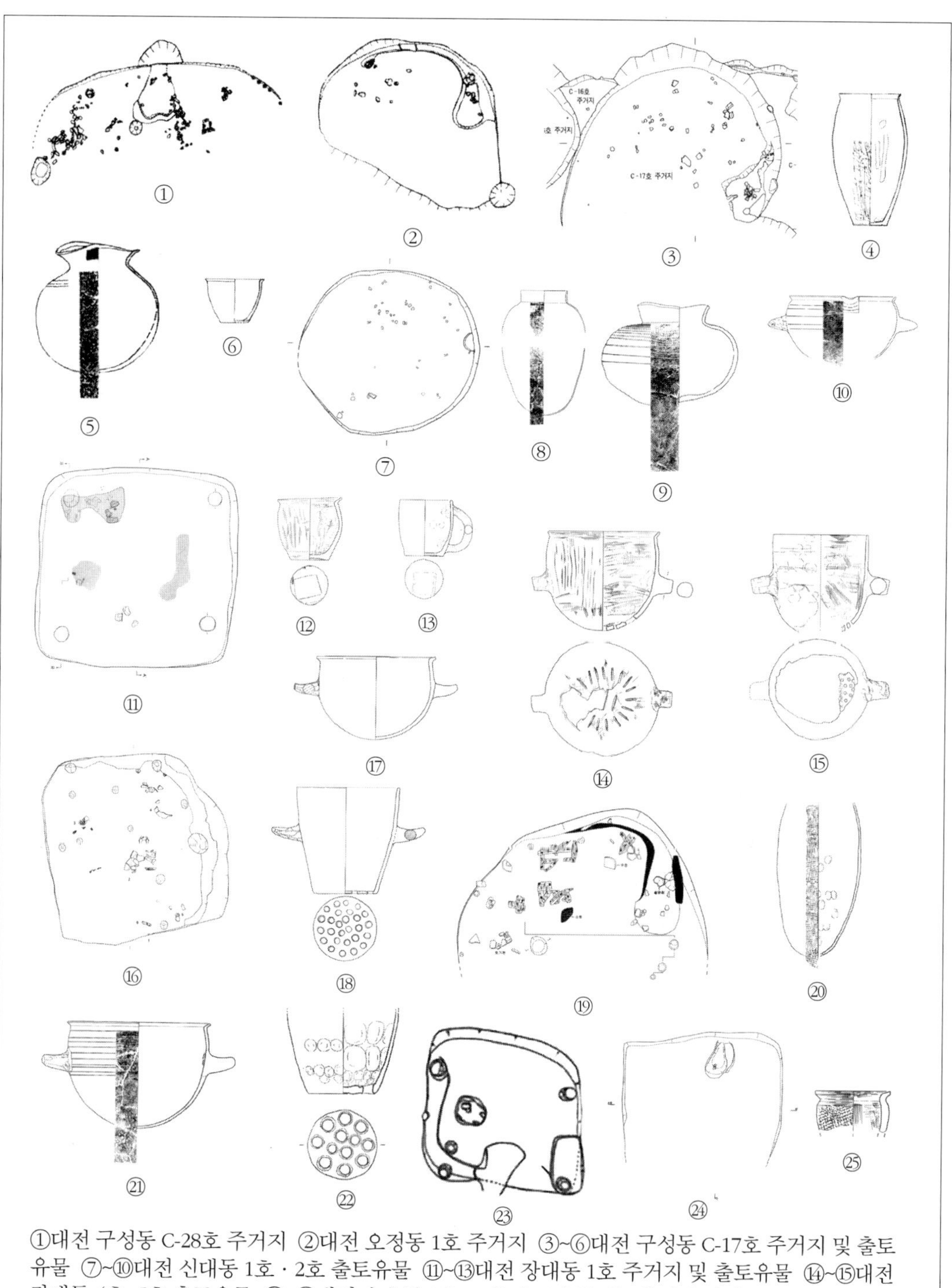

①대전 구성동 C-28호 주거지 ②대전 오정동 1호 주거지 ③~⑥대전 구성동 C-17호 주거지 및 출토유물 ⑦~⑩대전 신대동 1호·2호 출토유물 ⑪~⑬대전 장대동 1호 주거지 및 출토유물 ⑭~⑮대전 장대동 4호, 5호 출토유물 ⑯~⑱대전 송촌동 2호·1호 출토유물 ⑲~㉒대전 판암동 1호 주거지 및 출토유물 ㉓대전 노은동 B중앙 13호 ㉔~㉕대전 추목동 2호 주거지 및 출토유물

갑천유역 주거지 및 출토유물 O4

대부분 원형계이며, 방형계도 일부 보인다. 내부시설로는 점토를 사용한 쪽구들[3](터널형노지)과 벽구,[4] 주공들이 확인되었다. 유물은 경질무문토기 외반구연옹, 격자문(평행타날 포함) 심발형토기, 장란형토기, 격자문(평행문 포함) 단경호·동이, 파배 등이 출토되었다.

대전 장대동유적 주거지의 평면형태는 모두 방형계이며 4호를 제외한 나머지는 4주식이다. 내부시설은 점토로 만든 부뚜막과 주공이 확인된다. 9호는 화재 주거지로 바닥 전면에 목탄이 깔려있었는데, 목탄의 잔존형태는 네 모서리의 주공을 따라 '井'자를 띤다. 또한 내부에서 불에 탄 흙덩어리가 확인되었는데, 천안 용원리유적에서도 확인된 것으로 벽체나 지붕시설에 흙을 사용한 것으로 추정된다(이남석 1998 : 11·187). 유물은 격자문(소수) 심발형토기·장란형토기, 단경호·연질 원저시루(째진 공, 파수 하향), 완, 파수부배 등이 출토되었다.

대전 용계동유적은 주거지 443기와 토기가마, 환호 등이 확인되었다. 주거지중 방형계는 대형의 4주식과 소형 주거지가 확인되는데, 4주식의 비율은 매우 적으며, 유적의 전반에 걸쳐 분포한다. 주거지간 중복관계를 통해 볼 때 원형계(타원형)가 이른 시기에 조영되고 소형의 방형계(방형)가 늦게 형성된 것으로 판단된다. 내부시설은 점토로 만든 부뚜막과 쪽구들, 벽구, 주공, 장방형 수혈 등이 확인된다. 특히 부뚜막과 쪽구들은 모든 평면형태에서 확인된다. 벽구는 일부 주거지에서 확인되는데, 대부분 경사면 위쪽의 수혈벽면에 인접하여 시설되었다. 주공은 벽선을 따라 소주공이 주로 배치되는데, 4주식에서 10여 기가 확인되었다. 용계동유적에서 확인된 6기의 토기가마와 환호, 그리고 거푸집, 어망추가 특정 주거지에서 출토되고 있는데, 이는 취락의 생산, 방어와 관련된 것으로 파악된다. 유물은 경질무문토기, 격자문 심발형토기·장란형토기, 원형시루(소원공), 단경호·솥·주구토기·대형옹·철겸·철부·철도자 등이 출토되었다.

---

3 부뚜막과 쪽구들은 기본적으로 고래부의 길이와 난방 효과의 차이 및 형태를 고려한 장덕원(2010)의 구분안을 수용하였으며, 구분안에서 제외된 주거지 바닥에 아무런 시설 없이 불 맞은 흔적만 남은 것은 기존의 '무시설식 노지' 명칭을 사용하였다.
4 이영철(1997 : 60)은 벽구시설을 평면형태에 따라서 세가지 형식으로 구분하였다. 방형계 주거지의 네 벽면을 따라 구를 두른 경우(Ⅰ형식), 네 벽 가운데 일부 벽에만 구를 두른 경우(Ⅱ형식), 네 벽에 구를 두른 후 한쪽 모서리 부분에 배수로를 만든 경우(Ⅲ형식).

갑천유역 주거지의 평면형태는 방형계, 원형계, ‘凸’자형, ‘呂’자형으로 구분되며, 타 지역에 비해 원형계(타원형)가 많은 편이다. 방형계는 장대동·용계동·대정동·복룡동·노은동·추목동·판암동·송촌동·대화동유적 등에서 주로 확인되며, 원형계는 구성동, 오정동, 신대동, 용계동 등에서 조사되었다. ‘凸’자형과 ‘呂’자형주거지는 지족동과 복룡동 당산마을유적에서 보이고 있다.

4) 금강 중류역(도 05)

금강 중류역의 대표적인 유적으로는 청양 분향리, 계룡 두계리·입암리, 논산 원북리유적 등이 있다.

청양 분향리유적 주거지의 평면형태는 원형계와 방형계가 확인된다. 내부시설은 점토로 만든 부뚜막과 주공, 수혈이 있다. 굴립주건물지와 1호 주거지(부뚜막 없음)는 토기 가마 배치관계와 평면형태로 보아 가마와 관련된 창고시설로 판단된다. 유물은 격자문 심발형토기·장란형토기, 파수부호·완 등이 출토되었다.

계룡 입암리유적 주거지의 평면형태는 방형계이며, 4주식(2기)도 확인된다. 그러나 대부분의 주거지는 주공배치에 정연성이 없다. 내부시설은 부뚜막이 확인되었다. 부뚜막은 2호(판석재)를 제외한 나머지는 모두 점토를 사용하였다. 유물은 격자문 심발형토기·장란형토기·평저시루(소원공)·주구토기·호·완 등이 출토되었다.

논산 원북리유적 주거지의 평면형태는 대부분 방형계이다. 내부시설은 무시설식 노지와 점토로 만든 부뚜막, 주공, 수혈, 벽구 등이 확인되었다. 유물은 격자문 심발형토기·장란형토기, 단경호, 격자문(무문 포함) 평저시루(소원공, 파수 상향), 주구토기, 동이 등이 출토되었다.

금강 중유역 주거지의 평면형태는 대부분이 방형계이며, 원형계(원형), ‘凸’자형으로 구분된다. 방형계 주거지의 주공배치는 대부분 비4주식에 해당하며, 4주식은 청양 분향리, 부여 규암리, 공주 장선리, 계룡 입암리·두계리 등에서만 확인되었다. 원형계는 공주 내촌리·금홍동, 청양 분향리, 논산 원북리 등에서 조사되었다. ‘凸’자형 주거지는 논산 내동유적에서 1기가 조사되었으며, 주공의 배치는 4주식에 해당된다.

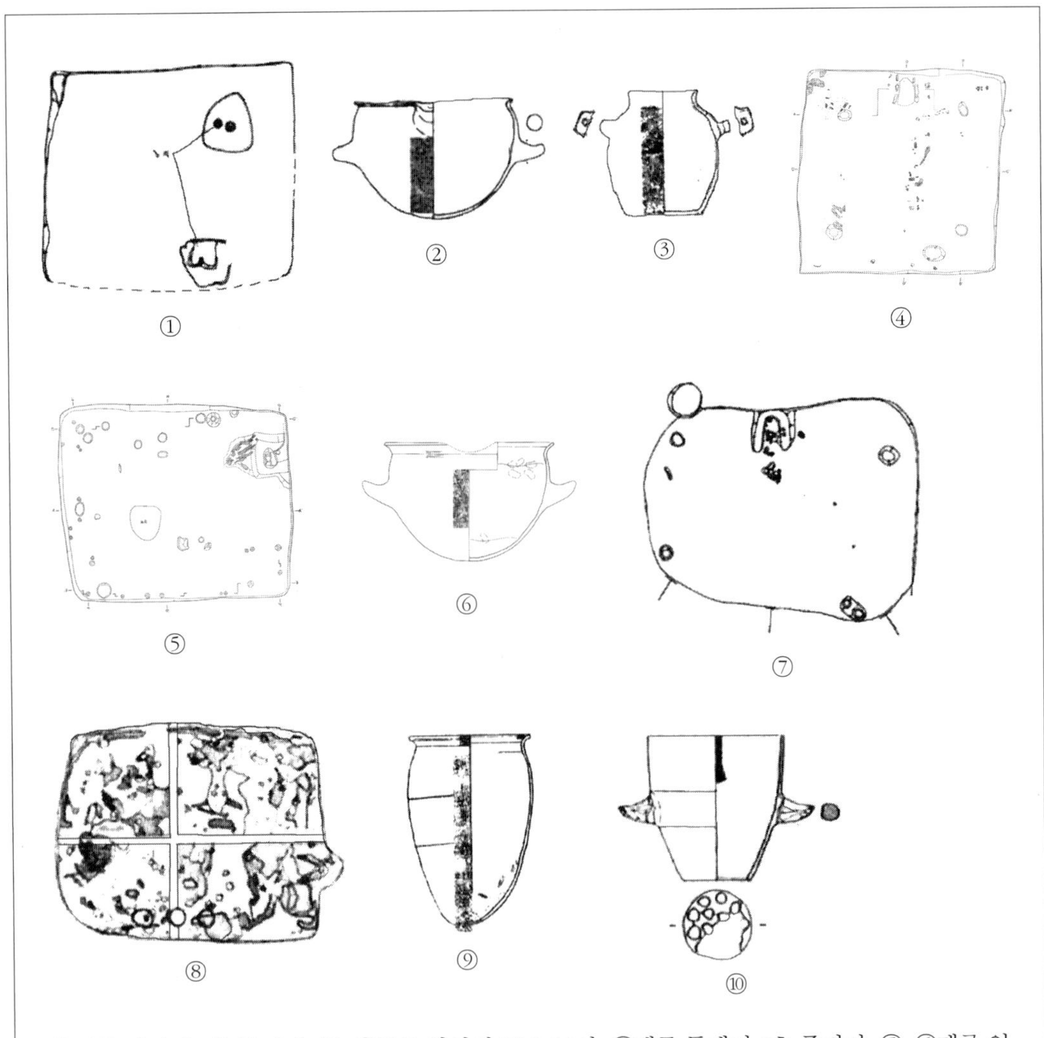

①공주 장선리 1호 주거지 ②~③공주 장선리 29호 토실 ④계룡 두계리 1호 주거지 ⑤~⑥계룡 입암리 18호 주거지 및 출토유물 ⑦청양 분향리 4호 주거지 ⑧~⑩논산 원북리 나-2호 주거지 및 다-79호 · 라-1호 주거지 및 출토유물

5) 금강 하류역(도 06)

금강 하류역의 대표적인 유적은 서천 지산리 · 송내리 · 봉선리유적 등이 있다.

서천 지산리유적 주거지의 평면형태는 방형계가 주를 이루고 있다. 내부시설은 부

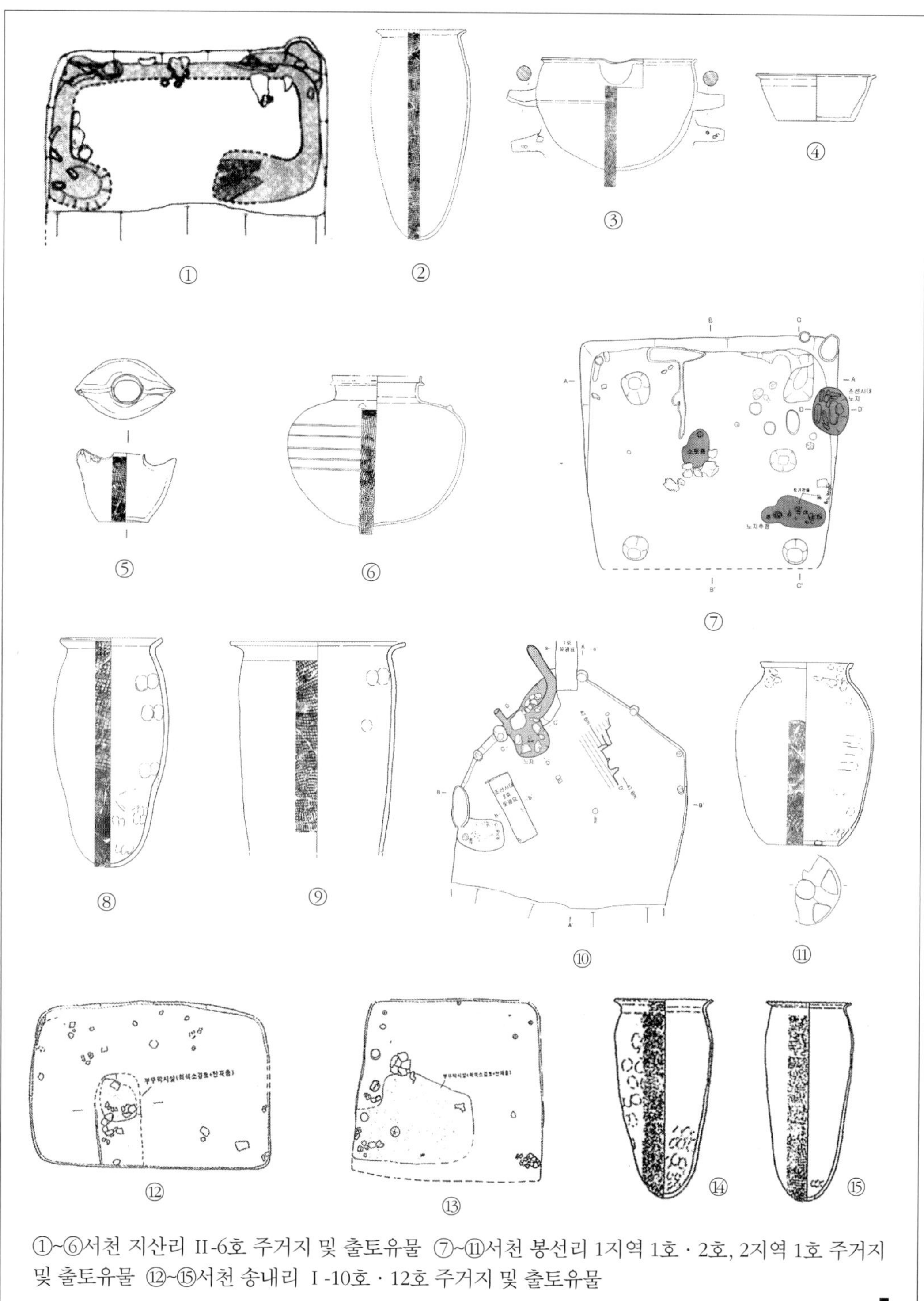

①~⑥서천 지산리 II-6호 주거지 및 출토유물 ⑦~⑪서천 봉선리 1지역 1호·2호, 2지역 1호 주거지 및 출토유물 ⑫~⑮서천 송내리 I-10호·12호 주거지 및 출토유물

뚜막과 쪽구들, 바닥시설, 그리고 벽체시설이 모두 확인되었다. 부뚜막시설은 주거지 내에 2기의 부뚜막시설이 있는 것과 1기만이 확인되는 것으로 구분된다. 쪽구들은 벽체를 따라서 'ㄱ'자형과 'ㄷ'자형으로 구분된다. 유물은 격자문 심발형토기·장란형토기, 무문 평저시루(소원공, 파수 상향), 완, 호형토기, 주구부 동이, 이중구연호, 계형토기 등이 출토되었다.

서천 봉선리유적은 1, 2, 3지역으로 구분되며, 조성시기에 따라 원삼국시대와 백제시대 주거지로 구분된다. 원삼국시대 주거지는 10기가 확인되었으며, 주거지의 평면형태는 경사면에 축조된 관계로 하단부가 대부분 유실되어 정확한 양상은 파악하기 어렵지만 비교적 잔존상태가 양호한 주거지로 보아 방형계로 판단된다. 내부시설은 주공, 벽구, 수혈, 노지 등이 확인되었다. 주공은 대부분 주거지가 경사면에 축조되어 하단부의 유실이 심해 정확한 파악이 어렵지만, 1지역 1호 주거지는 4주식으로 확인되었다. 노지는 점토를 사용하였고, 일부 주거지는 벽구 내에 소주공들이 듬성듬성 배치된 것이 있다. 유물은 격자문 심발형토기·장란형토기, 양이부호, 시루 등이 있다.

백제시대 주거지는 모두 39기가 확인되었으며, 주거지의 평면형태는 경사면에 축조되어 대부분 잔존 'ㄷ'자형을 띠지만, 구릉 정상부에서 확인된 주거지로 보아 방형계로 보인다. 내부시설은 주공, 벽구, 수혈, 노지 등이 확인되었다. 주공은 정연성이 없고, 벽구는 다양한 형태로 확인되고 있다. 노지는 화덕형, 부뚜막형, 터널형이 확인된다. 부뚜막형은 양쪽에 석재를 세우고 상부는 판석재와 점토를 사용하여 솥걸이를 만든 것, 점토로만 솥걸이를 만든 것으로 구분된다. 또한 터널형은 양쪽에 석재를 세우고 그 위에 판석을 덮어 길게 연결시킨 구조로 이들 주거지는(3-I구역 28호, 3-II구역 6호) 다른 주거지에 비해 규모가 대형이다. 일부 주거지는 벽구 내에 소주공들이 듬성듬성 배치된 것이 있다. 유물은 격자문(선문) 심발형토기, 장란형토기, 장동형토기, 평행선문 평저시루(중앙 대원공, 외면 중원공, 파수 상향), 평저시루(중앙 중원공, 외면 삼각공) 완형토기, 개배, 고배, 호, 기대 등 매우 다양하다.

금강 하류역 주거지의 평면형태는 서천 봉선리 3-I지역 1호(오각형)를 제외한 대부분이 방형계이다. 주공의 배치는 대부분이 비4주식이며, 4주식은 서천 봉선리·옥남리 원개들유적·우아실유적 등에서 확인된다.

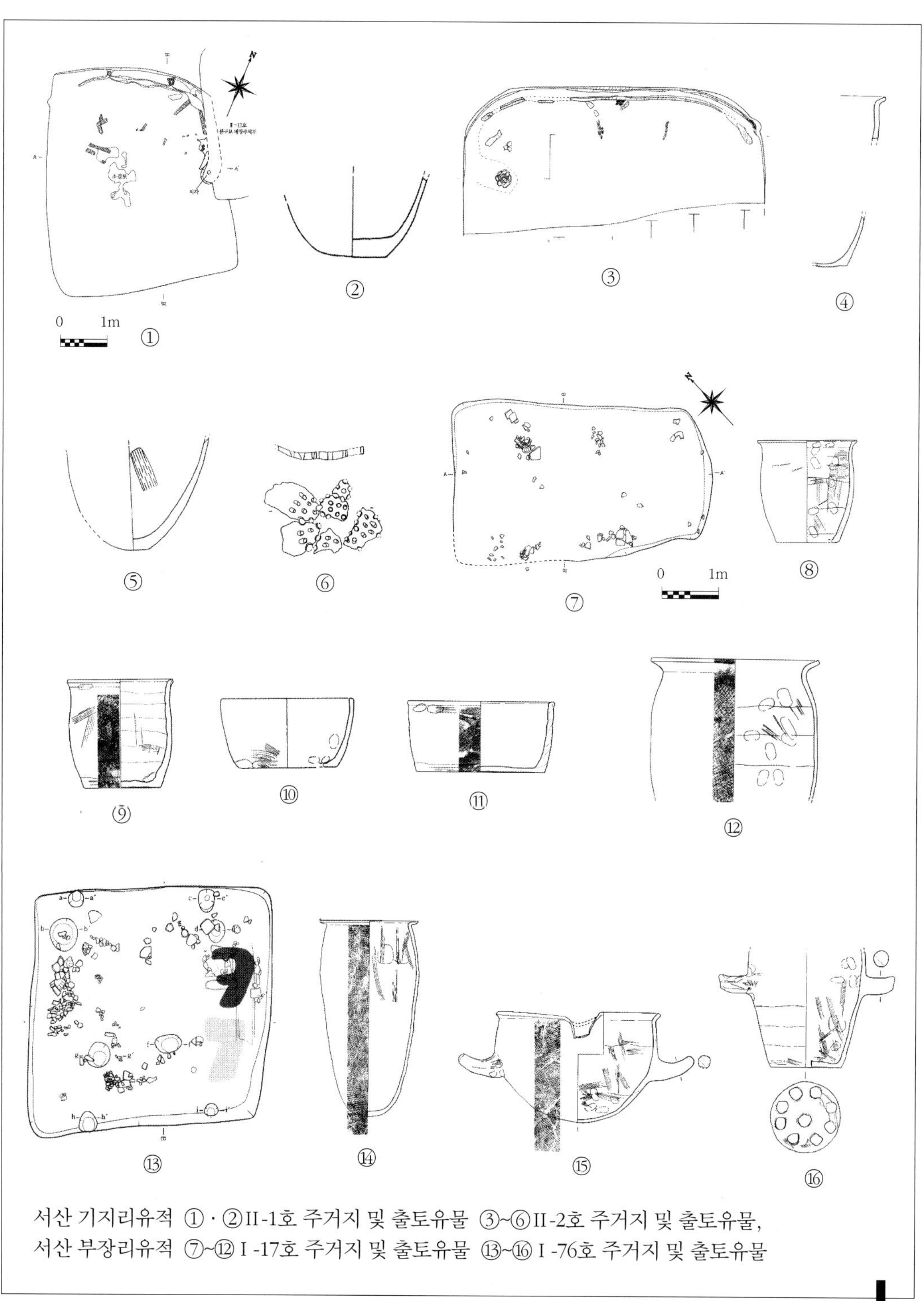

서산 기지리유적 ①·②II-1호 주거지 및 출토유물 ③~⑥II-2호 주거지 및 출토유물,
서산 부장리유적 ⑦~⑫ I -17호 주거지 및 출토유물 ⑬~⑯ I -76호 주거지 및 출토유물

6) 서해안(도 07)

서해안의 대표적인 유적은 서산 기지리 · 부장리, 당진 가곡리 · 원당리 · 도성리유적 등이 있다.

서산 기지리유적에서는 2기가 조사되었으며, 주거지 평면형태는 방형계이다. 주거지의 내부에는 쪽구들과 벽체시설이 확인되었다. 유물은 발형토기 저부편, 회청색조의 경질 소성된 동체편, 심발형토기, 원저시루(소원공), 장란형토기 저부편 등이 출토되었다.

서산 부장리유적에서는 모두 44기의 주거지가 확인되었으며, 주로 주능선의 중앙 남사면에 위치한다. 주거지의 평면형태는 대부분 후대의 삭평으로 형태를 정확하게 파악하기는 어렵지만 비교적 잘 남아 있는 8기의 경우 방형계 7기, 원형계(타원형) 1기이다. 내부시설은 주공, 벽구, 무시설식 노지와 부뚜막 등이 확인되었다. 주공은 파괴 · 결실된 주거지가 많아 정연한 형태로 확인되는 경우가 드물지만 평면형태가 확인 가능한 주거지에서는 6주식으로 추정되는 29호를 제외하고 모두 4주식 형태로 확인된다. 벽구는 대부분 한 쪽 혹은 두 쪽 벽면에만 시설하였다. 유물은 (사)격자문 심발형토기 · 장란형토기, 평저시루(중원공 파수 상향), 호형토기, 완 등이 출토되었다.

서해안 주거지의 평면형태는 대부분 방형계이며, 주공의 배치는 비4주식과 4주식, 벽주식, 2주식으로 구분된다. 4주식은 당진 가곡리유적에서 확인되며, 서산 부장리유적에서는 5기가 4주식이고, 나머지는 무주공이거나 부정형의 주혈배치를 보이는 비4주식이다. 벽주식은 부장리 II-76호, 언암리 가-1호, 원당리 I-5호, 신택리 1호 등에서 확인된다.

3. 지역별 주거지 양상

호서지역에서 확인된 주거지의 평면형태는 방형계(방형 · 장방형), 원형계(원형 · 타원형), 출입구가 없는 (오)육각형계, '凸' · '呂' 자형계가 확인되며, 주공의 유무와 배치상태로 비4주식, 4주식, 2주식으로 구분된다. 주거지 내부에는 취사와 난방 및 조명을 위한 노지 시설(무시설식 노지 · 부뚜막 · 쪽구들)과 배수와 벽체를 세우기 위한 벽구시설 등이 확인된다. 본 장에서는 이러한 주거지 속성을 참고하여 주거지의 변화 양상을 살펴보고자 한다.

곡교천유역의 장산리유적에서 평면 방형계 4주식 주거지가 처음 나타나며, 주거지 내부에 II형식 벽구가 확인된다. 두정동유적에서는 평면 원형계와 방형계 비4주식 주거지가 확인되며, 무시설식 노지와 쪽구들이 보인다. 갈매리유적에서는 '凸'자형 육각형주거지로 벽면을 따라 소·중주공들이 촘촘하게 배치된 벽주식 주거지[5]가 이 지역에서 처음으로 확인되었다. 용원리유적에서는 평면 방형계가 가장 많고 4주식과 비4주식, '凸'자형이 확인되며, I·II·III형식의 벽구가 모두 확인되는데, 그 중 II형식 벽구가 대부분을 차지한다. 8호의 경우 4주식 주공 사이에 소주공들이 촘촘하게 배치되어 벽주식 주거지로 판단된다. 주거지의 조영순서는 4주식→'凸'자형→비4주식으로 확인되며, 벽주식 주거지와 평저시루, 승문이 타날된 유물 등으로 보아 비교적 늦은 시기까지 조성된 것으로 판단된다. 장산리에서는 마한계양식으로 볼 수 있는 방형계 4주식 주거지가 처음으로 나타나고, 갈매리와 용원리에서는 4주식 주거지와 한성 백제의 영향을 받은 벽주식 '凸'자형 주거지가 축조된다.

미호천유역의 대부분 지역에서 방형계 4주식 주거지가 확인되며, 풍정리·대평리·명암동유적에서 오각형과 육각형주거지가 확인된다. 특히 대평리유적의 오각형 주거지와 응암리유적 주거지 내부에는 대부분 II형식 벽구와 벽구 내에 주공이 확인된다. 연제리유적에서는 주거지 내부에 중주공과 소주공이 촘촘하게 배치되어 벽주식 주거지로 볼 수 있다. 연제리유적의 2~5호 주거지는 주거지 수혈 벽 밖에 구가 시설되었다. 노지는 신월리유적에서는 무시설식, 명암동유적에서는 부뚜막, 가경4지구유적과 응암리유적에서는 부뚜막과 쪽구들이 확인되었다.

---

5 ① 권오영·이형원(2006 : 159~211)은 벽주건물은 I류(溝가 없는 것, 조밀한 1柱列)와 II류(구가 있는 것, 전형적인 大壁建物)로 분류하였다.
② 벽주식 주거지는 천안 이남지역에서도 활발하게 발견되는데 몇 가지 특징을 보인다. 첫째, 벽주식 주거지에서는 장방형의 돌출부를 갖는 것이 다수 발견되는데, 이는 한강유역 '凸'자형 주거지의 영향을 받아 나타난 출입시설로 이해된다. 둘째, 벽주식 주거지는 육각형주거지와 마찬가지로 수혈의 깊이가 매우 얕아 지상건축화의 경향을 잘 보여주고 있다. 셋째, 승문·평행문계 토기, 광구장경호, 고배, 직구호, 삼족기 등의 유물과 판석조 구들 등 백제계 주거 요소와 유물이 발견되는 유적에서만 나타난다(김승옥 2007).

갑천유역은 원형계 주거지가 가장 이른 시기에 확인되는 곳으로 구성동·오정동·신대동·장대동유적에서는 방형계 4주식이, 추목동유적은 방형계 비4주식이 확인된다. 대정동·용계동·판암동유적에서는 원형계와 방형계가 동시에 확인되는데, 특히 용계동유적에서 확인되는 원형계 주거지는 방형계 4주식과 비4주식 보다 이른 시기에 능선 정상부를 중심으로 조성되었다. 노지는 구성동·오정동·용계동유적에서 쪽구들, 판암동유적에서는 무시설식과 쪽구들, 장대동·추목동유적에서는 부뚜막이 설치되었다. 용계동유적에서는 주거지 안쪽에 II형식의 벽구가 설치되었다.

금강 중류역의 두계리유적에서는 방형계 4주식이, 분향리유적에서는 원형계와 방형계 비4주식 주거지가 보인다. 원북리유적에서는 방형계 비4주식 주거지가 확인되며, 입암리유적에서는 방형계 4주식과 비4주식이 확인된다. 노지는 분향리·두계리·입암리유적에서 부뚜막이, 원북리유적에서 무시설식과 부뚜막 설치된다.

금강 하류역의 송내리·봉선리·지산리유적은 방형계 비4주식 주거지가 확인된다. 노지는 봉선리유적에서 무시설식과 쪽구들이 설치되는데, 쪽구들은 비교적 규모가 큰 주거지에 보이며, 석재를 양쪽에 세우고 그 위에 판석재를 덮어 만든 것이다. 특히 지산리유적에서는 2기의 부뚜막, 부뚜막과 쪽구들이 동시에 설치된 예가 확인되며, 일부 주거지(II-46·47호)는 II형식 벽구가 설치된다. 봉선리유적에서도 II형식 벽구가 확인되며, 벽구 내에 소주공들이 배치되어 벽주식화 되어가는 것으로 판단된다.

서해안지역의 기지리유적은 방형계 비4주식 주거지가 확인되며, 노지는 쪽구들이 설치되었다. 부장리유적은 방형계 4주식과 비사주식, 원형계(30호)가 확인되며, 노지는 무시설식과 부뚜막이 사용된다. 주거지 내부에는 II형식 벽구가 설치되었다.

원형계 주거지는 대전 구성동유적과 오정동유적에서 확인되며, 주거지 내부에는 점토를 사용한 쪽구들(터널형노지-타원형의 벽면을 따라 설치됨)과 II형식 벽구, 주공이 설치된다. 방형계 4주식 주거지는 곡교천유역인 장산리유적에서 처음 보이기 시작하는데, 주거지 내부에 무시설식 노지와 II형식 벽구가 설치된다. 신대동유적에서는 원형계와 'U'자형 주거지가 확인되며, 내부에는 중주공과 쪽구들로 추정되는 시설이 확인된다. 두정동유적에서는 원형계와 방형계 비4주식 주거지가 나타나는데, 주거지 내부에는 무시설식 노지와 부뚜막, 그리고 소주공들이 일정한 간격으로 배치된다. 이후 방형계 4주식이 대부분인 갈산리유적에서는 부뚜막과 II형식의 벽구가 유지되며, 한쪽 벽면에 소주공이 촘촘하게 배치된 벽주가 보인다. 갈매리유적에서는 대형의 '凸'자형 (6각형) 주거지(벽면에 소주공이 촘촘하게 배치된 벽주식 주거지)가 나타난다. 용원리유적에서는 방형계의 4주식, 비4주식, '凸'자형 주거지가 나타나고, 벽주식 주거지(8호)도 보인다. 내부시설은 무시설식 노지와 부뚜막이 사용된다. 이후에 미호천유역 명암동유적에서 오각형주거지가 확인되며, 연제리유적에서는 방형계 4주식에 벽주식 주거지가 나타나고 주변지역에서는 방형계 4주식 주거지가 주를 이루며, 노지는 주로 부뚜막과 쪽구들이 설치된다. 갑천유역의 장대동유적에서는 방형계 4주식이 주를 이루며 점토로 만든 부뚜막이 설치되고, 대정동·송촌동·판암동유적에서 방형계와 원형계 주거지에 무시설식 노지·부뚜막·쪽구들이 설치된다. 금강 중류역의 원북리유적에서 무시설식 노지와 점토로 만든 부뚜막을 사용하는 방형계 비4주식 주거지 확인되며, 두계리유적에서 판석재 부뚜막을 사용하는 방형계 4주식 주거지가 보이며, 이후 대전 복룡동과 지족동유적에서 점토로 만든 쪽구들이 설치된 '凸'자형과 '呂'자형의 주거지가 나타난다.

4. 분기설정 및 주거지 변화 양상

호서지역 마한·백제 주거지의 발전 단계를 갑천유역 원형계 주거지의 출현을 시작으로 하여 Ⅰ기(기원후 3세기 초반~3세기 중반), Ⅱ기(기원후 3세기 중반~4세기 중반), Ⅲ기(기원후 4세기 중반~5세기 중반)로 구분하고 각 분기별 주거지 변화 양상을 살펴보고자 한다.[6]

Ⅰ기는 갑천유역의 구성동·오정동·신대동유적, 곡교천유역의 장산리유적 등이 포함된다. 갑천유역 주거지의 평면형태는 대부분 원형계이며, 점토로 만든 쪽구들이 설치된다. 일부 주거지에는 Ⅱ형식의 벽구가 보인다. 특히 구성동유적의 출토유물은 경질무문토기와 타날문토기 비율이 경질무문토기가 56.4%로 타날문토기에 비해 높은 출토양을 보이며, 외반구연옹, 호, 발, 완, 시루 중 외반구연옹이 가장 많은 비율을 보인다. 타날문토기의 문양은 격자문(57.6%), 평행문(37.9%), 격자+평행문(4.5%)이며, 몇

---

6 본 글에서는 호서지역 마한·백제 주거지를 Ⅰ~Ⅲ분기로 구분하였지만, 상당수의 유적들이 한정된 분기에만 포함되지 않고 그 다음 분기까지 연속되고 있어 시기구분은 편의상 중심연대를 기준으로 하였음을 밝혀둔다.

점의 삼각거치문토기도 확인된다. 타날문토기의 기종은 단경호, 옹, 발, 완, 장란형토기, 파배 등 다양하나, 그 중 단경호의 출토 빈도가 가장 높다. 단경호는 직립 외반하는 구연부와 구연 내부가 약하게 조금 눌려지고 외반정도가 완만한 단경호 구연부는 춘천 중도 1·2호 주거지 출토품과 비슷하다. 옹형토기의 경우 공주 하봉리 8호 토광묘 출토품과 동일하다(한남대학교 박물관 1997). 그리고 구성동C-5호 단경호의 경우 3세기 전반에서 중반으로 편년되는 청당동 18호묘 출토품(咸舜燮 1998)과 천안 신풍리 6호분 출토품(성정용 2006)과 비슷하여 3세기 전반대로 볼 수 있다.

천안 장산리유적은 경질무문토기가 타날문토기의 출토 비율보다 적고, 방사성탄소 연대측정 결과 2호는 기원후 200~250년, 7호는 기원후 80~160년의 연대를 보인다. 7호 주거지에서 출토되지 않은 타날문 심발형토기·장란형토기 등이 2호 주거지에서 출토 되기 때문에 원삼국 Ⅲ기로 편년하였다(충남대학교 박물관 1996). 이 결과 장산리유적 은 4주식 주거지의 발생지역으로 인지된다(정일 2006).

Ⅰ기는 갑천유역에서 원형계 비4주식 주거지에 무시설식 노지와 점토를 사용한 쪽 구들이 시설되고 경질무문토기와 타날문토기가 공반(경질무문토기 출토 비율이 높고 타날문토기의 문양은 격자문이 월등히 많이 시문됨)되는 시기이다. 곡교천유역에서는 방형계 4주식 주거지에 노지가 시설되고 갑천유역보다는 경질무문토기의 공반 비율이 조금 낮게 나타난다.

Ⅱ기는 2기로 세분되는데, 1기는 곡교천유역의 천안 두정동·용원리, 아산 갈산 리·갈매리유적, 미호천유역의 진천 삼룡리·산수리·신월리유적, 갑천유역의 대전 장대동·용계동유적, 등이 있으며, 2기는 갑천유역의 대전 대정동·송촌동·판암동· 노은동유적, 금강 중류역의 계룡 두계리, 청양 분향리유적, 금강 하류역의 서천 송내 리·봉선리·지산리유적, 서해안의 서산 기지리·부장리, 미호천유역의 청주 명암동, 연기 응암리·대평리유적 등이 있다.

1기의 진천 삼룡리·산수리유적은 진천 요지를 3기(1~5단계)로 구분하고, 1기는 오 창 송대리 23호묘와 송절동 93B1~3호분에서 출토된 원저단경호의 형식이 진천 1기의 원저단경호와 동일한 시기로 파악하여 3세기 전반에서 중반경으로 보았다. 2기는 송대 리 6호묘 출토품인 무문양 회청색 경질 원저단경호가 진천요지의 3단계의 평행타날문 단경호와 공반되고 있어 연대는 3세기 중후반으로 볼 수 있다. 3기는 진천이나 오창, 청 주 등의 지역뿐만 아니라 천안 용원리, 화성 마하리, 원주 법천리, 석촌동고분군 등에서 확인되고 있으며, 이 유적들과 비교했을 때 3세기 후반후엽에서 4세기 중반경에 해당

구분	I 기 (3세기 초반~3세기 중반)	II 기 (3세기 중반~4세기 중반)	III기 (4세기 중반~5세기 중반)
원형계	① ② ③ ④	⑤ ⑥ ⑦	⑧
방형계	⑨ ⑩	⑪ ⑫ ⑬ ⑭ ⑮ ⑯ ⑰ ⑱	⑲ ⑳ ㉑ ㉒ ㉓ ㉔
오·육 각형계		㉕ ㉖	㉗
凸·呂 자형계		㉘ ㉙	㉚ ㉛

범 례

① 대전 구성동 C-28호
② 대전 구성동 C-17호
③ 대전 오정동 1호
④ 대전 신대동 1호
⑤ 대전 대정동 KC004호
⑥ 대전 판암동 1호
⑦ 대전 용계동 22호
⑧ 서산 부장리 30호
⑨ 천안 장산리 4호
⑩ 천안 장산리 7호
⑪ 진천 삼룡리 89-1호
⑫ 진천 신월리 3호
⑬ 대전 장대동 1호
⑭ 아산 갈산리 11호
⑮ 대전 송촌동 2호
⑯ 계룡 두계리 1호
⑰ 서천 송내리 I -12호
⑱ 서천 봉선리 I -1호
⑲ 연기 응암리 2호
⑳ 서천 지산리 II-6호
㉑ 서산 부장리 I -76호
㉒ 논산 원북리 나-2호
㉓ 청원 연제리 1호
㉔ 계룡 입암리 18호
㉕ 천안 두정동 11호
㉖ 청주 명암동 3호
㉗ 청원 풍정리 1호
㉘ 아산 갈매리 KC-1호
㉙ 천안 용원리 4호
㉚ 대전 복룡동
㉛ 대전 지족동

된다. 이를 종합하여 보면, 1기(8-11 · 2호), 2기(89-1 · 2호 주거지), 3기(87-1 · 2호)의 연대를 3세기 전반에서 4세기 중반경으로 볼 수 있으며, 주거지의 중심연대는 3세기 중반에서 4세기대로 보여진다.

진천 신월리유적은 경질무문토기와 타날문토기의 공반을 고려하여 3호 주거지는 3세기 중반으로 보았으며, 나머지 주거지는 토기에 시문된 문양의 점유비율로 보았을 때 4세기 전반대로 보여진다.

천안 두정동유적 C · D지구는 원형계 · 방형계 · 육각형계가 확인되고, 경질무문토기가 소량 출토되어 동일유적 B지구와 비슷한 3세기 중반~4세기 전반으로 볼 수 있다.

대전 신대동유적은 주거지의 평면형태가 원형계와 'U'자형을 띠며, 무시설식 노지와 쪽구들(추정)이 설치되고 있어 구성동 · 오정동유적과 비교된다. 유물의 출토비율은 경질무문토기 46%, 타날문토기 54%의 양상을 보인다. 타날문토기의 문양비율은 격자문계 > 무문양 > 평행타날문계 순으로 나타난다. 또한 방사성탄소연대측정 결과 각 주거지간 편차는 있지만 2세기 초에서 4세기 말에 해당하는 것으로 나와 이른 시기로 추정되는 9호 주거지는 구성동 · 오정동유적과 비슷하거나 조금 늦은 시기로 볼 수 있으며, 나머지 주거지들은 이보다 조금 늦은 시기로 보여져 주거지의 중심연대는 3세기 중반 전후로 볼 수 있다.

아산 갈매리유적에서 확인된 '凸'자형(6각형) 주거지로 주거지와 수혈유구에서 경질무문토기, 격자문 심발형토기, 장란형토기, 타날문 단경호, 완 등이 출토되어 4세기를 전후한 시기로 보여진다.

천안 용원리유적은 토기의 문양분석 결과 기원후 350년경 격자문에서 평행선문(승문계)으로 변화되는 것을(박순발 2001) 참고하여 주거지의 중심연대는 4세기 전반대로 편년하였다.

대전 장대동유적은 방형계 4주식 주거지로 점토로 만든 부뚜막이 설치된다. 출토유물 중 심발형토기와 시루에 대해 살펴보면, 심발형토기는 구연부 형태가 사선으로 벌어지는 것과 수평 외반이 혼용되지만, 대부분 구연부가 사선으로 벌어지는 형태이다. 구연부 직경이 저부 직경에 비해 크고, 구경이 기고보다 작으며, 동체부 최대경은 상단에 위치한다. 문양은 대부분 지워졌지만, 격자문만 보인다. 박순발의 분류안에 의하면 격자문과 I군 기종만 확인되는 장대동은 중서부 남부지역 II · III단계(A.D.250~350)로 판단된다. 시루는 송만영(2003 : 128)의 구분안에 따르면 원저형(Ib형)과 원저형(III형)임을 알 수 있다. 주변 유적 중 송촌동과 오정동 출토품은 평저형(Ia)이다. 평저형의 시루는 호남지방에서 많이 확인되는데, 연질로 원형의 구멍이 지름 0.9~3.5cm되는 소·중원공에서 3.6cm 이상의 대원공으로 변화되고 있다. 갑천유역에서 확인되는 시루는 원형 구멍의 직경이 0.9~3.5cm 소·중원공이다. 이러한 시루는 기원후 200~250년으로 편년된다. III형은 영남지방에서 주로 나타나는데, 추목동유적에서도 1점이 출토되었다. 영남형 시루는 이른 시기일수록 난형에 가까우며, 늦은 시기가 되면 구연이 점차 넓어지면서 역삼각형 형태로 발전한다. 표면은 회전물손질을 이용해 정면하다가 점차 평행집선문을 타날한다. 파수는 우각형파수를 붙이는데 시기의 변화에 따라 동중상위에서 동중위로 내려온다고 한다(박경신 2003 : 43). 장대동 출토 시루는 표면을 정면하고 구연이 넓어진 형태이며, 우각형파수가 동중위에 위치해 늦은 시기의 것으로 판단된다. 이것으로 보아 장대동유적은 3세기 중반에서 4세기 초반대로 판단된다.

서천 송내리유적에서는 장란형토기가 많이 출토되어 장란형토기의 문양과 구연부 및 동체비만도를 분석하였다. 특히 구연부 처리 양상이 시간의 변화에 따라 Ⅰa형→Ⅱa형→Ⅲa형으로 변화된 것을 파악하여 유구 간 상대순서와 대입한 후 방사성탄소연대 측정 결과를 참고로 하여 3세기 후반~4세기 중반으로 편년하였다.

II기는 이른 시기의 원형계 주거지와 방형계 4주식 주거지의 뒤를 잇는 시기로 2기로 세분된다. 1기와 2기의 구분은 경질무문토기의 출토 빈도가 극히 줄어드는 시기로 2기의 늦은 시기에는 경질무문토기가 사라지는 것으로 보이며, 타날문토기의 문양은 격자문보다 평행타날이 많아진다. 1기의 주거지는 곡교천유역의 두정동유적에서 무시설식 노지·부뚜막·쪽구들이 있는 방형계와 원형계 주거지가 혼재하는 양상을 보인다. 미호천유역의 신천 삼룡리·신월리유적에서는 무시설식 노지가 설치된 방형계 4주식 주거지가 보인다. 갑천유역의 장대동유적에서는 부뚜막이 있는 방형계 4주식 주거지가 나타난다. 용계동유적에서는 무시설식 노지·부뚜막·쪽구들이 설치된 원형계·방형계 4주식과 비4주식이 확인되는데, 이른 시기의 원형계와 늦은 시기의 방형계 주거지의 입지는 차이를 보이고 있다.

곡교천유역의 갈매리유적과 용원리유적에서 '凸' 자형(6각형) 주거지가 나타나는데, 이는 백제의 진출과 관련이 있을 것으로 보여진다(張德元 2010). 갑천유역의 대정동과 송촌동, 판암동유적에서는 원형계와 방형계가 혼재하는 양상을 보이며, 금강 중류역의 두계리유적에서는 방형계 4주식 주거지에 판석으로 만든 부뚜막이 나타난다. 이후 II-2기부터 주거지가 증가하는 경향을 보이며, 이는 III기 전반대까지 이어지는 것으로 볼 수 있다.

구분	I기 (3세기 초반~3세기 중반)	II기 (3세기 중반~4세기 중반)	III기 (4세기 중반~5세기 중반)
곡교천유역	---- 천안 장산리 ----	--- 천안 두정동 -- --- 아산 갈산리 ---- --- 아산 갈매리 ---- ---- 천안 용원리 ----	--- 아산 초사동 ---
미호천유역		----- 진천 삼룡리 ----- -- 진천 신월리 -- -- 청주 명암동 -- -- 연기 응암리 -- ----- 연기 대평리 ------ -- 청원 풍정리 --	-- 청원 연제리 -- -- 청주 가경동 -- -- 청주 봉명동 --
갑천유역	----- 대전 구성동 ---- --- 대전 오정동 ---	-- 대전 신대동 -- --- 대전 장대동 --- ------- 대전 용계동 ------ --- 대전 대정동 --- --- 대전 송촌동 --- --- 대전 판암동 ---- --- 대전 노은동 --- -- 대전 추목동 --	---- 대전 복룡동 ---- ---- 대전 지족동 ----
금강 중류역		--- 계룡 두계리 --- -- 청양 분향리 --	---- 논산 원북리 ---- -- 계룡 입암리 --
금강 하류역		---- 서천 송내리 ----- ------ 서천 봉선리 ------ --- 서천 지산리 ----	
서해안		-- 서산 기지리 -- ---- 서산 부장리 ---	

III기는 청원 풍정리·연제리유적, 청주 가경동·봉명동유적, 논산 원북리유적, 아산 초사동, 대전 복룡동·지족동유적 등이 해당된다.

논산 원북리유적의 주거지는 방형계 비4주식이며, 노지는 무시설식과 점토로 만든 부뚜막이 설치되었다. 벽구는 II형식이 확인되었다. 장란형토기와 발형토기의 문양이 주로 격자문이 시문되는 점과 구연부 형태 등을 고려했을 때 주거지의 중심연대는 4세기 중·후반경으로 볼 수 있다.

청원 연제리유적은 출토된 유물을 중심으로 각 기종별 문양을 분석한 결과 격자문이 약 85%로 가장 많은 점유율을 보인다. 천안 장산리유적의 경우 평행선문이 격자문에 비해 많은 비율을 보이지만, 경질무문토기 단계에 해당되어 이보다는 늦을 것으로 보여 연제리유적 주거지의 중심연대는 4세기 중·후반으로 볼 수 있다.

아산 초사동유적은 평면형태가 방형계 2주식 주거지로 판석재를 사용한 부뚜막이 설치되었다. 부뚜막은 축조재료로 판석식과 점토식으로 나눌 수 있으며, 점토식은 마한계, 판석식은 백제계로 시·공적 분포권이 구분되는 것으로 이해되고 있다. 용원리유적에서도 점토식과 판석식이 보이고 있는데, 점토식이 4주식과 조합을 이루고 있는 반면에 판석식은 4주식의 기둥배치를 보이지 않고 토기상으로 후행하고 있다는 것이다(김승옥 2004). 이러한 점으로 볼 때 판석식 부뚜막에 무주식 또는 2주식이며, 백제토기가 공반되는 초사동유적은 5세기대로 편년된다.

III기의 미호천유역은 연제리유적을 비롯하여 평면형태가 방형계인 4주식·비4주식이 혼재하며, 연제리를 비롯한 다른 지역에서도 벽주식 주거지가 증가한다. 노지는 풍정리유적에서는 할석으로 만든 노지가 설치된 반면, 다른 지역에서는 부뚜막과 쪽구들이 보이고 있다. 금강 중류역인 원북리유적에서는 방형계 비4주식 주거지에 무시설식 노지와 점토로 만든 부뚜막이 설치되며, 입암리유적에서 점토나 석재를 사용한 부뚜막이 설치된 방형계 4주식과 비4주식이 혼재한다. 그리고 갑천유역의 복룡동·지족동유적에서는 '凸'·'呂' 자형 주거지가 나타난다. 이 시기가 되면 백제의 대표적인 유물들이 호서지역 곳곳에서 다양하게 나타나고 있어 백제화 과정이 상당히 진행된 것으로 볼 수 있다.

지금까지 각 단계별로 주거지의 구조와 출토유물을 통해 주거지 변화 양상을 살펴보았다. 이 시기는 대체적으로 백제의 영역확장에 따른 마한지역의 정치적·문화적 변혁기를 보여주는 시기이다(성정용 2000). 마한의 소멸은 3세기 중엽경 한강유역에서 건국된 백제에 의해서 目支國이 소멸되는 것을 계기로 경기지역→충청지역→전라지역

순으로 백제에 편입되어 4세기 중후반이 되면 모든 지역이 백제의 영향 아래 있던 것으로 보는 견해(김승옥 2000)가 있는가 하면, 영산강유역은 5세기 말까지 대형옹관고분이 잔존하기 때문에 마한의 하한을 5세기말로 보는 견해도 있다(임영진 1995). 또한 시루의 분석을 통하여 4세기대 이후에 호서형 시루는 점차 중부형 시루에 흡수되며, 호남형 시루는 중부형 시루의 남하와 함께 점차 영산강유역으로 축소되다가 영산강세력을 대표하는 나주 복암리고분군에 중부형의 시루가 등장하는 6세기대를 마한의 하한으로 설정하기도 한다(박경신 2003).

호서지역에서 II-2기가 되면 주거지가 증가하면서 방형계 비4주식 주거지가 넓게 확산된다. 이와 더불어 부뚜막과 쪽구들은 여러 유형이 확인된다. 그리고 이전에 보였던 백제주거지가 해안지역과 내륙지역에 나타난다(장덕원 2010). 이 시기부터는 백제토기의 확산뿐만 아니라 원삼국시대에 유행한 주구토광묘가 점차 사라지고, 주구 없는 토광묘가 축조되는 등의 변화가 일어난다(성정용 1998). 아산 갈매리와 대전 지족동·복룡동 백제주거지가 출현하지만 인근 지역의 주거양상은 큰 변화가 없고, 백제의 마한 병합은 마한의 재지기반을 온존시키거나 간접지배방식으로 진행되었다는 견해(강종원 2008, 성정용 2000)를 감안한다 하더라도 3~5세기 주거양상은 당시의 정치 상황과 자연환경 등 복합적인 관계가 있었을 것으로 보인다.

5. 맺음말

지금까지 호서지역에서 조사된 유적을 중심으로 각 지역별 주거지의 속성과 변천 양상을 간략하게 살펴보았다. 현재까지 확인된 유적을 6개의 지역별로 개관하고, 시간성을 반영한다고 판단되는 주거지의 평면형태와 기둥배치, 노지, 벽구 등을 대상으로 변화양상을 살펴보았다. 이를 통해 호서지역 주거지는 3기로 구분하였다.

I 기는 3세기 초반~3세기 중반으로 갑천유역에 무시설식 노지나 쪽구들을 갖춘 원형계 주거지가 등장하며, 곡교천유역에서는 노지가 설치된 방형계 4주식 주거지가 확인된다. 토기는 경질무문토기와 타날문토기가 비슷한 비율로 공반되며, 재지적 성격이 강한 시기로 추정된다.

II기는 3세기 중반~4세기 중반까지의 시기로 갑천유역에서는 원형계와 방형계 주

거지가 혼재하며, 곡교천유역에서는 '凸' 자형(6각형) 주거지가 출현하는 양상을 보인
다. 경질무문토기의 비율이 현저하게 감소하다가 소멸하고, 타날문토기 일색으로 변화
된다. 한성백제 지역의 특징적인 '凸' 자형 주거지와 부뚜막시설을 통해 한성백제의 영
향 및 일정한 관계 하에 발전한 양상으로 이해된다.

Ⅲ기는 4세기 중반~5세기 중반으로 Ⅲ기 전반대까지 주거지의 수가 증가하며 비4
주식 주거지가 넓게 확산되고, 벽주식 주거지의 비율이 높게 나타난다. 유물은 장란형
토기, 광구장경호, 직구호, 고배, 삼족기 등 전형적인 백제토기가 출토된다. 이는 호서
지역 대부분이 백제화 되었음을 반영한 것으로 이해된다.

참고문헌

강종원, 2008, 「한성백제의 영역확장」, 『漢城百濟史』 2권, 서울특별시사편찬위원회.

高麗大學校 考古環境研究所, 2007, 『牙山 葛梅里(Ⅲ地域) 遺蹟』.

權五榮, 1996, 「三韓의 「國」에 대한 研究」, 서울大學校 大學院 博士學位論文.

권오영·이형원, 2006, 「삼국시대 壁柱建物 연구」, 『한국고고학보 60』, 한국고고학회.

金圭東, 2002, 「한반도 고대 구들시설에 대한 연구」, 『國立公州博物館紀要』 2, 국립공주박물관.

金承玉, 2000, 「湖南地域 馬韓住居地 編年」, 『湖南考古學報』 11輯, 호남고고학회.

______, 2004a, 「호남지역 마한주거지의 편년」, 『호남고고학』 11, 호남고고학회.

______, 2004b, 「全北地域 1~7世紀 聚落의 分布와 性格」, 『韓國上古史學報』 44, 韓國上古史學會.

______, 2007, 「금강유역 원삼국~삼국시대 취락의 전개과정 연구」, 『한국고고학보』 65, 한국고고학회.

金垠井, 2006, 「全北地方 原三國時代 住居址 研究」, 全北大學校 大學院 碩士學位論文.

박경신, 2003, 「한반도 중부이남지방 토기 시루의 성립과 전개」, 숭실대학교 대학원 석사학위논문.

朴淳發, 2001, 「深鉢形土器考」, 『湖西考古學』 4·5, 湖西考古學會.

成正鏞, 1998, 「3~5世紀 錦江流域 馬韓·百濟 墓制의 樣相」, 『3~5世紀 錦江流域의 考古學』, 제22회 전국 고고학대회 발표문, 한국고고학회.

______, 2000, 「中西部 馬韓地域의 百濟領域化 過程 研究」, 서울大學校 大學院 博士學位論文.

宋滿榮, 1999, 「中部地方 原三國 文化의 編年的 基礎 -住居址의 相對編年을 中心으로-」, 『韓國考古學報』 41, 韓國考古學會.

______, 2003, 「중부지방 원삼국문화의 전개 과정과 한예 정치체의 동향」, 『강좌 한국고대사』 10권, 가 락국사적개발연구원.

이영철, 1997, 「전남지방 주거지의 벽구시설 검토」, 『박물관연보』 6, 목포대학교 박물관.

임영진, 1995, 「馬韓의 形成과 變遷에대한 考古學的 考察」, 『三韓의 社會와 文化』, 신서원.

張德元, 2010, 「原三國~三國時代 금강유역의 주거와 취사시설의 변화로 본 정치적 동향」, 『湖西考古學』 22, 호서고고학회.

정상석, 2006,「부뚜막부 쪽구들 구조분석과 조사방법에 대한 일고찰」,『야외고고학』창간호, 한국문화
　　　재조사연구기관협회.

鄭 一, 2006,「全南地域 四柱式住居址의 構造的인 變遷 및 展開過程」,『韓國上古史學報』54, 韓國上古史
　　　學會.

정종태, 2003,「湖西地域 長卵形土器의 變遷樣相」,『湖西考古學』9, 湖西考古學會.

정해준·김영국, 2008,「대전 지족동 유적」,『2008 호서지역 문화유적 발굴성과』, 제18회 호서고고학회
　　　학술대회, 湖西考古學會.

朱南哲, 1987,「온돌과 부뚜막의 고찰」,『文化財』12호, 文化財管理局.

충남대학교 박물관, 1996,『천안 장산리유적』, 충남대학교 박물관논총 14.

韓南大學校博物館, 1997,『大田 九成洞遺蹟』.

한지선, 2008,「장란형토기의 사용흔 분석을 통한 지역성 검토 -서울경기권과 호서호남권을 중심으로-」,
　　　『炊事의 考古學』, 서경문화사.

咸舜燮, 1998,「錦江流域圈의 馬韓에서 百濟로의 轉換」,『3~5世紀 錦江流域의 考古學』, 제22회 한국고
　　　고학전국대회 발표요지문, 韓國考古學會.

IV.
湖南地域 馬韓·百濟住居 構造와 展開

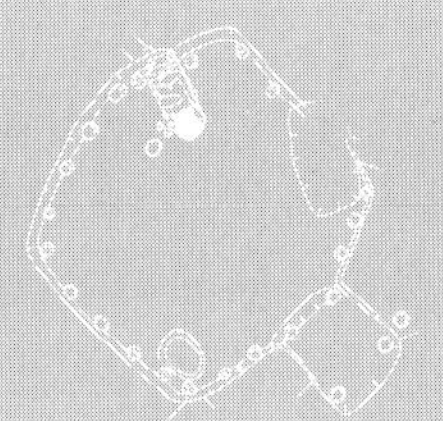

조 규 택 국립전주박물관

1. 머리말

住居는 어떤 곳에 자리잡아 사는 것, 또는 그 집(가옥)으로 인간이 거주하기 위해 세운 건조물을 말한다. 이러한 주거는 거주 집단과 세력, 기능, 생활공간 등에 따라 일정한 구조적 특성을 갖추고 있어 고고학적으로 주거 양식을 통해 당시 사회집단의 성격을 엿볼 수 있다. 인간이 거주한 흔적인 住居址는 크게 땅을 파 지하에 만든 수혈주거지와 땅 위에 세운 지상건물지로 구분된다.

마한과 백제 영역이었던 호남지역은 양 세력의 문화 양상이 시공간적으로 복잡한 구도를 띤다. 이는 백제의 지방 지배가 일시적이기보다는 점진적인 구도로 전개된 상황과 호남지역은 백제 지배가 다소 늦어 토착 마한 문화의 존속기간이 길기 때문이다. 이러한 점은 마한·백제주거 문화의 다양성과 지역성에 관련된 것으로 보인다.

최근 호남지역에서는 마한과 백제 관련된 주거지가 대규모로 조사되었으며 내부 시설이 양호하게 확인되고 있어 주거의 구조와 형태를 보다 구체적으로 살펴볼 수 있게 되었다. 그리고 외부로부터 주거 문화의 영향과 전파, 생활조건 등에 따라 주거 양식의 차이가 나타나고 있다.

따라서 이 글은 호남 각지에 분포하는 마한·백제주거[1]의 분포권역을 설정하고, 주거의 구조와 형태, 난방 시설 등 마한·백제주거의 구조적 특징을 검토하였다. 그리고 마한주거와 백제주거의 등장과 변화 모습을 살펴보았다.

2. 호남지역 마한·백제주거 분포권역

호남지역은 마한·백제주거가 현재까지 모두 약 170개소 4,500여 기가 확인되었다(전북 약 60개소 900여 기, 전남 약 110개소 3,600여 기). 호남 각지에 분포하는 마한·백제주거의 분포권역을 설정하면 다음과 같다.

호남지역은 지형조건상 크게 동부 산간, 서부 내륙평야, 해안일대로 구분된다. 동부 산간은 동쪽으로 백두대간을 경계로 영남과 접하고 서쪽으로 금남정맥과 호남정맥이 북에서 남으로 이어지면서 서부 내륙평야와 경계를 이루고 있다.[2] 이 일대에는 큰 수계가 발달되어 있는데 전북 장수와 진안을 흐르는 금강 상류, 전북 남원과 전남 곡성을 흐르는 섬진강, 전남 승주와 보성을 흐르는 보성강이 자리한다. 따라서 수계를 따라 주거 분포권역을 세분하면 금강 상류, 섬진강 상류, 섬진강 하류, 보성강유역 모두 4개 권역으로 나누어진다.

서부 내륙평야는 동부 산간과 달리 낮은 구릉과 농경지가 발달된 지역이다. 내륙평야 가운데에는 여러 수계가 형성되어 있는데 전북에는 금강과 만경강이, 전남에는 영산강과 탐진강 등이 있다. 이들 수계를 기준으로 금강 하류, 만경강유역, 영산강 상류와 영산강 하류, 탐진강유역 모두 5개의 주거 분포권역을 설정할 수 있다.

해안일대는 바다와 접해 있어 해양을 통해 외부의 영향을 많이 받았고 내륙과 연결되는 지리적 조건을 갖추고 있다. 이 해안일대는 전북 서남부의 고창과 전남 북서부의 영광 등지를 포함한 서해안일대, 그리고 전남 해남 등지를 포함한 남해안일대Ⅰ과 순천과 광양 등지를 포함한 남해안일대Ⅱ로 각각 분포권역이 구분된다.

이상을 정리하면 호남지역 마한·백제주거의 분포권역은 모두 12개 권역으로 금강 상류(진안, 장수), 금강 하류(익산, 군산), 만경강유역(완주, 전주, 김제), 서해안일대(고창, 부안, 정읍, 영광), 영산강 상류(담양, 광주, 장성), 영산강 하류(나주, 무안, 영암, 함

---

1 주거지는 기원후 1세기(마한주거 출현)~7세기(백제주거 확산) 자료를 대상으로 하였다. 마한주거는 대부분 수혈주거로 내부에 이전과 다른 독특한 시설을 갖추고 있으며 백제주거와 대비되는 재지적인 주거 양식이다. 백제주거는 왕도에서 축조 사용된 수혈주거와 지상건물을 말하며 지방으로 확산된 백제주거지도 이에 해당한다.
2 산줄기 구분은 조선시대 신경준의 山經表(우리나라 산줄기를 1大幹, 1正幹, 13正脈 체계로 구분함)를 토대로 작성된 호남지방의 지형도를 참고하였다(군산대학교박물관 2003).

평), 보성강유역(승주, 보
성), 탐진강유역(장흥, 강
진), 남해안일대 I (해남, 진
도), 남해안일대 II (순천, 광
양, 여수, 고흥), 섬진강 상
류(남원, 임실, 순창), 섬진
강 하류(구례, 곡성)가 있
다(도 01).

한편 마한주거는 평면
형태에 따라 원형계 주거
군은 동부 산간에, 방형계
주거군은 서부 내륙평야에
각각 밀집되어 있어 지역
에 따라 주거문화의 전통
이 달리 전개되고 있음을
알 수 있다. 이러한 분포권
역은 앞으로 호남지역의
마한 소국에 대한 위치 파

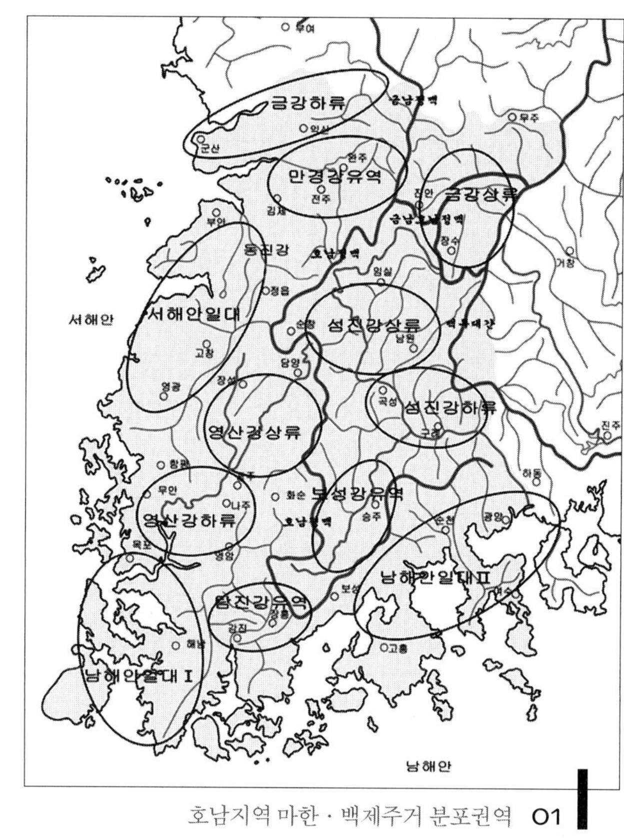

호남지역 마한 · 백제주거 분포권역 **01**

악과 백제의 지방 편제를 설정하는 데에도 연관되어 있는 것으로 생각된다.

3. 호남지역 마한 · 백제주거의 구조와 난방 체계

1) 마한주거의 구조와 형태분류

호남지역에서 마한주거는 대부분 수혈주거지이다. 평면형태는 원형계(원형, 타원
형)과 방형계(방형, 장방형)로 구분된다. 내부시설은 四柱式(중심 주공 배치), 벽체, 벽
기둥, 벽구, 부뚜막, 연도(구들) 등이 있다. 외부시설은 주거지 외부로 연결된 배수로,
주거지 주위로 돌려진 도랑 등이 있다. 이중 사주식, 벽체, 벽구, 배수로 등은 마한주거

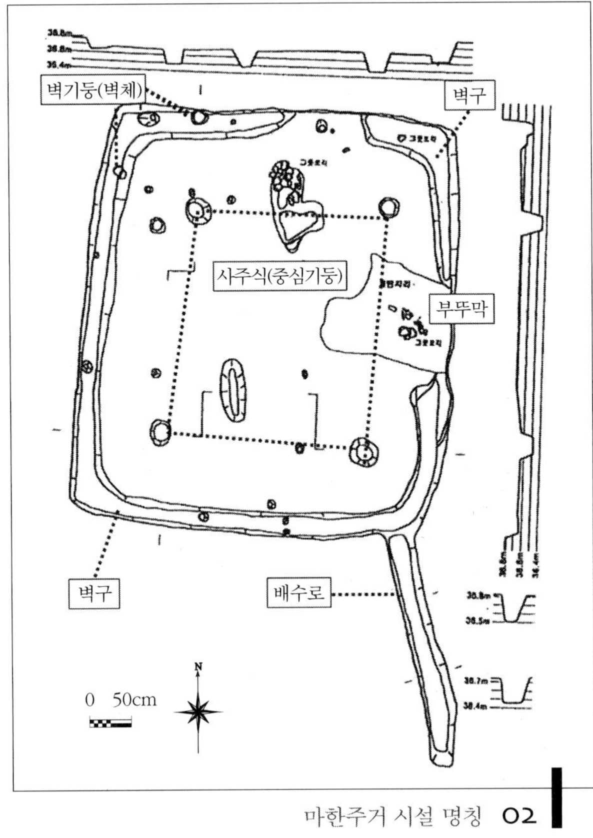

마한주거 시설 명칭 **02**

의 주요 시설로서 마한주거
지를 파악하는 기준이 되고
있다(金承玉 2004).

사주식은 주거지 네 모서
리 부근에 중심 기둥 4개를
각각 배치한 형태이다. 이
사주식은 방형계 주거에서
확인되는 것으로 지붕 높이
를 올리고 벽체 시설을 갖춰
내부 공간을 넓게 활용할 수
있는 장점(鄭一 2005)이 있
어 이전보다 발전된 건축 기
술을 보여주고 있다. 사주식
처럼 중심 주공 4개가 확인
되지 않는 경우는 비사주식
으로 구분한다. 그리고 2개
의 중심 주공이 나란히 배치
된 경우도 있어 중심 주공이
다양한 방법으로 설치된 것으로 보여진다.

벽체는 주거지 벽면에 수직으로 둘러막은 시설물을 일컫는다. 벽체의 기능은 외부
에서 들어오는 빗물 또는 위험으로부터 생활공간을 보호하며 지붕을 떠받들어 내부 공
간의 확장 역할을 해준다. 수혈주거가 점차 지상화되면서 벽체 구조가 발전하였다. 벽
체의 존재는 판재 등의 목탄과 소토가 주거지 벽면을 따라 확인되는 것을 통해 알 수 있
으며, 벽체의 재료에 따라 판재벽, 토벽, 초벽으로 구별된다.

마한주거지에서는 최근 벽체 시설에 대한 조사 예가 많아지고 있다. 즉 화재주거지
에서 벽면을 따라 판재(목재)가 확인되었거나 벽체를 구성하는 시설물인 벽주공이 확
인된 경우가 있다. 벽주공은 벽구 내부 또는 주거지 벽면을 따라 시설되었다. 벽구에
주공이 다수 설치된 것을 壁柱式住居[3]라 부르는데, 이는 한성백제의 벽주식 주거요소
가 재지계의 방형요소와 결합하여 벽주식 수혈주거지가 발행한 것으로 추정하고 있다
(金承玉 2007). 또한 화재주거지 벽면 일부에서 확인된 소토는 점토벽체[4] 시설일 가능

표 1 _ 마한주거의 주요 시설과 형태 분류

평면형태	사주식 무	사주식 유	벽체 무	벽체 유	벽구 무	벽구 유	배수로 무	배수로 유	해당 주거지	유형	비고(단계)
원형계	○		○		○		○		여수 화장동 나-2호	A-1	II(화재)
									광양 칠성리 3호	A-1	II
									순천 성산리 대법 29호	A-1	IV
	○			○	○		○		구례 봉북리 나-12호	A-2	III-2
									광양 석정 2호	A-2	III-2
									승수 낙수리 3호	A-2	III-2
									곡성 오지리 3호	A-2	II
									순천 성산리 대법 12호	A-2	III-2
	○			○		○	○		곡성 오지리 10호	A-2	III-1(화재)
									순천 가곡동 10호	A-2	III-2
		○	○		○			○	함평 소명동 2호	B-1	III-2
		○	○			○		○	함평 소명동 20호	B-1	III-1
									나주 장등 49호	B-1	III-2
		○		○	○		○		완주 용흥리 2호, 9호	B-2	III-2(화재)
									함평 중랑 94호	B-2	III-2(화재)
									무안 양장리 18호	B-2	III-2
									장흥 상반촌A 18호	B-2	III-2(화재)
		○		○		○		○	왕궁 사덕 35호	B-2	III-2
									영광 마전 5호	B-2	IV
									고창 남산리 6-나구역 12호	B-2	III-2
									광주 산정동 30호	B-2	III-2
									광주 하남동 40호, 42호	B-2	III-2
									무안 양장리 94-9호	B-2	IV
	○		○		○		○		장수 침곡리 9호	B 3	III-2
									함평 성천리 와촌 11호	B 3	III 2(화재)
									장흥 지천리 나13호	B 3	IV

3 大壁建物(壁柱建物)은 그 시원형으로 몽촌토성 등의 수혈주거지 벽구에 다수의 주공이 시설된 주거지를 주목하고 있다(權五榮·李亨源 2006). 이러한 벽주건물에 대비하여 벽주식주거라는 용어를 사용하고 있다. 하지만 벽주건물이 5세기 이후에 확인되는 것으로 3세기 중엽 이후에 등장한 마한 수혈주거의 벽구와 벽기둥 시설을 벽주식주거 범주로 이해될 수 있는지 문제는 앞으로 신중한 검토가 필요하다.

4 점토벽체로 추정되는 소토는 주거지 벽면 일부에서 덩어리로 확인되는 경우는 벽체와 관련된 가능성이 높다. 따라서 주거지 내부에서 확인된 소토는 출토 위치와 놓여진 상태를 정확하게 파악할 필요가 있다. 점토 벽체는 판재나 초목으로 벽체를 세우고 그 바깥쪽을 점토로 발라 마무리하는 구조로 이해된다. 완주 용흥리 8호와 익산 삼담리 1호 주거지 등에서 점토벽체가 일부 확인되었다. 아울러 점토벽체는 벽면 전체를 시설하지 않고 함평 중랑 94호처럼 경사면 아래쪽인 서측벽은 목재벽을 이용한 것으로 추정되며(鄭― 2007), 또한 부뚜막과 연도에 점토벽체가 시설되지 않는 경우도 있다.

								유적	유형	단계
○		○			○		○	고창 남산리 6구역 5호		III-2
○		○			○		○	나주 장등 31호		III-2(화재)
○			○	○		○		왕궁 사덕 97호	B-4	III-2
○			○	○		○		담양 태목리 4호		III-2(화재)
○			○		○		○	전주 송천동B 15호		III-2
○			○		○		○	고창 우평리 4호		IV

* 단계 설정은 후술한 편년을 기준으로 한 것임.

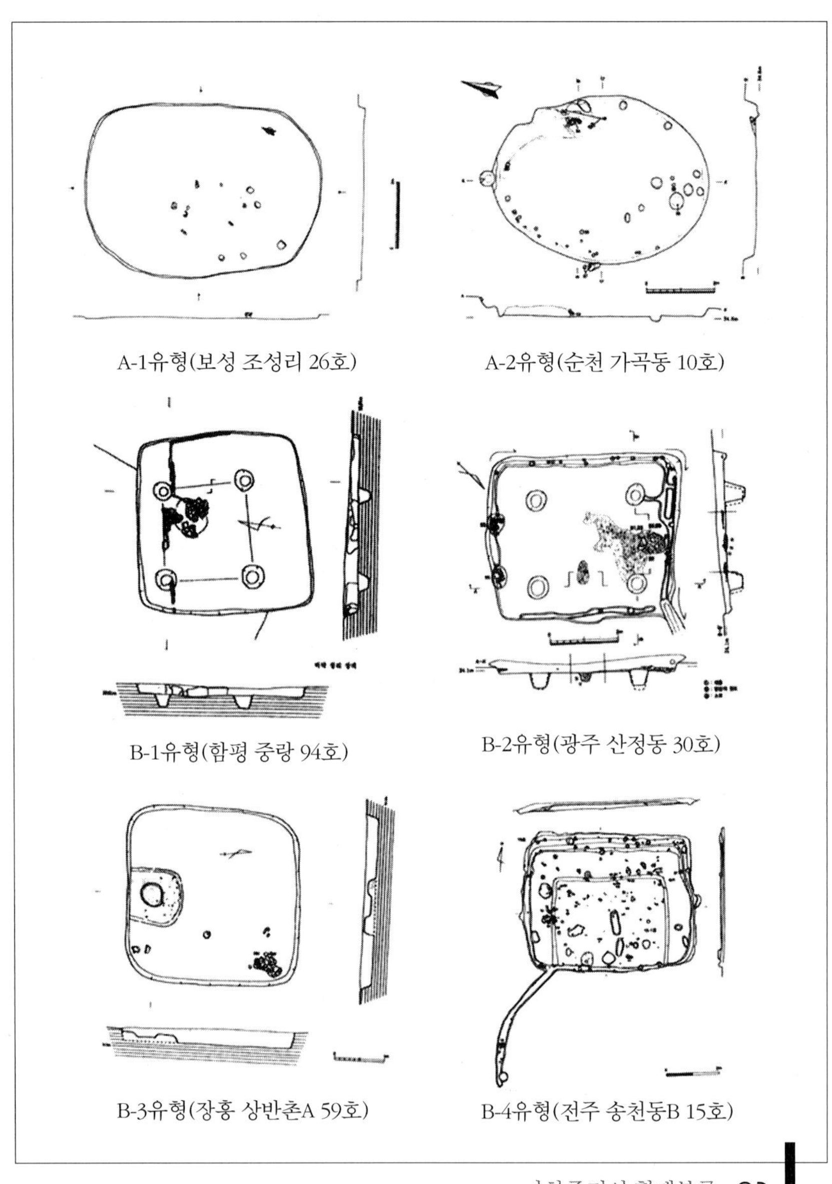

A-1유형(보성 조성리 26호)   A-2유형(순천 가곡동 10호)

B-1유형(함평 중랑 94호)   B-2유형(광주 산정동 30호)

B-3유형(장흥 상반촌A 59호)   B-4유형(전주 송천동B 15호)

성이 있다.

벽구는 주거지 벽면을 따라 얇게 굴착한 도랑 시설로 배수, 집수, 벽체의 기초 시설 등 다양한 기능을 한다. 마한주거지는 사주식 방형계 주거에서 벽구 시설이 평면형태에 따라 네 벽에 두른 것, 한 벽 또는 두 벽 일부에 두른 것으로 구분된다. 벽구가 배수로와 연결되기도 하며 벽체 시설이 있는 경우 벽구가 대부분 확인되고 있다.

배수로는 주거지 내부의 물을 외부로 빼내기 위한 것으로 보통 주거지 한쪽 모서리에 시설된다. 배수를 용이하게 하기 위해 주거지와의 연결부에는 배수관으로 호형토기와 장란형토기 등을 사용하고 있다. 사주식 방형계 주거에 주로 시설된 배수로는 비사주식 방형 주거에서는 거의 확인되지 않고 있어 비사주식 방형 주거의 경우 내부에 물의 유입이 적고 외부로 배수가 불필요한 구조였을 것으로 판단된다.

이와 같은 주요 시설을 토대로 원형계와 방형계 주거를 분류하면 다음과 같다(표 1, 도 03). 즉 원형계 주거는 방형계 주거와 달리 모두 비사주거식 구조를 띠며 벽체시설를 갖춘 것(A-1유형)과 그렇지 않은 경우(A-2유형)로 나누어진다. 방형계 주거는 원형계 주거보다 형태가 다양하다. 사주식에 벽체시설이 없는 경우(B-1유형)와 벽체시설을 갖춘 것(B-2유형), 비사주식에 벽체시설이 없는 경우(B-3유형)와 벽체시설을 갖춘 것(B-4유형)으로 구분된다.

2) 백제주거의 구조와 형태분류

백제주거는 한성, 웅진, 사비백제 때 중앙에서 사용된 주거(건물)를 말한다. 한성기에는 풍납토성과 몽촌토성의 '凸' 자형 등의 수혈주거지, 웅진기와 사비기에는 벽주건물 등이 주로 사용되었다. 백제주거는 생활면 위치가 지하인 수혈주거뿐만 아니라 지상화된 지상건물도 있다.

호남지역에서 백제주거는 수혈주거와 지상건물이 함께 확인된다. 수혈주거는 평면형태, 주공, 부뚜막 시설 방법 등에 따라 나누어진다(표 2). 익산 신동리 6지구 1호의 경우는 방형으로 주거지 어깨선을 따라 벽기둥을 시설하여 벽체를 마련하고 한쪽 모서리에 출입구 시설을 갖추고 있다(a-1유형). 그리고 남측이 유실되어 정확하지 않으나 세 모서리 부근에 중심 기둥 3개가 배치되어 있어 마한주거에서 확인되는 사주식일 가능성도 있다. 부뚜막은 점토로 시설되었으며 연도는 아궁이와 일직선을 이루고 있다. 이

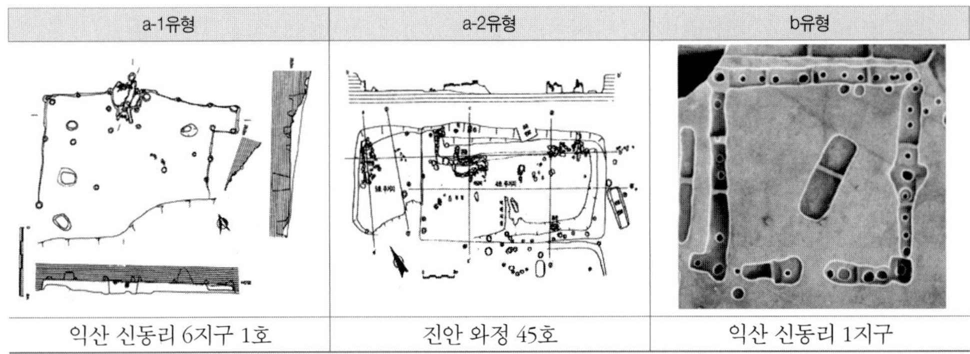

러한 백제 수혈주거지는 군산 둔덕리 4호가 있으며 이 주거지는 비사주식으로 신동리와 차이를 보인다.

진안 와정 45호는 장방형으로 벽면을 따라 벽주공이 시설되었으며, 중심 기둥은 확인되지 않았다. 앞서 익산 신동리 주거지와 달리 부뚜막은 판석재을 이용하였으며 연도가 부뚜막에서 좌우 벽면을 따라 시설되어 있다(a-2유형). 판석재로 축조된 부뚜막은 완주 배매산과 여수 고락산성 등 백제산성에서 주로 확인된 주거지에 시설되었다. 주거지 내부에서는 한성·웅진기의 백제토기인 고배와 삼족기 등이 출토되었다.

지상건물은 네 벽의 하부에 구를 파고 그 안에 주주와 간주를 세운 후 점토로 벽체를 마무리하는 소위 大壁建物(壁柱建物)[5]이 확인되었다. 이 건물은 5세기 이후 서남부지역에 집중 발견되는 백제의 독특한 건물양식으로, 수혈주거에 비해 벽체가 보강되고 건물의 지상화로 발전된 구조이다. 또한 특수 목적 또는 특수 신분계층이 거주한 건물로 추정하고 있다(權五榮·李亨源 2006).

호남지역에서는 익산 신동리 1지구와 익산 왕궁 사덕 88호 등에서 확인되었으며(b유형), 부여 능산리 등 사비 수도에 주로 분포하는 벽주건물과도 유사한 구조를 띠고 있다.

---

5 벽주건물은 일본의 시가현(滋賀縣)일대에 집중되어 있어 한일 양국의 문화교류를 파악할 수 있는 자료로 최근 그 기능과 원류에 대한 다양한 견해가 제시되고 있다(權五榮·李亨源 2006). 벽주건물의 용도는 관인층이나 일반 농경취락에서 농업을 지도하던 인물의 거처, 지방의 거점적 산성에 시설된 군인들의 거주공간이나 무기고 등으로 보고 있다. 일본의 벽주건물은 한반도, 특히 백제 이주민집단과 관련된 취락에서 검출되는 것이 대부분으로 알려져 있다.

3) 마한·백제주거의 취사와 난방 체계

주거지 내부에 시설된 부뚜막[6]과 연도는 음식 조리와 난방 등을 동시에 할 수 있는 중요한 시설물이다. 부뚜막 시설은 한강유역의 경우 원삼국시대 전기 출현하여 중도식 무문토기가 타날문토기로 대체되는 원삼국시대 후기 무렵에 본격적으로 상용화되며, 이 무렵 중도식 화덕 시설은 소멸한다. 한성백제 시기에는 부뚜막이 대표적인 취사와 난방 시설로 발전하였다.

호남지역은 마한주거에서 부뚜막 시설이 새로이 등장한다. 처음에는 주거지 한쪽 벽면에 점토로 간단하게 설치되다가 점차 축조 형태가 다양해지고 벽면을 따라 연도가 추가되면서 보다 발전된 구조를 띤다. 한편 마한주거에 연도 시설을 마련하는 것은 난방 기능뿐만 아니라 주거 공간을 효율적으로 사용할 수 있는 소위 온돌문화의 발전과 연결되고 있다(金圭東 2002).

부뚜막 시설은 불을 들이는 아궁이, 솥걸이와 솥받침이 놓여진 연소부, 그리고 연기가 빠지는 연도[7](구들)로 구성되어 있다(도04). 부뚜막 시설과 관련된 토제품도 다양하게 확인되고 있는데, 아궁이 위쪽에 가로로 얹어 놓은 원통형토기(이맛돌), 아궁이 틀을 장식한 'U'자형의 아궁이 장식품, 연도의 끝부분에 연결된 연통(굴뚝) 등이 있다.

긴 연도(구들)는 최근 마한주거의 화재주거지에서 조사예가 증가하고 있다. 부뚜막과 연도 시설 방법에 따라 평면형태가 'ㅣ'자형(부뚜막과 연도가 직선을 이루는 것), 'ㄱ'자형(부뚜막에 연도가 한쪽 벽면에 직교하여 시설된 것), 'ㅜ'자형(부뚜막을 기준으로 좌우 벽면으로 연도가 시설된 것)으로 구분된다. 연도는 'ㅣ'자형→'ㄱ'자형→'ㅜ'자형으로 변화된다.

이러한 부뚜막과 연도는 마한과 백제주거에서 모두 확인된다. 다만 축조 재료에 따라 점토와 석재(판석)[8]로 구별되는데 전자는 마한주거, 후자는 마한과 백제주거에 나타

---

6 부뚜막은 노지, 부뚜막식 노시설, 화덕 등으로도 불려진다. 부뚜막 시설의 기원은 중국 요녕지방의 점토 대토기문화 영향과 관련되어 있어 기원전 2세기 이후 남한지역에 등장하는 것으로 보고 있다(李弘鍾 1993, 李炯周 2001, 金圭東 2002).
7 연도는 구들로서 아궁이에서 불을 피우고 그 아궁이의 열기가 구들장의 고래를 타고 굴뚝으로 빠져나가는 구조를 하고 있다.

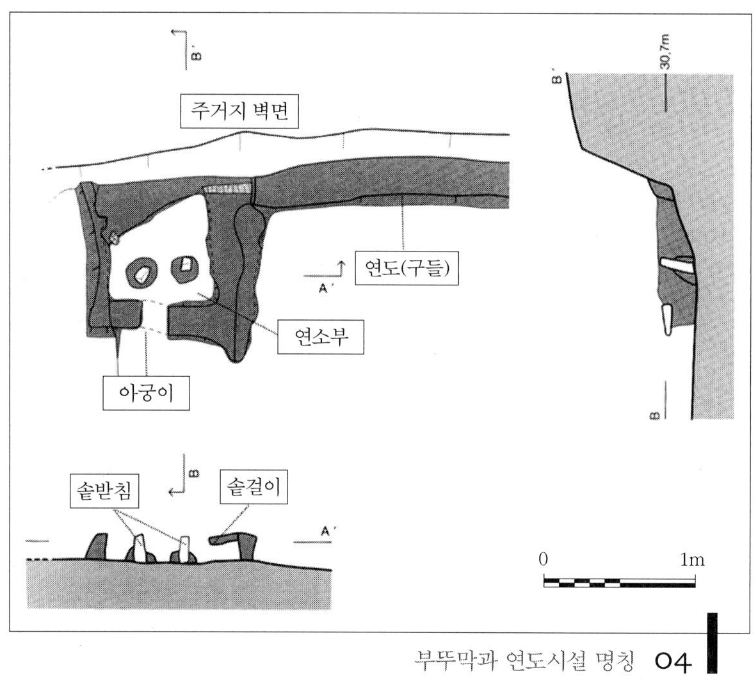

부뚜막과 연도시설 명칭 **04**

나고 있다(표 3).

　익산 왕궁 사덕의 마한주거는 부뚜막과 연도가 모두 점토로 시설되었으며, 65호처럼 'ㄱ'자형은 26기(41.3%), 'ㅣ'자형은 37기(58.7%)로 두 형태가 고루 축조되었음을 알 수 있다(호남문화재연구원 2007). 반면 'ㅜ'자형은 거의 확인되지 않아 일반적인 연도 형태는 아닌 것으로 추정된다. 또한 부뚜막의 위치가 서벽과 남서벽의 경우 'ㄱ'자형이 주로 시설되었는데, 이는 연도의 형태가 부뚜막의 위치에 따라 다르고 주거지 입지와도 관련된 것으로 생각된다.

　마한주거지에 시설된 부뚜막과 연도는 백제주거의 영향으로 축조 재료가 점토에서 석재로 바뀌었을 뿐 연도 형태는 마한처럼 다양하게 만들어졌다. 그리고 광양 칠성리 12호와 진안 와정 4호에서 보듯이 백제 연도는 마한에 비해 벽면에서 보다 떨어져 주거 안쪽에 설치되는 경향을 보인다. 이는 내부의 난방 온도를 더욱 올리기 위한 의도가 반

8　판석조 연도는 중국 동북부지역의 캉과의 관련(金圭東 2002)된 것으로 한성기 말 고구려와의 접촉을 통해 등장한 것으로서 백제 웅진기와 사비기에 주로 유행한다(柳基正 2003).

축조재료	'I' 자형	'ㄱ' 자형	'ㅏ' 자형	주거계통
점토	담양 태목리 55호	익산 왕궁 사덕 65호	담양 태목리 4호	마한주거
석재 (판석)	정읍 관청리 3호	광양 칠성리 12호	진안 와정 4호	마한주거 백제주거

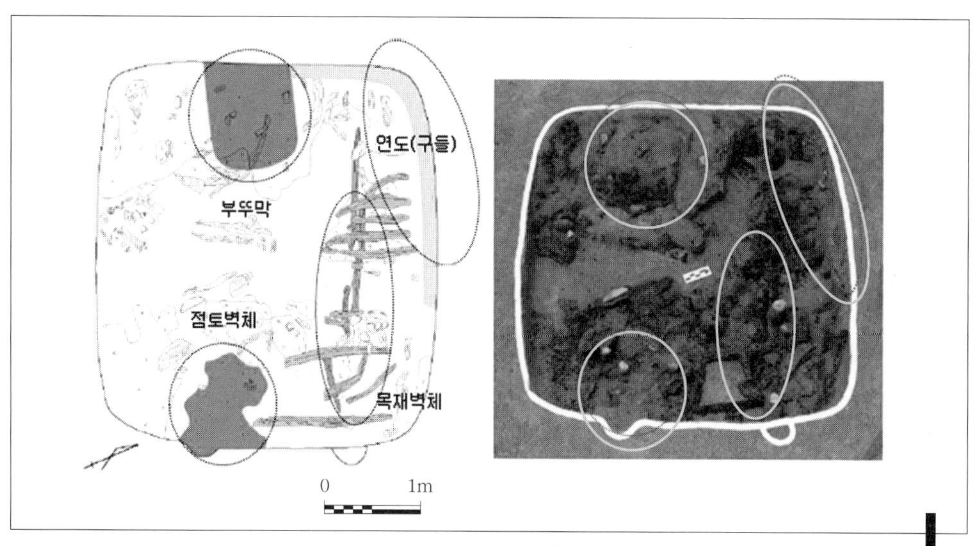

익산 삼담리 1호(좌 : 평면도, 우 : 사진) 취사와 난방시설 체계를 갖춘 마한주거   05

영된 결과로 추정된다.

한편 마한주거는 부뚜막과 연도 시설 외에 벽체 시설을 함께 갖추어 내부의 난방 효과를 보다 극대화 시키고 있다. 즉 익산 삼담리 1호 주거지(호남문화재연구원 2010)를 보면, 북서벽은 부뚜막과 연도를 시설하고, 아울러 북벽은 목재 벽체로, 동벽 일부는 점토 벽체를 세운 것으로 관찰되고 있다. 이는 주거 내부에 '부뚜막 - 연도 - 벽체 시설(점토벽 등)' 을 동시에 갖춰 난방 체계를 구축했던 것으로 추정된다(도 05). 아울러 이러한 난방 체계는 3세기 후엽 이후로 마한주거에 보급되어 발전한다.

4. 호남지역 마한·백제주거 전개양상

1) II단계[9] : 마한주거 등장

마한주거가 지역적 차이를 보이면서 등장하는 무렵으로 기원후 1세기~2세기 후엽에 해당한다. 주거지는 원형계 주거로 섬진강유역과 보성강유역, 그리고 남해안일대 II에 국한되어 분포한다(도 06).

원형계 주거는 광양 칠성리 3호처럼 삼각형점토대토기와 경질무문토기가 공반하는 단계, 여수 화장동 나지구 2호처럼 경질무문토기만이 확인되는 단계, 남원 세전리 7호처럼 경질무문토기와 타날문토기가 공반되는 단계로 점차 변화 발전하고 있다. 이는 점토대토기문화 단계 이후로 동일한 주거집단에 의해 재지의 주거문화가 계기적으로 발전한 모습을 보여주는 것이다. 이 재지적인 원형계 주거는 동부 산간에 한해 6세기 무렵까지 지속 사용되는 주거 전통이 나타나고 있다. 원형계 주거의 확산 루트는 금강 상류를 거쳐 섬진강과 보성강유역으로 연결되는 것으로 보지만(金承玉 2004), 장수지역 등 금강 상류에서 이른 단계의 원형계 주거가 아직 확인되지 않아 앞으로 검토가 필요하다.

한편 동부 산간에 원형계 주거가 밀집 분포한 반면, 서부 내륙평야에서는 마한주거가 거의 확인되지 않아 상당한 대조를 보인다.

이는 서부 내륙평야의 경우 동부 산간과 달리 기원후 1~2세기 주거가 발견되지 않

---

9 호남지역의 마한·백제주거 단계 설정은 김승옥(2007) 편년을 참고하였다. 단 III단계의 경우 3세기 중엽 이후로 부뚜막과 연도 시설, 벽체 시설 등이 새롭게 등장하고 있어 III-1단계와 III-2단계로 나누어 설정하였다.

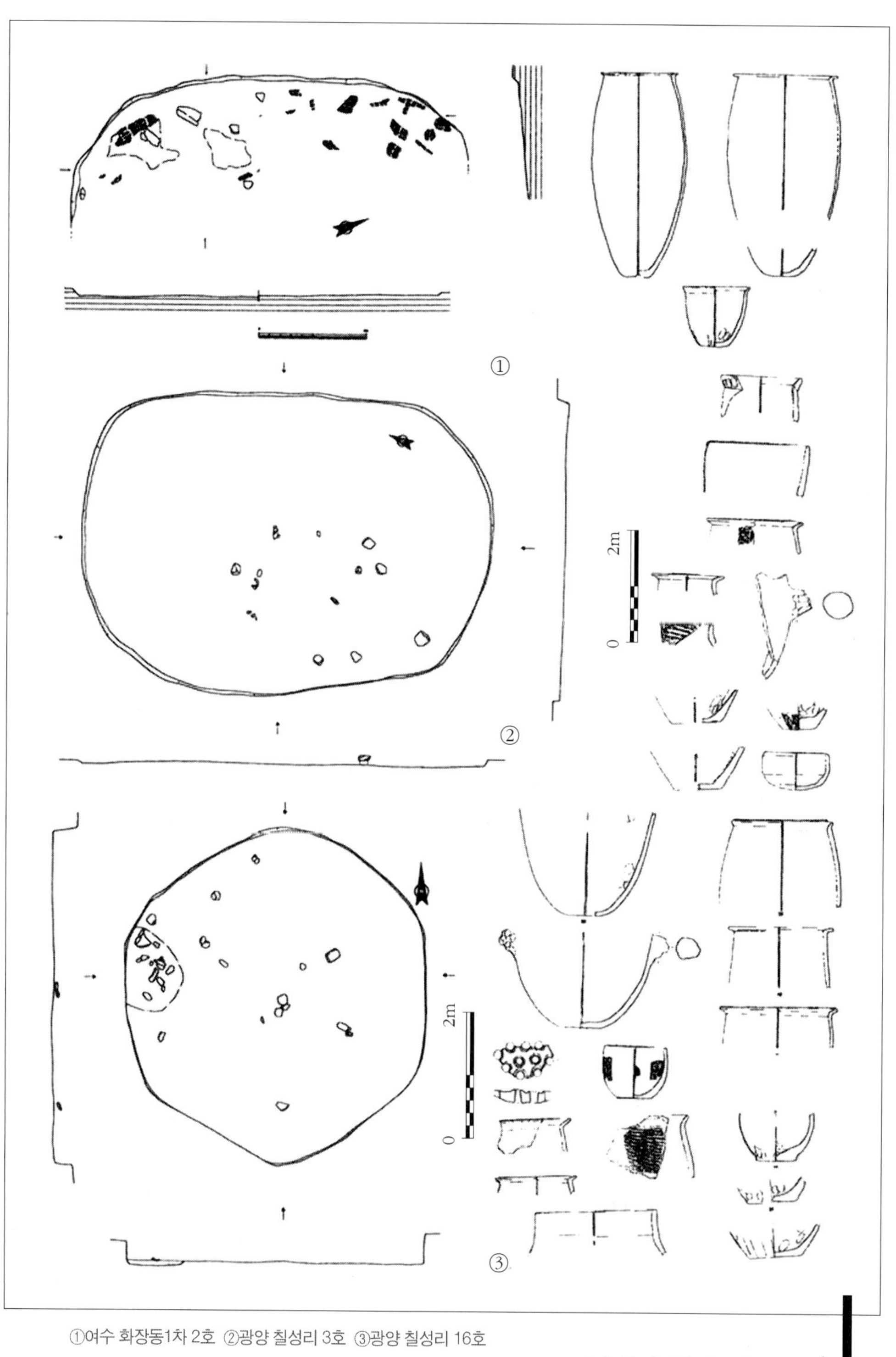

①여수 화장동1차 2호 ②광양 칠성리 3호 ③광양 칠성리 16호

고 오히려 3세기 중엽이후 방형계 주거가 마한주거로서 본격적으로 등장하는 지역적 차이를 보여준다. 기원후 2세기 전후 내륙평야에 발견되지 않은 이유로는 기온 저하로 농업생산에 치명적인 영향을 미쳐(徐賢珠 2001), 당시 주민은 어로자원이 풍부한 도서와 해안일대, 또는 동물과 야생 식물자원이 풍부한 산간지대를 선호하여 거주한데 따른 견해가 있다(金承玉 2007). 이에 대해 아직 분명하게 밝혀진 것은 없다. 다만 주거 입지와 분포가 당시 주거생활과 생계 활동, 거주 집단의 성격 등에 따라 결정되고 있다. 원형계 주거는 고지 내지 산간에 적합한 산지성 주거형태, 방형계 주거는 저평한 구릉 내지 농경생활에 적합한 평지성 주거형태로 구분할 수 있다.

2) Ⅲ-1단계 : 마한주거의 본격적 확산

동부 산간에는 원형계 주거가 지속된 반면 서부 내륙평야 일대에는 방형계 주거가 새롭게 등장하면서 주거문화의 지역적 차이가 뚜렷하게 나타난다. 호남 전역에 걸쳐 마한주거가 지역에 따라 본격적으로 확산되는 시기(3세기 초~3세기 중후엽)이다(도 07). 유적은 함평 소명동 33호, 남원 세전리 1호, 곡성 오지리 10호, 여수 화장동 나-2호, 순천 월평 3호 주거지 등이 이에 해당한다. 주거지는 주로 동부 산간에 밀집되어 있다.

방형계 주거는 함평 소명동 33호처럼 경질무문토기의 정면수법 전통이 남아 있는 경질무문의 심발형토기와 격자 타날의 심발형토기가 공반되고 있어 대체로 3세기 중엽에 출현하는 것으로 생각된다. 이 시기는 사주식 방형 주거가 서부 내륙평야에 보급되어 주거문화가 형성되며, 부뚜막이 한쪽 벽면에 마련되어 주거 공간의 분할이 이루어진다. 사주식 방형 주거의 등장은 시기적으로 앞선 천안일대의 사주식 방형계 주거의 영향을 받으며, 3세기 중엽 이후 한성백제 성장으로 천안일대 재지세력이 대규모로 남하하면서 재지세력이 재편된 데에 따른 것(金承玉 2007 : 33)으로 보기도 한다.

서부 내륙평야일대는 3세기 초엽~4세기 초 중엽 재지계 취락은 방형 주거와 관창리형 분구묘가 연결되지만 동부는 비사주식 원형 주거 - 청당동 주구토광묘로 대별된다. 이는 양 집단의 계통이 다른 문화라기보다는 마한 문화가 지역적으로 발전한 결과(金承玉 2007 : 33)일 것이다. 동부 산간은 이전의 원형계 주거가 계속 발전하며 경질무문토기에서 점차 타날문토기로 변화되고 있다. 곡성 오지리 10호처럼 벽체 시설과 관련된 벽기둥이 주거 어깨선을 따라 확인되는 구조도 나타난다.

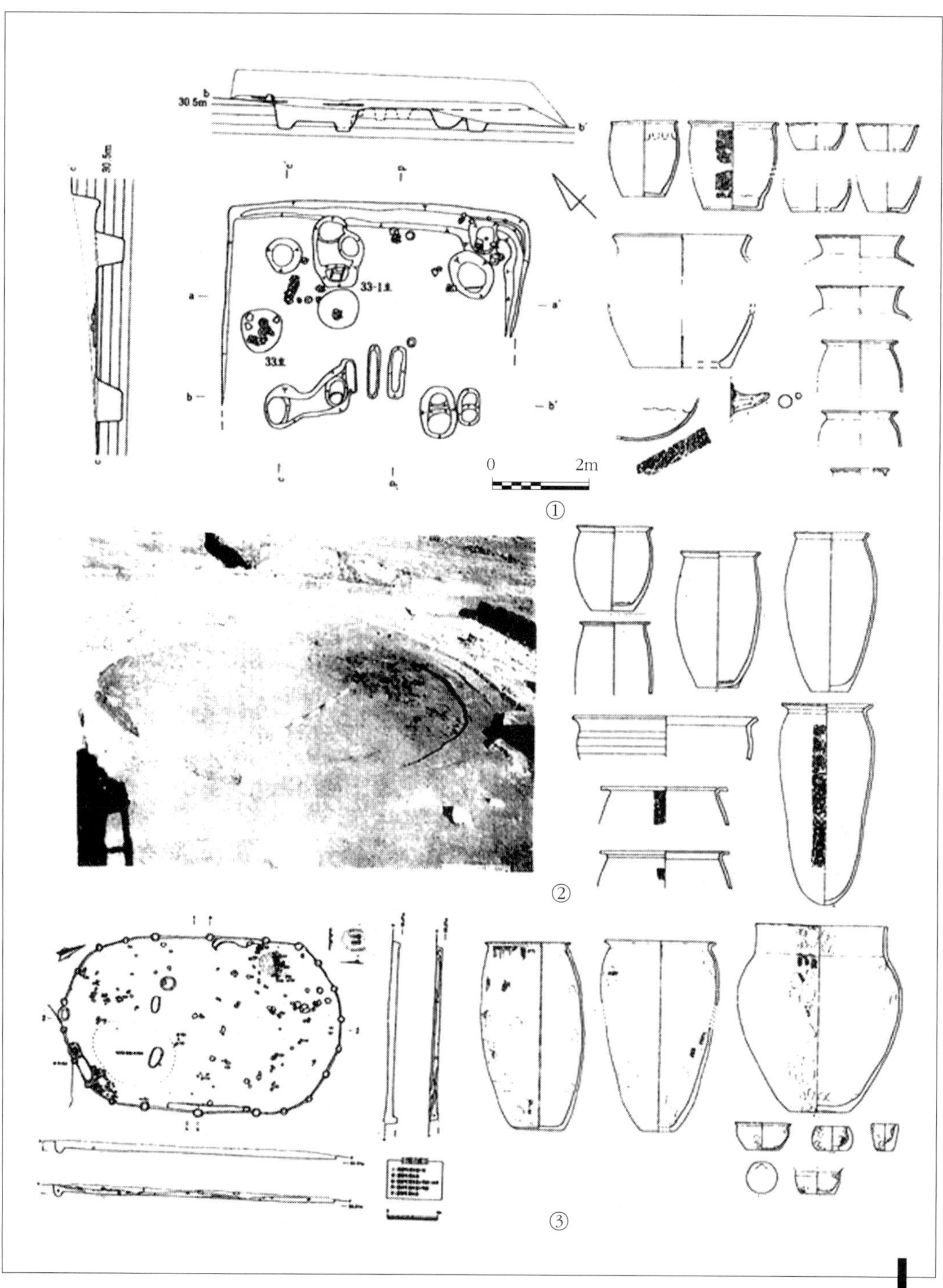

①함평 소명동 33호 ②남원 세전리 1호 ③곡성 오지리 10호

3) Ⅲ-2단계 : 마한주거 문화의 발전과 대규모 마을 등장

부뚜막 시설과 연도 시설이 보급되면서 취사와 난방 체계를 갖춘 주거문화가 더욱 발전하며 주거의 분포와 밀도가 급증한다. 시기는 3세기 후엽~4세기 중후엽에 해당한다(도 08~10). 유적은 장수 침곡리 9호, 왕궁 사덕 97호, 전주 송천동 44호, 영광 마전 5호, 나주 장등 49호, 함평 소명동 2호, 담양 태목리 117호, 해남 황산리 분토 29호, 장흥 상반촌A 40호, 순천 성산리 대법 12호, 광양 석정 2호, 승주 낙수리 3호 주거지 등으로 가장 많으며 호남 전역에 고루 분포한다.

이전 단계와 마찬가지로 이 시기에도 서부 내륙평야는 방형계 주거, 동부 산간은 원형계 주거가 지속되었다. 또한 사주식과 비사주식 방형 주거가 지역별로 주거 집단에 따라 다양하게 나타난다.

부뚜막은 이전과 달리 점토 연도(구들)가 시설되어 취사 행위가 빈번[10]해지며 겨울철엔 난방이 가능해져 보다 안정된 주거생활 영위가 가능해졌다.

또한 벽면에 벽체 시설(목재벽, 점토벽 등)이 확대되어 주거 생활공간의 확대는 물론 난방 효과를 동시에 올릴 수 있게 되었다. 이러한 벽체 시설은 앞서 언급한 것처럼 한성백제 벽주식 주거요소와 관련을 두고 있기도 하지만 백제주거의 영향인지 그 계보에 대해 앞으로 검토가 필요하다.

함평 소명동 유적에서는 화재주거가 52기가 확인되는 등 이 무렵 화재주거의 증가 양상을 보인다. 주거 화재원인은 여러 요인이 있지만 화재주거 빈도가 높아지는 점은 재지 마한과 백제의 세력 갈등도 상정해 볼 수 있다. 이 무렵 한성백제가 천안 이남으로 마한 세력을 본격적으로 병합해가는 과정에 따른 정치 사회적 변화와 군사적 전쟁이 발생할 여지가 많기 때문이다.

익산 왕궁 사덕 104기, 담양 태목리 435기, 순천 덕암동 237기가 확인되는 등 이 무렵에 대규모 마을이 지역에 따라 산발적으로 나타나고 있다. 이는 인구의 증가와 함께 지역 단위의 중심 마을이 형성되어 발전한 것으로 이해된다. 그리고 해남 신금과 해남 황산리 분토 주거지 등처럼 외부에 도랑을 시설한 형태도 나타나고 있어 지역의 특수한 주거문화가 형성되었음을 알 수 있다.

---

10 이는 농업에 적합한 기후의 온난화에 따른 농업 생산량이 증가함으로써 식생활이 보다 호전된 결과로 추정된다.

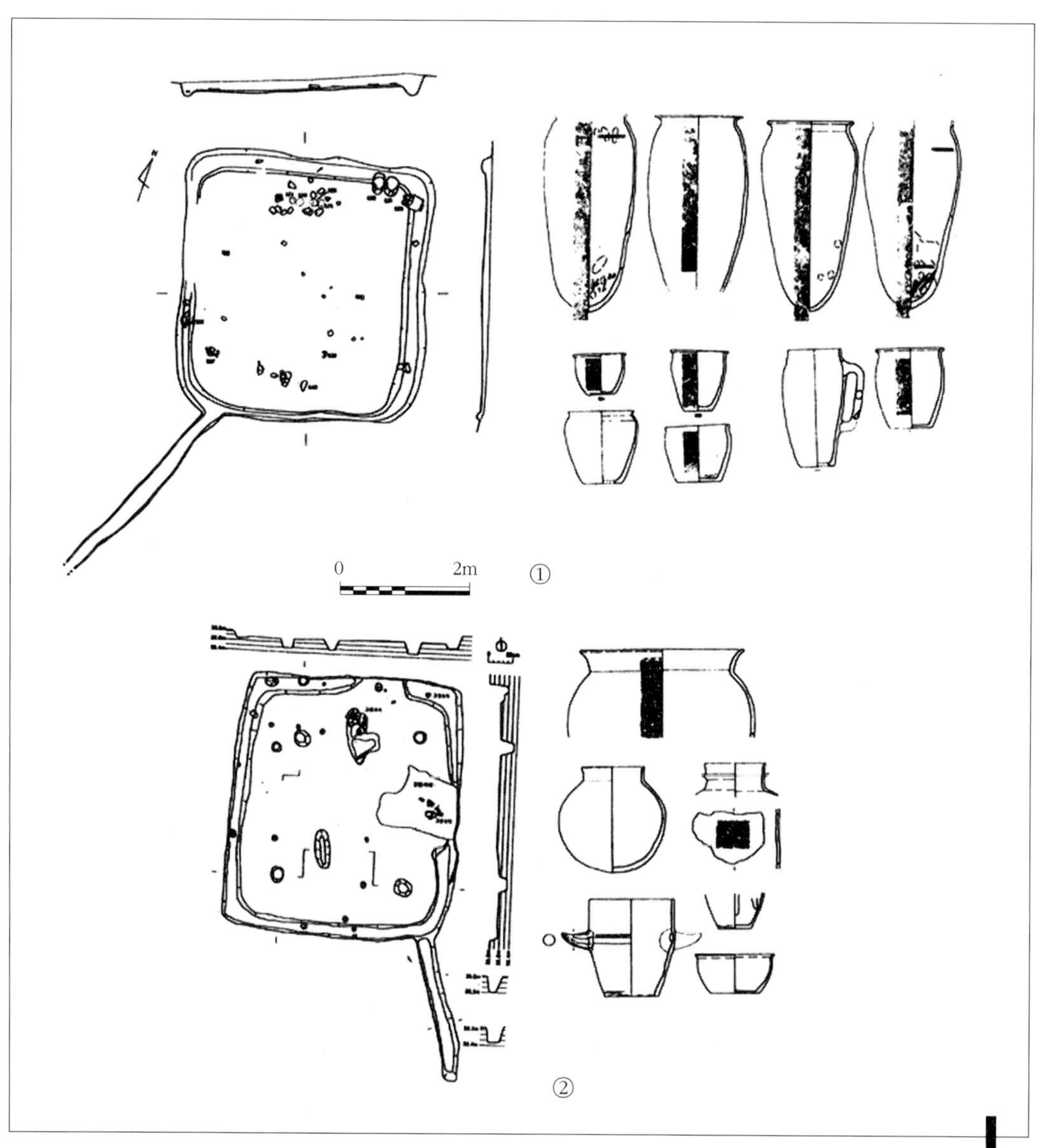

①전주 송천동 44호 ②영광 마전 5호

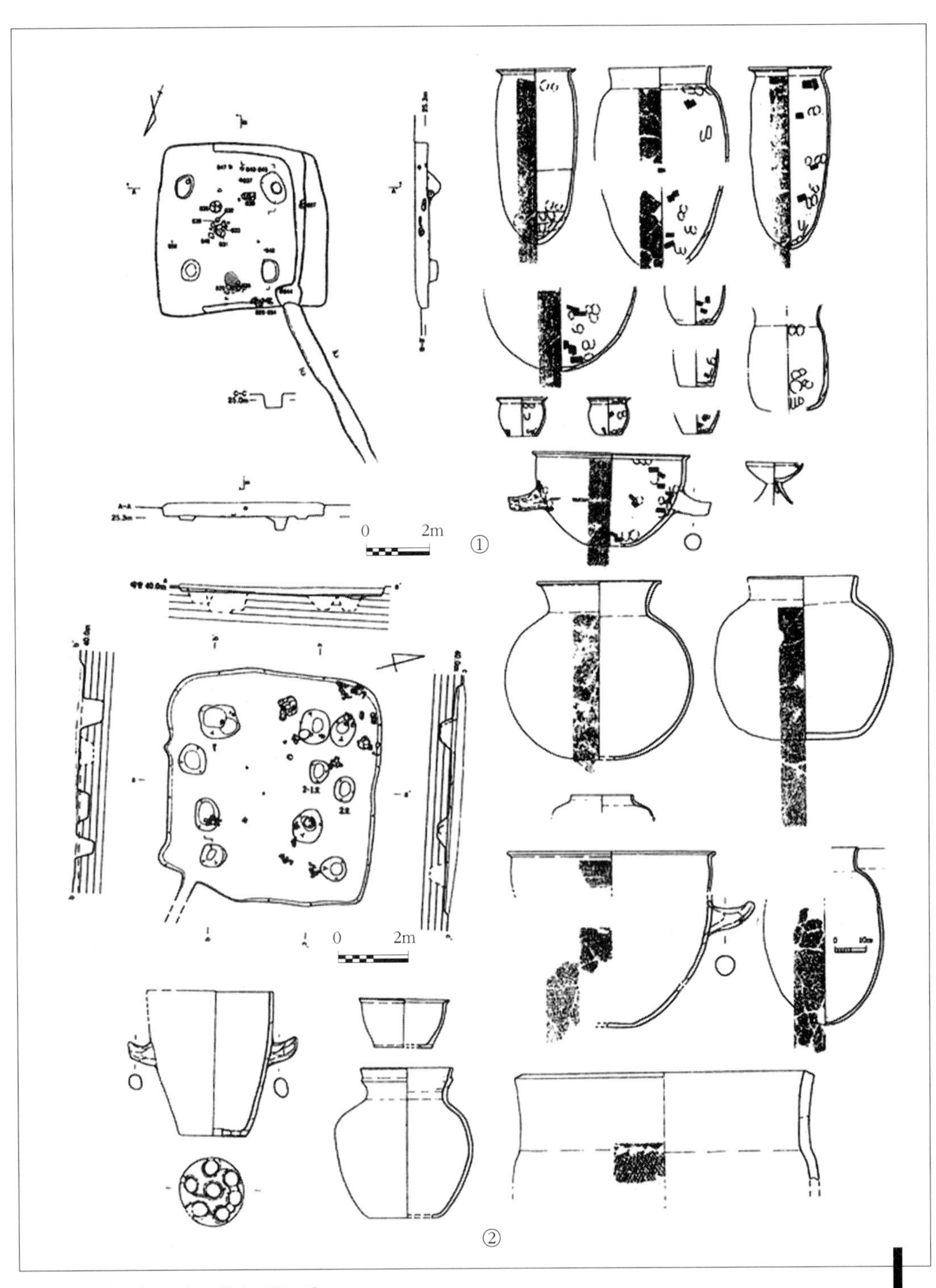

①나주 장등 49호 ②함평 소명동 2호

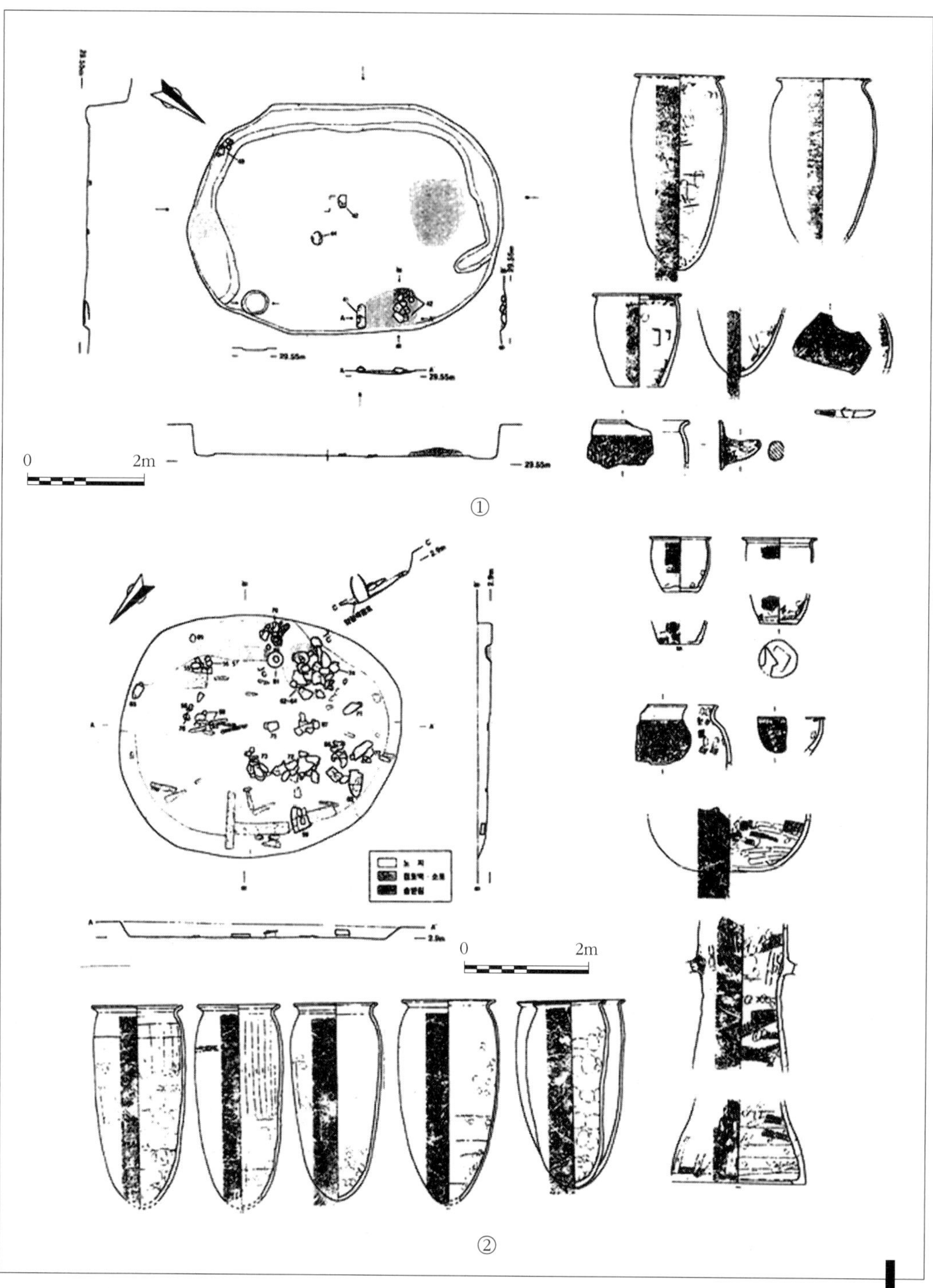

①순천 성산리 대법 12호 ②광양 석정 2호

4) IV단계 : 마한주거의 소멸과 백제주거의 등장

사주식 방형 주거가 소멸하고 비사주식 방형 주거가 주로 사용되며, 마한주거에서 판석 재료의 부뚜막 시설과 백제토기가 등장하는 등 재지의 마한주거 문화가 백제주거 문화로의 전환과정을 살필 수 있다. 또한 평행타날과 승석문의 심발형토기, 직구호와 뚜껑 등 새로운 기종의 백제토기와 재지적 마한토기가 함께 출토되는 양상을 보인다 (도 11·12). 이 시기는 4세기 후엽~5세기 중후엽에 해당한다. 유적은 왕궁 사덕 35호, 정읍 관청리 3호, 나주 랑동 15호, 장흥 상반촌A 47호, 순천 성산리 대법 41호 주거지 등 이 이에 해당한다.

재지적인 마한주거 구조는 정읍 관청리 3호처럼 이전과 달리 판석 재료의 부뚜막 시설로 바뀌어 백제주거의 영향을 어느 정도는 받고 있다. 하지만 사주식과 벽구 시설 등의 전반적인 구조면에서는 마한 전통의 주거 구조가 계속 나타나고 있다. 이를 볼 때 마한주거에서 백제주거로의 변화는 부뚜막 시설과 같은 취사 시설을 먼저 도입하는 선택적 수용을 통해 점차적으로 이루진 것으로 생각된다. 또한 함평 소명동유적의 경우 는 4세기 후반에 주거군이 소멸되고 있어(林永珍·李昇龍·全炯玟 2003) 마한주거의 소멸 시기가 지역과 주거 집단에 따라 차이가 나타나고 있다.

5세기 초 이후로는 왕궁 사덕 35호처럼 손잡이가 대칭으로 달린 원통형 연통이 새롭게 출현하고, 장흥 상반촌A 47호에서는 영산강유역의 표식적 토기양식인 유공광구 소호가 확인되기도 한다.

동부 산간은 특히, 전남 동부지역의 경우 4세기 후반부터 원형계 주거에서 방형계 주거로 점차 이행된다. 이는 서부 내륙평야의 마한주거 문화의 영향(李東熙 2007)을 받은 것으로 4세기 중엽 이전까지의 독자적인 주거 문화가 외부 영향에 의해 새롭게 변모하는 과정을 잘 보여주고 있다.[11]

---

11 순천 성산리 성산(25기 중 23기 원형, 2기 방형)과 송산(23기 중 21기 방형)유적(마한문화연구원 2009), 광양 원월리 원적(방형 8기)과 점토(원형 11기) 유적(마한문화연구원 2009)의 양상을 보면, 인접한 주거 유적이지만 원형계 주거와 방형계 주거 집단의 입지에 차이가 있어 주거계통이 서로 달리 전개되고 있음을 단적으로 보여준다.

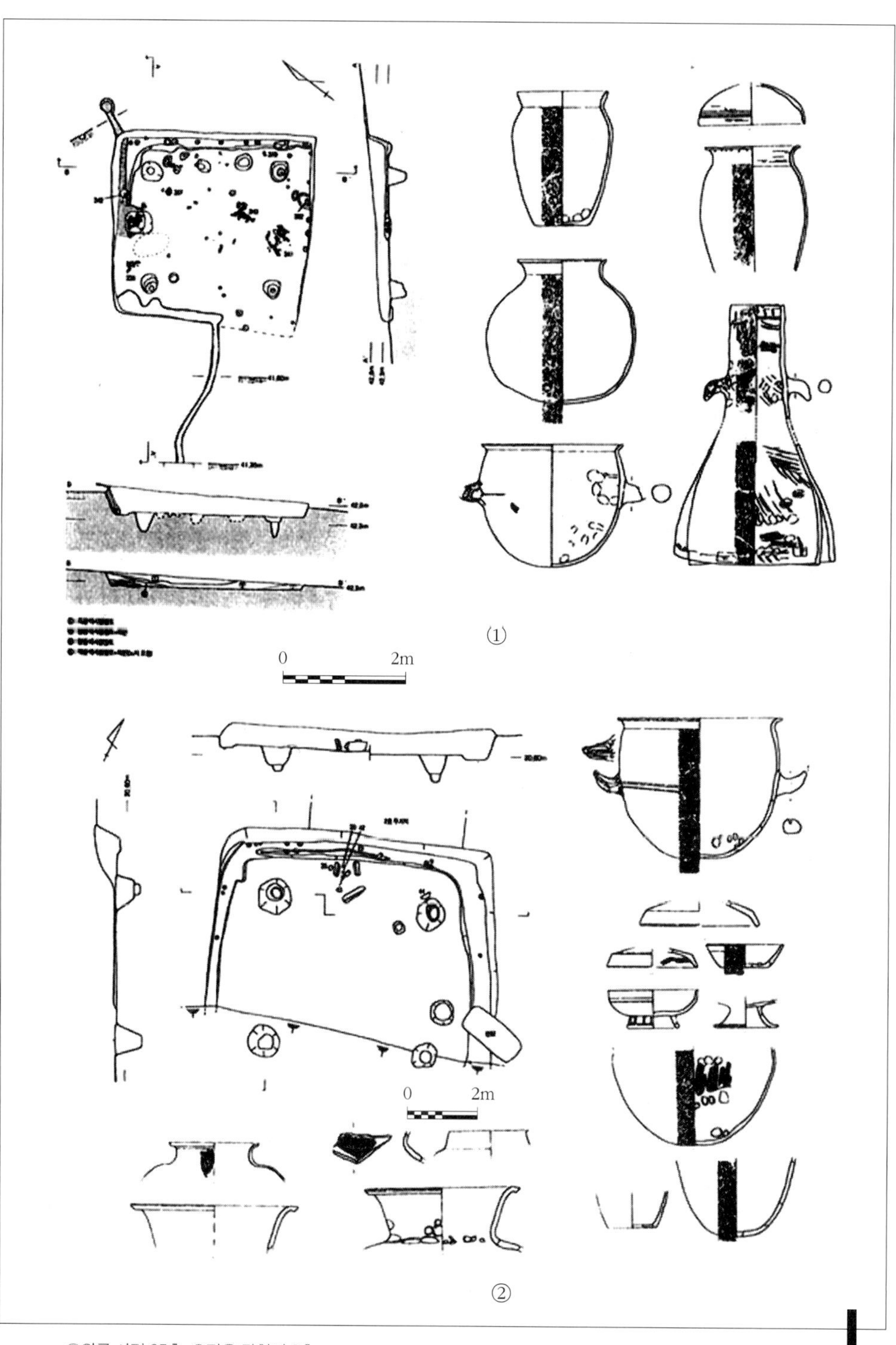

①왕궁 사덕 35호 ②정읍 관청리 3호

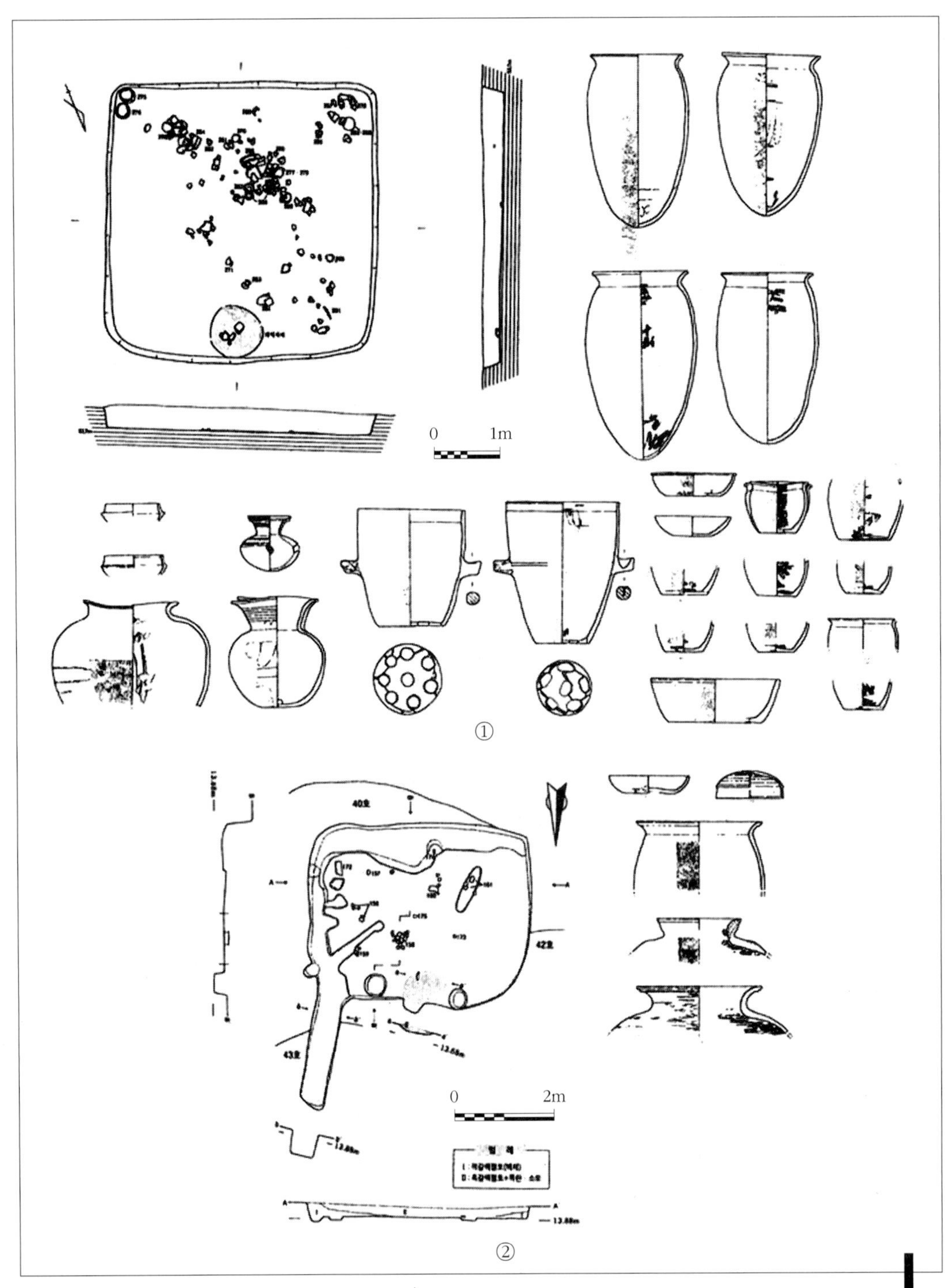

①

②

①장흥 상반촌A 47호 ②순천 성산리 대법 41호

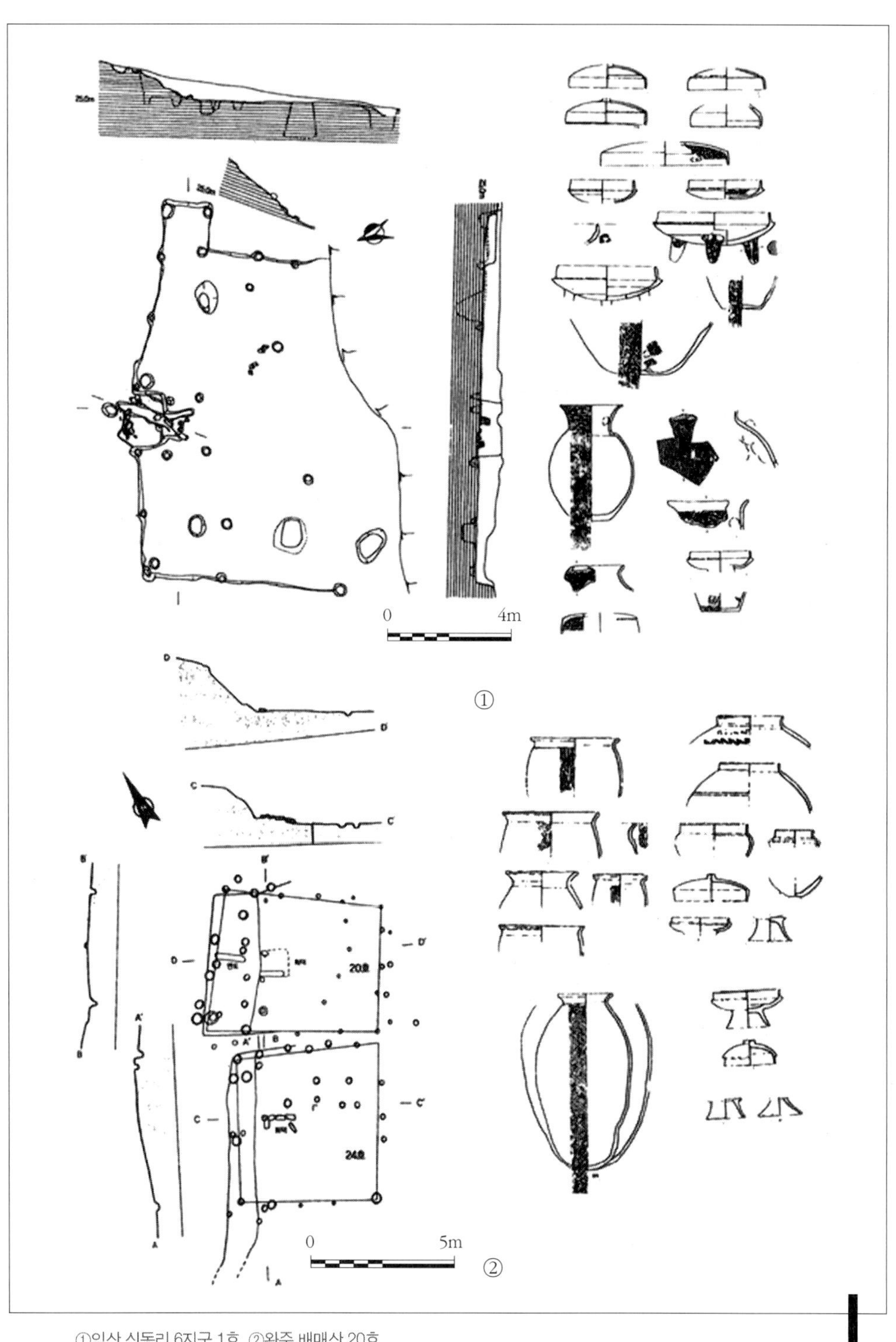

①익산 신동리 6지구 1호 ②완주 배매산 20호

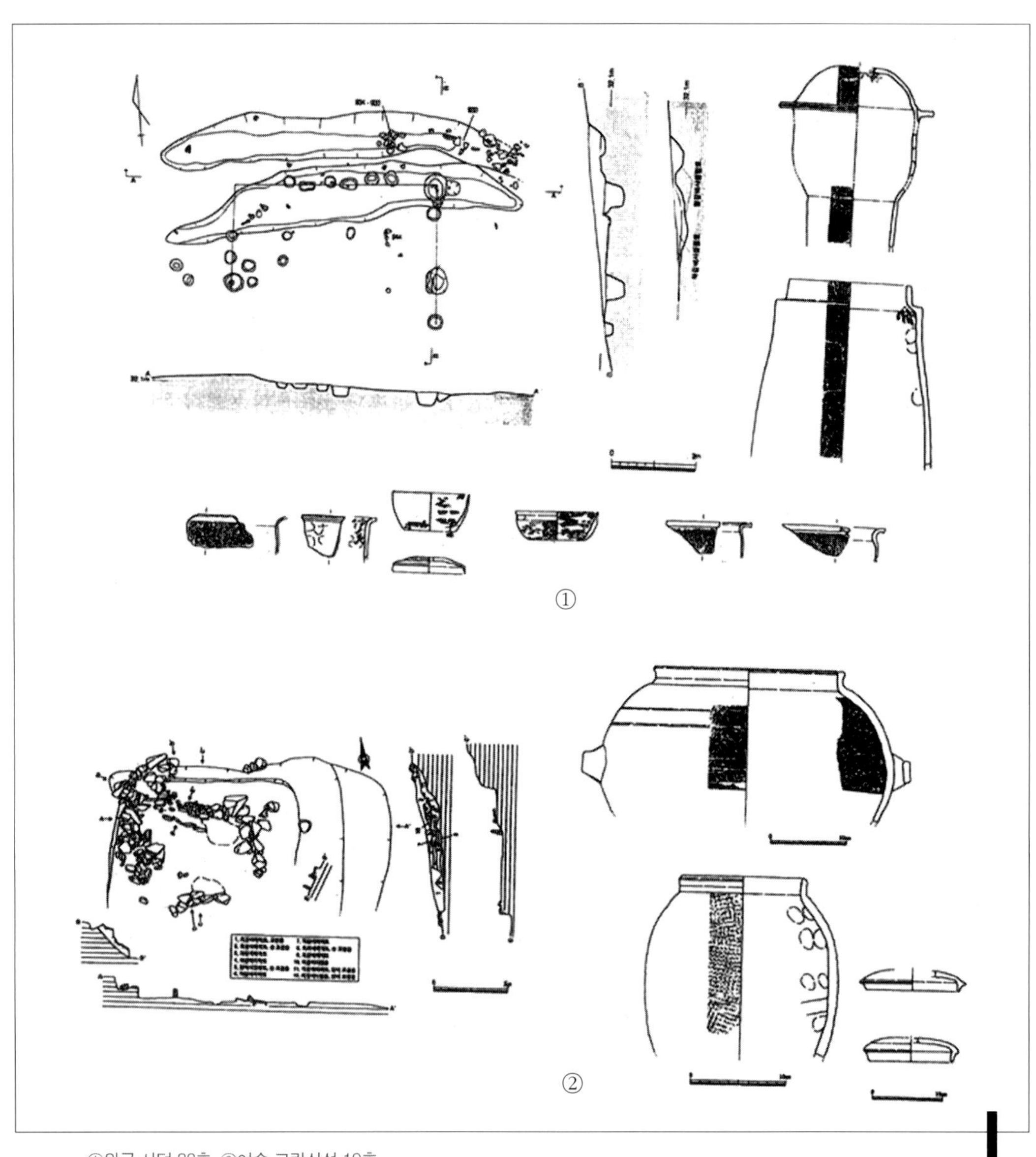

①왕궁 사덕 88호 ②여수 고락산성 10호

5) Ⅴ단계 : 백제주거의 확산과 백제의 지방 지배 강화

백제 수혈주거와 지상건물이 본격적으로 확산되며 판석 재료의 부뚜막과 연도 시설이 상용화된다. 그리고 고배, 삼족기, 개배, 사비기 회색토기 등 백제토기가 주류를 이룬다(도13·14). 이 단계는 5세기 후엽 이후로 백제주거가 확산되면서 주거 구조와 생활용기가 백제화 되며, 이는 재지 마한세력이 백제 지방으로 흡수 편입되어 지배를 받는 과정을 시사해준다. 유적은 익산 신동리 1지구·6지구 1호, 완주 배매산 20호, 익산 왕궁 사덕 88호, 진안 와정 45호, 여수 고락산성 10호, 광양 칠성리 6호 주거지 등으로 금강 하류와 전남 동부의 남해안일대에 주로 분포한다.

수혈주거는 평면형태 장방형과 방형을 기본으로 한다. 점토로 축조된 익산 신동리 6지구 1호의 경우를 제외한 대부분이 판석을 이용한 부뚜막이 일반적으로 사용되었다.

백제 왕도에서 주로 확인되는 벽주건물도 새롭게 등장하고 있는데, 익산 신동리 1지구와 익산 왕궁 사덕 88호 등이 있다. 이들 유적은 지리적으로 백제 왕도와 가깝고 벽주건물이 특수 신분계층이 거주한 건물이었을 가능성이 있어 아직 자세하게 알 수 없으나 거주 집단이 백제 중앙과 긴밀한 관계에 있었던 것으로 추정된다.

완주 배매산 20호와 진안 와정 45호, 여수 고락산성 10호 등은 모두 백제의 지방 지배와 관련된 성곽에 입지한 특징을 보인다. 이들 주거지가 고지성 주거라는 점에서 수혈주거 내부에 판석으로 만든 연도가 보편적으로 구축되어 난방 효과를 더욱 증대시키는 구조를 띠고 있다.

한편 백제 지배에 따른 백제주거가 지방으로 확산되지만 지역에 따라 재지의 주거문화가 지속되는 경우도 있다. 즉 광양 칠성리 6호 주거지 등 전남 동부지역의 경우 원

표 4 _ 마한~백제주거 분포권역별 편년

시기	II	III-1	III-2	IV	V
권역	마한주거				
				백제주거	
금강 상류					
금강 하류					
만경강유역					
서해안일대					
영산강 상류					
영산강 하류					
보성강유역					
탐진강유역					
남해안일대 I					
남해안일대 II					
섬진강 상류					
섬진강 하류					

형과 방형의 수혈주거로 기존 주거방식을 그대로 유지하고 있다. 또한 내부에서는 고배 등의 가야계 토기가 주로 확인된다. 이는 이 지역이 경남 서부지역과 접해 있어 백제보다는 가야문화의 영향권에 들어 있기 때문으로 생각된다.

5. 맺음말

지금까지 호남지역 마한·백제주거의 분포권역과 주거의 구조와 난방 시설, 단계별 전개양상을 살펴보았다.

호남 각지에 분포하는 주거유적은 산줄기와 수계를 기준으로 금강 상류 등 모두 12개 분포권역으로 설정할 수 있다.

호남지역 마한주거는 평면 원형계와 방형계로 구분되며 내부에는 四柱式, 벽체, 벽구, 부뚜막 등의 특징적인 시설을 갖추고 있다. 주거 형태는 A-1와 A-2유형의 경우 비사주식 원형계 주거로 호남 동부 산간에, B-1~4유형은 사주식 또는 비사주식 방형계 주거로 서부 내륙평야에 주로 분포한다. 이는 생활환경에 적합한 주거문화의 선호가 지역에 따라 달리 전개되고 있음을 시사해준다.

백제주거는 마한주거와 달리 판석재 부뚜막 시설을 갖춘 수혈주거와 익산 신동리 1지구처럼 벽주건물이 등장하는데 모두 3가지 형태(a-1유형, a-2유형, b유형)로 구별된다.

마한주거에 새롭게 등장한 부뚜막은 연도 시설과 결합된 형태에 따라 'ㅣ'자형 → 'ㄱ'자형 → 'ㅜ'자형으로 변화되었다. 축조 재료의 경우는 마한주거에 점토, 백제주거에 석재(판석)가 일반적으로 사용되었다. 백제주거가 등장할 무렵에는 마한주거 양식에 판석재 부뚜막 시설이 도입 확산된 양상을 보인다. 한편 3세기 후엽 이후로는 '부뚜막 - 연도 - 벽체 시설(점토벽 등)'을 갖춘 주거지가 등장하면서 난방 체계가 구축되고 더욱 보편화된 것으로 추정된다.

마지막으로 호남지역 마한·백제주거의 전개양상을 살펴보면 다음과 같다. 즉 II단계(기원후 1세기~2세기 후엽)는 마한주거가 등장하는 시점으로 호남 동부 산간에 국한되어 원형계 주거 문화가 성장한다. III-1단계(3세기 초~3세기 중후엽)는 동부 산간의 원형계 주거가 지속되고 서부 내륙평야 일대의 방형계 주거가 새롭게 등장하면서 마한

주거 문화의 지역성이 보다 뚜렷해진다.

Ⅲ-2단계(3세기 후엽~4세기 중후엽)는 부뚜막과 연도 시설이 보급되면서 취사와 난방 체계를 갖춘 마한주거가 확산 발전하며 주거의 분포와 밀도가 급증한다. Ⅳ단계(4세기 후엽~5세기 중후엽)는 사주식 방형 주거가 비사주식 방형 주거로 대체되며, 마한주거에 판석재 부뚜막 시설과 백제토기가 등장하는 등 재지의 마한주거 문화가 백제주거 문화로 이행된다. Ⅴ단계(5세기 후엽 이후)는 백제의 수혈주거와 지상건물, 판석재 부뚜막 시설이 확산되는데 이는 백제의 지방 지배와 연관된 것으로 생각된다. 이에 반해 전남 동부지역은 기존의 원형계 주거문화가 계속 유지되며 가야계 토기가 발견되고 있어 백제보다는 가야세력과 관련된 지역적 차이가 두드러진다.

끝으로 이 글에서 자세하게 다루지 못한 마한과 백제의 정치적 역학 관계 속에서 호남지역의 마한·백제 및 지역단위 마한의 취락과 집단 성격, 나아가 일본 고분시대의 한반도계 주거지와의 관계에 대한 접근을 앞으로 보완해 나갈 것이며 선학들에 많은 가르침을 바란다.

호남지역 마한·백제주거지 현황

유적	총수	입지	평면형태		길이(㎝)	너비(㎝)	면적(㎡)	부뚜막	중심주공	벽구	배수로	주요 출토유물	단계	비고
			원형계	방형계										
장수 침곡리	6	산사면	*	6	374~630	84~630	3.1~39.6	o(3)	사주식(1)	o(1)	*	장란형토기,심발형토기,직구호	Ⅲ-1	9호:외부 취사시설
진안 와정	7	구릉정상	*	7	640~1172	375~765	24.0~89.6	o(5)	*	*	*	장란형토기,고배,개배,삼족기,시루,직구호	Ⅳ~Ⅴ	
익산 왕궁 사덕	104	구릉사면	*	4	220~965	215~700	4.7~67.5	o(77)	사주식(12)	o(31)	o(3)	장란형토기,심발형토기,이중구연호,고배,개배	Ⅴ	
익산 신동	4	구릉사면	*	4	(295)~(480)	204~380	(6.0)~(18.2)	o(2)	*	*	*	장란형토기편,심발형토기편	Ⅲ-2	
익산 송학동	23	구릉사면	*	23	311-590	291-400	9.0~23.6	o(15)	사주식(2)	o(5)	*	장란형토기,심발형토기,구슬거푸집	Ⅲ-2	
익산 광암리	3	구릉사면	*	3	(384)	(250)		o(1)	*	o(1)	*	심발형토기,적갈색연질토기편	Ⅲ-2	
익산 장신리	108	구릉사면/평지	*	108	116~670	155~550	2.4~24.9	o(23)	사주식(12)	o(39)	o(15)	장란형토기,심발형토기,양이부호,시루	Ⅲ-2	3호 등 13기:화재
익산 웅포리	7	산사면	*	7	322~790	180~550	5.7~43.4	o(4)	*	*	*	장란형토기,양이부호,직구호	Ⅲ-2	1,2호:화재
익산 모현동	2	구릉사면	*	2	(350)	(190)		o(1)	*	*	*	장란형토기,심발형토기	Ⅲ-2	
익산 오룡리	2	구릉사면	*	2	280~670	240~320	6.7~21.4	*	*	*	*	직구호,단경호	Ⅲ-2	
익산 신동리	4	구릉 사면	*	4	605~1005	450~605	27.2~60.8	o(4)	*	o(1)	*	광구장경호,고배,삼족기	Ⅳ~Ⅴ	
익산 삼담리	2	구릉 사면	*	2	375~440	355~390	13~17	o(1)	*	*	*	발형토기,적갈색연질토기편	Ⅲ-2	1호:화재
완주 배매산	32	산사면	*	32	1020	520		o	*	*	*	삼족기,고배,개배	Ⅳ	
군산 여방리 남전A	9	평지	*	9	(380)~720	345~705	(16.8)~50.8	o(2)	*	o(1)	*	장란형토기,심발형토기,개배,원통형토기	Ⅲ-2~Ⅳ	5,9호:화재
군산 여방리 남전B	2	평지	*	2	392~490	436~456	17.0~22.3	*	*	*	*	장란형토기,심발형토기	Ⅲ-2	
군산 산월리	4	구릉정상	*	4	469~648	(120)~365	(5.6)~23.6	*	사주식(2)	*	*	장란형토기편,시루,회청색경질토기편	Ⅲ-2	
군산 아동리	3	구릉사면	*	3	(218)~380	254~(434)	(5.5)~16.4	o(1)	*	*	*	시루편,적갈색연질토기편	Ⅲ-2	
군산 취동리	4	산사면	*	4	372~517	260~440	21.0~22.7	o(3)	*	o(1)	*	장란형토기,심발형토기,시루	Ⅲ-2	1호:화재
군산 관원리Ⅱ-가	31	산사면	*	26	263~650	235~560		o(18)	*	o(1↑)	*	장란형토기,심발형토기,시루,주구토기,완	Ⅲ-2	3,6,7,9,17,20호:화재
군산 관원리Ⅴ	2	산사면	*	2	390~438	300~390	11.7~17.0	o(1)	*	o(1)	*	장란형토기,삼족기	Ⅳ	2호:외부 방형 주구시설
군산 둔덕리	4	구릉사면	*	4	290~490	270~380	7.8~18.6	*	*	*	*	장란형토기,심발형토기,고배,회청색경질토기편	Ⅳ	
군산 둔율	2	구릉사면	*	2	320~450	(300)~(330)	(9.6)~(14.8)	o(2)	사주식(1)	*	*	적갈색연질토기편	Ⅳ	
완주 용흥리	14	구릉사면	*	14	247~600	147~592	12.8~35.5	o(5)	사주식(3)	o(2)	*	장란형토기,심발형토기,토관,내박자,대형옹	Ⅲ-2	1,2,3,4,8,9,13호:화재

유적	총수	입지	평면형태		길이(㎝)	너비(㎝)	면적(㎡)	부뚜막	중심주공	벽구	배수로	주요 출토유물	단계	비고
			원형계	방형계										
완주 상운리	14	구릉사면	*	14	311~806	243~612	7.6~39.6	o(13)	사주식(2)	o(10)	o(6)	장란형토기,심발형토기,시루,완	III-2	
완주 반교리	1	구릉사면	*	1	290	270	7.8	-	*	*	*	시루,심발형토기,완,직구옹	III-2	화재
전주 중인동	9	구릉사면	*	7	433~660	281~528	12.1~34.8	o(4)	*	o(1)	*	장란형토기,심발형토기,단경호,조형토기	III-2~IV	5,6호:화재
전주 송천동A	52	구릉사면	*	52	290~696	210~589	6.0~40.9	o(30)	*	o(46)	o(26)	장란형토기,심발형토기,주구토기,양이부호	III-2	
전주 송천동B	14	구릉사면	*	14	304~900	240~570	7.2~51.3	o(7)	사주식(5)	o(8)	*	장란형토기,심발형토기,주구토기,양이부호,조형토기	III-2	
전주 마전	10	구릉사면	*	10	336~600	319~354	10.7~21.2	o(3)	*	o(2)	*	장란형토기,심발형토기,단경호,시루	III-2	8~10호:화재
전주 봉곡	1	구릉사면	*	1	(396)	(260)		o(1)	*	*	*	심발형토기	III-2	
전주 여매	1	구릉사면	*	1	(354)	(346)		*	*	o(1)	*	적갈색연질토기,고배	III-2	
전주 척동	2	구릉사면	*	2	374~600	346~526	12.9~31.5	o(2)	*	o(1)	*	적갈색연질토기편	III-2	
전주 대정	1	구릉사면	*	1	376	(356)		o(2)	*	*	*	장란형토기편	III-2	
전주 평화동	1	구릉사면	*	1	410	380	15.5	*	*	*	*	장란형토기,심발형토기,주구토기	III-2	
김제 심포	1	구릉사면	*	1				o(2)	*	*	*	심발형토기,이중구연호,직구옹	III-2	
김제 대목리	8	구릉사면	*	8	360~700	250~600	9.0~42.0	o(2)	사주식(4)	o(7)		장란형토기,심발형토기,시루,주구토기	III-2	
김제 제상리B	2	구릉사면	*	2	330~460	330~370	10.8~17.0	o(2)	*	o(1)	*	장란형토기편	III-2	
김제 신덕동	1	구릉사면	*	1	340	320	10.8	o(1)	*	*	*	기와편	V(?)	
고창 석교리	8	구릉사면	*	8	350~764	370~415	12.9~31.7	o(4)	사주식(2)	o(8)	*	장란형토기,심발형토기,고배,완,파수부발	III-2~IV	
고창 신덕리 I	12	구릉사면	*	12	370~(738)	300~500	10.2~(36.7)	o(2)	사주식(2)	*	o(1)	장란형토기,심발형토기	III-2	
고창 신덕리 II	12	구릉사면	*	12	350~760	292~(530)	10.3~(40.2)	o(12)	사주식(4)	o(3)	o(3)	장란형토기,심발형토기	III-2	
고창 신덕리III-A	6	구릉사면	*	5	326~(578)	231~(370)		o(5)	*	o(3)	o(2)	장란형토기,심발형토기,고배,개배	III-2~IV	
고창 신송리	13	구릉사면	*	13	(214)~640	200~492	(15.1)~26.5	o(5)	사주식(1)	o(2)	*	장란형토기,심발형토기	III-2	
고창 부곡리	26	구릉사면	*	26	20~576	(128)~480		o(7)	사주식(16)	o(6)	*	장란형토기,이중구연호,뚜껑	III-2~IV	
고창 남산리3구역	5	구릉사면	*	5	410~600	210~300	8.6~18.0	*	*	o(1)	*	장란형토기,심발형토기,뚜껑	III-2	
고창 남산리5구역	8	구릉사면	*	8	261~625	212~(265)	5.5~(16.5)	o(1)	*	o(4)	*	장란형토기편,심발형토기편	III-2	
고창 남산리6-가구역	27	구릉사면	*	27	234~715	147~618	902~42.5	o(5)	사주식(13)	o(24)	o(7)	장란형토기,심발형토기,이중구연호,고배,뚜껑	III-2	

유적	총수	입지	평면형태		길이(cm)	너비(cm)	면적(㎡)	부뚜막	중심주공	벽구	배수로	주요 출토유물	단계	비고
			원형계	방형계										
고창 남산리6-나구역	25	구릉사면	*	25	389~688	238~618	9.2~42.5	o(5)	사주식(8)	o(22)	o(10)	장란형토기,심발형토기,이중구연호,직구옹,뚜껑	Ⅲ-2	
고창 교운리	44	구릉사면	*	43	336~647	313~627	14.4~(36.7)	o(16)	사주식(8)	o(15)	o(5)	장란형토기,심발형토기,이중구연호,주구토기	Ⅲ-2	
고창 봉덕리	56	구릉사면	*	53	220~645	200~624	11.0~38.9	o(15)	사주식(18)	o(53)	o(2)	장란형토기,심발형토기,이중구연호,시루	Ⅲ-2	
고창 우평리	8	구릉사면	*	8	495	455	22.5	*	사주식(3)	o(9)	o(3)	장란형토기,심발형토기,고배,직구호,뚜껑	Ⅲ-2~Ⅳ	
고창 낙양리	2	구릉사면	.*	2	307~654	(300)~334	11.6	o(1)	*	o(1)	*	장란형토기,심발형토기	Ⅲ-2	
고창 성남리Ⅴ-A	2	구릉사면	*	2	416~436	330~350	15.0	o(2)	사주식(1)			장란형토기,심발형토기	Ⅲ-2	
고창 성남리Ⅴ-B	4	구릉사면	*	4	337~682	(270)~500	9.9~32.6	o(4)	사주식(1)	o(3)	o(1)	장란형토기,심발형토기,대형옹	Ⅲ-2	
고창 성남리Ⅵ	3	구릉사면	*	3	366~468	(350)		o(3)	사주식(3)	o(3)	o(2)	장란형토기,심발형토기	Ⅲ-2	
부안 신리Ⅳ	7	구릉사면	*	7	(395)~553	326~509	12.2~28.1	o(6)	사주식(2)	o(5)	o(5)	장란형토기,심발형토기완	Ⅲ-2	
부안 장동리	33	구릉사면	*	32	260~680	175~615	10.8~40.5	o(19)	사주식(15)	o(23)	o(3)	장란형토기,심발형토기,시루,이중구연호,양이부호	Ⅲ-2	
부안 부곡리	26	구릉사면	*	26	152~552	344~576	5.2~31.7	o(6)	사주식(4)	o(6)	o(2)	장란형토기,이중구연호,광구호,개,고배	Ⅲ-2	
부안 용계리	17	구릉정상	2	15	140~(552)	130~(500)						장란형토기,심발형토기,시루,주구토기	Ⅲ-2	1,7호:화재
정읍 신정동	16	산사면	*	16	290~864	230~466	6.6~40.2	o(4)	사주식(4)	o(3)	o(2)	장란형토기,심발형토기	Ⅲ-2~Ⅳ	A-7,9,11, B-4호:화재
정읍 신월리	5	구릉사면	*	5	400~687	(204)~382	(8.1)~26.2	o(4)	사주식(4)	o(4)	*	심발형토기,개,배	Ⅲ-2~Ⅳ	
정읍 관청리	6	구릉사면	*	6	(306)~570	402~720	(12.3)~41.0	o(6)	사주식(5)	o(6)	*	장란형토기,심발형토기, 고배, 호형토기,완	Ⅲ-2~Ⅳ	
정읍 장수동	19	구릉사면	*	31	210~596	194~570	4.0~33.9	o(9)	사주식(1)	o(1)	*	장란형토기,심발형토기,시루,완	Ⅲ-2~Ⅳ	
영광 마전	9	구릉사면	*	9	270~652	108~602	25.4~39.3	o(6)	사주식(3)	o(7)	o(3)	장란형토기,심발형토기,주구토기,이중구연호,시루	Ⅲ-2~Ⅳ	
영광 군동	7	구릉사면	*	7	376~496	296~324		*	*	*	*	적각샐연질토기편	Ⅲ-2	
영광 수동	1	구릉사면	*	1	302	280	8.5	o(1)	사주식(1)	o(1)	o(1)	심발형토기,고배,개배	Ⅲ-2	
영광 운당리	21	구릉사면	*	21	280~(670)	396~(580)	14.1~46.8	o(12)	사주식(9)	o(21)	o(3)	장란형토기,심발형토기,양이부호,완형토기	Ⅲ-2	
담양 대치리	6	구릉사면	*	6	297~738	288~698	8.5~36.9	o(5)	사주식(1)	o(1)	*	장란형토기,심발형토기,병형토기,시루,등자	Ⅲ-2	
담양 태목리	435	평지	*	435	555↑	420↑		o	o	o	o	장란형토기,심발형토기,시루,단경호,뚜껑	Ⅲ-2	
담양 성산리	12	평지	*	12	255~824	247~800	6.2~65.9	o(10)	사주식(8)	o(1)	*	장란형토기,심발형토기,유공광구소호	Ⅲ-2	7호:외부 방형도랑
담양 오산리	14	구릉사면	*	14	288~(856)	264~706	8.6~33.8	o(11)	사주식(4)	o(11)	o(2)	장란형토기,심발형토기,유공광구소호,개배,고배	Ⅲ-2	

유적	총수	입지	평면형태		길이(㎝)	너비(㎝)	면적(㎡)	부뚜막	중심주공	벽구	배수로	주요 출토유물	단계	비고
			원형계	방형계										
광주 쌍촌동	79	구릉사면	*	79	240~557	(95)~460	10.9~24.3	o(46)	사주식(2)	o(62)	*	장란형토기,심발형토기,주구토기,시루	Ⅲ-1,2	3호 등 15기:화재
광주 월전동	2	구릉	*	2								유공광구소호,완	Ⅲ-2	
광주 명화동	2	구릉	*	2	415	390		o(2)	*	*	*	심발형토기,시루	Ⅲ-2	
광주 일곡동	4	구릉사면	*	4	450~640	320~410	14.4~26.2	o(2)	*	o(3)	*	장란형토기편,이중구연호,시루,단경호	Ⅲ-2	
광주 용봉동	2	구릉사면	*	2	270~420	270~320	7.2~13.4	*	*	o(1)	*	심발형토기편,적갈색연질토기편	Ⅲ-2	
광주 풍암동	2	구릉사면	*	2	370~630	330~550	12.2~34.6	사주식(2)	o(1)	o(1)		심발형토기,직구호,개배	Ⅳ	1호:화재
광주 세동	10	구릉사면	*	10	316~575	294~(450)	10.3~21.3	o(4)	사주식(3)	o(2)	*	장란형토기,이중구연호,고배,개배,유공광구소호	Ⅲ-2~Ⅳ	3,5호:화재
광주 신창동	7	충적지	*	7	410~511	345~395	15.6~20.7	o(3)	*	*	o(1)	장란형토기,주구토기,적갈색연질토기편	Ⅲ-2	2,3,6호:화재
광주 하남동	347	구릉사면	*	347	258~676	234~576	6.0~38.7	o(70↑)	사주식(54↑)	o(70↑)	o(60↑)	장란형토기,심발형토기,이중구연호,뚜껑	Ⅲ-2~Ⅳ	
광주 동림동	88	충적지	*	88	500↑	430↑		o(70)	사주식(?)	o(57)	o(?)	경질구문토기,장란형토기,심발형토기,완	Ⅲ-2~Ⅳ	
광주 외촌	9	구릉사면/평지	*	9	270~730	(210)~540	(5.6)~39.4	o(7)	*	o(2)	*	장란형토기,심발형토기,대형호	Ⅳ	
광주 향동	30	구릉사면	*	30	402~700	354~615	15.0~43.0	o(16)	사주식(2)	o(1)	o(1)	장란형토기,심발형토기,유공광구소호,유공장군	Ⅳ	
광주 만호	7	구릉사면	*	7				o(5)	사주식(5)	o(6)	o(2)	심발형토기,장란형토기,주구토기	Ⅲ-2	
광주 비아	4	구릉사면	*	4	(230)~530	(130)~(410)		*	*	o(3)	*	장란형토기,내박자,도지미,아궁이틀	Ⅲ-2	1호:토기공방지
광주 산정동	66	구릉사면	*	66	277~846	430~219	11.9~18.5	o(44)	사주식(9)	o(25)	o(59)	장란형토기,심발형토기,완,고배,개배	Ⅲ-2~Ⅳ	
광주 용두동	9	구릉사면	?	4	520~880	(500)~780		o(3)	사주식(4)	*	o(1)	개배,발,아궁이틀	Ⅲ-2	
광주 용강	5	구릉사면	*	5	150~556	(80)~540	30.0	o(2)	사주식(3)	o(4)	o(1)	장란형토기,이중구연호,심발형토기,시루		
광주 용곡 A	16	구릉사면	10	6	588(최대)	410(최대)	24.1					경질므문토기편,단·경호		
광주 금곡 B	4	구릉사면	*	4	308~630	234~362	7.2~16.5	o(3)	사주식(2)	*	*	장란형토기,주구토기,고배		
광주 선암동	41	충적지	*	41	313~666	271~567	8~30	o(8)	사주식(2)	*	*	장란형토기,심발형토기,시루,뚜껑,방추차		
장성 대덕리	5	구릉사면	*	5	500~600	330~480	16.5~28.8	o(2)	사주식(1)	o(1)	*	장란형토기,심발형토기,주구토기	Ⅲ-2~Ⅳ	
장성 상림리	2	구릉사면	*	2	351~403	304~374	10~15	o(2)	*	o(1)	o(2)	장란형토기편,심발형토기편	Ⅲ-2	
장성 산정	8	구릉사면	*	8	(200)~(500)	(150)~470		o(1)	사주식(1)	o(6)	*	장란형토기,심발형토기,호형토기,시루,개배		
장성 야은리	3	구릉사면	*	3	284~530	(70)~(392)	1.0	o(1)	*	o(3)	*	호형토기,시루	Ⅲ-2	1호:화재

유적	총수	입지	평면형태		길이(㎝)	너비(㎝)	면적(㎡)	부뚜막	중심주공	벽구	배수로	주요 출토유물	단계	비고
			원형계	방형계										
함평 소명동	183	구릉사면	*	183	180~900	100~900	11.6~35.3	o(97)	사주식(128)	o(82)	o(25)	장란형토기,심발형토기,이중구연호,주구토기,시루	Ⅲ-1,2	52기:화재
함평 중랑	205	구릉사면	3	202	264~864	176~684	4.6~59.0	o(68)	사주식(9)	o(61)	o(47)	장란형토기,심발형토기,호형토기,경배	Ⅲ-1,2	40기:화재
함평 노적	7	구릉사면	*	7	325~565	(180)~(370)	(5.8)~(20.9)	o(4)	*	*	o(4)	심발형토기,분주토기,뚜껑	Ⅳ	
함평 창서	8	구릉사면	*	8	270~600	100~467	2.7~28.0	o(2)	사주식(5)	o(1)	*	심발형토기,시루	Ⅲ-2	
함평 대성	11	구릉사면	*	8	220~667	140~415	3.0~27.6	o(5)	*	o(3)	*	장란형토기,광구호,이중구연호,시루,주구토기	Ⅲ-2	
함평 주전	3	구릉사면	*	3	435~550	197~300	8.5~16.5		사주식(3)	o(2)	*	심발형토기	Ⅲ-2	
함평 예덕리 만가촌	7	구릉사면	*	2	780	640	49.9	o(1)	사주식(2)	o(2)		경질무문토기,장란형토기,심발형토기,시루	Ⅲ-2	
함평 국산	6	구릉사면	*	6	334~678	262~638	8.7~43.2	o(4)	사주식(2)	o(3)	*	장란형토기,시루	Ⅲ-2	
함평 월산리	23	구릉사면	*	23	354~780	240~(680)	6.6~48.9	o(2)	사주식(8)	o(15)	o(4)	장란형토기,심발형토기,시루,고배,개배	Ⅲ-2	
함평 반암	27	구릉사면	*	27	304~472	284~420	8.6~19.8	o(11)	*	o(4)	o(1)	장란형토기,양이부호,주구토기,시루	Ⅲ-2	1,2,3,6,8,13,14,15,16,18,19,21,22,23,24,25,26,27호:화재
함평 용산리	8	구릉 사면	*	5	330~660	295~350	21.7~23.1	o(1)	*	o(1)	*	장란형토기,심발형토기,직구호,완	Ⅲ-2	
함평 신계리 장동	9	구릉사면	*	9	(240)~(808)	142~616		o(6)	사주식(4)	o(4)	*	장란형토기,심발형토기,시루		
함평 신계리 생곡	6	구릉사면	*	6	(282)~(942)	164~880	(4.6)~(82.8)	o(4)	사주식(2)	o(4)	o(1)	장란형토기편		
함평 성천리 와촌	55	구릉사면	*	55	296~660	190~576	15.6~38.0	o(36)	사주식(2)	o(42)	o(23)	장란형토기,심발형토기,시루,주구토기	Ⅲ-2	11,18,46,48,53호:화재
나주 장등	74	구릉사면	1	73	296~668	230~436	6.8~29.1	o(25)	사주식(33)	o(36)	o(11)	장란형토기,심발형토기,시루,경배,고배	Ⅲ-2	
나주 대호동	5	구릉사면	*	5	460~548	(152)~460	6.9~25.2	*	사주식(4)	o(4)	*	완,단경호편		
나주 이룡	9	구릉사면	*	9	(230)~(712)	(114)~712		*	사주식(4)	o(8)	o(1)	장란형토기,호형토기,양이부호,시루	Ⅲ-2~Ⅳ	
나주 장동리	2	구릉사면	*	2	397~412	300~410	11.9~16.8	*	사주식(1)	o(1)	*	파수부토기,연질토기편,경질토기편		
나주 운곡동 기능	9	구릉사면	*	9	173~568	(120)~(420)		o(5)	사주식(1)	o(7)	*	장란형토기,조족문토기,적갈색연질토기편,대형옹편		7호:토기공방, 8호와 9호:화재
나주 운곡동 안성	17	구릉사면	*	17	270~554	(212)~504	(5.7)~(27.9)	o(14)	사주식(8)	o(16)	o(5)	장란형토기,회색연질토기편,완,회청색경질토기편		
나주 랑동	22	구릉사면	*	12	318~1074	240~800	(7.6)~(85.9)	o(4)	사주식(6)	o(8)	o(2)	장란형토기,심발형토기,경배,조형토기	Ⅲ-2~Ⅳ	
나주 덕림	1	구릉사면	*	1	(115)	(113)		*	사주식(1)	o(1)	*	적갈색연질토기편		
무안 양장리 가지구	17	구릉사면	*	17	240~576	105~440	2.5~(25.3)	o(8)	*	o(11)	*	장란형토기,심발형토기,완,직구호,단경호	Ⅲ-2~Ⅳ	
무안 양장리 나지구	17	평지	2	15	270~1012	170~1003	(4.5)~(101.5)	o(6)	사주식(2)	o(11)	o(1)	장란형토기,심발형토기,뚜껑,유공광구소호,뚜껑	Ⅲ-2~Ⅳ	

유적	총수	입지	평면형태		길이(cm)	너비(cm)	면적(㎡)	부뚜막	중심주공	벽구	배수로	주요 출토유물	단계	비고
			원형계	방형계										
무안 양장리 다지구	3	평지	*	3	284~478	(172)~(274)		o(3)	사주식(1)	o(3)	*	적갈색연질토기편	Ⅲ-2~Ⅳ	
무안 양장리 Ⅱ	35	구릉사면	*	1	376~754	247~706	9.2~30.1	o(24)	사주식(3)	o(24)	*	장란형토기,심발형토기,개배,고배,유공광구소호	Ⅲ-2~Ⅳ	
무안 용교	6	구릉사면	*	6	261~480	190~440	4.9~21.1	o(4)	사주식(1)	o(1)	*	장란형토기,심발형토기,원저단경호,완		
무안 둔전	6	구릉사면	*	6	444~740	420~674	18.6~49.8	o(6)	사주식(5)	o(6)	o(6)			3호:화재
무안 평산리 평림	15	구릉사면	*	15	200~702	244~640	8.5~37.6	o(4)	사주식(6)	o(11)	o(5)	장란형토기,심발형토기,광구소호,주구토기	Ⅲ-2	5,14,15,16호:화재
영암 신연리	4	구릉정상	*	4	390~474	310~464	12.0~21	o(2)	사주식(1)	o(2)	o(1)	심발형토기,주구토기		
영암 선황리	35	구릉사면	*	35	(174)~676	(64)~600	(6.1)~40.6	o(17)	사주식(17)	o(26)	*	장란형토기,양이부호,이중구연호,주구토기	Ⅲ-2	9,23,30,34,35호:화재 폐기
승주 대곡리 한실	11	충적지	1	10	375~850	240~750	7~63	o(5)	*	*	*	경질무문토기,대형호,개배,완,고배	Ⅲ-2	C-5호:화재 폐기
승주 대곡리 도롱	23	충적지	3	7	310~930	280~680	8.6~63.2	o(7)	*	*	*	장란형토기,심발형토기,직구옹,단경호	Ⅲ-2~Ⅳ	
순천 낙수리	16	구릉	*	11	620	475		o				장란형토기,심발형토기,시루	Ⅲ-2	
보성 죽산리	4	구릉사면	*	2	525	495	25.9	o(1)	*	*	*	장란형토기,심발형토기,적갈색연질토기	Ⅲ-2	
보성 도안리	137	구릉사면	60	70	834	256		o	사주식(4)	o	o	경질무문토기,장란형토기,뚜껑,주구토기		40기 출입구시설
순천 월평	3	구릉	3	*	420	320		o(1)	*	*	*	경질무문토기,장란형토기,소형토기	Ⅲ-1	
장흥 상방촌A	107	충적지	*	107	274~600	197~542	4.5~32.5	o(74)	사주식(8)	o(3)	*	경질무문토기,장란형토기,심발형토기,이중구연호,고배 기대	Ⅱ~Ⅳ	1지구-1호 등 18기. 2지구-5호 등 11기:화재. 가야계토기 출토
장흥 상방촌 B	1	충적지	*	1	458	454	20.7	o(1)	사주식(1)	*	*	장란형토기		
장흥 지천리	43	충적지	*	40	290~822	210~708	6.6~59.8	o(24)	사주식(8)	*	*	장란형토기,심발형토기,주구토기,고배,경배	Ⅲ-1~Ⅴ	
장흥 갈두	11	산사면	*	11	286~480	284~434	8.1~20.0	o(11)	사주식(4)	*	*	장란형토기,심발형토기,주구토기		17,20.21호:화재
장흥 신월리	20	산사면	*	20	245~400	190~360	6.2~14.4	o(9)	*	o(7)	*	장란형토기,심발형토기,시루,주구토기		4,12,19호:화재
장흥 신풍Ⅱ	3	충적지	*	3	300~450	280~430	19.0	o(2)	사주식(1)	*	*	장란형토기,심발형토기,주구토기,시루		1,2,3호:화재
해남 신금 가군	3	산사면	*	3	298~446	90~400	16.7~17.3	o(3)	사주식(2)	o(2)	*	장란형토기,시루,주구토기,단경호	Ⅲ-2~Ⅳ	
해남 신금 나군	24	산사면	*	24	220~796	264~586	4.3~58.8	o(20)	사주식(24)	o(20)	o(5)	장란형토기,심발형토기,유공광구소호,주구토기	Ⅲ-2~Ⅳ	4,18호:화재
해남 신금 다군	20	산사면	*	20	260~440	264~586	6.7~15.7	o(15)	사주식(15)	o(20)	o(5)	장란형토기,심발형토기,이중구연호,시루,단경호		
해남 신금 라군	25	산사면	*	25	260~562	232~414	6.5~23.2	o(8)	사주식(25)	o(18)	o(5)	장란형토기,심발형토기,이중구연호,시루,완	Ⅲ-2~Ⅳ	50,51,52,54,55,58,59,60,63,65,67,69,70,71호:화재

유적	총수	입지	평면형태		길이(㎝)	너비(㎝)	면적(㎡)	부뚜막	중심주공	벽구	배수로	주요 출토유물	단계	비고
			원형계	방형계										
해남 황산리 분토	57	산사면	*	57	280~(1080)	241~697	9.4~51.2	o(22)	사주식(28)	o(43)	o(9)	장란형토기,심발형토기,이중구연호,고배,기대	Ⅲ-2	
진도 오산리 가지구	5	구릉사면	*	5								장란형토기, 심발형토기		
진도 오산리 나지구	12	구릉사면	*	12	320~710	300~662	47.0					장란형토기,주구토기,시루,완,유공토기		
보성 조성리 월평	8	구릉사면	3	5	180~540	110~280	1.9~15.2	o(3)	*	o(4)	*	경질무문토기,장란형토기,심발형토기,완	Ⅱ~Ⅳ	
보성 금평	2	구릉										심발형토기		
보성 우천리	5	산사면	*	5	626	410	25.6	o(1)				장란형토기,심발형토기,주구토기,시루		
보성 조성리	33	구릉사면	10	23	438			o(12)	사주식(1↑)	o		경질무문토기,고배,시루,소형토기,개배	Ⅱ~Ⅳ	
고흥 신양	85	구릉사면	11	71	290~831	(513)		o(1)	사주식(1)	o(46)	*	경질무문토기,장란형토기,심발형토기,시루	Ⅱ~Ⅳ	
고흥 방사	63	산사면	3	57	263~970	275~(606)	7.2~58.7	o(7)	사주식(4)	o(47)	o(2)	장란형토기,심발형토기,시루,모자곡옥	Ⅲ-2~Ⅳ	가야계,왜계,영산강유역 토기 출토
고흥 한동	36	산사면	*	36	258~(760)	200~(554)	5~36.2	o(7)	사주식(1)	o(25)	o(3)	장란형토기,심발형토기,고배,개배	Ⅲ-2~Ⅳ	
순천 용당동 망북	8	산사면	7	1	280~680	150~380	4.2~25.8	o(1)	*	*	*	경질무문토기,장란형토기,심발형토기	Ⅱ~Ⅲ-1	
순천 성산리 대법	43	산사면	35	6	614	346	29~82	o(7)	사주식(1)	o(24)	o(1)	경질무문토기,장란형토기,양이부호,시루,고배		집수공 10기 확인
순천 덕암동	237	구릉	159	70				o	o	o	o	장란형토기,심발형토기,장란형토기,개배	Ⅲ-2~Ⅳ	
순천 가곡동	32	구릉사면	30	1	(214)~828	(240)~628	(5.1)~51.9	o(11)	*	o(2)	*	경질무문토기,장란형토기,심발형토기,주구토기	Ⅲ-2~Ⅳ	19,23호:화재
순천 상삼리	10	구릉 사면	9	1	(160)~(960)	(114)~630		o(6)	*	o(5)	*	경질무문토기,삼각형점토대토기편,소호,뚜껑		3호,6호:화재
순천 남가리	5	구릉사면	5	*	330~420	270~336	8.9~14.1	o(3)	*	*	*	경질무문토기,삼각형점토대토기편		1호,3호,4호:화재
순천 성산리1지구(성산)	25	구릉사면	23	2	272~692	168~534	4.5~36.9	o(12)	사주식(2)	o(1)	*	장란형토기,심발형토기,완	Ⅲ-2~Ⅳ	화재
순천 성산리 2지구(송산)	23	구릉사면	1	20	330~912	130~768	4.2~70.0	o(16)	사주식(1)	o(11)	o(4)	장란형토기,심발형토기,고배,개배,삼족기	Ⅲ-2~Ⅳ	
순천 성산리 3지구	2	구릉사면	2	*	340~536	(218)~(234)	(7.4)~(12.5)	*	*	o(2)	*			
광양 칠성리	41	구릉 사면	27	14	358~800	250~636	8.9~50.8	o(3)	사주식(2)	*	*	경질무문토기,장란형토기,개배,완	Ⅱ~Ⅳ	4호,12-5,28호:화재
광양 용강리Ⅰ	3	산사면	*	3	320~580	(290)~350	(9.2)~20.3	o(2)	*	*	*	모자곡옥,대부단경호,개	Ⅳ	
광양 석정	5	충적지	4	1	328~542	292~464	(8.9)~21.4	o(4)	*	*	*	경질무문토기,장란형토기,경배,원통형토기	Ⅳ	1,3~4호:화재.가야계토기 출토
광양 원월리 원적	8	구릉사면	*	8	(186)~(616)	(118)~(382)		o(8)	*	o(1)		장란형토기,적갈색연질토기편,컵형토기		
광양 원월리 금터	14	산사면	14	*	(330)~894	192~640	6.3~57.2	o(14)	*	*	*	장란형토기,방추차,발형토기		

유적	총수	입지	평면형태		길이(cm)	너비(cm)	면적(m²)	부두막	중심주공	벽구	배수로	주요 출토유물	단계	비고
			원형계	방형계										
화순 운월리	4	산사면	*	4	360~(668)	350~440	13.0~20.0	o(2)	*	*	*	장란형토기,심발형토기,고배,개배,완	IV	
여수 화장동 1차	7	구릉사면	7	*	380~1000	220~450	8.3~45.0	*	*	o(4)	o(1)	경질무문토기,적갈색연질토기,회청색경질토기	III-2~IV	
여수 화장동 2차 가지구	6	구릉사면	3	3	350~730	242~544	8.4~39.7	*	*	o(1)		경질무문토기,적갈색연질토기,회청색경질토기	III-2~IV	
여수 화장동 2차 나지구	31	구릉사면	15	16	244~800	(30)~716	(5.7)~57.2	o(5)	사주식(2)	o(14)	o(2)	경질무문토기,적갈색연질토기,시루,회청색경질토기	III-2~IV	
여수 화장동 2차 다지구	3	구릉사면	2	1	248~650	184~500	4.5~32.5	*	*	*	*	경질무문토기,적갈색연질토기,회청색경질토기	III-2~IV	
여수 화장동 2차 라지구	3	구릉사면	*	3	324~650	304~608	9.8~39.5	o(1)	사주식(1)		o(1)	경질무문토기,적갈색연질토기,회청색경질토기	III-2~IV	
여수 화동리 화동	12	구릉사면	12	*	(208)~763	(192)~654	(3.9)~49.9	*	*	o(11)	*	장란형토기,심발형토기,양이부호,직구소호,파수부토기	IV	3,4,6,8,10호:화재.가야계토기출토
여수 미평동 양지	1	구릉사면	1	*	330	250	7.0	o(1)	*	*	*	심발형토기		토기공방지
여수 죽림리 1지구	51	구릉사면	51	*								경질무문토기,타날문토기		
여수 죽림리 2지구	11	구릉사면	10	1								적갈색연질토기		
여수 죽림리 3지구	19	구릉사면	8	11								장란형토기,주구토기,시루,고배,가야계토기		가야계토기
여수 고락산성	10	산정상	*	3	600~670	370		o(1)	*	*	*	고배,단경호,유공광구소호,뚜껑	V	
임실 망월촌	39	산사면	*	39	214~754	220~(406)	4.7~30.6	o(21)	사주식(1)	o(10)	*	장란형토기,심발형토기,이중구연호,시루		
임실 상신리	1	산사면	1	*	472	400	18.8	o(1)			*	장란형토기편,심발형토기편,단경호편		
남원 세전리	26	평지	22	4				o				경질므문토기,장란형토기,심발형토기,대형옹	II~IV	
남원 대곡리	2	산사면	*	2	(360)~600	310~430	11.1~25.8	o(2)	*	o(2)	*	장란형토기,심발형토기,시루,배,고배,기대	III-2~IV	
순창 노동리	3	산사면	*	3	282~375	(240)~305	(6.7)~11.4	o(2)	*	o(1)	*	장란형토기,심발형토기,내박자	III-2~IV	
순창 내월	4	산사면	*	4	(264)~720	(184)~612	(4.8)~44.0	o(2)	사주식(1)	*	*	장란형토기,심발형토기,완,시루		1~5호:화재
구례 봉북리 가지구	12	충적지	10	2	325~610	273~400	8.8~24.4	o(4)	*	*	*	경질무문토기,장란형토기,시루,이중구연호,어망추	III-1~III-2	3호는 화재
구례 봉북리 나지구	15	충적지	11	4	218~740	184~530	4.0~39.2	o(12)	*	*	*	발형토기,장란형토기,시루,어망추	III-1~III-2	
곡성 오지리	47	충적지	46	1	(274)~1140	(180)~680	9.1~65.5	o(42)	*	o(31)	o(4)	경질무문토기,완,호형토기,장란형토기,시루,주구토기	II~III-2	10,13,24,25,27,44호:화재
계	4499											*주거지 현황은 2010년 9월까지의 자료이며 일부 확인이 어려운 내용은 제외됨		

참고문헌

군산대학교박물관, 2003, 『전북 동부지역 가야문화 유산』.

權五榮·李亨源, 2006, 「삼국시대 壁柱建物 연구」, 『韓國考古學報』 60, 韓國考古學會.

金圭東, 2002, 「한반도 고대 연도시설에 대한 연구」, 『國立公州博物館紀要』 2輯, 국립공주박물관.

金承玉, 2000, 「湖南地域 馬韓住居址 編年」, 『湖南考古學報』 11輯, 호남고고학회.

______, 2004, 「全北地域 1~7世紀 聚落의 分布와 性格」, 『韓國上古史學報』 44, 韓國上古史學會.

______, 2007, 「금강유역 원삼국~삼국시대 취락의 전개과정 연구」, 『한국고고학보』 65, 한국고고학회.

金垠井, 2007, 「全北地域 原三國時代 住居址 研究」, 『湖南考古學報』 26, 호남고고학회.

柳基正, 2003, 「泗期 연도시설 建物址에 대한 一考 -扶餘 井洞里遺蹟 建物址를 中心으로」, 『國立公州博物館紀要』 3.

마한문화연구원, 2009, 『순천 월전 - 세풍간 도로부지 발굴조사 -순천 성산리 성산, 송산 유적』, 약보고.

______________, 2009, 『진주 - 광양간 도로개설 구간-광양 원월리 원적, 점토 유적』, 약보고.

朴美羅, 2008, 「全南 東部地域 1~5世紀 住居址의 變化樣相」, 『湖南考古學報』 30, 호남고고학회.

朴泰洪, 2000, 「全南 東部地域 住居址의 分布와 變化樣相 -紀元後住居址를 中心으로」, 『研究論文集』 7호, 호남문화재연구원.

徐賢珠, 2003, 「三國時代 아궁이틀에 대한 考察」, 『韓國考古學報』 50, 韓國考古學會.

李東熙, 2007, 「全南 東部地域의 馬韓~百濟 住居址의 變遷」, 『韓日聚落研究의 現況과 課題(Ⅲ)』, 韓日聚落研究會.

이영덕, 2005, 「호남지방 3~5세기 주거지 구조복원시론」, 『研究論文集』 4호, 호남문화재연구원.

이은정, 2007, 「全南地域 3~6世紀 住居址 研究」, 『湖南考古學報』 26, 호남고고학회.

李炯周, 2001, 「韓國 古代 부뚜막 施設 研究」, 忠南大學校 大學院 碩士學位論文.

李弘鍾, 1993, 「부뚜막施設의 등장과 地域相」, 『嶺南考古學』 12, 嶺南考古學會.

林永珍·李昇龍·全炯玟, 2003, 『咸平 昭明洞 住居址』, 전남대학교박물관.

鄭一, 2005, 「全南地方 3~5世紀 四柱式住居址 研究」, 경북대학교 대학원 석사학위논문.

＿＿＿, 2007, 「四柱式住居址의 上部構造 復元 試論」, 『研究論文集』 7, 호남문화재연구원.

취락연구회, 2004, 『수혈건물지 조사방법론』, 춘추각.

호남문화재연구원, 2007, 『益山 射德 I』.

＿＿＿＿＿＿＿＿＿, 2010, 『호남고속철도 건설부지 발굴조사 -익산 삼담리 유적-』, 현장설명회자료.

V. 九州に形成された馬韓・百濟人の集落
- 福岡縣福岡市西新町遺跡を中心として -

重藤輝行　佐賀大學

1. はじめに

　北部九州地域は支石墓、武器形青銅器に見るように弥生時代以来、後の馬韓の領域とされる韓半島西南部と密接な交流を保ってきた。古墳時代においても北部九州と馬韓地域とは様々な位相で交流がおこなわれ、それを物語る遺跡や遺物も多い。

　ここでは筆者も調査に参加することができた古墳時代前期、3世紀後半～4世紀中頃の交易拠点と考えられる福岡県福岡市早良区西新町遺跡における馬韓との関係について紹介する。あわせて、4世紀末以降の馬韓地域からもたらされた遺物、馬韓地域からの渡来人の動向等を探り、西新町遺跡と比較しながら、両地域間の関係の時間的な変化の一端についても言及してみることにしたい。

　なお、本稿2章は西新町遺跡発掘調査報告書(福岡県教委2001・2002・2003・2005・2006・2008・2009)の筆者担当部分を中心にまとめたものであり、先行する文献と重複する部分の多いことを御了承いただければと思う。また、連名で執筆したものについては、共著者との協議による部分も大きいことをお断りしておきたい。

2. 西新町遺跡の事例
- 3世紀後半~4世紀中頃の馬韓地域との交易拠点 -

1) 西新町遺跡の位置と調査の概要

　西新町遺跡は福岡県福岡市の西部を占める早良平野の北東部、福岡市早良区に位置する。遺跡が形成された時点では博多湾に近く、海浜砂層で形成された砂丘上の微高地に立地する(図01)。紀元前2~1世紀(弥生時代中期)の集落・甕棺墓地、3世紀前半~4世紀中頃(弥生時代後期終末~古墳時代前期)の集落からなる複合遺跡である。

　西新町遺跡は北部九州の2世紀末~3世紀(弥生時代終末)の土器様式である「西新式」の標識的な遺跡として注目されてきたが、考古学的な調査が本格的に実施される契機となったのは、福岡市営地下鉄の建設に先立つ福岡市教育委員会による第2次調査である(池崎他編1982)。この調査により、3世紀前半~4世紀中頃(弥生時代後期終末~古墳時代前期)の多数の竪穴住居跡が検出され、各種の韓半島系土器、竪穴住居跡のカマド状遺構が発見され、韓半島からの渡来人の存在が高い蓋然性で推測されるようになった。また、西新町遺跡の中心部に位置する県立高校改築の改築に伴って、1998年より福岡県教育委員会が実施した12~14・17・18・20・22次発掘調査では、多数の韓半島系土器、カマド付きの竪穴住居跡が検出された。これらの調査を通じて、韓半島との交流を物語る資料が飛躍的に増加することとなった。

　高校改築、地下鉄建設による大規模な発掘調査の実施特殊な事情があるが、西新町遺跡は古墳時代初頭~前期の博多湾沿岸において、最大規模の集落遺跡の一つである。福岡市教育委員会と福岡県教育委員会の調査を合計した当該期の竪穴住居跡の数は525基に達する。ただ、本来なら掘立柱建物等が付随するはずであるが、砂地の遺跡では柱穴を検出することが困難であった。また、13次調査において溝が検出されてはいるものの、竪穴住居を区画する明確な溝・柵等の施設も検出されていない。したがって、集落遺跡を構成する竪穴住居跡以外の遺構の実態が、井戸を除くとほとんど解明されていないという難点がある。このような問題はあるが、西新町遺跡では、弥生時代後期終末より集落が拡大し、それとと

もに、対外交流を物語る韓半島系土器、カマドなどの増加する様相が捉えられる
ようになった。

2) 土師器の編年と時期区分

　西新町遺跡では、福岡市教育委員会による2次調査報告書(池崎他編1982)に
おいて弥生時代終末〜古墳時代前期の土器を時期区分し、西新町Ⅰ〜Ⅳ式が設定
されていた。そのうち古墳時代に相当する西新町Ⅲ・Ⅳ式については、その後の
調査によって、それぞれが古・新の2段階に区別できるようになった(福岡県教
委編2009、図02・03)。柳田康雄氏の編年(柳田1982)、久住猛雄氏の編年(久
住1999)と対照すれば西新町Ⅲ式古段階は柳田氏のⅠa期、久住氏ⅠB〜ⅡA期、
西新町Ⅲ式新段階は柳田氏Ⅰb期、久住氏ⅡA〜ⅡB期、西新町Ⅳ式古段階は柳田
氏Ⅱa期の一部、久住氏ⅡC期、西新町Ⅳ式新段階は柳田氏Ⅱa〜Ⅱb期、久住氏Ⅲ
A期に相当する。
　西新町Ⅱ式以前の段階は弥生時代後期以来の北部九州の在地系土器が主体と
なるが、西新町Ⅲ式以降は畿内系の土器が急速に主体を占めるようになり、山陰
・吉備地域の土器も増加する。後述するように韓半島系土器、カマドが急増する
のも西新町Ⅲ式以降である。あえて述べるとすれば、西新町遺跡Ⅲ式古段階の内
に、庄内式と布留式の境があるのでないかと考えられ、図03のように、ここでは
その時点を日本における古墳時代の開始と理解して、紀元後250年頃としておき
たい。
　なお、西新町遺跡に対応する墓地である藤崎遺跡では、これまで18基の方形
周溝墓が調査されている。このうち、木棺から三角縁二神二車馬鏡1、刀子1、
鉇1、鉄鏃1、素環頭刀1が出土した藤崎遺跡2次調査6号方形周溝墓は、西新町
遺跡Ⅲ式に相当すると考えられる。また、藤崎遺跡では1912年に三角縁複波文
帯盤龍鏡1、素環頭大刀1が箱式石棺から発見され、その後の調査で32次1号方
形周溝墓の主体部に相当すると考えられている。この方形周溝墓出土土器は西
新町Ⅱ式に遡る可能性も考えられる。このほかに2次調査2・3・8号方形周溝墓
も西新町遺跡Ⅱ式に遡る可能性があり、墓地の形成はⅢ式古段階に先行する可能

性を考慮しておきたい。

3) 土器等の出土品にみる西新町と馬韓

(1) 韓半島系の土器

　図04・05・07には西新町遺跡出土の韓半島系土器のうち、器形のわかるものを中心に示した。なお、西新町遺跡における韓半島系土器の総体とその中に占める馬韓系の資料の割合を示すよう、馬韓地域以外のものも含めている。

　1〜9は外面にタタキ文様を持つ壺で、タタキの後、螺旋状に沈線を巡らすものが多い。

　1はやや長胴気味で、胴部の張りが小さく、口縁は外傾して、端部は外にわずかに拡張気味である。胴部外面は格子タタキの後、沈線を巡らす。灰褐色陶質。2は胴部の張りが大きく、口縁は緩やかに外反する。外面平行タタキ後沈線を巡らし、灰色陶質。3は胴部の張りが強く、頸部から急激に外反し、口縁端部に至る。外面は小さな格子タタキを施し、焼成は陶質である。4は肩部に縦方向に穿孔した大きな耳を貼付したもの。胴部の張りが大きく、口縁部はほぼ直立する。外面は平行タタキを施し、瓦質灰色。縦方向の穿孔を施し、口縁部の直立するタタキ文壺は、慶尚南道金海市良洞里280号墳(東義大学校博物館2000)などに見られるが、良洞里280号墳の例は格子タタキである点で異なる。5は胴部の張りが強く、頸部が丸みを帯びて屈曲し、口縁へと至る。外面上部は平行タタキの後、沈線を巡らし、下部は小さな格子タタキである。灰色を呈し、調整はやや甘く瓦質に近い。6は胴部の張りが強く、頸部は短く緩やかに外反するもの。外面は上部が細かい平行タタキ、下部が粗い斜格子タタキである。器表は黒褐色、器壁中央は黄褐色を呈することが特徴的で、軟質に近い焼成。7は胴部の張りが強く、口縁部はやや直線的に開く。端部の外への屈曲が強く、水平に近い面をなすことが特徴的である。胴部外面上部は平行タタキ、下部はやや大きな格子タタキを残し、軟質でやや褐色を呈す。口縁部の特徴は忠清南道天安市清堂洞遺跡(国立中央博物館1993)の2世紀後半〜3世紀後半とされる墳墓群出土品に多く見られる。ただ、全羅南道咸平郡萬家村古墳群(全南大学校博物館2004)、慶尚南道咸安市道項里26号墳（昌原文化財研究所1997）にも、外面が縄蓆文タタキながら、褐色軟質で、同様の口縁部を呈する例もある。8は偏球形胴部に外反する口縁部が付くもの。胴部外面は上部平行タタキ後、沈線、下部は格子タタキである。暗灰色〜茶褐色で、瓦質に近い焼成である。9はやや大形品で、倒卵形に近い胴部に、緩やかに外反しながら長く伸びる口縁の壺。胴部外面は平行タタキを施し、上半は沈線を巡らす。灰色〜黄灰色で瓦質に近い焼成である。10は外面のタタキを丁寧にナデ消した壺。胴部は倒卵形で、口縁部は短く緩やかに外反し、端部が角張る。全羅北道扶安郡竹幕洞遺跡出土（図10−7、国立全州博物館1994）の4世紀の土器群中に類例が見られる。

　11〜17は小形・中形の壺。いずれも陶質の焼成で、胴部にはタタキ痕は観察されない。11は頸部から急激に短い口縁が外反し、胴部は球形を呈する。胴部外面下部には微かな擦痕、胴部内面には微かなナデ上げの痕跡が観察される。12は肩が張った胴部で、口縁端部は直立に近い面をなす。灰褐色を呈す。13はやや尖り底気味の底部で、頸部は内傾し、緩やかに外反しながら口縁端部に至る。胴部外面下部はナデにより小さく微かな稜のたつ面が形成される。暗赤紫色で硬い焼成である。14は口縁が短く直立し、胴部がやや張るもの。やや甘い焼成で黄灰色を呈す。15・16はいずれも胴部の張りが強く、口縁端部に凹みが巡るものである。15は黒灰色、やや小形の16は青灰色〜黒灰褐色を呈す。17は器壁がやや厚く、頸部内面に粘土接合痕を残す粗雑な印象のもの。肩が張り、口縁部は頸部からやや直立気味に立ち上がり、緩やかに外反する。このうち13は慶尚南道馬山市縣洞遺跡（図10−10、昌原大学校博物館1990）など慶尚南道西部地域に類例が多いようである。11は4世紀中葉頃に編年されている慶尚南道金海市礼安里遺跡138号墳副槨出土品（図10−9、釜山大学校博物館1993）など、金海地域の出土例と対比できるようである。これに対して全羅道地域では、西新町遺跡集落の時期である3世紀後半〜4世紀に11〜17のような陶質・無文の中形・小形の壺は少ない。したがって、これらは大半が慶尚南道南海岸地域からの搬入品ではないかと考えられる。ただ、3世紀中頃〜4世紀前半と考えられる全羅南道咸平禮徳里萬家村古墳群13号墳4号土壙墓（全南大学校博物館2004）、4世紀代の集落遺跡、全羅北道全州中仁洞遺跡原三国時代3号住居跡（図10−8、全北文化財研究院2008）で、11に類似する硬質無文の土器が出土していることも注意しておきたい。

　19・20は縦方向穿孔の耳をもつ両耳付平底壺で、18はその蓋か。いずれも忠清道・全羅道地域に特徴的な器形(図10-12~14)で、搬入品であろう。19は内外ナデ仕上げで、胴下部外面は横方向に手持ちヘラケズリを施し、口縁部は短く直立する。軟質で褐色。20は外面に小さな格子タタキをとどめたやや大形品である。口縁部は短く直立し、黄褐色~赤褐色。18は天井部がやや丸みを帯び、口縁部が直線的に内傾する蓋である。小片であるが、口縁上部の外面に縦方向に穿孔した耳が貼付される。両耳付壺蓋は天井部と口縁部の境界の屈曲部に耳を貼付するものが多い(金鍾萬1999)ので、やや特異である。軟質で褐色を呈すが、胎土・焼成は土師器と異なり、馬韓地域からの搬入品と考えて間違いない。

　21は頸部下の外面にタタキ工具角の刺突による三角列点文を巡らした二重口縁壺。胴部は球形で、頸部・口縁部は短い。胴部外面には平行タタキの後、凹線を巡らす。赤褐色であるが、土師器よりは硬い焼成である。22は平底で穿孔の無い耳を貼付した二重口縁壺。底部は大きな平底で、肩部に穿孔の無い縦長耳を貼付する。頸部高・口縁立ち上がり高の小さい二重口縁をなし、割れ口にその接合方法を明瞭に観察することができた。内外ナデ仕上げ。軟質であるが、器表は燻したように黒灰色を呈する。これらの二重口縁壺も忠清道・全羅道地域に特徴的な器種(図10-15・16)で、特に全羅南道栄山江流域に多く、3~4世紀を中心にする器種と指摘されている(林永珍1998)。図09に示した全羅北道高敞萬洞遺跡12号墳木槨墓出土品(金建洙・李永徳2004)などと類似している

　23~28はいずれも短く外反した口縁の鉢。23・24はやや浅い器形で、いずれも底部と体部の接合部外面に手持ちヘラケズリを施す。22は内外回転ナデ仕上げで、黒灰色~灰色、瓦質焼成である。24は内外ナデ仕上げで、底部外面には回転台に設置する際に生じた低い突起が見られる。灰色を呈し、瓦質焼成である。25はやや中形で深い器形のもの。内外回転ナデで仕上げ、瓦質、灰色を呈す。26・27はいずれも赤褐色を呈する軟質平底鉢。26は胴部外面に小さな格子タタキを施すのに対して、27は内外ナデである。28は大形で深い甕に近い器形のもの。胴部外面には斜格子タタキの後、沈線を巡らす。やや軟質で、灰褐色を呈す。同様の器形は忠清南洞天安市斗井洞遺跡(図11-26、忠清文化財研究院2001)や釜山市東莱楽民洞貝塚(図11-27、国立中央博物館1998)に見られ、広範囲に分布するものと推定される。

　29は軟質で褐色の高杯。杯部は深く、脚柱部が中実で、太い点が特徴的である。杯部外面、脚裾部外面には粗い格子タタキが残る。外面の格子タタキは確認されず、器高が本例よりやや高いものの、同形態の例が全羅南道麗水市禾長洞遺跡1次6号住居跡(図11−25、順天大学校博物館2002)にある。

　30は脚部を失うが、底部に透し上端の痕跡が残り、透付き高杯杯部と考えられる。内外にミガキを施し黒褐色を呈し、いわゆる黒色磨研土器に通じる雰囲気である。全羅道からの搬入品か。

　31は口縁が直立する小形の杯。内外ナデで、陶質、灰色を呈する。慶尚南道からの搬入品か。

　32・33は甑。いずれも口縁が直立し、平底で同心円状に直径1cmに満たない蒸気孔を多数、配置する。いずれも胴部中間に把手を挿し込み成形するが、胴部外面器壁にはその割り付け線と思われる沈線が巡る。32は黄褐色を呈するがやや硬質で、形態のみならず胎土・焼成・色調のいずれにおいても全羅南道海南郡郡谷里貝塚出土例(図11−28、木浦大博物館1989)と酷似する。33は土師器に近いやや柔らかい焼成で、淡褐黄色を呈する。

　34は灰色陶質の大形甕口縁部。口縁端部はナデによりシャープに上下に拡張する。

　35は平底で胴上部がすぼまり、肩部近くには2ヶ所に大きな焼成前穿孔が見られる特異な器形のもの。土師器中には例がなく、大きな平底が両耳付平底壺などの土器と共通するため韓半島系土器として位置づけた。完全に同一の器形は例を知らないが、強いてあげればやや時期の下る全羅南道羅州市伏岩里古墳群2号墳墳丘東側出土品(図11−33、全南大学校博物館1999)と類似している。

　36・37は形態が土師器甕に類似するが、韓半島系土器の技法・属性が見られるもの。36は縦方向に穿孔した耳を胴部に貼付することが最大の特徴である。加えて、器壁が土師器甕に比べ厚く、内外を板状工具を用いたナデで仕上げる点も注意される。これらの特徴から考えて、土師器とは異なる技法で、土師器甕を模倣して製作したものと考えられる。36は器壁の厚さは土師器甕とも合致するが、外面に残された小さな斜格子タタキは土師器には見られない特徴で、韓半島系土器の影響と考えられる。胴部内面には土師器甕と同様にケズリを施すものの、その範囲も胴下部に限られ特異である。これら2点の土器は、韓半島出身の工人が製作したのではなかろうか。

　一方、38～41は韓半島系土器の器形を模倣して土師器工人が製作した土器と考えられるものである。38は径の大きい脚を付け、口縁が直立する壺である。内外に細かいハケメ調整が見られ、胎土は土師器精製器種と共通するが、大きな脚は土師器及び弥生時代後期終末以来の在地系土器には見られない。器形としては韓半島南部の瓦質爐形土器に近く、その模倣品の可能性を考えたい。39・40はハケメ・ケズリ仕上げの甑。これらは在地の土器の胎土に近いが、韓半島南部でもハケメ仕上げの甑（図11－30～32）が出土している。韓半島南部出土のハケメ仕上げ甑は列島からの移住者によって製作された可能性などを考慮する必要があろう。41は軟質平底鉢を模倣して製作されたものか。胴部外面下部板ナデ、胴部内面粗いハケメ。

(2) ガラス玉鋳型

　土器以外に西新町遺跡からの出土品で馬韓地域との関連が深いものに、土製のガラス玉鋳型がある。図06－1はガラス勾玉鋳型である。直方体の土製品の中央に勾玉型の凹みをつくり、鋳型とする。勾玉形凹みの中央やや上方には直径0.1cm、深さ0.6cmの、棒を挿し込みガラス勾玉の孔を成形するための貫通しない小孔がある。褐色を呈するが、裏面は熱のためか暗褐色に変色する。図06－2・3はガラス小玉鋳型。古墳時代に属する同様のガラス小玉鋳型は、畿内、関東地域にいくつか出土例がある。ただ、西新町遺跡出土例の裏面のケズリは国内出土例には見られず、全羅南道海南郡郡谷里貝塚や京畿道河南市渼沙里遺跡出土のガラス小玉鋳型と類似する。また、図06－2は黄褐色でやや硬質に焼成されており、胎土・焼成ともに全羅南道からの搬入品と考えられる図07－32甑と酷似する。したがって、ガラス小玉そのものも全羅道地域からの搬入品と考えている。韓半島からの渡来人が、原料、工具とともに、ガラス小玉、勾玉製作に関わる技術総体をもたらしたと考えるべきであろう。

(3) その他の遺物

　その他の韓半島系の遺物として銭貨、鉛片（図08）がある。

　12次96号住居跡出土の五銖銭は周縁部の隆起帯から内側の銭体を削り取った

いわゆる「剪輪五銖銭」で、字体も考慮して、後漢後半、紀元2世紀の製品と考えられる（岡内1982の分類による）。高倉洋彰氏（高倉1989）は弥生時代の貨泉の大半はその製作時期に近い新末〜後漢初すなわち弥生時代後期初頭〜前半に流入したと推測している。17次38号竪穴住居跡の貨泉が弥生時代後期前半に流入し、伝世の後、古墳時代初頭になって廃棄された可能性を完全に排除することはできないが、遺跡の展開及び古墳時代初頭における韓半島との交流の脈絡から考えて、古墳時代初頭に流入した可能性が高いのではなかろうか。12次96号竪穴住居跡出土の五銖銭も同じ過程でもたらされたものであろう。また、17次5号竪穴住居跡から出土した鉛板片は、『西新町遺跡』Ⅷで報告された鉛同位体比測定結果によれば、中国華中〜華南産原料の範囲内に含まれるが、韓半島南部産原料の可能性も指摘されている。

(4) 馬韓系土器の時期と器種

　まず、西新町式の細分に照らして西新町遺跡出土の韓半島系土器の時期を考えてみたい。遺跡内で最古の時期に属する韓半島系土器は2次D区1号住居跡の軟質両耳付壺、12次93号住居跡の両耳付二重口縁壺（図05−22）、17次38号住居跡の陶質土器壺口縁部等で、Ⅲ式古段階まで遡る可能性がある。ただし、これまでのところⅡ式以前に遡る例はないようである。

　一方、出土した韓半島系土器のうち、12次93号住居跡二重口縁壺、12次63号住居跡両耳付壺は全羅道を中心に分布する特徴的な器種である。これらの土器を徐賢珠氏（徐賢珠2006）による全羅南道栄山江流域の土器編年に照らすと、Ⅰ−1期〜Ⅰ−2期にその中心があり、Ⅰ−1期は3世紀中葉〜後葉、Ⅰ−2期は4世紀前葉〜中葉とされる。西新町遺跡の韓半島系土器は西新町Ⅲ式〜Ⅳ式に伴い、古墳時代前期とほぼ相当するが、栄山江流域の土器の絶対年代の比定と大枠では合致すると思われる。これらの資料が韓日の平行関係をたどる確実な根拠になることは間違いない。また、12次93号住居跡出土二重口縁平底壺は前述のように全羅北道高敞萬洞遺跡12号木槨墓出土品（図09）と類似する。徐賢珠氏（徐賢珠2008）は栄山江流域の3〜5世紀古墳埋葬施設出土遺物の共件関係の2期に位置づけ、3世紀後半と考えている。一方、尹溫植氏（尹溫植2008）の2〜4世紀代の栄山江地域の土器編年では萬洞遺跡12号木槨墓をⅡ段階に位置づけて、2世紀後半でも新しい頃としている。絶対年代の決定に少し差があるが、いずれにしても時期が非常に限定できる土器であり、北部九州と馬韓地域の土器等の平行関係を決定する場合に重要である。

　西新町遺跡と並行する時期の全羅南道の集落遺跡として対比可能なもののひとつに海南郡新今遺跡(湖南文化財研究院2005)がある。新今遺跡は大きく4時期に区分され、Ⅰ段階は3世紀中頃、Ⅱ段階は3世紀後半、Ⅲ段階は4世紀、Ⅳ段階は5世紀の実年代が与えられている。このうちⅡ段階の土器を図12に示した。二重口縁平底壺、タタキ文壺、甑は西新町遺跡出土品と類似している。新今遺跡Ⅰ段階のタタキ文壺は胴部が胴高よりも胴部最大径が大きい偏球形のもの(新今遺跡壺形土器Ⅰ型式)か胴高と胴部最大径のほぼ等しい球形胴のもの(新今遺跡壺形土器Ⅱ型式)に限られるが、Ⅱ段階には長胴のもの(新今遺跡壺形土器Ⅲ型式)が出現し、Ⅲ段階になると偏球形のものが消滅するとされている。西新町遺跡では偏球形のタタキ文壺も多数出土しており、新今遺跡Ⅱ段階以前と接点をもつものと考えられる。韓半島からの搬入品と考えられる西新町12次22・89号住居跡出土甑と新今遺跡60号住居跡出土甑は全体的な形態、底部穿孔の大きさ、配置も類似しているといえる。また、新今遺跡ではⅡ段階になって陶質に近い硬質の土器が出現するとされ、西新町遺跡における陶質の韓半島系土器の存在とも符合する。西新町遺跡の韓半島系土器は、新今遺跡のⅢ段階以前、特にⅠ〜Ⅱ段階のものとの平行関係が問題となる資料であろう。

　西新町遺跡の韓半島系土器には上述したように、タタキ文壺、二重口縁壺、無文丸底壺、高杯、平底深鉢、両耳付壺のような器種がある。豊富なように見えるが、韓半島における器種のすべてが出土しているわけでわけではない。図12に示した新今遺跡出土土器のうち長卵形土器、注口土器は新今遺跡をはじめとする全羅道地域のこの時期の主要な器種であるが、西新町遺跡では出土例は極めて少ない。また、平行する時期の韓半島南東部、洛東江流域では爐形土器が墳墓などで多く出土するが、西新町遺跡ではそれを模倣した可能性のある土器は存在するものの、爐形土器そのものは出土していない。したがって、韓半島の同時期の器種から選択的にとりいれられた可能性が高い。

4) カマド付竪穴住居跡

　西新町遺跡では、他の弥生時代後期終末〜古墳時代前期の遺跡ではほとんど例の無い、カマド付きの竪穴住居跡が多数検出されたことが大きな特徴となっている。これまでの22次に及ぶ調査の中で、カマド付き竪穴住居跡は106棟を数える。この数は弥生時代終末〜古墳時代前期の竪穴住居跡全体の約20％に相当する。これに対して炉を設置するものがほぼ同数の103基あり、残る300基あまりは新しい遺構に壊されるなどの理由のためカマドないしは炉跡の有無が不明である。

　同時期の韓半島は、楽浪郡を経由して中国本土ないしは中国東北部の調理様式が摂取され、カマドが広く普及する。韓国では近年、三韓〜三国時代の集落遺跡の調査が進展しており、壁に沿って長く煙道を伸ばす形式のものは「オンドル状遺構」とも称される。西新町遺跡のカマドについては韓国でのオンドル状遺構と称されるものと類似するものがあるため、韓半島からの渡来人がもたらした知識のもとに構築されたことには異論がないようである。

　カマドの類型化に際しては、住居跡内におけるカマドの位置と煙道の長さに着目し、大きく次の三つの型式に分類し、更にⅠ類についてはⅠa・Ⅰb類に、Ⅱ類についてはⅡa・Ⅱb類に細分を行った(図13)。

　Ⅰ類：カマド本体が住居の隅に設置されるものである。煙道がほとんど無く馬蹄形を呈すもの(Ⅰa類)と、短い煙道があるもの(Ⅰb類)に二分される。Ⅰa類は第5次調査SC04や第12次調査89号竪穴住居跡が典型例である。Ⅰb類は第17次調査12号竪穴住居跡が典型例である。焚口の奥から住居の隅に向かって1m足らずの短い煙道が伸びるが、次のⅡ類と比較するとかなり短く、放射熱による温室効果を意図したものではない。Ⅰb類としたものの中にはⅠa類や次のⅡ類と判別し難い形状のものもある。また、第12次調査125号竪穴住居跡や第20次調査30次竪穴住居跡のように煙道が短く屈曲して壁に沿い、煙出し部分が住居隅から離れるものもこの類に含めている。Ⅰb類はⅠa類と比べて数が少なく、日本列島の古墳時代竪穴住居跡カマドにも類例が見られない。

　Ⅱ類：カマド燃焼部が住居の壁から離れた内側にあり、煙道が住居の隅に向かって長く伸びるもので、一般的に「オンドル状遺構」と称されるものである。長い煙道の目的は、排出する煙の放射熱によって、屋内の温室効果を狙ったものとされる。燃焼部の主軸が壁に直交せず斜め方向を向くもの(Ⅱa類)と、燃焼部の主軸が壁に直交するもの(Ⅱb類)とに細分できる。Ⅱa類は第13次調査71号竪穴住居跡や第17次調査37号竪穴住居跡が典型例で、西新町遺跡で検出されたカマドの中では最も数が多い。煙道は短いものでも1m以上、長いものでは2mを超え、燃焼部を含めた全長は3mを超えるものもある。Ⅱb類は煙道が壁に沿って長く伸び、燃焼部は煙道から直角に折れて主軸方位が竪穴住居の壁と直交するものであり、第20次調査4号竪穴住居跡が典型例である。Ⅱa類と比較して数が少ないが、5世紀中頃(古墳時代中期中頃)以降の日本列島における普及期の類例は、このような、いわゆる「L字状カマド」が通例であり、むしろⅡa類のような例は見られない。

Ⅲ類：住居の壁のほぼ中央に付設されるもので、煙道は無いか、もしくは非常に短い。第14次調査26号竪穴住居跡や第20次調査42号竪穴住居跡などが典型例である。基本的にはカマド本体は屋内のみにとどまるが、中には第13次調査48号竪穴住居跡のようにカマドの先端を屋外へ突出させるものもある。西新町遺跡の中では数が少ないが、日本の古墳時代～奈良時代のカマドの多くはこのⅢ類に類似する。

合計106基のカマドのうち、時期決定ができたものは74基で、Ⅰ類が33基、Ⅱ類が28基、Ⅲ類が13基となる(表1)。時期毎の推移を見てみると、西新町Ⅰ式にはカマドはなく、Ⅱ式には1例だけⅢ類のカマドが見られる。西新町遺跡でのカマドの初現である。後続するⅢ式古段階の時期にはⅠ類のカマドが2例あり、数は少なくとも継続してカマドが構築されていることが判る。Ⅲ式新段階の時期になると竪穴住居数の増加とともにカマドを付設した住居が増加するが、炉の数と比較すると圧倒的に少なく、この時期までは基本的にカマドではなく屋内炉が主体を占める。Ⅳ式古段階の時期になると、カマドの数は29基を数え、同時期の炉の数を大きく超える。この傾向はⅣ式新段階の時期でもほぼ同様である。したがって、カマドはⅡ式の段階に西新町遺跡に初めて導入され、Ⅲ式新段階の時期までは炉が多数を占めるものの、Ⅳ式古段階の時期になると炉を凌駕するようになる。その一方で炉もまた相対的に数を減じるものの、全時期を通じて使用され続けたこととなる。カマドと炉の数の対比をそのまま当時の在来人と渡来人の数に当てはめることは出来ないが、少なくとも長期にわたり一つの集落内に炊事様式の異なる両者が共存していたことは疑いない。

　この時期における韓半島の竪穴住居の類例を散見してみると、慶尚道地域では円形プランを基本とし、近年では煙道が長く伸びたカマドを付設する調査例が増加している（図14-2、咸陽花山里遺跡、慶南発展研究院歴史文化センター2007など）。全羅道地域では長方形または正方形プランのものが多く、慶尚道地域と対照的である。こうした韓半島の例と西新町遺跡例とを比較する限り、少なくとも竪穴住居の平面形態においては慶尚道地域からの影響は小さかったものと思われる。

　一方、カマドの構造を比較してみると、慶尚道地域のカマドは図14-2のように壁に対してカマド本体を斜め方向に向け、煙道が壁面に沿って弧を描く構造となる例が多い。対して全羅道地域のものは本遺跡のⅠ類（図14-4・5）、Ⅱb類、Ⅲ類（図14-3）に類似したものが見られる。壁に対してカマド本体を斜め方向に向けるⅡa類の特徴は全羅道地域には見られない特徴であり、そうするとこのⅡa類のカマドは慶尚道地域の影響下に構築された可能性が高いということになる。対してそれ以外のカマドについては全羅道地域の情報により西新町遺跡の竪穴住居に設置された可能性が高いということが言える。

　全羅道、忠清道では1遺跡内でのカマドの様相は多様である。前節でとりあげた全羅南道海南郡新今遺跡（湖南文化財研究院2005）では、3世紀中頃とされるⅠ段階では西新町遺跡Ⅲ類と類似するカマドであるが、Ⅱ段階では西新町遺跡Ⅱb類に類似するL字形カマド（図14-6）に転換するとされている。これに対して4世紀以降とされる全羅北道益山射徳遺跡（湖南文化財研究所2007）では、西新町遺跡Ⅲ類と類似するカマドが築造されている。また、4〜5世紀に編年される忠清南道鶏龍立岩遺跡（忠清南道歴史文化研究院2008）は、Ⅲ類に類似するカマドが12基であるのに対し、Ⅱb類に類似するカマドが5基にすぎない。ここでは、両者は時間的な差ではなく、中小形住居跡に前者が、大形住居に後者が使用されたと推測されている。したがって、韓半島西南部地域においても小地域ごとに多様な形態のカマドが築造された可能性がある。

　また、西新町遺跡に並行する時期の百済の王城、ソウル市風納土城遺跡（国立文化財研究所2001）では、六角形の住居跡に壁から煙道を離したカマドが設置され（図14-1）、住居跡の平面形は別とすると西新町遺跡カマドのⅠa類と同様の構造となっている。忠清南道以南の地域に六角形住居跡はほとんど存在しないので、風納土城のカマドが西新町遺跡に直接的な影響を与えた可能性は小さいと推測されるが、韓半島西海岸～南海岸地域の海沿いの交流のもとに展開した多様なカマドが西新町遺跡に流入した結果、Ⅰa類が成立したと想定されよう。

3. 5~6世紀の北部九州における馬韓系資料

1) 福岡市早良区吉武遺跡群周辺

　西新町遺跡は古墳時代の前期末、4世紀後半には集落が廃絶する。これと交代するように5世紀遺構、韓半島系資料の集中するのが早良平野の南西部、福岡市西区吉武遺跡群周辺(図15-2)の地域である。吉武遺跡群中の金武古墳群吉武S群(横山2003)は土器を副葬した石室、陶質土器、双龍文環頭大刀、鋳造鉄斧、初期馬具等の韓半島系資料が集中する5世紀中頃~6世紀前葉にかけての墓地である。また、金武古墳群吉武S群の南西部には甕棺墓(図16-1)がいくつか築造されている。5世紀中頃以降の北部九州の古墳においては一般的には甕棺が少ないため、馬韓地域からの渡来人との係りがあるか注意しておきたい資料である。

　これら古墳群に挟まれた集落域でも韓半島系資料が豊富である(山崎編1986、濱石編1989、加藤2005他)。出土遺物中の韓半島系遺物としては、軟質土器があげられ、平底鉢、甑、鍋、鳥足文風タタキの壺、蓋等器種構成も充実しているので、渡来人の存在を裏付けるものであろう。TK208~TK23型式の須恵器を伴う9次SK201号土坑(図16-8、加藤2005)から出土した鍋、大形の鉢、ジョッキ形土器等の軟質土器群などは忠清道地域との関連が推測される。また、9次SK135からはタタキを施した馬韓系と考えられる軟質甕(図16-2、加藤2005)が出土している。

　吉武遺跡では6世紀に下ると思われる陶質土器も出土し、吉武古墳群試掘出土の大加耶系壺(図16-6)や金武古墳群吉武G群(荒牧1998)にも6世紀後半の新羅系脚付壺などの例がある。したがって、吉武遺跡周辺は、5世紀中頃~6世紀後半

にかけて韓半島の複数の地域からの渡来人が居住するとともに、交易の拠点とし
て機能していたと推測しておきたい。このような様相は3世紀中頃~4世紀中頃に
韓半島との交通の窓口となっていた西新町遺跡と類似していると言えよう。推測
をすすめれば、西新町遺跡の消滅以後、吉武遺跡群などの集団が、早良平野さら
には北部九州の各集団と韓半島との交通の窓口として台頭してきたとも考えられ
るだろう。

　ただ、吉武遺跡群周辺では鉄生産、鉄器生産という、渡来人のもたらした生
産技術との深いかかわりが認められる。また、吉武遺跡の墓地となる金武古墳群
吉武S群では渡来人が埋葬された可能性を指摘できる古墳が存在する。これに対
して、西新町遺跡の墓地となる藤崎遺跡の古墳群では、主体部は木棺墓等、在地
の埋葬施設とほぼ共通していて、渡来人の墓地そのものは今のところ発見されて
いない。このような違いについては、それぞれの時期における渡来人と在地集団
との関係の違いを示唆するものではなかろうか。

2) 鳥足文土器からみた4世紀末~5世紀前半の馬韓系渡来人

　鳥足文土器は4世紀前半に百済中心部で定型化した土器であるが、馬韓地域に
分布の中心がある（金鍾萬2010）。北部九州でもいくつかの出土例があり、抽出
が容易であることに加えて、在来の土器との融合の過程を示す事例もある。そこ
で、ここでは鳥足文土器を手がかりに、4世紀末~5世紀前半の馬韓からの渡来人
の動向を考えてみることにしたい。

　『魏志倭人伝』に登場する「伊都国」の拠点集落と考えられる福岡県糸島市三雲
・井原遺跡群（図15-3）では、古墳時代においても各調査地点で韓半島系の土器
が出土する。その中で注目される資料が軟質で鳥足文に近いタタキを施す三雲
435番地方形土坑（図16-1、牟田・岡部編2002）、井原塚廻2号住居跡（図16-
2、林1992）、井原上学遺跡3号溝（図16-3）の土器である。この3点の土器を子
細に見ると、三雲435番地は口縁部及び胴部は馬韓系土器本来の形態を維持して
いるが、井原塚廻2号住居跡、井原上学3号溝の資料は鳥足文タタキを施しながら
器形そのものは土師器甕に近づいている。これらの土器の時期は三雲435番地＝

4世紀末(土師器編年ⅢA期、以下の北部九州地域の中期以降の土師器の時期区分は重藤2010による)、井原塚廻2号住居跡＝5世紀前葉(土師器編年ⅢB期)、井原上学3号溝＝5世紀中頃(土師器編年Ⅳ期)であり、土師器化の進展は時間的変化とも対応している。このような過程が渡来してきた土器製作工人の規範の変化を示唆するとすれば、三雲・井原遺跡群における馬韓地域からの渡来人の存在、さらにはその定着を物語る資料となろう。

　また、福岡県新宮町夜臼・三代遺跡群大森地区(図16-4)から、5世紀前葉(土師器ⅢB期)を中心とする土器とともに大形の軟質土器壺及び鳥足文風のタタキで仕上げた軟質土器(図17-5～8)がまとまって出土した(西田1994)。これらの土器には、馬韓地域の鳥足タタキ文土器と類似している器形(図17-5)もあれば、北部九州地域の土師器甕と類似した器形(図17-7・8)もある。三雲・井原遺跡群と同様に、馬韓地域からの渡来人が、土師器を模倣して製作したものと考えられる(白井2001)。これらの軟質土器ととも陶質土器壺(図17-9・10)も出土しているが、これも馬韓系土器であろう。

　三雲・井原遺跡群、夜臼・三代地区遺跡群の資料は日本出土の鳥足文土器の中でも最古級の資料と考えられる。特に三雲435番地出土例は4世紀末頃の土師器(図17-4)を伴っていてその時期を限定できる点で重要である。一方、西新町遺跡では鳥足文土器が出土していないので、馬韓地域における鳥足文土時の出現時期は西新町遺跡の集落の終焉以降のことと考えられる。したがって、馬韓地域における鳥足文土器の出現も、4世紀末あるいはそれを若干さかのぼった時期に限定できるのではないかと考えている。

　この他に興味深い資料として、夜臼・三代地区遺跡群とも程近い福岡市東区唐原遺跡SC30(図15-5)より出土した軟質土器甕(図17-11・12)がある(小林編1989)。共伴する土師器は4世紀末(土師器ⅢA期)である。軟質土器甕は大振りの格子タタキで仕上げられ、口縁部形態、胴部形態も特徴的なものである。韓半島における系譜・類例を探索しきれていないが、慶尚道地域のものではないようであり、消去法的に考えれば忠清道～全羅道地域に由来する可能性がある。また、同遺構からは北部九州地域の土師器はもちろん、慶尚南道咸安地域のものと推測される陶質土器高杯(図17-13)、東海系台付甕破片、畿内系と推測される高杯等各地の土師器も出土している。したがって、軟質土器甕の製作地等が決定できれば、広域的な土器の平行関係、さらには韓日の絶対年代決定の貴重な資料となると考えられる。

　また、このような夜臼・三代地区遺跡群、唐原遺跡群の動向は4世紀中頃までの馬韓の人々が博多湾沿岸、西新町遺跡までを行動範囲としたのに対して、4世紀末以降、より東方へと動きを活発化した状況を示すものとも言えるだろう。

3) 津屋崎古墳群と馬韓系渡来人

　福岡市の東、福津市の在自～勝浦にかけての海岸砂丘後背の潟湖に面した緩斜面には津屋崎古墳群とされる5～6世紀の前方後円墳等の大形古墳が群集している。これらは4世紀末以降に本格化する沖ノ島祭祀遺跡での祭祀を主管した宗像氏一族の有力者の古墳と推測され、海上交通とも深い関わりが想定される。これらの古墳群の間に位置する集落遺跡(図15－6、図19－1)である福岡県福津市在自遺跡群(在自小田遺跡・在自上ノ原遺跡・在自下ノ原遺跡、池ノ上他編1994・池ノ上他編1995・池ノ上他編1996)、福津市生家釘ヶ浦遺跡(池ノ上他1998)、福津市奴山伏原遺跡(池ノ上2002)で馬韓地域と関連する資料を含む韓半島系遺物・遺構が、集中的に確認されている。

　馬韓系の鳥足文土器は在自遺跡群で破片(図18－1～7)が出土していて、在自下ノ原遺跡土器溜り遺構出土の陶質甕(図18－8)、奴山伏原遺跡SC057住居跡から出土した軟質甕(図18－12)も器形から考えれば馬韓系土器の可能性が高い。外面にタタキを施した生家釘ヶ裏遺跡SC188号住居跡出土の移動式カマド(図18－9)も特異なもので、韓半島との関係が想定される。ただし、在自小田遺跡では大加耶系陶質土器壺(図18－11)も出土しているので、宗像氏と韓半島との関係は馬韓地域のみに限らなかったことも注意しておきたい。

　これらの遺跡は津屋崎古墳群の中にあり、5～6世紀の宗像氏一族の有力者、すなわちこの地域の首長権との深い関係がうかがえる。鳥足文土器の出土した在自小田遺跡では、四面廂を備えた大形の掘立柱建物、土器等が出土した祭祀土坑があり(図19－2・3)、鳥足文土器片はSB01の柱穴等からも出土している。SB01は一般の集落では見られない構造で、首長の執り行なう祭祀に係わる建物と推測される。そこでの祭祀に馬韓系の土器が使用されたとは断定できないとしても、首長層と馬韓系の渡来人との密接な関係が想定しても大過ないであろう。

　また、津屋崎古墳群周辺では竪穴住居においても馬韓系渡来人との関連が抽出できる可能性がある。奴山伏原遺跡では排水溝と推測される溝が竪穴外に長く伸びた古墳時代では例の少ない特異な構造の竪穴住居跡がまとまって検出されている（図19－4・5）。同種の排水溝をもつ竪穴住居跡は慶尚南道昌寧桂城里遺跡（우리文化財研究院2008）にも例があるが、近年、全羅北道益山射徳遺跡（湖南文化研究院2007）、光州市河南洞遺跡（図19－6、湖南文化財研究院2008）、全羅南道潭陽梧山遺蹟（湖南文化財研究院2007）など、馬韓地域での事例が増加しているようである。

　津屋崎古墳群から東に隣接する釣川流域の現在の福岡県宗像市域の5世紀後半～6世紀前半の集落遺跡ではこの種の竪穴住居が多く、本地域に多くの馬韓系渡来人が居住していたことを示唆する可能性がある。さらに、同様の竪穴住居は福津市よりも東に位置する福岡県遠賀郡岡垣町友田遺跡群（図15－8、中川編1989、大坪他2008）、遠賀郡遠賀町尾崎・天神遺跡（図15－9、武田1991）などでもみられる。津屋崎古墳群と関連の深い首長層のもとに集まった馬韓からの渡来人が周辺に拡散したことも想定すべきであろう。

　一方、津屋崎古墳群の東、釣川流域では、6世紀初頭前後（MT15前後か）の須恵器を伴う宗像市冨地原川原田遺跡（図15－7、白木1994）SB14竪穴住居跡で鳥足文土器（図18－13）が出土している。同遺跡ではSB27竪穴住居跡から、車輪文風の特異なタタキを施した軟質土器甕や陶質土器壺（図18－14・15）も出土し、初期のカマド付竪穴住居を含むことから、集落内に渡来人が居住した可能性が高い。

4) 北部九州の首長層と馬韓・百済との対外交渉

　前節まで集落遺跡における北部九州と馬韓地域との関係を見てきたが、ここでは古墳出土資料から5～6世紀の北部九州の首長層が馬韓地域とどのように関係したかを考えてみることにしたい。

　4世紀末、北部九州の首長墓では初期横穴式石室が採用される。出現期の横穴

式石室の代表例として、福岡市南区老司古墳(図15−10)、福岡市西区鋤崎古墳
(図15−11)があるが、両古墳からは馬韓系両耳付壺を模倣したような、小型の
土師器両耳付壺(図20−1・2、杉山編2002)が出土している。北部九州の横穴式
石室は百済漢城期の横穴式石室を祖形にしたとする説もあるが、その出現に際し
て馬韓地域の首長層、馬韓からの渡来人が介在した可能性を示唆する資料であ
る。これに対して、馬韓系の土器が豊富で、相当数の渡来人が居住したと考えら
れる西新町遺跡に対応する3世紀中頃〜4世紀中頃の墓地、藤崎遺跡では渡来人の
墓は今のところ発見されず、韓半島系土器の出土数も極めて少ない。それと比較
すると、4世紀末の老司古墳・鋤崎古墳では埋葬施設の構築、さらには葬送に馬
韓地域からの渡来人が関与するようになったと考えておきたい。

　5世紀末前後の首長墓、福岡市城南区梅林古墳(図15−12、濱石他1991)、福
岡県苅田町番塚古墳(図15−13、岡村他編1993)では鳥足文土器の出土例があ
る。また、馬韓系の土器と考えられる陶質両耳付壺が5世紀末の福岡県田川市セ
スドノ古墳(図15−14、佐田編1984)から出土している。これらの古墳は各地域
の首長墓級の古墳であり、その葬送儀礼に馬韓系の土器が使用されたといえる。
一方、5世紀後半の全羅南道栄山江流域における横穴式石室の出現期には北部九
州から導入された要素も指摘されている。その場合に対比される横穴式石室とし
てとりあげられるのが番塚古墳、梅林古墳等であるが、馬韓系土器の様相を加味
すれば両地域の関係は双方向的であったと考えるべきであろう。

　両地域間の具体的な関係を物語るのが番塚古墳である。番塚古墳では2時期の
埋葬が推定され、初葬は5世紀末(須恵器編年TK47型式)、追葬が6世紀前葉(須
恵器編年MT15型式)にあたる。初葬棺、追葬棺のいずれとも釘・鎹で結合し、蟾
蜍(ヒキガエル)形飾金具を取り付けた木棺を使用していることも注目される(図
21)。釘・鎹で結合した木棺は同時期の北部九州になく、蟾蜍形飾金具も日本で
の出土例は皆無である。蟾蜍の図案は高句麗の装飾古墳や百済・武寧王陵出土の
帯金具にみられ、棺にとりつけられたことから木棺そのものが韓半島、恐らく百
済地域からの舶載品と考えられる。武寧王陵の木棺は日本で産出するコウヤマキ
製とされるが、番塚古墳ではその反対の関係が推測されるのである。

　また、5世紀後葉の築造と推測される熊本県和水町江田船山古墳(図15−15)
は出土品から武寧王陵など百済との関連の深い副葬品等が出土したことで著名で

あるが、江田船山古墳出土の陶質土器蓋杯は百済〜全羅南道地域からの舶載品と推測されている（白井2001）。この他に、周溝出土の陶質土器平底壺（図20-7、菊水町史編纂委員会編2007）は、鳥足文は見られず、口縁部を失っているが、番塚古墳・梅林古墳出土の鳥足文土器と同様の器形を呈した馬韓地域からの舶載品の可能性が高い。また、番塚古墳、江田船山古墳のいずれでも刀身に魚文を象嵌した大刀が出土していて、魚文は武寧王陵出土銅椀と類似している（図22）。番塚古墳大刀は伝統的な日本の木製刀装具を伴い、江田船山大刀は「治天下獲□□□鹵大王世」の象嵌銘を伴うので日本で製作された可能性が高いが、両古墳の築造時期には熊津期百済と倭との間の交流が活発化した時期と考えられる。そして、両古墳における馬韓系土器の出土を勘案すると、番塚古墳、江田船山古墳の被葬者は、馬韓地域の人々とともに百済と倭の王権との交流に媒介したと考えておきたい。

　6世紀以降の北部九州地域の古墳における馬韓系土器は、首長墓級の大型古墳ではなく、群集墳中の小形の古墳に多く見られる。6世紀前葉の福岡県糸島市井ノ浦古墳（図15-16、林1994）、6世紀中頃の福岡県小郡市ハサコの宮2号墳（図15-17、馬田他1979）ではいずれも鳥足文に近いタタキの陶質土器（図20-8・9）が出土している。6世紀中頃〜後半の福岡市西区石ヶ元古墳群（図15-19）では、7号墳で鳥足文土器が、9号墳で馬韓系の壺の出土例がある（図20-10・11、松浦編2003）。また、6世紀末の福岡県筑紫郡那珂川町観音山古墳群中原I群15号墳（図15-18）では陶質の両耳付壺が出土している（図20-4）が、これについては日本製の可能性も考慮する必要があろう。

4. おわりに

　3世紀後半〜4世紀中頃の福岡市早良区西新町遺跡では韓半島系土器が多数出土し、日本の同時代の他遺跡ではほとんど見られないカマド付竪穴住居跡もまとまって出土している。韓半島系土器、カマドのいずれにおいても馬韓地域との深い関連が指摘でき、相当数の馬韓系渡来人が居住していたと考えられる。ただ、西新町遺跡に対応する墓地、藤崎遺跡では渡来人の墓が見られず、カマド付住居も周辺の遺跡に拡散した様子は指摘できない。一方、西新町遺跡では畿内、山陰、瀬戸内等各地の土器も出土していて、交易拠点の性格が強いと考えられる。したがって、馬韓系の渡来人は交易を目的とした人々ではなかったかと推測され、一次的な滞在にとどまったとする考えさえある。

　西新町遺跡は4世紀後半に集落が断絶するが、それと交代するように出現したのが、5世紀中頃以降の福岡市早良区吉武遺跡群である。吉武遺跡群は馬韓系土器も多いが、加耶・新羅の土器も多く、韓半島各地からの渡来人が在住していた可能性もある。また、遺跡周辺では鉄器及び鉄生産の痕跡も多いため、鉄生産等の技術を必要とした倭人の求めに応じて渡来した可能性も考えられよう。

　5世紀になると、福岡平野より東方の福岡県新宮町夜臼・三代地区遺跡群、福岡県福津市津屋崎古墳群周辺での集落遺跡でも馬韓系渡来人の存在が指摘できるようになる。特に、津屋崎古墳群周辺では、沖ノ島祭祀を主管した宗像氏の有力者のもとに渡来人が集っていた状況が推測される。また、これらの遺跡、あるいはそこでの渡来人の存在は、彼らが日本列島を東へと広がる過程を考えるのにも重要であろう。

　古墳の資料をみると、福岡市南区老司古墳、福岡市西区鋤崎古墳では馬韓系両耳付壺模倣の土師器が出土しており、4世紀末頃の北部九州の横穴式石室出現に際して、馬韓系の渡来人が関与した可能性がある。5世紀後半になると、北部九州の横穴式石室は栄山江流域における横穴式石室の成立に影響を与えたとされるが、その時期には馬韓系の土器が北部九州の首長墓から出土しており、両者の関係は双方向的である。百済熊津期は百済と倭王権との関連が密接であるが、その一方で、全羅南道では北部九州系の横穴式石室さらには前方後円形の古墳が出現する。北部九州系の横穴式石室や前方後円系の古墳の被葬者に関しては諸説あるが、先学の指摘（金洛中2008）にあるように、百済と倭の王権の間を媒介したのが北部九州の首長層と馬韓の人々であったと考えられる。

　本稿の作成に際して下記の方々から御教示、御協力をいただいた。記して感謝いたします。
（敬称略、五十音順）

　大庭孝夫　久住猛雄　高久健二　武末純一　武田光正　寺井誠　広瀬雄一　宮本一夫　吉田東明　吉村靖徳

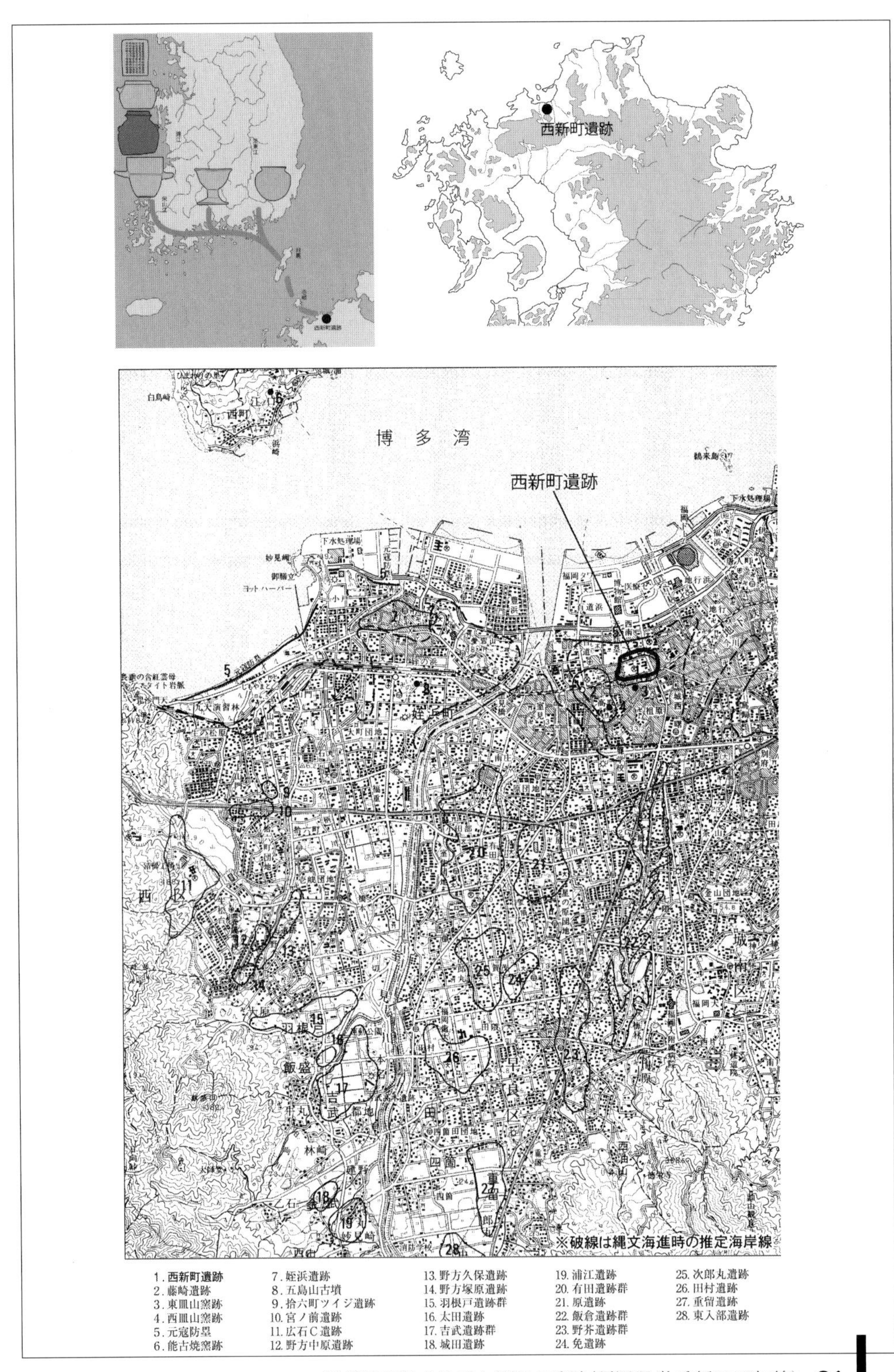

西新町遺跡の位置と周辺の遺跡(福岡県教委編2009加筆)　01

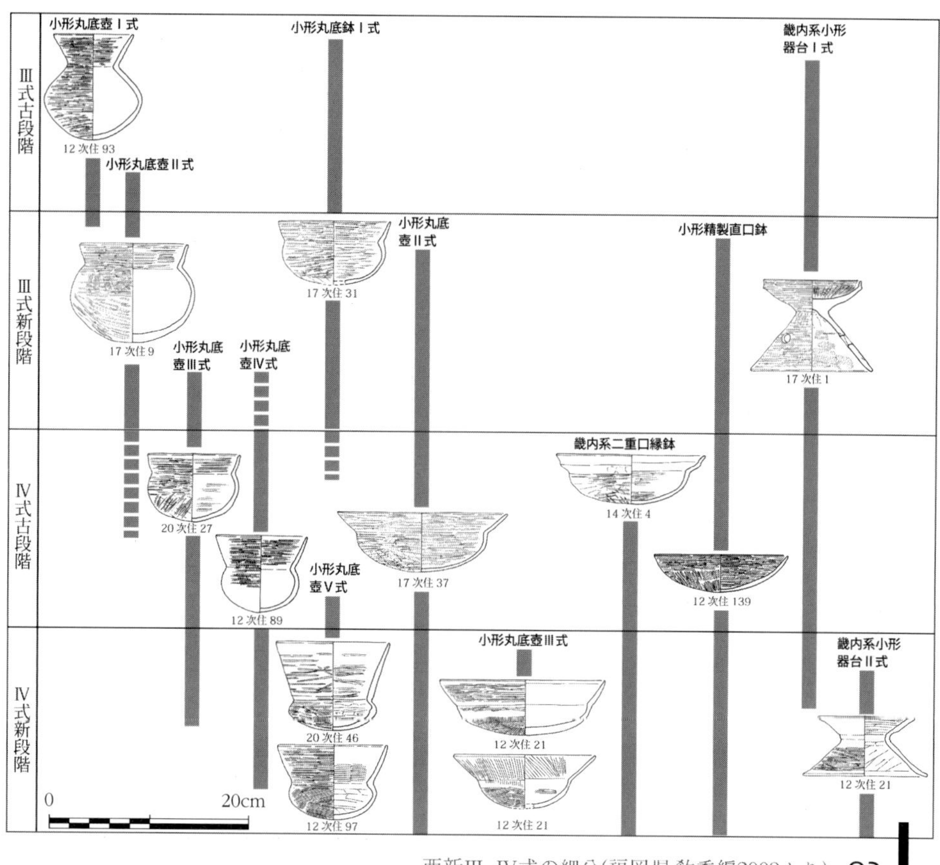

西新Ⅲ~Ⅳ式の細分（福岡県教委編2009より）　02

年代	時代区分		北部九州の土師器編年〔重藤 2010〕	陶邑須恵器編年	韓半島系土器等の時期（黒太線、●は韓半島系資料の時期）
0	弥生	後期	高三瀦式		
			下大隈式		
200			西新式（西新町Ⅰ・Ⅱ式）		
300	古墳	前期	土師器Ⅰ期（西新町Ⅲ式）		
			土師器Ⅱ期（西新町Ⅳ期）		
400		中期	土師器ⅢA期		
			土師器ⅢB期		
			土師器Ⅳ期	TK73 TK216 TK208	
			土師器Ⅴ期	TK23 TK47	
500		後期	土師器Ⅵ期	MT15 TK10	
			土師器Ⅶ期	MT85 TK43 TK209	
600	飛鳥			TK217	
700					

本稿における編年と各遺跡・古墳の時期　03

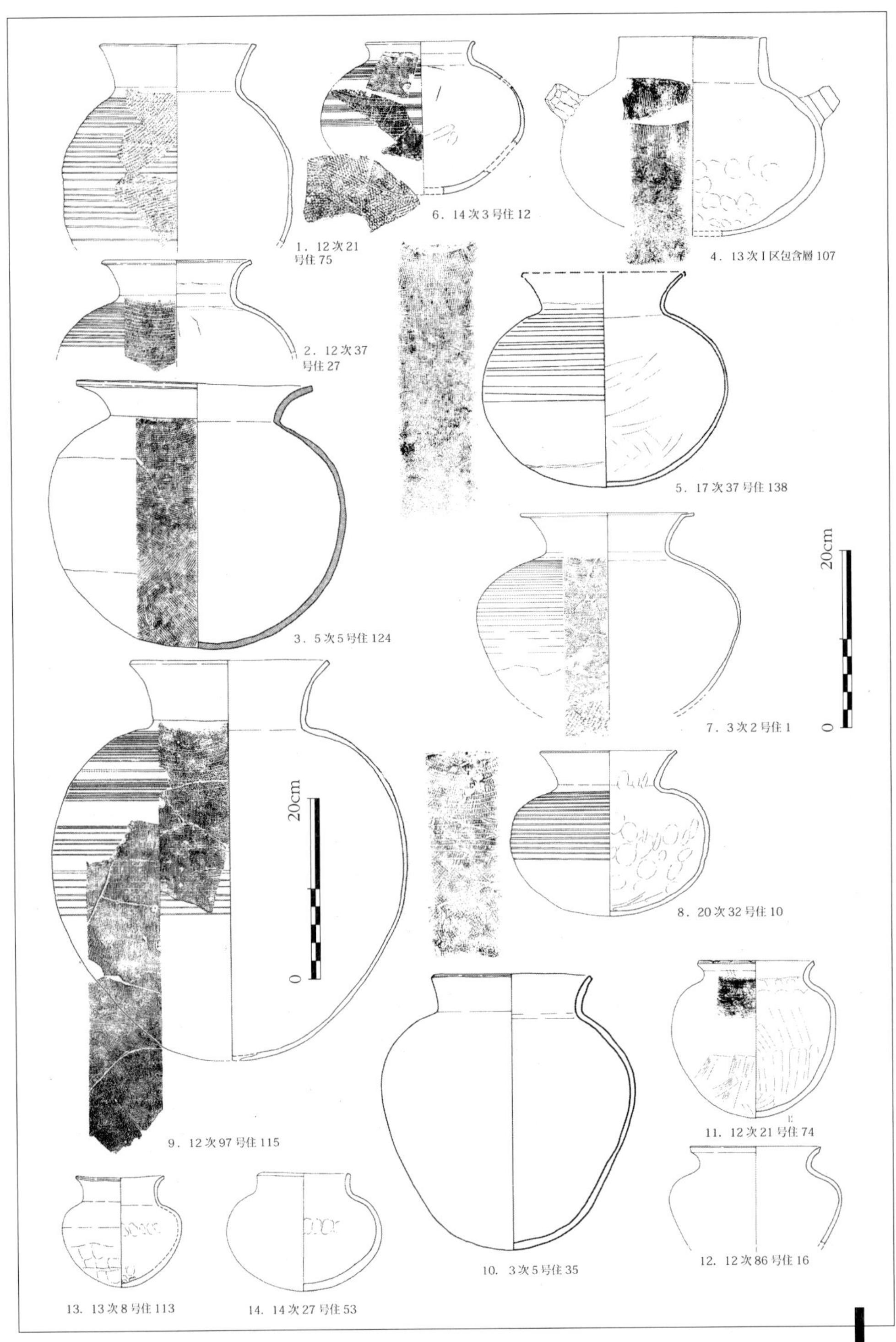

西新町遺跡出土の韓半島系土器(1)(福岡県教委編2009)　04

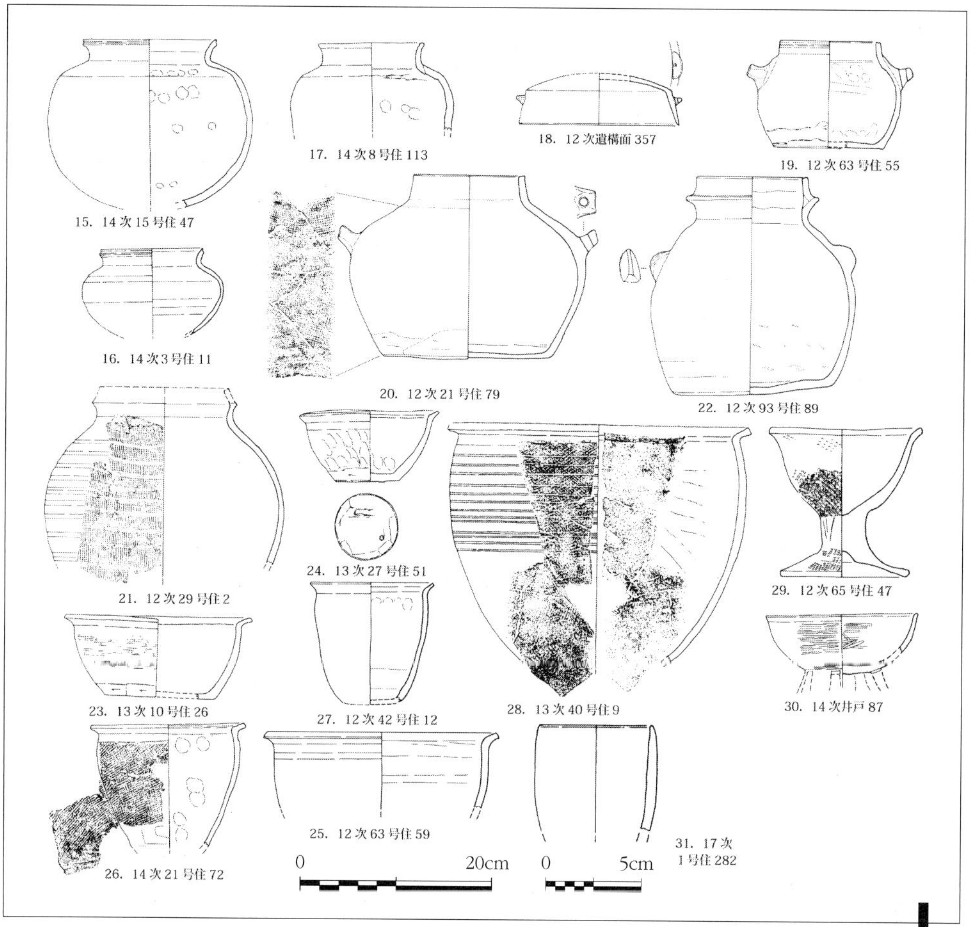

西新町遺跡出土の韓半島系土器(2)(福岡県教委編2009より)　05

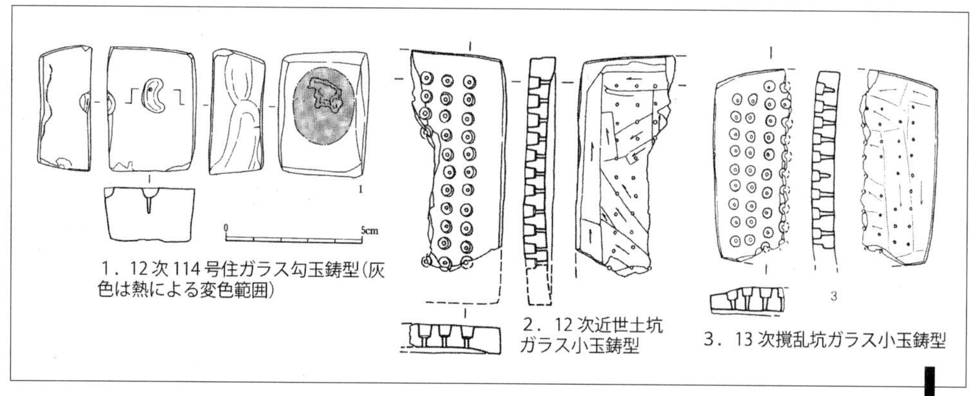

西新町遺跡出土の玉鋳型(福岡県教委編2000・2002より)　06

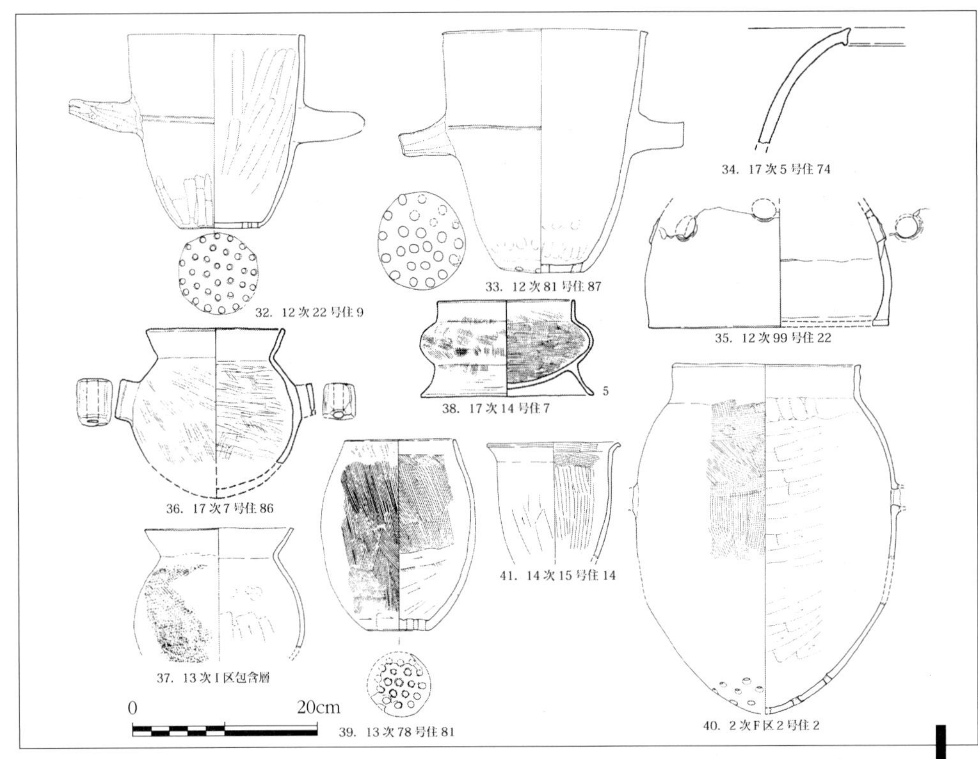

西新町遺跡出土の韓半島系土器(3)(福岡県教委編2009より)　07

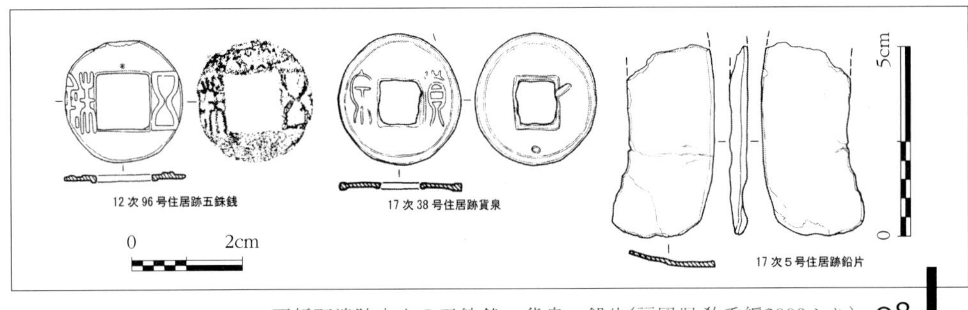

西新町遺跡出土の五銖銭・貨泉・鉛片(福岡県教委編2009より)　08

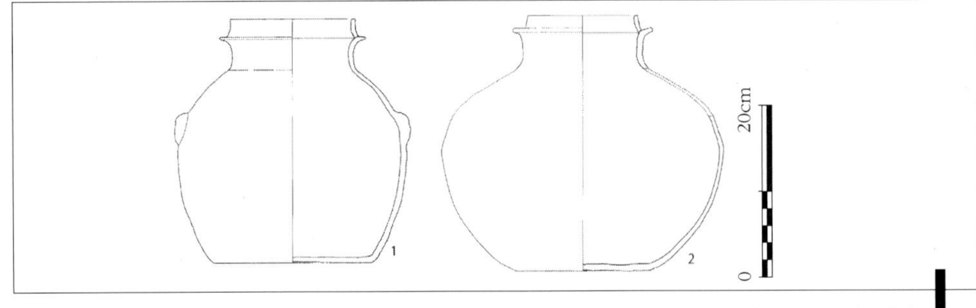

全羅北道高敞萬洞遺跡12号墳木槨墓出土二重口縁壺(金建洙・李永徳2004から)　09

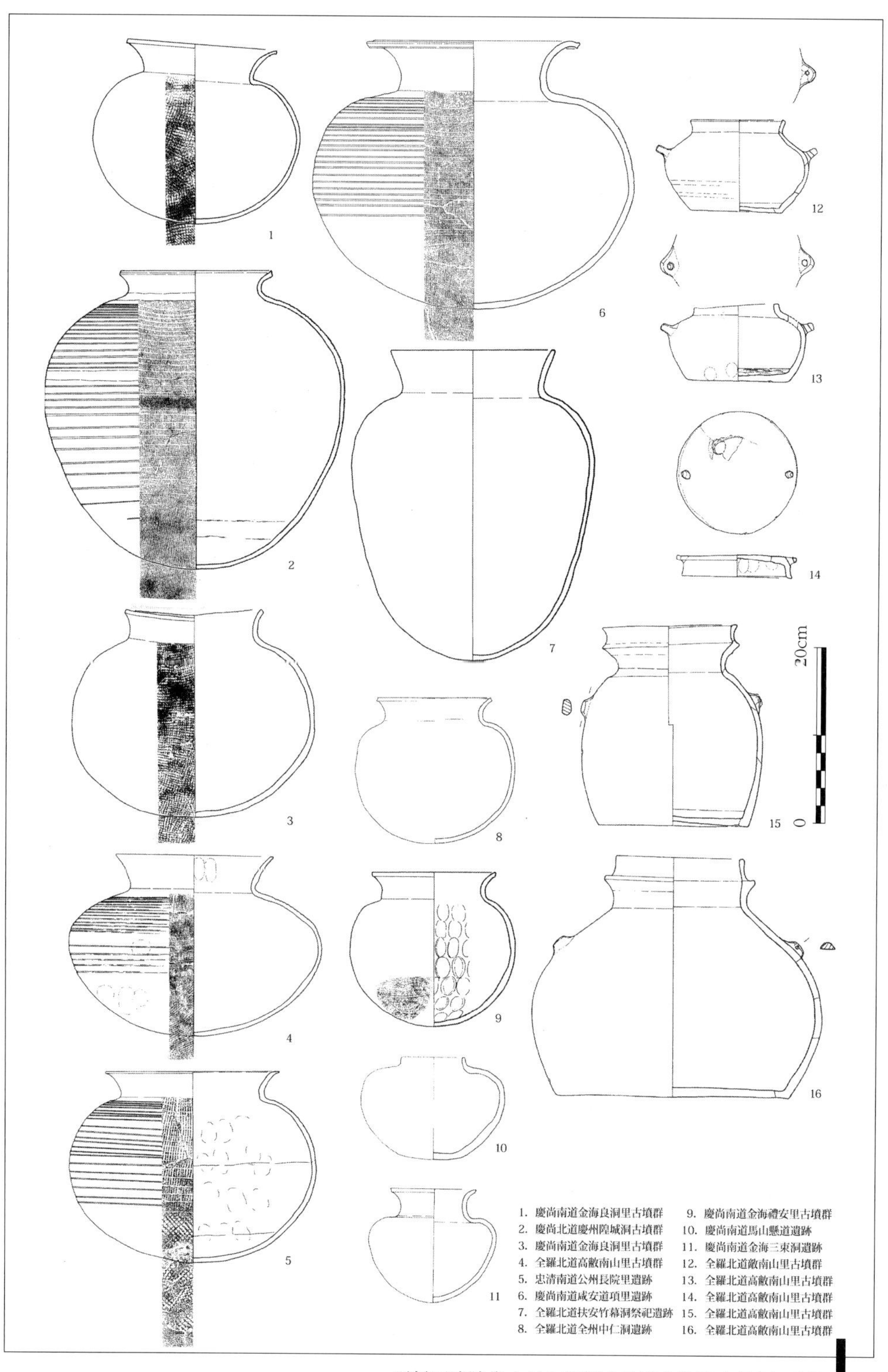

1. 慶尚南道金海良洞里古墳群
2. 慶尚北道慶州隍城洞古墳群
3. 慶尚南道金海良洞里古墳群
4. 全羅北道高敞南山里古墳群
5. 忠清南道公州長院里遺跡
6. 慶尚南道咸安道項里遺跡
7. 全羅北道扶安竹幕洞祭祀遺跡
8. 全羅北道全州中仁洞遺跡
9. 慶尚南道金海禮安里古墳群
10. 慶尚南道馬山懸道遺跡
11. 慶尚南道金海三束洞遺跡
12. 全羅北道敞南山里古墳群
13. 全羅北道高敞南山里古墳群
14. 全羅北道高敞南山里古墳群
15. 全羅北道高敞南山里古墳群
16. 全羅北道高敞南山里古墳群

西新町遺跡出土品と関連する韓半島出土品(1)　10

（福岡県教委2009より転載, 原図は各報告書から）

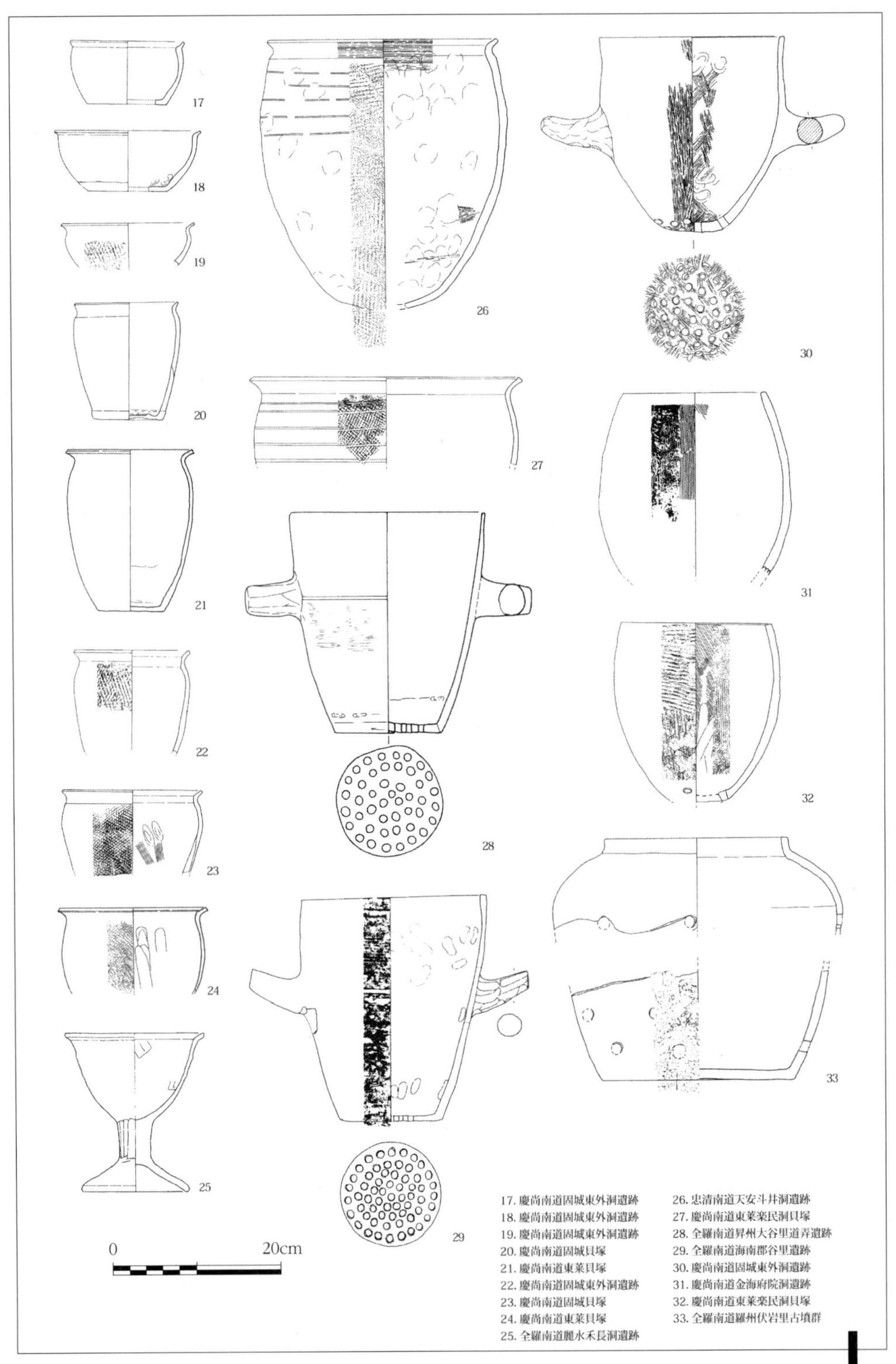

西新町遺跡出土品と関連する韓半島出土品(2)　11

（福岡県教委2009より転載, 原図は各報告書から）

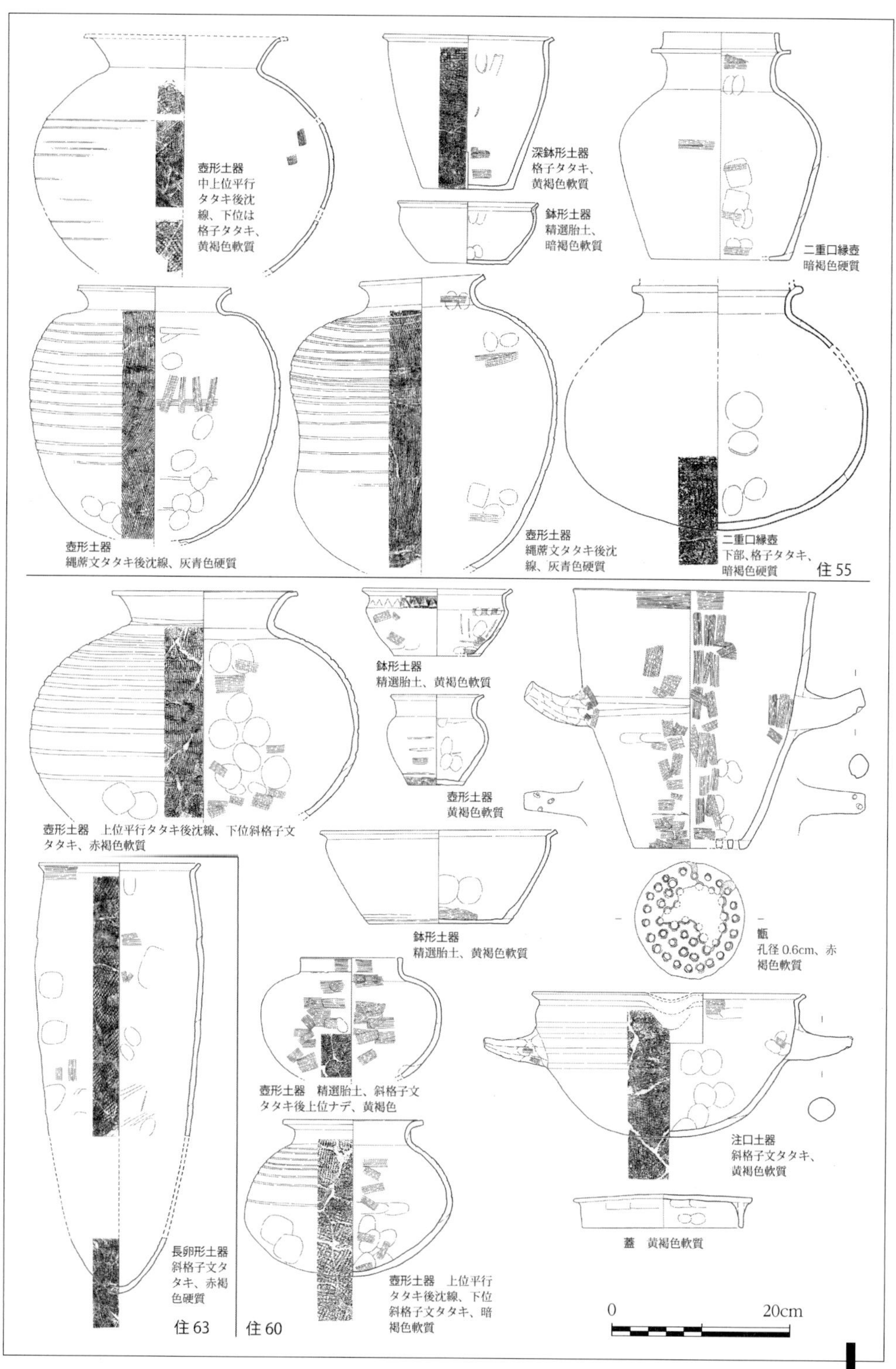

全羅南道海南新今遺跡II段階の土器の構成（湖南文化財研究院2005から転載加筆）　12

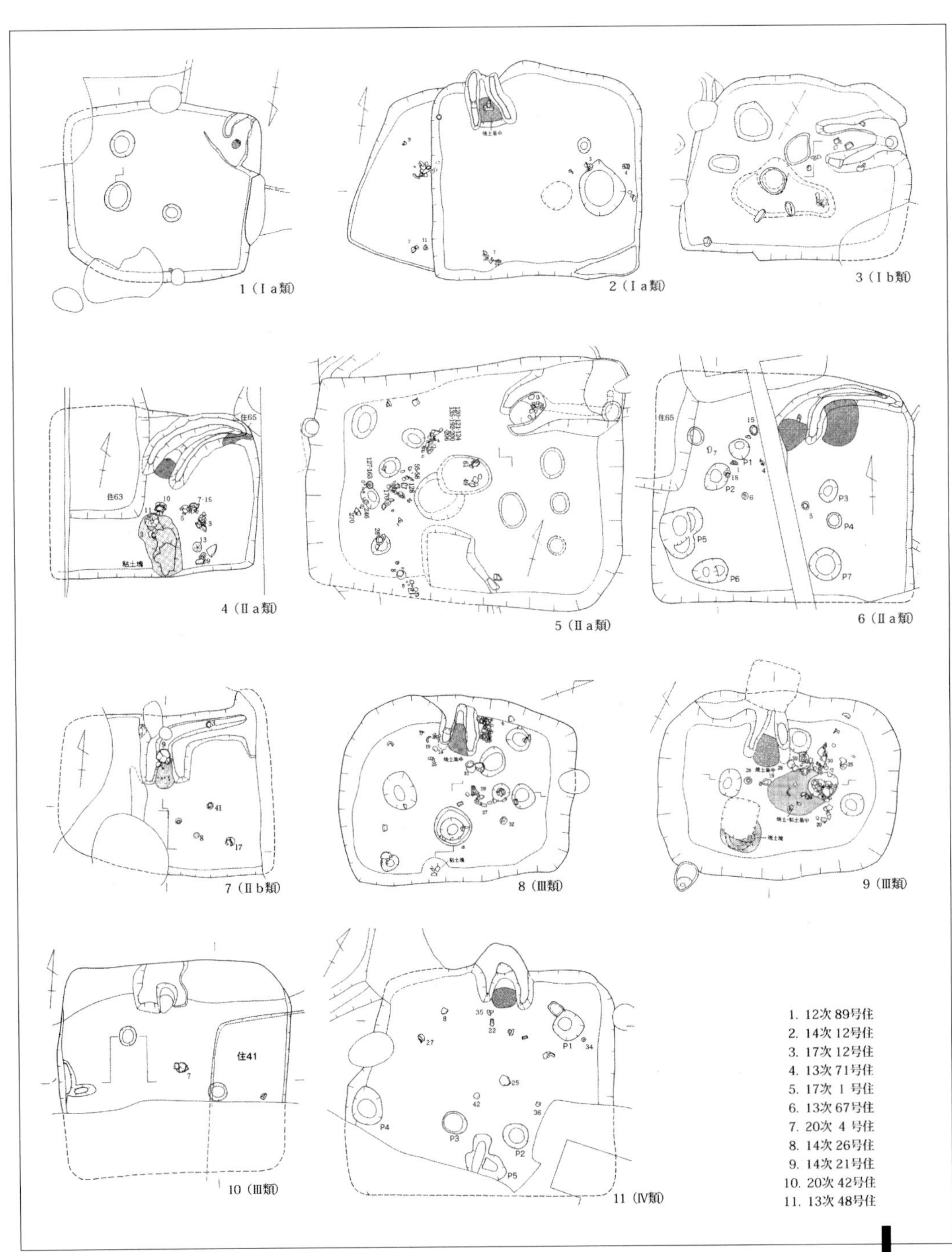

西新町遺跡竪穴住居跡カマドの分類(福岡県教委2009より)　13

	I a類	I b類	I類 合計	II a類	II b類	II類 合計	III類	カマド 計	爐
I 期	0	0	0	0	0	0	0	0	1
II 期	0	0	0	0	0	0	1	1	8
III(古)	1	1	2	0	0	0	0	2	17
III(新)	5	1	6	2	2	4	3	13	32
IV(古)	10	3	13	7	6	13	3	29	18
IV(新)	10	2	12	6	5	11	6	29	12
合計	26	7	33	15	13	28	13	74	88

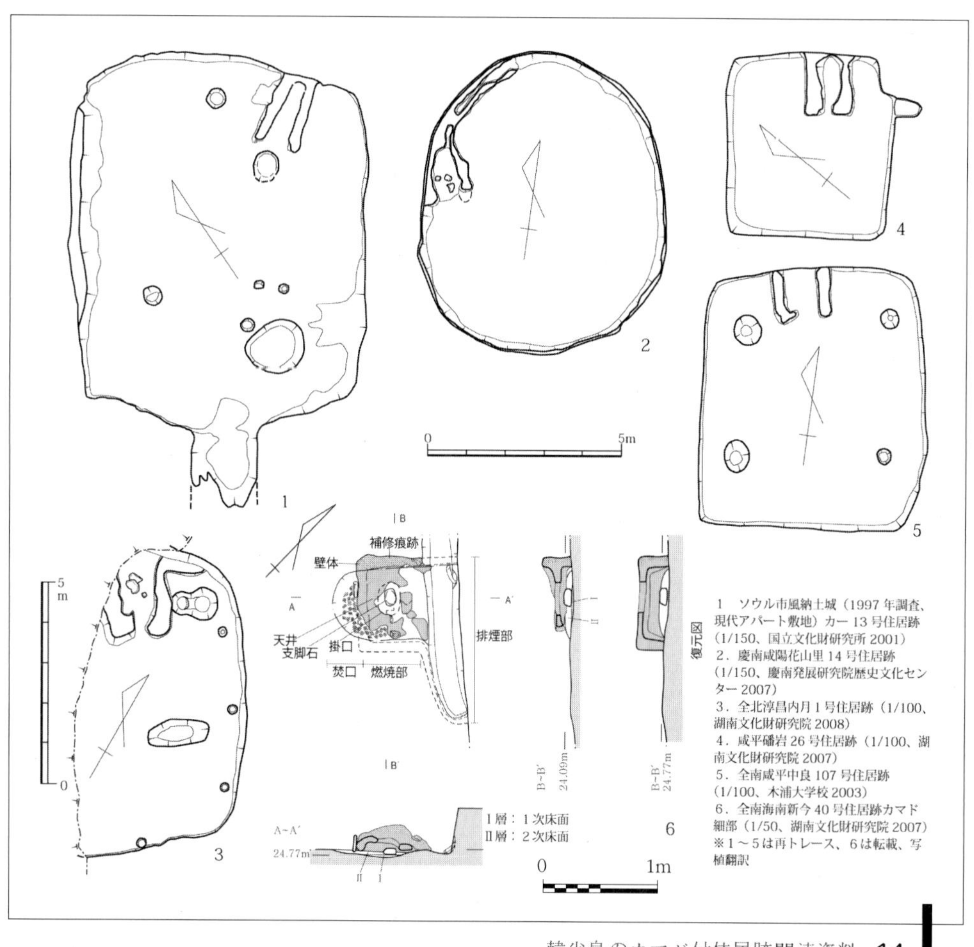

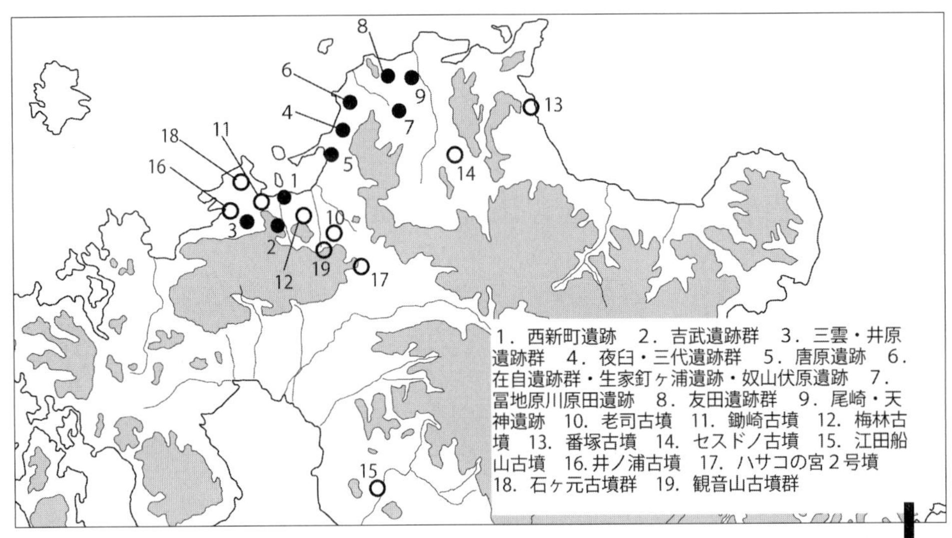

1．西新町遺跡　2．吉武遺跡群　3．三雲・井原
遺跡群　4．夜臼・三代遺跡群　5．唐原遺跡　6．
在自遺跡群・生家釘ヶ浦遺跡・奴山伏原遺跡　7．
冨地原川原田遺跡　8．友田遺跡群　9．尾崎・天
神遺跡　10．老司古墳　11．鋤崎古墳　12．梅林古
墳　13．番塚古墳　14．セスドノ古墳　15．江田船
山古墳　16．井ノ浦古墳　17．ハサコの宮2号墳
18．石ヶ元古墳群　19．観音山古墳群

4世紀末~6世紀の九州における主要な馬韓系資料分布図　15

1．吉武6次SX18甕棺及び副葬土器（1／8）

2．吉武9次SK135（1／6）

3．吉武9次SK75（1／6）

4．吉武9次SK167（1／6）

5．吉武9次SK25（1／6）

6．吉武古墳群試掘（1／6）

7．吉武1次SX36（1／6）

8．吉武9次SK201（1／6、全て軟質）

福岡市早良区吉武遺跡における韓半島系土器等（各報告書より転載）　16

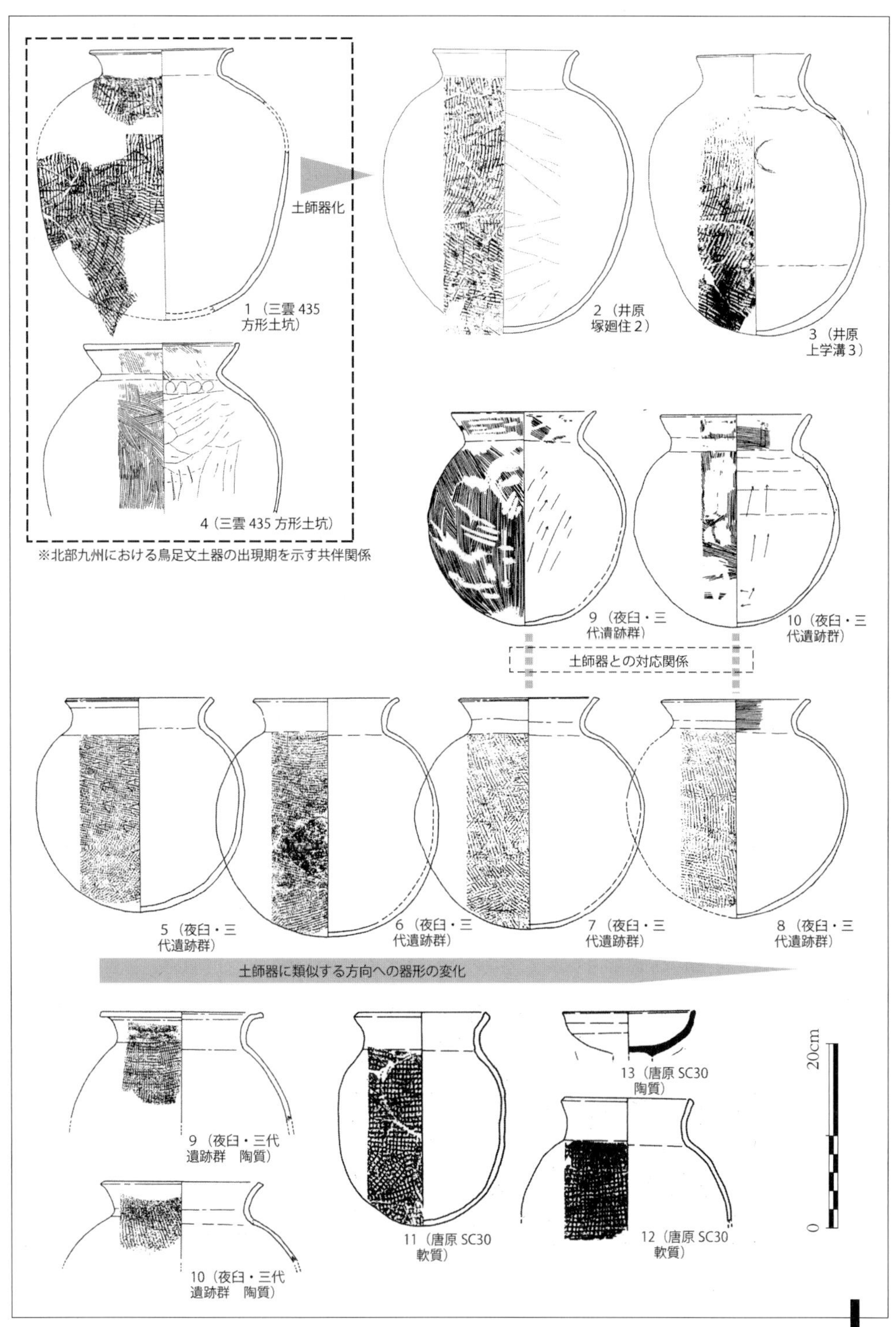

糸島市三雲・井原遺跡群, 新宮町夜臼・三代地区遺跡群, 唐原遺跡の馬韓系土器等　17

（各報告書より転載）

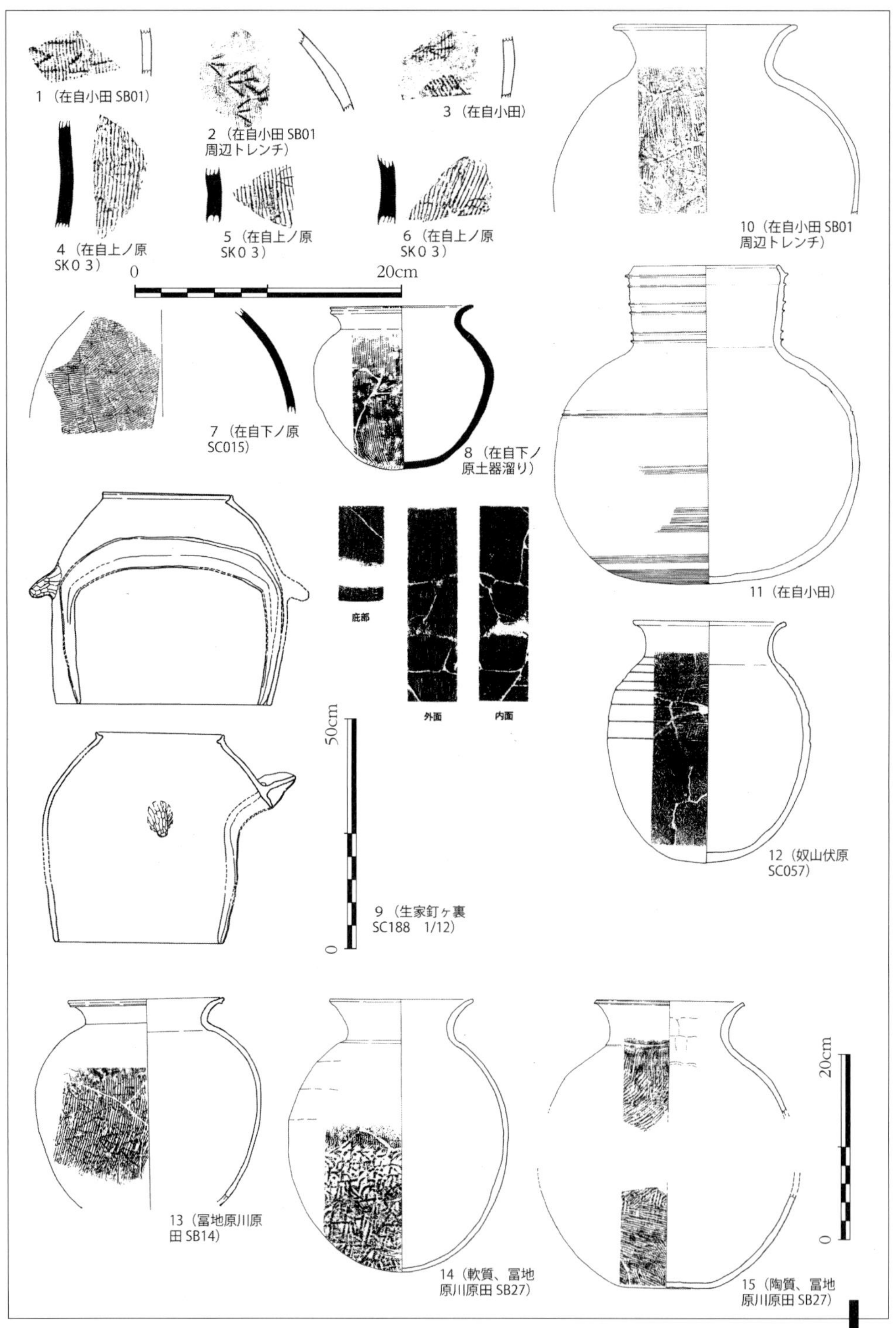

津屋崎古墳群周辺の馬韓系土器等(各報告書より転載)　18

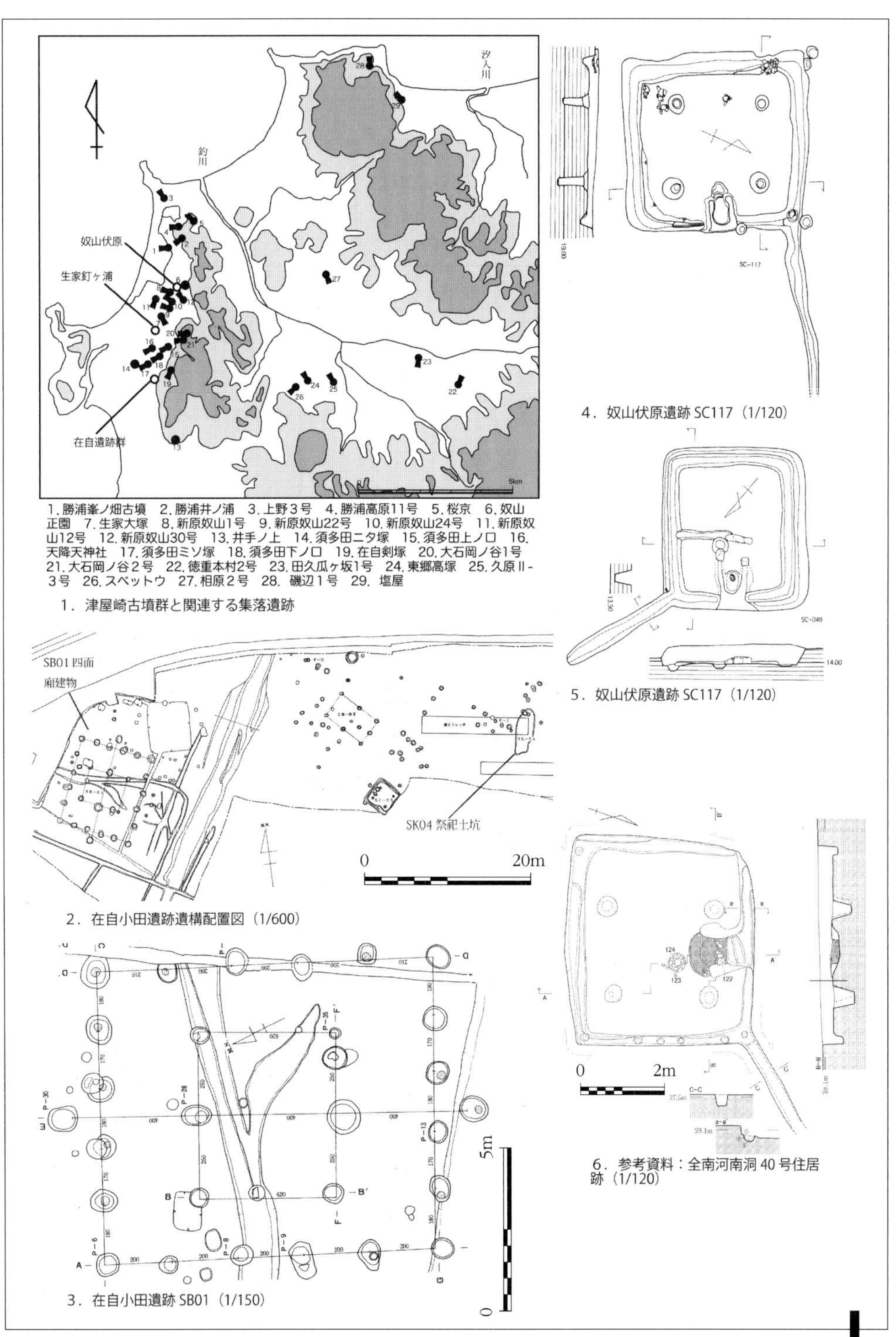

1. 勝浦峯ノ畑古墳　2. 勝浦井ノ浦　3. 上野3号　4. 勝浦高原11号　5. 桜京　6. 奴山正園　7. 生家大塚　8. 新原奴山1号　9. 新原奴山22号　10. 新原奴山24号　11. 新原奴山12号　12. 新原奴山30号　13. 井手ノ上　14. 須多田二夕塚　15. 須多田上ノ口　16. 天降天神社　17. 須多田ミソ塚　18. 須多田下ノ口　19. 在自剣塚　20. 大石岡ノ谷1号　21. 大石岡ノ谷2号　22. 徳重本村2号　23. 田久瓜ヶ坂1号　24. 東郷高塚　25. 久原Ⅱ-3号　26. スベットウ　27. 相原2号　28. 磯辺1号　29. 塩屋

1．津屋崎古墳群と関連する集落遺跡

2．在自小田遺跡遺構配置図（1/600）

3．在自小田遺跡 SB01（1/150）

4．奴山伏原遺跡 SC117（1/120）

5．奴山伏原遺跡 SC117（1/120）

6．参考資料：全南河南洞 40 号住居跡（1/120）

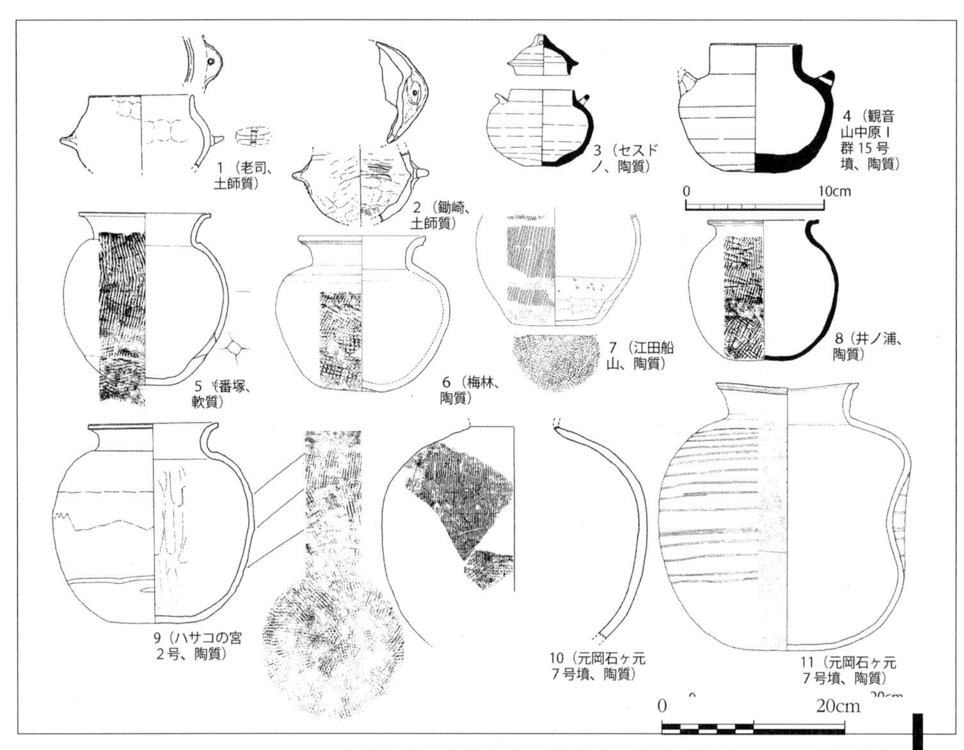

北部九州の古墳出土の馬韓系土器（各報告書より転載）　**20**

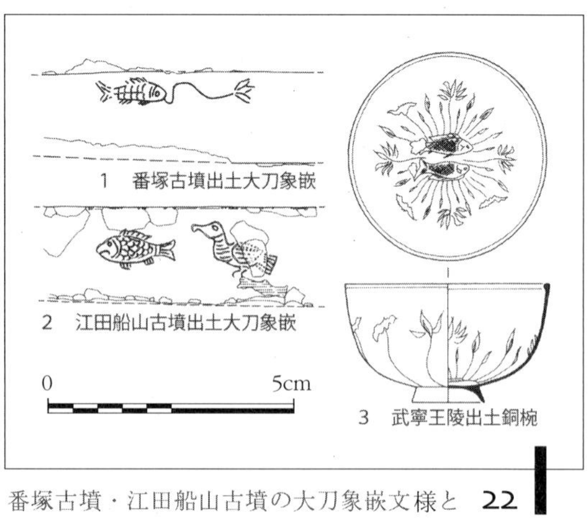

番塚古墳の木棺配置と蟾蜍形飾金具　**21**

（岡村他編1993より転載, 加筆）

番塚古墳・江田船山古墳の大刀象嵌文様と　**22**

武寧王陵出土銅椀（岡村他編1993より転載）

參考文獻

참고문헌

日本文

加藤良彦, 2005, 『吉武遺跡群』XVII, 福岡市埋蔵文化財調査報告書第864集.

岡部裕俊, 1987, 『井原遺跡群』, 前原町文化財調査報告書第25集.

岡内三真, 1982, 「漢代五銖銭の研究」, 『朝鮮学報』第102輯.

岡村秀典・重藤輝行編, 1993, 『番塚古墳』, 苅田町文化財調査報告書第20集, 苅田町教育委員会
　　　・九州大学文学部考古学研究室.

高倉洋彰, 1989, 「王莽銭の流入と流通」, 『九州歴史資料館研究論集』14.

久住猛雄, 1999, 「北部九州における庄内式併行期の土器様相」, 『庄内式土器研究』XIX.

菊水町史編纂委員会編, 2007, 『菊水町史　江田船山古墳編』, 和水町.

金鍾萬(比嘉えりか訳), 2010, 「鳥足文土器の起源と展開様相」, 『古文化談叢』第63集.

大坪剛・下川航也・武田光正・濱田学・平野隆之, 2008, 『高丸・友田遺跡群』, 岡垣町文化財調
　　　査報告書第27集.

柳田康雄, 1982, 「3・4世紀の土器と鏡」, 『森貞次郎博士古稀記念古文化論集』, 森貞次郎博士古
　　　稀記念論文集刊行会.

林覚, 1992, 『井原塚廻遺跡』, 前原町文化財調査報告書第38集.

＿＿, 1994, 『井ノ浦古墳・辻ノ田古墳群』, 前原市文化財調査報告書第53集.

馬田弘稔・森田勉, 1979, 『九州縦貫自動車道関係埋蔵文化財調査報告』XXXI下巻.

牟田華代子・岡部裕俊編, 2002, 『三雲・井原遺跡』II, 前原市文化財調査報告書第78集.

武田光正, 1991, 『尾崎・天神遺跡』I, 遠賀町文化財調査報告書第2集.

白木英敏, 1994, 『冨地原川原田』I, 宗像市文化財調査報告書第39集.

白井克也, 2001, 「百済土器・馬韓土器と倭」, 『枚方歴史フォーラム(百済寺跡 史跡指定60周年
　　　記念)検証古代の河内と百済』, 枚方歴史フォーラム実行委員会.

福岡県教育委員会, 1985, 『西新町遺跡』, 福岡県文化財調査報告書第72集(2次).

__________, 2000, 『西新町遺跡』Ⅱ, 福岡県文化財調査報告書第154集(12次).

__________, 2001, 『西新町遺跡』Ⅲ, 福岡県文化財調査報告書第157集(12次).

__________, 2002, 『西新町遺跡』Ⅳ, 福岡県文化財調査報告書第168集(13次).

__________, 2003, 『西新町遺跡』Ⅴ, 福岡県文化財調査報告書第178集(13次).

__________, 2005, 『西新町遺跡』Ⅵ, 福岡県文化財調査報告書第200集(14次).

__________, 2006, 『西新町遺跡』Ⅶ, 福岡県文化財調査報告書第208集(17次).

__________, 2008, 『西新町遺跡』Ⅷ, 福岡県文化財調査報告書第218集(20次).

__________, 2009, 『西新町遺跡』Ⅸ, 福岡県文化財調査報告書第221集(22次・総括編).

濱石哲也・菅波正人・林田憲三編, 1991, 『梅林古墳』, 福岡市埋蔵文化財調査報告書第240集.

濱石哲也編, 1989, 『吉武遺跡群』Ⅳ, 福岡市埋蔵文化財調査報告書第194集.

山崎龍雄編, 1986, 『吉武遺跡群』Ⅰ, 福岡市埋蔵文化財調査報告書第127集.

杉山富雄編, 2002, 『鋤崎古墳』, 福岡市埋蔵文化財調査報告書第730集.

西田大輔, 1994, 『夜臼・三代地区遺跡群』第4分冊, 新宮町文化財調査報告書.

小林義彦編, 1989, 『唐原遺跡』Ⅱ, 福岡市埋蔵文化財調査報告書第207集.

松浦一之助編, 2003, 『元岡・桑原遺跡群』2, 福岡市埋蔵文化財調査報告書第744集(石ヶ元古墳群).

佐田茂編, 1984, 『セスドノ古墳』, 田川市文化財調査報告書第3集.

重藤輝行, 2010, 「北部九州における古墳時代中期の土師器編年」, 『古文化談叢』第63集.

中川潤次編, 1989, 『友田遺跡群2区』, 岡垣町文化財調査報告書第10集.

池崎譲二・田崎博之・常松幹雄・田中克子・折尾学編, 1982, 『福岡市高速鉄道関係埋蔵文化財調査報告』Ⅱ, 西新町遺跡福岡市文化財調査報告書第79集(西新町遺跡2次).

池ノ上宏・安武千里編, 1998, 『生家釘ヶ裏遺跡』, 津屋崎町文化財調査報告書第14集.

__________, 1994, 『在自遺跡群』Ⅰ, 津屋崎町文化財調査報告書第9集(在自小田遺跡).

__________, 1995, 『在自遺跡群』Ⅱ, 津屋崎町文化財調査報告書第10集(在自上ノ原遺跡).

__________, 1996, 『在自遺跡群』Ⅲ, 津屋崎町文化財調査報告書第11集(在自下ノ原遺跡).

池ノ上宏編, 2002, 『奴山伏原遺跡』, 津屋崎町文化財調査報告書第18集.

荒牧宏行, 1998, 『金武古墳群』, 福岡市埋蔵文化財調査報告書第579集.

横山邦継, 2003, 『吉武遺跡群』ⅩⅤ, 福岡市埋蔵文化財調査報告書第775集.

韓国文

慶南発展研究院歴史文化センター, 2007,『咸陽花山里遺蹟』, 慶南発展研究院歴史文化センター
　　　　調査研究報告書第59冊.
国立文化財研究所, 2001,『風納土城』.
国立全州博物館, 1994,『扶安竹幕洞祭祀遺蹟』, 国立全州博物館学術調査報告第1輯.
　　　　　　　　, 1993,『清堂洞』, 国立博物館古蹟調査報告第25冊.
　　　　　　　　, 1998,『東莱楽民洞貝塚』, 国立博物館古蹟調査報告第28冊.
国立昌原文化財研究所, 1997,『咸安道項里古墳群』I, 学術調査報告第4輯.
金建洙・李永徳, 2004,『高敞萬洞遺蹟』, 湖南文化財研究院・全羅北道.
金洛中, 2008,「栄山江流域 初期横穴式石室의 등장과 의미」,『湖南考古學報』29輯.
金鍾萬, 1999,「馬韓圏域出土両耳付壺少考」,『考古学誌』第10輯, 韓国考古美術研究所.
東義大学校博物館, 2000,『金海良洞里古墳文化』, 東義大学校博物館学術叢書7.
木浦大学校博物館, 1989,『郡谷里貝塚』III.
　　　　　　　　, 2003,『咸平中良遺蹟』.
徐賢珠, 2006,『栄山江流域古墳土器研究』, 学研文化社.
　　　, 2008,「영산강유역권 3~5세기 고분 출토유물의 변천 양상」,『湖南考古學報』28輯.
順天大学校博物館, 2002,『麗水禾長洞遺蹟』II, 順天大学校博物館地方文化叢書第41冊.
우리文化財研究院, 2008,『昌寧桂城里遺蹟』.
尹溫植, 2008,「2~4세기대 영산강유역 토기의 변천과 지역단위」,『湖南考古學報』29輯.
林永珍, 1998,「竹幕洞土器と栄山江流域土器の比較考察」,『扶安竹幕洞祭祀遺蹟研究』, 国立全
　　　　州博物館.
全南大学校博物館, 1999,『伏岩里古墳群』.
　　　　　　　　, 2004,『咸平禮徳里萬家村古墳群』, 全南大学校博物館学術叢書84.
全北文化財研究院, 2008,『全州中仁洞遺蹟』, 遺蹟調査報告18.
昌原大学博物館, 1990,『馬山縣洞遺蹟』, 昌原大学博物館学術調査報告第3冊.
忠清南道歴史文化研究院, 2008,『鶏龍立岩里遺蹟』.
忠清文化財研究院, 2001,『天安斗井洞遺跡(C・D地区)』, 忠清文化財研究院文化遺跡調査報告
　　　　第23輯.
湖南文化財研究院, 2005,『海南新今遺蹟』.
　　　　　　　　, 2007,『潭陽梧山遺蹟』.
　　　　　　　　, 2007,『咸平磻岩遺蹟』, (財)湖南文化財研究院・韓国道路公社.
　　　　　　　　, 2008,『光州河南洞遺蹟』III, (財)湖南文化財研究所・光州廣域市都市公社.
　　　　　　　　, 2008,『淳昌内月遺蹟』, (財)湖南文化財研究院・淳昌郡.
　　　　　　　　, 2007,『益山射徳遺蹟』I・II.

重藤輝行　佐賀大學 ｜ 번역 : 平郡達哉　부산대학교

번역 九州에 形成된 馬韓·百濟人의 集落
- 福岡縣 福岡市 西新町遺蹟을 中心으로 -

1. 머리말

북부 큐슈지역은 지석묘, 무기형 청동기에서 볼 수 있듯이 야요이(彌生)시대부터 나중에 마한의 영역으로 여겨지는 한반도 서남부와 밀접한 교류를 유지해 왔다. 고분시대에도 북부 큐슈와 마한지역은 다양한 위상으로 교류가 이루어졌는데, 그것을 말해주는 유적과 유물도 많다.

여기서는 필자도 조사에 참가한 고분시대 전기 즉 3세기 후반~4세기 중반의 교역거점으로 생각되는 후쿠오카현(福岡縣) 후쿠오카시(福岡市) 사와라구(早良區) 니시진마치(西新町)유적에서 보이는 마한과의 관계에 대해 소개하고자 한다. 아울러 4세기 말 이후 마한지역에서 초래된 유물, 마한지역부터의 도래인 동향 등을 살펴보고 니시진마치유적과 비교하면서 두 지역간 관계의 시간적인 변화의 일단에 대해서도 언급해 보고자 한다.

그리고 본고 2장은 니시진마치유적 발굴조사보고서(福岡縣敎委 2001·2002·2003·2005·2006·2008·2009)의 필자가 담당했던 부분을 중심으로 정리한 것이며, 다른 참고문헌과 중복되는 부분이 많은 것에 대해 양해해 주시기 바란다. 또 공동으로 집필한 것에 대해서는 공동저자와 협의한 부분도 크다는 것을 미리 명기한다.

2. 西新町遺蹟의 事例

- 3世紀 後半~4世紀 中半頃 馬韓地域과의 交易 據點 -

1) 西新町遺蹟의 位置와 調査의 概要

니시진마치유적은 후쿠오카현 후쿠오카시의 서부를 차지하는 사와라(早良) 평야의 북동부, 후쿠오카시 사와라구(早良區)에 위치한다. 유적이 형성되었던 시점에는 하카타(博多)만과 가깝고, 海邊砂層에 형성된 砂丘狀의 약간 높은 곳에 입지한다(도 01). 기원전 2~1세기(야요이시대 중기)의 취락·옹관묘, 3세기 전반~4세기 중반경(야요이시대 후기종말~고분시대 전기)의 취락으로 구성된 복합유적이다.

니시진마치유적은 북부 큐슈에 있어 2세기 말~3세기(야요이시대 종말)의 토기양식인 '니시진(西新)식'의 표식적인 유적으로서 주목받아 왔는데, 고고학적인 조사가 본격적으로 실시되는 계기가 된 것은 후쿠오카市營地下鐵의 건설에 앞서 이루어진 후쿠오카시 교육위원회에 의한 제2차 조사이다(池崎 외 편 1982). 이 조사에서 3세기 전반~4세기 중반경(야요이시대 후기 종말~고분시대 전기)의 수혈주거지가 많이 조사되었는데, 각종 한반도계 토기, 수혈주거지의 부뚜막 모양 유구가 발견되어 한반도로부터 도래인들이 존재했을 개연성이 높다. 또 니시진마치유적의 중심부에 위치하는 縣立 고등학교 개축에 따라 1998년부터 후쿠오가현 교육위원회가 실시한 12·14·17·18·20·22차 발굴조사에서는 다수의 한반도계 토기, 부뚜막이 있는 수혈주거지가 조사되었다. 이러한 조사를 통해 한반도와의 교류를 말해주는 자료가 비약적으로 증가했다.

고등학교 개축, 지하철 건설에 따른 대규모의 발굴조사라는 특수한 사정이 있지만, 니시진마치유적은 고분시대 초두~전기의 하카타만 연안에 있어 최대 규모 취락유적의 하나이다. 후쿠오카시 교육위원회와 후쿠오카현 교육위원회에 의한 조사에서 확인된 수혈주거지의 수는 525기에 달한다. 다만 원래 굴립주건물 등이 공반되었을 것인데, 모래바닥으로 되어있는 유적에서는 기둥구멍의 검출이 어려웠다. 또 13차 조사에서 도랑이 검출된 바가 있지만 수혈주거를 구획하는 명확한 도랑·목책 등의 시설은 검출되지 않았다. 따라서 취락유적을 구성하는 수혈주거지 이외 유구의 실태가 우물을 제외하면 거의 해명되지 않았다는 난점이 있다. 이러한 문제가 있기는 하지만, 니시진마치유적에서는 야요이시대 후기 종말부터 취락이 확대되고, 그것과 함께 대외교류를 말해주는 한반도계 토기, 부뚜막 등이 증가하는 양상을 파악할 수 있게 되었다.

2) 土師器의 編年과 時期區分

　　니시진마치유적은 후쿠오카시 교육위원회에 의한 2차 조사보고서(池崎 외 編 1982)에서 야요이시대 종말~고분시대 전기의 토기를 시기구분하여 니시진마치 Ⅰ~Ⅳ식이 설정되었다. 그중 고분시대에 해당되는 니시진마치 Ⅲ·Ⅳ식은 그 후의 조사에 의해 각각 古·新의 두 단계로 구별할 수 있게 되었다(福岡縣敎委 編 2009, 도 02·03). 柳田 康雄씨의 편년(柳田 1982), 久住猛雄씨의 편년(久住 1999)과 대조하면 니시진마치 Ⅲ식 古段階는 柳田씨의 Ⅰa기, 久住씨 ⅠB~ⅡA기, 니시진마치 Ⅲ식 新段階는 柳田씨 Ⅰb기, 久住씨 ⅡA~ⅡB기, 니시진마치 Ⅳ식 古段階는 柳田씨 Ⅱa기의 일부, 久住씨 ⅡC기, 니시진마치 Ⅳ식 新段階는 柳田씨 Ⅱa~Ⅱb기, 久住씨 ⅢA기에 해당한다.

　　니시진마치 Ⅱ식 이전 단계는 야요이시대 후기 이래 보이는 큐슈의 재지계 토기가 주류를 이루지만, 니시진마치 Ⅲ식 이후는 키나이(畿內)계 토기가 급속히 주류를 차지하게 되고, 山陰·吉備지역의 토기도 증가한다. 후술하듯이 한반도계 토기, 부뚜막이 급증하는 것도 니시진마치 Ⅲ식 이후이다. 굳이 말하자면 니시진마치유적 Ⅲ식 古段階 중에 쇼나이(庄內)식과 후루(布留)식의 경계에 있지 않을까 생각되는데, 도 03처럼 여기서는 그 시점을 일본에서의 고분시대 시작으로 이해하여, 기원후 250년경으로 생각하고자 한다.

　　그리고 니시진마치유적에 대응하는 묘지인 후지사키(藤崎)유적에서는 지금까지 方形周溝墓 18기가 조사된 바가 있다. 이 중 목관에서 삼각연이신이차마경(三角緣二神二車馬鏡) 1, 刀子 1, 鉇 1, 철촉 1, 素環頭刀 1점이 출토된 후지사키유적 2차 조사 6호 方形周溝墓는 니시진마치유적 Ⅲ식에 해당한다고 생각된다. 또 후지사키유적에서는 1912년에 삼각연복파문대반룡경(三角緣復波文帶盤龍鏡) 1, 소환두대도 1점이 상자식 석관에서 발견되었는데, 이것은 그 후의 조사에서 32차 1호 方形周溝墓의 주체부에 해당하는 것으로 생각된다. 이 方形周溝墓에서 출토된 토기는 니시진마치 Ⅱ식에 소급할 가능성도 있다. 이 외에 2차 조사 2·3·8호 方形周溝墓도 니시진마치유적 Ⅱ식에 소급할 가능성이 있어, 묘지 형성은 Ⅲ식 古段階에 선행할 가능성이 있다.

3) 土器 等의 出土品으로 본 西新町과 馬韓

(1) 韓半島系 土器

도 04 · 05 · 07은 니시진마치유적에서 출토된 한반도계 토기 중 기형을 알 수 있는 것을 중심으로 제시한 것이다. 그리고 니시진마치유적에서의 한반도계 토기의 總量과 그 중에 차지하는 마한계 자료의 비율을 알 수 있도록 마한지역 이외의 자료도 포함시켰다.

1~9는 외면에 타날문을 가진 호이고, 타날한 후 나선형으로 침선을 돌린 것이 많다.

1은 다소 長胴의 기미가 보이는데 동체부의 배부름이 작고, 구연은 외경하는데 단부는 밖으로 약간 확장되는 기미가 보인다. 동체부 외면은 격자 타날을 베푼 후 침선을 돌렸으며 회갈색 도질이다. 2는 동체부의 배부름이 크고, 구연은 완만하게 외반하며 외면은 평행 타날을 베푼 후 침선을 돌렸고 회색 도질이다. 3은 동체부의 배부름이 강하고, 경부부터 급격하게 외반해 구연단부에 이른다. 외면은 작은 격자 타날을 베풀고, 소성은 도질이다. 4는 肩部에 세로방향으로 穿孔해 큰 귀를 붙인 것인데, 동체부의 배부름이 크고, 구연부는 거의 직립한다. 외면은 평행 타날을 베풀었으며, 회색 와질이다. 세로방향으로 穿孔하고, 구연부가 직립한 타날문호는 김해 양동리 280호분(동의대학교박물관 2000) 등에서 볼 수 있지만, 양동리 280호분 출토품은 격자 타날이라는 점에서 다르다. 5는 동체부의 배부름이 강하고, 경부가 둥그스름하게 굴곡하면서 구연에 이른다. 외면 상부는 평행 타날을 베푼 후 침선을 돌리고, 하부는 작은 격자 타날을 베풀었다. 회색을 띠며, 소성은 양호하지 않고 와질에 가깝다. 6은 동체부의 배부름이 강하게, 경부는 짧고 완만하게 외반한다. 외면은 상부가 조밀한 평행 타날, 하부는 거친 斜格子 打捺이다. 토기 표면은 흑갈색, 기벽 중앙은 황갈색을 띤 것이 특징적이고, 연질에 가까운 소성이다. 7은 동체부의 배부름이 강하고, 구연부는 약간 직선적으로 벌어진다. 단부는 밖으로 강하게 굴곡하는데, 수평에 가까운 면을 이루는 것이 특징적이다. 동체부 외면 상부는 평행 타날, 하부는 약간 큰 격자 타날을 베풀고, 연질인데 약간 갈색을 띤다. 구연부의 특징은 천안 청당동유적(국립중앙박물관 1993)의 2세기 후반~3세기 후반으로 생각되는 분묘군 출토품에서 많이 보인다. 다만 함평 만가촌고분군(전남대학교박물관 2004), 함안 도항리 26호분(창원문화재연구소 1997)에서도 외면에 승석문 타날이 시문되면서 갈색 연질을 띠고 동일한 구연부를 가지는 사례도 있다. 8은 편구형 동체부에 외반하는 구연부가 달린 것으로 동체부 외면은 상부가 평행 타날 후에 침선, 하부는 격자 타날이다. 암회색~다갈색을 띠고, 와질에 가까운 소성이다. 9는 대형품에 속하는데, 倒卵形에 가까운 동체부를 가지고 완만하게 외반하면서 길게 뻗는 구연을 가진 壺로, 동체부 외면은 평행 타날을 베풀고, 上半은 침선을 돌린다. 색조는 회색~황회색을 띠고 와질에 가까운 소성이다. 10은 외면의 타날을 섬세하게 물손질해서 지운 壺인데, 동체부는 倒卵形이고, 구연부는 짧고 완만하게 외반하며, 단부가 네모져있다. 부안 죽막동유적에서 출토된(도 10-7, 국립전주박물관 1994) 4세기 토기군 중에 유사한 사례가 보인다.

　11~17은 소형·중형 壺이다. 모두 도질 소성이고, 동체부에는 타날흔이 관찰되지 않았다. 11은 경부부터 급격하게 짧은 구연이 외반하고, 동체부는 球形을 띤다. 동체부 외면 하부에는 희미한 찰흔(擦痕)이, 동체부 내면에는 희미한 물손질의 흔적이 관찰된다. 12는 어깨가 강조된 동체부이고, 구연단부는 직립에 가까운 평탄면을 이루며 회갈색을 띤다. 13은 약간 뾰족한 저부을 가지고, 경부는 內傾하는데, 완만하게 외반하면서 구연단부에 이른다. 동체부 외면 하부는 물손질로 작고 희미한 稜이 있는 면을 형성했다. 암적자색을 띠는 단단한 소성이다. 14는 구연이 짧게 직립하고, 동체부가 다소 부른 것인데, 소성이 양호하지 않으며 황회색을 띤다. 15·16은 모두 동체부의 배부름이 강하고, 구연단부에 침선이 돌아가는 것이다. 15는 흑회색, 약간 작은 16은 청회색~흑회갈색을 띤다. 17은 기벽이 약간 두껍고, 경부 내면에 점토 접합흔을 남긴 조잡한 인상을 주는 것으로, 어깨가 과장되었으며 구연부는 경부부터 직립하듯이 일어나 완만하게 외반한다. 이 중 13은 마산 현동유적(도 10-10, 창원대학교박물관 1990) 등 경남 서부지역에 유사한 사례가 많은 것 같다. 11은 4세기 중엽 경으로 편년되는 김해 예안리유적 138호분 부곽 출토품(도 10-9, 부산대학교박물관 1993) 등 김해지역에서 출토된 사례와 대비할 수 있을 것 같다. 이것에 비해 전라도지역에서는 니시진마치 취락의 시기인 3세기 후반~4세기에 해당하는 11~17과 같은 도질·무문의 중형·소형 壺는 적다. 따라서 이것들은 대부분이 경남 남해안지역으로부터 반입된 물건이 아닐까 생각된다. 다만 3세기 중반~4세기 전반으로 생각되는 함평 만가촌고분군 13호분 4호 토광묘(전남대학교박물관 2004), 4세기대의 취락유적인 전주 중인동유적의 원삼국시대 3호 주거지(도 10-8, 전북문화재연구원 2008)에서 11과 유사한 경질무문토기가 출토된 것도 유의해야 할 것이다.

　19·20은 세로방향으로 穿孔된 귀를 가지는 양이부평저호이다. 18은 그 뚜껑으로 모두 충청도·전라도지역에서 특징적으로 보이는 기형(도 10-12~14)이며 반입품일 것

이다. 19는 내외면 모두 물손질로 처리하고, 동체부 하부 외면은 가로방향으로 녹로를 이용하지 않는 불규칙한 깎기를 베풀고, 구연부는 짧게 직립한다. 연질이고 갈색이다. 20은 외면에 작은 격자 타날을 한 대형품이다. 구연부는 짧게 직립하고, 황갈색~적갈색이다. 18은 천장부가 약간 둥그스름하고, 구연부가 직선적으로 내경하는 뚜껑이다. 작은 파편이지만, 구연 상부 외면에 세로방향으로 穿孔한 귀를 붙였다. 양이부호의 뚜껑은 천장부와 구연부 경계의 굴곡부에 귀를 붙인 것이 많기 때문에(金鐘萬 1999) 특이하다. 연질이고 갈색을 띠지만, 태토·소성이 土師器와 달라 마한지역에서 반입된 것으로 보아도 틀림없다.

21은 경부 아래쪽 외면에 타날도구의 모서리를 이용해서 자돌한 삼각열점문을 돌린 이중구연호이다. 동체부는 구형이고, 경부·구연부는 짧다. 동체부 외면은 평행 타날을 베푼 후 침선을 돌렸다. 적갈색을 띠지만 土師器보다 단단한 소성이다. 22는 평저이고 穿孔이 없는 귀를 붙인 이중구연호이다. 저부는 큰 평저이고, 견부에 穿孔이 없는 세로로 긴 귀를 붙인다. 경부 높이·구연부 높이가 작은 이중구연을 이루는데, 단면에서 접합방법을 명확히 관찰할 수 있었다. 내·외면 모두 물손질을 베푼다. 연질이지만 토기 표면은 연기에 그을린 것 같은 흑회색을 띤다. 이러한 이중구연호도 충청도·전라도지역에서 특징적으로 보이는 기종(도 10-15·16)이고, 특히 영산강유역에서 많이 보이고, 3~4세기를 중심으로 한 기종으로 지적된 바가 있다(임영진 1998). 도 09에 제시한 고창 만동유적 12호분 木槨墓 출토품(김건수·이영덕 2004) 등과 유사하다.

23~28은 모두 짧게 외반한 구연을 가진 鉢이다. 23·24는 동체가 얕은 기형이고, 모두 저부와 동체부의 접합부 외면에 녹로를 이용하지 않는 불규칙한 깎기를 베푼다. 22는 내·외면에 회전물손질을 베풀고, 흑회색~회색을 띠며, 와질소성이다. 24는 내·외면에 물손질을 베풀고, 저부 외면에는 회전대에 설치할 때 생긴 낮은 돌기가 보인다. 회색을 띠고, 와질소성이다. 25는 중형이고 깊은 기형이다. 내·외면 회전물손질로 마무리하고, 와질소성이며, 회색을 띤다. 26·27은 모두 적갈색을 띠는 연질 평저 발인데, 26은 동체부 외면에 작은 격자 타날을 베풀지만, 27은 내·외면에 물손질을 베풀었다. 28은 대형이고 깊은 甕에 가까운 기형이다. 동체부 외면에는 사격자 타날을 베푼 후 침선을 돌린다. 연질이고 회갈색을 띤다. 같은 기형은 천안 두정동유적(도 11-26, 충청문화재연구원 2001)이나 부산 락민동패총(도 11-27, 국립중앙박물관 1998)에서 보여 넓은 범위에 분포하는 것으로 추정된다.

29는 연질이고 갈색을 띠는 高杯이다. 배신이 깊고, 각주부(脚柱部)는 속이 매워졌으며 굵은 점이 특징적이다. 배부 외면, 脚部 아래부분 외면에는 거친 격자 타날이 남아 있다. 외면의 격자 타날은 확인되지 않았고, 器高가 이것보다 다소 높지만, 비슷한 형태를 가진 사례가 여수 화장동유적 1차 6호 주거지(도 11-25, 순천대학교박물관 2002)에서 출토된 바가 있다.

30은 脚部가 결실되었지만, 저부에 투창 상단의 흔적이 남아 있어 투창이 있는 고배의 배신으로 생각된다. 내외면을 마연하였으며 흑갈색을 띠는 소위 흑색마연토기와 통하는 분위기이다. 전라도에서 반입되었을 가능성에 대해 생각해 본다.

31은 구연이 직립하는 소형의 杯이다. 내·외면에 물손질을 베풀었고, 도질이며, 회색을 띤다. 경상도에서 반입되었을 가능성에 대해 생각해 본다.

32·33은 시루인데, 모두 구연이 직립하고, 평저이며 同心圓狀으로 지름 1cm 이하의 蒸氣孔을 다수 배치한다. 모두 동체부 중간에 파수를 부착하였는데, 동체부 외면 기벽에는 그 분할선으로 생각되는 침선을 돌렸다. 32는 황갈색을 띠는데 경질이고, 형태뿐만 아니라 태토·소성·색조가 모두 해남 군곡리패총 출토품(도 11-28, 목포대학교박물관 1989)과 매우 흡사하다. 33은 土師器에 가까운 부드러운 소성이고, 淡褐黃色을 띤다.

34는 회색 도질의 대형 甕의 구연부인데, 구연단부는 물손질로 날카롭게 위아래로 확장한다.

35는 평저이고 동체부가 축소되고, 견부 부근에는 두 군데에 큰 소성전 穿孔이 보이는 특이한 기형이다. 土師器 중에는 사례가 없고, 큰 평저가 양이부평저호 등의 토기와 공통되기 때문에 한반도계 토기로 평가했다. 완전히 동일한 기형에 대한 사례는 모르지만, 굳이 들자면 다소 시기가 늦은 나주 복암리고분군 2호분 분구 동쪽 출토품(도 11-33, 전남대학교박물관 1999)과 유사하다.

36·37은 그 형태가 土師器 甕과 유사하지만, 한반도계 토기의 기법·속성이 보이는 것이다. 36은 세로방향으로 穿孔한 귀를 동체부에 붙인 것이 가장 큰 특징이다. 게다가 기벽이 土師器 甕에 비해 두껍고, 내외면을 板狀工具를 이용한 물손질로 마무리한 점도 주의해야 한다. 이러한 특징으로 보아 土師器와 다른 기법으로 土師器 甕을 모방해서 제작한 것으로 생각된다. 36은 기벽의 두께는 土師器 甕과 일치하지만, 외면에 남겨진 작은 사격자 타날은 土師器에는 보이지 않는 특징이며 한반도계 토기의 영향으로 생각된다. 동체부 내면에는 土師器 甕과 마찬가지로 깎기를 베풀지만, 그 범위도 동체부 하부에 한정되어 특이하다. 이 2점은 한반도 출신의 장인이 제작한 것이 아닐까?

한편 38~41은 한반도계 토기의 기형을 모방해서 土師器 장인이 제작한 토기로 생각되는 것이다. 38은 직경이 큰 다리를 붙이고, 구연이 직립하는 壺이다. 내외에 세밀한 목리조정이 보이고, 태토는 土師器 精製器種과 공통되지만, 큰 다리는 土師器 및 야요이시대 후기 종말 이래에 보이는 재지계 토기에는 확인되지 않는다. 기형은 한반도 남부의 와질 노형토기와 가깝고, 그 모방품일 가능성이 있다. 39 · 40은 목리조정 · 깎기로 처리한 시루인데, 이들은 재지 토기의 태토에 가깝지만, 한반도 남부에서도 목리조정으로 처리한 시루(도 11-30~32)가 출토된다. 한반도 남부에서 출토된 목리조정으로 처리된 시루는 일본열도로부터의 이주자에 의해 제작되었을 가능성 등을 고려할 필요가 있을 것이다. 41은 연질 平底鉢을 모방해서 제작된 것일까? 동체부 외면 하부는 나무판을 이용한 물손질을 보이고, 동체부 내면은 거친 목리조정흔이 보인다.

(2) 유리玉 거푸집

토기 이외에 니시진마치유적 출토품 중 마한지역과 관련이 깊은 것은 토제 유리옥 거푸집이 있다. 도 06-1은 유리 곡옥 거푸집이다. 직육면체의 토제품 중앙에 곡옥모양의 홈을 만들어 거푸집을 제작했다. 곡옥모양 홈의 중앙 윗쪽에 지름 0.1cm, 깊이 0.6cm의 막대를 삽입해 유리 곡옥의 구멍을 형성하기 위한 관통하지 않는 작은 구멍이 있다. 갈색을 띠지만, 뒷면은 열 때문인지 암갈색으로 변색되었다. 도 06-2 · 3은 유리 소옥 거푸집이다. 고분시대에 속하는 유리 소옥 거푸집은 畿內, 關東지역에서 몇 개의 출토사례들이 있다. 다만 니시진마치유적에서 출토된 자료 뒷면의 깎기는 일본의 출토에에는 보이지 않고, 해남 군곡리패총이나 하남 미사리유적에서 출토된 유리 소옥 거푸집과 유사하다. 또 도 06-2는 황갈색이고 경질로 소성되었고, 태토 · 소성 모두 전남에서 반입된 것으로 생각되는 도 07-32의 시루와 매우 흡사하다. 따라서 유리 소옥 자체는 전라도지역에서 반입된 것으로 생각한다. 한반도로부터의 도래인이 원료, 공구와 함께 유리제 소옥, 곡옥제작과 관련된 기술총체를 가지고 온 것으로 생각해야 할 것이다.

(3) 기타 遺物

기타 한반도계 유물로서 동전, 납의 파편(도 08)이 있다.

12차 96호 주거지에서 출토된 오수전은 주연부의 융기대로부터 안쪽의 전체(錢體)를 깎은 소위 '전륜오수전(剪輪五銖錢)'인데, 글자체(字體)도 고려하면 後漢 후반, 기원후 2세기의 제품으로 생각된다(岡內 1982의 분류에 따름). 高倉洋彰(1989)은 야요이시대 화천(貨泉)의 대부분은 그 제작 시기에 가까운 新 말~後漢 초, 즉 야요이시대 후기 초두~전반에 유입된 것으로 추측한다. 17차 38호 수혈주거지에서 출토된 화천이 야요이시대 후기 전반에 유입되고, 전세된 후 고분시대 초두가 되어 폐기된 가능성을 완전히 배제할 수 없지만, 유적의 전개 및 고분시대 초두에 있어 한반도와의 교류의 맥락으로 보아 고분시대 초두에 유입되었을 가능성이 높지 않을까? 12차 96호 수혈주거지에서 출토된 오수전도 같은 과정에서 초래된 것일 것이다. 또 17차 5호 수혈주거지에서 출토된 연판(鉛板) 파편은『西新町遺蹟』Ⅷ에서 보고된 납동위체비 측정 결과에 의하면 중국 華中~華南産 원료의 범위 안에 포함되지만 한반도 남부산 원료일 가능성도 지적된 바가 있다.

⑷ 馬韓系 土器의 時期와 器種

먼저 니시진마치식의 세부 분류를 참고하면서 니시진마치유적에서 출토된 한반도계 토기의 시기에 대해 생각하고자 한다. 유적 내에서 가장 빠른 시기에 속하는 한반도계 토기는 2차 D구 1호 주거지 출토 연질 양이부호, 12차 93호 주거지 출토 양이부이중구연호(도 05-22), 17차 38호 주거지 출토 도질토기 호의 구연부 등이 있는데, Ⅲ식 古段階까지 소급할 가능성이 있다. 다만 아직까지 Ⅱ식 이전으로 소급한 사례는 없는 것 같다.

한편 출토된 한반도계 토기 중 12차 93호 주거지 출토 이중구연호, 12차 63호 주거지 출토 양이부호는 전라도를 중심으로 분포하는 특징적인 기종이다. 이러한 토기들을 서현주(2006)에 의한 영산강유역의 토기편년과 비교하면 Ⅰ-1기~Ⅰ-2기에 그 중심이 있어, Ⅰ-1기는 3세기 중엽~후엽, Ⅰ-2기는 4세기 전엽~중엽으로 생각된다. 니시진마치 유적에서 출토된 한반도계 토기는 니시진마치 Ⅲ~Ⅳ식과 공반하여 거의 고분시대 전기에 해당하는데, 영산강유역 출토 토기의 절대연대 비정과 큰 틀에서 일치하는 것으로 생각된다. 이러한 자료들이 한일간의 평행관계를 찾는 확실한 근거가 되는 것은 틀림없다. 또 12차 93호 주거지 출토 이중구연평저호는 앞에서 말했듯이 고창 만동유적 12호 목곽묘 출토품(도 09)과 유사하다. 서현주(2008)는 영산강유역에 있어 3~5세기 고분의 매장시설에서 출토된 유물의 공반관계로 보아 2기로, 3세기 후반으로 생각한다. 한편 윤온식(2008)의 2~4세기대 영산강지역의 토기편년에서는 만동유적 12호 목곽묘를 Ⅱ단계로 편년하고, 2세기 후반 중에서도 늦은 시기로 본다. 절대연대결정에 있어 약간의 차이가 있지만, 어쨌든 시기가 상당히 한정되는 토기이며, 북부 큐슈와 마한지역 토기 등의 평행관계를 결정하는 데 있어 중요하다.

니시진마치유적과 병행하는 시기의 전남지역의 취락유적으로서 대비할 수 있는 유적의 하나로서 해남 신금유적(호남문화재연구원 2005)이 있다. 신금유적은 크게 네 시기로 구분되는데, I단계는 3세기 중반, II단계는 3세기 후반, III단계는 4세기, IV단계는 5세기라는 실연대가 주어져 있다. 이 중 II단계의 토기를 도 12에 제시했다. 이중구연평저호, 타날문호, 시루는 니시진마치유적 출토품과 유사하다. 신금유적 I단계의 타날문호는 동체부가 동체부 높이보다 동체부 최대경이 큰 편구형(신금유적 호형토기 I형식)이나 동체부 높이와 동체부 최대경이 거의 동일한 구형동(신금유적 호형토기 II형식)으로 한정되지만, II단계에는 長胴(신금유적 호형토기 III형식)이 출현하고, III단계가 되면 편구형이 소멸하는 것으로 생각된다. 니시진마치유적에서는 편구형 타날문호도 다수 출토되는데, 신금유적 II단계 이전과 접점을 가지는 것으로 생각된다. 한반도로부터의 반입품으로 생각되는 니시진마치 12차 22·89호 주거지 출토 시루와 신금유적 60호 주거지 출토 시루는 전체적인 형태, 저부 穿孔의 크기, 배치 등도 유사하다고 말할 수 있다. 또 신금유적에서는 II단계가 되어 도질에 가까운 경질토기가 출현한다고 하는데, 니시진마치유적에서의 도질의 한반도계 토기의 존재와 부합된다. 니시진마치유적의 한반도계 토기는 신금유적의 III단계 이전, 특히 I~II단계의 자료와의 평행관계가 문제가 되는 자료일 것이다.

니시진마치유적의 한반도계 토기에는 위에서 말했듯이 타날문호, 이중구연호, 무문원저호, 高杯, 평저심발, 양이부호와 같은 기종이 있다. 풍부한 것처럼 보이지만, 한반도에서의 기종이 모두가 출토된 것은 아니다. 도 12에 제시한 신금유적 출토 토기 중 長卵形土器, 注口土器는 신금유적을 비롯한 전라도지역에 있어 이 시기의 주요한 기종이지만, 니시진마치유적에서의 출토사례는 지극히 적다. 또 평행하는 시기의 한반도 남동부, 낙동강유역에서는 노형토기가 분묘 등에서 많이 출토되는데, 니시진마치유적에서는 그것을 모방했을 가능성이 있는 토기가 존재하기는 하지만, 노형토기 자체는 출토되지 않았다. 따라서 한반도에 있어 동시기의 기종에서 선택적으로 받아들였을 가능성이 높다.

4) 부뚜막이 있는 竪穴住居址

니시진마치유적에서는 다른 야요이시대 후기 종말~고분시대 전기 유적에서는 거의 사례가 없는, 부뚜막이 있는 수혈주거지가 다수 검출된 것이 큰 특징이다. 지금까지 22차에 달하는 조사에서 부뚜막이 있는 수혈주거지는 106기가 확인되었다. 이 수는 야요이시대 종말~고분시대 전기 수혈주거지 전체의 약 20%에 상당한다. 이것에 비해 노지가 설치된 것은 거의 동일한 103기가 있고, 나머지 300여 기는 새로운 유구로 인해 파괴되는 등의 이유로 부뚜막 또는 노지의 유무를 알 수 없다.

동시기의 한반도에서는 낙랑군을 경유해서 중국 본토 또는 중국 동북부의 조리양식이 받아들여져 부뚜막이 널리 보급된다. 한국에서는 최근에 삼한~삼국시대 취락유적의 조사가 진전되는데, 벽을 따라 길게 연도(煙道)가 달린 형식은 '온돌상 유구'라고도 불린다. 니시진마치유적의 부뚜막에 대해서는 한국에서의 온돌상 유구로 불리는 것과 유사한 것이 있기 때문에 한반도로부터의 도래인이 초래한 지식을 바탕으로 구축된 것은 이론이 없을 것이다.

부뚜막을 유형화하는 데 있어 주거지 내에서의 부뚜막의 위치와 연도의 길이에 주목하여 다음과 같이 크게 세 가지 형식으로 분류했는데, 다시 Ⅰ류에 대해서는 Ⅰa·Ⅰb류로, Ⅱ류에 대해서는 Ⅱa·Ⅱb류로 세분했다(도 13).

Ⅰ류 : 부뚜막 본체가 주거지의 모서리에 설치된 것이다. 연도가 거의 없고 말굽모양을 띤 것(Ⅰa류)과 짧은 연도가 있는 것(Ⅰb류)으로 양분된다. Ⅰa류는 제5차 조사 SC04나 제12차 조사 89호 수혈주거지가 전형적인 사례이다. Ⅰb류는 제17차 조사 12호 수혈주거지가 전형적인 사례이다. 아궁이 안쪽에서 주거지의 구석을 향해 1m 미만의 짧은 연도가 뻗지만, 다음의 Ⅱ류와 비교하면 상당히 짧고, 방사열에 의한 온실효과를 의도한 것은 아니다. Ⅰb류로 한 것 중에는 Ⅰa류나 다음의 Ⅱ류와 판별하기 어려운 형태를 가진 것도 있다. 또 제12차 조사 125호 수혈주거지나 제20차 조사 30호 수혈주거지처럼 연도가 짧게 굴곡해 벽에 이르고, 연기를 낸 부분이 주거지 구석에서 떨어지는 것도 이 분류에 포함시켰다. Ⅰb류는 Ⅰa류에 비해 수가 적고, 일본열도 고분시대의 수혈주거지 부뚜막에도 유사한 사례가 보이지 않는다.

Ⅱ류 : 부뚜막 연소부가 주거지의 벽에서 떨어진 안쪽에 있고, 연도가 주거지의 구석을 향해 길게 뻗은 것으로 일반적으로 '온돌상 유구'라고 불리는 것이다. 긴 연도의 목적은 배출하는 연기의 방사열에 의해 실내의 온실효과를 노린 것으로 생각된다. 연소부의 주축이 벽과 직교하지 않고 기울인 방향을 향하는 것(Ⅱa류)과 연소부의 주축이

벽과 직교하는 것(IIb류)으로 세분할 수 있다. IIa류는 제13차 조사 71호 수혈주거지나 제17차 조사 37호 수혈주거지가 전형적인 사례이고, 니시진마치유적에서 검출된 부뚜막 중에서 가장 수가 많다. 연도는 짧은 것은 1m 이상, 긴 것은 2m를 넘고, 연소부를 포함한 전체 길이는 3m를 넘는 것도 있다. IIb류는 연도가 벽을 따라 길게 뻗고, 연소부는 연도에서 직각으로 꺾여 주축방향이 수혈주거의 벽과 직교하는 것이며, 제20차 조사 4호 수혈주거지가 전형적인 사례이다. IIa류에 비해 수가 적지만, 5세기 중반(고분시대 중기 중반) 이후 일본열도에 있어 보급기의 유례는 이러한 소위 'L자모양 부뚜막'이 일반적이고, 오히려 IIa류와 같은 사례는 보이지 않는다.

III류 : 주거지 벽의 거의 중앙에 부설된 것이고, 연도가 없거나 혹은 매우 짧다. 제14차 조사 26호 수혈주거나 제20차 조사 42호 수혈주거지 등이 전형적인 사례이다. 기본적으로 부뚜막의 본체는 실내에 있지만, 그 중에는 제13차 조사 48호 수혈주거지와 같이 부뚜막의 선단부를 옥외에 돌출시킨 것도 있다. 니시진마치유적에서는 수가 적지만, 고분시대~나라(奈良)시대의 부뚜막의 대부분은 III류와 유사하다.

총 106기 부뚜막 중 시기를 결정할 수 있었던 것은 74기인데, I류 33기, II류 28기, III류 13기이다(表1). 시기별 추이를 보면 니시진마치 I식에는 부뚜막은 없고, II식에는 한 사례만 III류 부뚜막이 보인다. 니시진마치유적에서 부뚜막의 첫 출현이다. 후속하는 III식 古段階 시기에는 I류 부뚜막이 두 사례 있고, 수는 적지만 계속해서 부뚜막이 구축된 것을 알 수 있다. III식 新段階 시기가 되면 수혈주기지 수의 증가외 함께 부뚜막을 부설한 주거지가 증가하는데, 노지의 수와 비교하면 압도적으로 적고, 이 시기까지는 기본적으로 부뚜막이 아니라 야외노지가 주류를 이룬다. IV식 古段階 시기가 되면 부뚜막의 수는 29기로, 동일 시기의 노지의 수보다 훨씬 많다. 이러한 경향은 IV식 新段階 시기에도 거의 동일하다. 따라서 부뚜막은 II식 단계에 니시진마치유적에 처음으로 도입되었고, III식 新段階 시기까지는 노지가 다수를 차지하지만, IV식 古段階 시기가 되면 노지를 능가하게 된다. 한편 노지도 상대적으로 수가 감소하지만 전 시기를 통해 계속 사용된 것을 알 수 있다. 부뚜막과 노지의 수의 대비를 그대로 당시의 재래인과 도래인의 수로 적용시킬 수는 없지만, 적어도 장기에 걸쳐 하나의 취락 내에 취사양식이 다른 양자가 공존했던 것은 의심할 여지가 없다.

이 시기의 한반도 수혈주거의 예를 살펴보면 경상도지역에서는 원형 플랜을 기본으로 하는데, 최근에는 연도가 길게 뻗은 부뚜막을 부설한 예가 증가하고 있다(도 14-2,

함양 화산리유적, 경남발전연구원 역사문화센터 2007 등). 전라도지역에서는 장방형 또는 정방형 플랜을 가진 것이 많아 경상도지역과 대조적이다. 이러한 한반도의 사례와 니시진마치유적의 사례를 비교하는 한 적어도 수혈주거의 평면형태에서는 경상도지역으로부터의 영향은 적었던 것으로 생각된다.

한편 부뚜막의 구조를 비교해 보면 경상도지역의 부뚜막은 도 14-2와 같이 벽쪽으로 부뚜막 본체를 기울인 방향을 향해 연도가 벽면을 따라 호선을 띠는 구조가 되는 예가 많다. 그것에 비해 전라도지역에서는 본 유적의 Ⅰ류(도 14-4 · 5), Ⅱb류, Ⅲ류(도 14-3)와 유사한 것이 보인다. 벽쪽으로 부뚜막 본체가 기울어진 방향으로 향하는 Ⅱa류의 특징은 전라도지역에는 보이지 않는다. 그렇다면 이 Ⅱa류의 부뚜막은 경상도지역의 영향 아래에 구축되었을 가능성이 높다는 이야기가 된다. 그러나 그 이외의 부뚜막에 대해서는 전라도지역의 정보를 얻어 니시진마치유적의 수혈주거에 설치되었을 가능성이 높다고 말할 수 있다.

전라도 · 충청도에서는 한 유적 내에서의 부뚜막 양상이 다양하다. 앞 절에서 언급한 해남 신금유적(호남문화재연구원 2005)에서는 3세기 중반 경으로 생각되는 Ⅰ단계에서는 니시진마치유적 Ⅲ류와 유사한 부뚜막이지만, Ⅱ단계에서는 니시진마치유적 Ⅱb류와 유사한 'ㄴ' 자형 부뚜막(도 14-6)으로 전환되는 것으로 생각된다. 이것에 비해 4세기 이후로 생각되는 익산 사덕유적(호남문화재연구원 2007)에서는 니시진마치유적 Ⅲ류와 유사한 부뚜막이 축조되었다. 또 4~5세기로 편년되는 충남 계룡 입암유적(충청남도역사문화연구원 2008)은 Ⅲ류와 유사한 부뚜막이 12기가 확인되었지만, Ⅱb류와 유사한 부뚜막은 5기에 불과하다. 여기서는 양자가 시간적인 차이가 아니라 중 · 소형 주거지에 전자가, 대형 주거에 후자가 사용된 것으로 추측된다. 따라서 한반도 서남부지역에서도 小地域 마다 다양한 형태의 부뚜막이 축조되었을 가능성이 있다.

또 니시진마치유적과 병행하는 시기의 백제 왕궁인 풍납토성(국립문화재연구소 2001)에서는 육각형 주거지에 연도가 벽으로부터 떨어진 곳에 있는 부뚜막이 설치되어(도 14-1), 주거지 평면형은 다르지만 니시진마치유적 부뚜막의 Ⅰa류와 같은 구조를 가진다. 충남 이남 지역에 육각형 주거지가 거의 존재하지 않으므로 풍납토성의 부뚜막이 니시진마치유적에 직접적인 영향을 주었을 가능성은 작다고 추측되지만, 한반도 서해안~남해안지역 바닷가의 교류를 바탕으로 전개된 다양한 부뚜막이 니시진마치유적으로 유입한 결과 Ⅰa류가 성립된 것으로 상정할 수 있을 것이다.

3. 5~6世紀 北部 九州에서의 馬韓系 資料

1) 후쿠오카시 사와라구 요시타케(吉武)유적군 주변

니시진마치유적은 고분시대 전기 말, 4세기 후반에는 취락이 존속되지 않는다. 이 것과 교대하듯이 5세기의 유구, 한반도계 자료가 집중하는 곳이 사와라 평야의 남서부, 후쿠오카시 西區 요시타케(吉武)유적군 주변(도 15-2)지역이다. 요시타케유적군 중 가나타케(金武)고분군 요시타케(吉武) S군(橫山 2003)은 토기가 부장된 석실, 도질토기, 쌍룡문환두대도(雙龍文環頭大刀), 주조철부, 초기 마구 등 한반도계 자료가 집중하는 5세기 중간~6세기 전엽의 묘지이다. 또 가나타케고분군 요시타케 S군의 남서부에는 옹관묘(도 16-1)가 여러 기 축조되었다. 5세기 중반 이후 북부 큐슈의 고분에서는 일반적으로는 옹관이 적기 때문에 마한지역으로부터의 도래인과 관계가 있을 것인지 유의해야 할 자료이다.

이 고분군들에 포함된 취락영역에서도 한반도계 자료가 풍부하다(山崎 編 1986, 濱石 編 1989, 加藤 2005 외). 출토된 유물 중 한반도계 유물로서는 연질토기를 들 수 있는데, 평저발, 시루, 냄비, 조족문과 유사한 타날이 시문된 壺, 뚜껑 등 기종구성도 충실하기 때문에 도래인의 존재를 뒷받침하는 것일 것이다. TK208~TK23형식의 須惠器가 공반된 9차 SK201호 토광(도 16-8, 加藤 2005)에서 출토된 냄비, 대형 鉢, 컵청토기 등 연질토기군은 충청도지역과의 관련이 추측된다. 또 9차 SK135에서는 타날이 시문된 마한계로 생각되는 연질 옹(도 16-2, 加藤 2005)이 출토된 바가 있다.

요시타케유적에서는 6세기로 내려가는 것으로 생각되는 도질토기도 출토되었고, 요시타케고분군 시굴에서 출토된 대가야계 壺(도 16-6)나 가나타케고분군 요시타케 G군(荒牧 1998)에도 6세기 후반의 신라계 脚部壺 등의 예가 있다. 따라서 요시타케유적 주변은 5세기 중반 경~6세기 후반에 걸쳐 한반도의 여러 지역에서 온 도래인이 거주하면서 교역 거점으로서 기능한 것으로 추측하고 싶다. 이러한 양상은 3세기 중반 경~4세기 중간에 한반도와의 교통 창구였던 니시진마치유적과 유사하다고 말할 수 있을 것이다. 좀더 추측을 한다면 니시진마치유적의 소멸 이후, 요시타케유적군 등의 집단이 사와라평야 더욱 북부 큐슈의 각 집단과 한반도와의 교통 창구로서 대두해 왔다고 생각할 수 있을 것이다.

다만 요시타케유적군 주변에서는 철생산, 철기생산이라는 도래인이 초래한 생산기술과 깊은 관계를 확인할 수 있다. 또 요시타케유적의 묘지인 가나타케고분군 요시타케 S군에서는 도래인이 매장되었을 가능성을 지적할 수 있는 고분이 존재한다. 이것에 비해 니시진마치유적의 묘지인 후지사키유적의 고분군에서는 주체부는 목관묘 등 재지의 매장 시설과 거의 동일하며, 도래인의 묘지는 아직까지 발견되지 않았다. 이러한 차이에 대해서는 각 시기의 도래인과 재지집단의 관계의 차이를 보여주는 것이 아닐까?

2) 鳥足文土器로 본 4世紀 末~5世紀 前半의 馬韓系 渡來人

조족문토기는 4세기 전반에 백제 중심부에서 정형화된 토기이지만, 마한지역에 분포의 중심이 있다(김종만 2010). 북부 큐슈에서도 여러 개의 출토예가 있는데, 추출하기 쉽고 재래 토기와의 융합 과정을 보여주는 사례도 있다. 따라서 여기서는 조족문토기를 단서로 4세기 말~5세기 전반의 마한으로부터의 도래인의 동향을 생각해 보고자 한다.

『위지왜인전』에 등장하는 「이토(伊都)국」의 거점취락으로 생각되는 후쿠오카현 이토시마(絲島)시 미쿠모 이와라(三雲井原)유적군(도 15-3)에서는 고분시대에도 각 조사지점에서 한반도계 토기가 출토된다. 그중에서 주목되는 자료가 연질이고 조족문과 비슷한 타날을 시문한 미쿠모(三雲) 435번지 방형 토광(도 16-1, 车田·岡部 編 2002), 이와라 츠카마와리(井原塚廻) 2호 주거지(도 16-2, 林 1992), 이하라 죠가쿠(井原上學)유적 3호 溝(도 16-3)에서 출토된 토기이다. 이 세 점의 토기를 자세히 보면 미쿠모 435번지 출토품은 구연부 및 동체부는 마한계 토기의 형태를 유지하고 있지만, 이하라 츠카마와리 2호 주거지, 이하라 죠가쿠 3호 溝 출토품은 조족문타날을 베풀었으나 기형은 土師器 甕과 유사하다. 이 토기들의 시기는 미쿠모 435번지=4세기 말(土師器 편년 ⅢA기, 이하의 북부 큐슈지역 중기 이후의 土師器 시기구분은 重藤 2010에 의함), 이하라 츠카마와리 2호 주거지=5세기 전엽(土師器 편년 ⅢB기), 이하라 죠가쿠 3호 溝=5세기 중반(土師器 편년 Ⅳ기)이며, 土師器化의 진전은 시간적 변화와 대응한다. 이러한 과정이 도래해 온 토기제작 장인의 규범 변화를 보여준다면 미쿠모 이와라유적군에서의 마한지역으로부터 온 도래인의 존재, 게다가 그 정착을 말해주는 자료가 될 것이다.

또 후쿠오카현 신구우초(新宮町) 유우스(夜臼)·미시로(三代)유적군 오모리(大森)지구(도 16-4)에서 5세기 전엽(土師器 ⅢB기)을 중심으로 한 토기와 함께 대형 연질토기 壺 및 조족문과 유사한 타날로 마무리한 연질토기(도 17-5~8)가 같이 출토되었다(西田 1994). 이 토기들에는 마한지역의 조족타날문토기와 유사한 기형(도 17-5)이나 북부 큐슈지역의 土師器 甕과 유사한 기형(도 17-7·8)도 있다. 미쿠모 이와라유적군과 마찬가지로 마한지역으로부터의 도래인이 土師器를 모방해서 제작한 것으로 생각된다(白井 2001). 이러한 연질토기와 함께 도질토기 壺(도 17-9·10)도 출토되었는데, 이것도 마한계 토기일 것이다.

미쿠모 이와라유적군, 유우스·미시로지구유적군의 자료는 일본 출토 조족문토기 중에서도 가장 오래된 자료라고 생각된다. 특히 미쿠모 435번지 출토예에는 4세기 말경의 土師器(도 17-4)와 공반되어 그 시기를 한정할 수 있다는 점에서 중요하다. 한편 니시진마치유적에서는 조족문토기가 출토되지 않았기 때문에 마한지역에서의 조족문토기 출현 시기는 니시진마치 취락 종언 이후의 일이라고 생각된다. 따라서 마한지역에서의 조족문토기의 출현도 4세기 말 혹은 그것을 약간 소급한 시기에 한정할 수 있지 않을까 한다.

이 이외에 흥미로운 자료로서 유우스·미시로지구유적군과 그리 멀지 않은 후쿠오카시 동구 도우노바루(唐原)유적 SC30(도 15-5)에서 출토된 연질토기 甕(도 17-11·12)이 있다(小林 編 1989). 공반된 土師器는 4세기 말(土師器 ⅢA기)이다. 연질토기 甕은 큰 격자 타날로 마무리되고 구연부 형태, 동체부 형태도 특징적인 것이다. 한반도에서의 계보·유례를 모두 탐색할 수 없지만 경상도지역이 아닌 것 같아서 소거법적으로 생각하면 충청도~전라도지역에서 유래할 가능성이 있다. 또 동일한 유구에서는 북부 큐슈지역의 土師器는 물론 함안지역의 토기로 추측되는 도질토기 고배(도 17-13), 東海系 대부옹 파편, 畿內系로 추측되는 高杯 등 각지의 土師器도 출토되었다. 따라서 연질토기 옹의 제작지 등이 결정되면 광역적인 토기의 평행관계는 물론, 한일 절대연대결정의 귀중한 자료가 될 것으로 생각된다.

또 이러한 유우스·미시로지구유적군, 도우노바루유적군의 동향은 4세기 중반까지 마한의 사람들이 하카타만 연안, 니시진마치유적까지를 행동범위로 한 것에 비해 4세기 말 이후 동쪽으로 활동범위를 활발히 했던 상황을 보여주는 것이라 말할 수 있을 것이다.

3) 쓰야자키(津屋崎)古墳群과 馬韓系 渡來人

　후쿠오카시의 동쪽, 후쿠쯔(福津)시 아라지(在自)~가쓰우라(勝浦)에 걸친 해안사구 뒤쪽의 석호(潟湖)에 면한 완만한 사면에는 쓰야자키(津屋崎)고분군으로 불리는 5~6세기의 전방후원분 등 대형고분이 군집한다. 이들은 4세기 말 이후에 본격화하는 오키노시마(沖ノ島) 제사유적에서의 제사를 주관한 무나카타(宗像)씨 일족의 유력자의 고분으로 추측되어, 해상교통과도 깊은 관계가 상정된다. 이러한 고분군들 사이에 위치하는 취락유적(도 15-6 · 19-1)인 후쿠오카현 후쿠쯔시 아라지(在自)유적군[아라지 오다(在自小田)유적 · 아라지 가미노하루(在自上ノ原)유적 · 아라지 시모노하루(在自下ノ原)유적, 池ノ上 외 編 1994 · 1995 · 1996], 후쿠쯔시 유쿠에쿠기가우라(生家釘ヶ裏)유적(池ノ上 외 1998), 후쿠쯔시 누야마 후시와라(奴山伏原)유적(池ノ上 2002)에서 마한지역과 관련된 자료를 포함한 한반도계 유물 · 유구가 집중적으로 확인되었다.

　마한계 조족문토기는 아라지유적군에서 파편(도 18-1~7)으로 출토되었는데, 아라지 시모노하루유적 토기 집중 유구에서 출토된 도질 옹(도 18-8), 누야마 후시와라유적 SC057 주거지에서 출토된 연질 옹(도 18-12)도 기형으로 보면 마한계 토기일 가능성이 높다. 외면에 타날을 베푼 유쿠에쿠기가우라(生家釘ヶ裏)유적 SC188호 주거지에서 출토된 이동식 부뚜막(도 18-9)도 특이한 것인데, 한반도와의 관계가 상정된다. 다만 아라지 오다유적에서는 대가야계 도질토기 호(도 18-11)도 출토되었기 때문에 무나카타씨와 한반도의 관계는 마한지역에만 한정되지 않았던 점도 유의해야 할 것이다.

　이 유적들은 쓰야자키고분군 안에 있어 5~6세기의 무나카타씨 일족의 유력자 즉 이 지역의 수장권과의 깊은 관계를 알 수 있다. 조족문토기가 출토된 아라지 오다유적에서는 사면차양(四面廂)을 가진 대형 굴립주건물, 토기 등이 출토한 제사토광이 있는데(도 19-2 · 3), 조족문토기편은 SB01의 기둥구멍 등에서도 출토된 바가 있다. SB01은 일반 취락에서는 보이지 않는 구조이고, 수장이 집행하는 제사와 관련된 건물이라고 추측된다. 거기서 이루어진 제사에 마한계 토기가 사용되었다고 단정할 수 없지만, 수장층과 마한계 도래인의 밀접한 관계를 상정해도 큰 문제는 없을 것이다.

　또 쓰야자키고분군 주변에서는 수혈주거에서도 마한계 도래인과의 관련을 추출할 수 있다. 누야마 후시와라유적에서는 배수구로 추측되는 도랑이 수혈 바깥쪽으로 길게 뻗은 고분시대에서는 유례가 적은 특이한 구조를 가진 수혈주거지가 검출되었다(도 19-4 · 5). 비슷한 배수구를 가진 수혈주거지는 창녕 계성리유적(우리문화재연구원

2008)에도 사례가 있는데, 최근에 익산 사덕유적(호남문화연구원 2007), 광주 하남동유적(도 19-6, 호남문화재연구원 2008), 담양 오산유적(호남문화재연구원 2007) 등 마한지역에서의 사례가 증가하고 있는 것 같다.

쓰야자키고분군 동쪽에 인접하는 츠리카와(釣川)유역, 즉 현재의 후쿠오카현 무나카타(宗像)시 구역의 5세기 후반~6세기 전반 취락유적에서는 이러한 수혈주거가 많아 이 지역에 많은 마한계 도래인이 거주했을 가능성이 있다. 게다가 동일한 수혈주거는 후쿠쓰시보다 동쪽에 위치하는 후쿠오카현 온가군(遠賀郡) 오카가키마치(岡垣町) 토모다(友田)유적군(도 15-8, 中川 編 1989, 大坪 외 2008), 온가군 온가초(遠賀町) 오자키(尾崎) · 덴진(天神)유적(도 15-9, 武田 1991) 등에서도 보인다. 쓰야자키고분군과 관련이 깊은 수장층 밑에 모인 마한으로부터의 도래인이 주변에 확산된 것도 상정해야 할 것이다.

한편 쓰야자키고분군의 동쪽, 츠리카와(釣川)유역에서는 6세기 초두 전후(MT15 전후인가)의 須惠器가 공반된 무나카타시 부지와라 카와하라다(富地原川原田)유적(도 15-7, 白木 1994) SB14 수혈주거지에서 조족문토기(도 18-13)가 출토되었다. 이 유적에서는 SB27 수혈주거지에서 차륜문(車輪文)과 비슷한 특이한 타날을 베푼 연질토기 옹이나 도질토기 壺(도 18-14 · 15)도 출토되었고, 초기의 부뚜막이 있는 수혈주거를 포함하기 때문에 취락 내에 도래인이 거주했을 가능성이 높다.

4) 北部 九州의 首長層과 馬韓 · 百濟의 對外交涉

앞 절에서 취락유적에서의 북부 큐슈와 마한지역의 관계를 살펴봤는데, 여기서는 고분출토 자료를 바탕으로 5~6세기 북부 큐슈의 수장층이 마한지역과 어떻게 관계되었는지를 생각해 보고자 한다.

4세기 말, 북부 큐슈의 수장묘에서는 초기 횡혈식석실이 채용된다. 출현기 횡혈식석실의 대표적 예로서 후쿠오카시 南區 로지(老司)고분(도 15-10), 후쿠오카시 西區 스키자키(鋤崎)고분(도 15-11)이 있는데, 두 고분에서는 마한계 양이부호를 모방한 것처럼 보이는 소형 土師器 양이부호(도 20-1 · 2, 杉山 編 2002)가 출토되었다. 북부 큐슈의 횡혈식석실은 한성백제기의 횡혈식석실을 祖形으로 한 것으로 보는 견해도 있지만, 그 출현에 있어 마한지역의 수장층, 마한으로부터의 도래인이 개재했을 가능성을 보여주는 자료이다. 이것에 비해 마한계 토기가 풍부하여 상당수의 도래인이 거주한 것으로 생각되는 니시진마치유적에 대응하는 3세기 중반~4세기 중반의 묘지인 후지사키유적에서는 도래인의 무덤은 아직까지 발견되지 않았고, 한반도계 토기의 출토수도 지극히 적다. 그것과 비교하면 4세기 말의 로지고분·스키자키고분에서는 매장시설의 구축, 게다가 장송에 마한지역으로부터의 도래인이 관여하게 되었다고 생각하고 싶다.

5세기 말 전후의 수장묘, 후쿠오카시 城南區 우메바야시(梅林)고분(도 15-12, 濱石 외 1991), 후쿠오카현 간다마치(刈田町) 반즈카(番塚)고분(도 15-13, 岡村 외 編 1993)에서는 조족문토기가 출토된 사례가 있다. 또 마한계 토기로 생각되는 도질 양이부호가 5세기 말의 후쿠오카현 다가와시(田川市) 세스도노고분(도 15-14, 佐田 編 1984)에서 출토된 바가 있다. 이 고분들은 각 지역의 수장묘급의 고분이며, 그 장송의례에 마한계 토기가 사용되었다고 할 수 있다. 한편 5세기 후반의 영산강유역에서의 횡혈식석실 출현기에는 북부 큐슈에서 도입된 요소도 지적된 바가 있다. 그 경우 대비되는 횡혈식 석실로서 들 수 있는 것은 반즈카고분, 우메바야시고분 등인데, 마한계 토기의 양상을 가미하면 양 지역의 관계는 쌍방향적이었다고 생각해야 할 것이다.

양 지역간의 구체적인 관계를 말해주는 것이 반즈카고분이다. 반즈카고분에서는 두 시기에 걸친 매장이 추정되는데, 첫 매장은 5세기 말(須惠器 편년 TK47형식), 추가장이 6세기 전엽(須惠器 편년 MT15형식)에 해당된다. 첫 매장에 사용된 棺, 추가장에 사용된 棺 모두 못·꺾쇠로 결합하고, 두꺼비모양 장식금구를 단 목관을 사용한 것이 주목된다(도 21). 못·꺾쇠로 결합한 목관은 같은 시기의 북부 큐슈에는 없고, 두꺼비모양 장식금구도 일본에서의 출토예는 전무하다. 두꺼비의 도안은 고구려의 장식고분이나 백제 무령왕릉에서 출토된 대금구에도 보이는데, 棺에 달 수 있었던 것으로 보아 목관 자체가 한반도, 아마 백제지역으로부터의 수입품이었던 것으로 생각된다. 무령왕릉의 목관은 일본에서 산출하는 고야마키(Sciadopitys verticillata)로 제작한 것으로 여겨지지만, 반즈카고분에서는 그 반대의 관계가 추측되는 것이다.

또 5세기 후엽의 축조로 추측되는 구마모토현(熊本縣) 나고미마치(和水町) 에타후나야마(江田船山)고분(도 15-15)은 출토품으로 보아 무령왕릉 등 백제와의 관련이 깊은 부장품 등이 출토된 것으로 유명하는데, 에타후나야마고분에서 출토된 도질토기 개배는 백제~전라남도지역에서의 수입품으로 추측된다(白井 2001). 이외에 주구에서 출토된 도질토기 평저호(도 20-7, 菊水町史編纂委員會 編 2007)에는 조족문은 보이지 않고, 구연부가 유실되었지만, 반즈카고분·우메바야시고분에서 출토된 조족문토기와 동일한 기형을 띤 마한지역으로부터의 수입품일 가능성이 높다. 또 반즈카고분 · 에타후나야마고분에서 칼의 몸에 물고기문양(魚文)을 상감한 大刀가 출토되었는데, 물고기문양은 무령왕릉 출토 동완(銅椀)과 유사하다(도 22). 반즈카고분 출토 대도는 전통적인 일본의 목제 도장구(刀裝具)를 수반하고, 에타후나야마 출토 대도에는 '治天下獲□□□鹵大王世' 라는 象嵌銘이 수반되기 때문에 일본에서 제작되었을 가능성이 높지만, 양 고분의 축조시기에는 웅진기 백제와 왜간의 교류가 활발했던 시기로 생각된다. 그리고 양 고분에서의 마한계 토기 출토를 감안하면 반즈카고분 · 에타후나야마고분의 피장자는 마한지역의 사람들과 함께 백제와 왜의 왕권과의 교류에 매개했다고 생각하고 싶다.

6세기 이후 북부 큐슈지역의 고분에서의 마한계 토기는 수장묘급의 대형고분이 아니라 군집분 중 小形 고분에서 많이 보인다. 6세기 전엽의 후쿠오카현 이토시마시 이노우라(井ノ浦)고분(도 15-16, 林 1994), 6세기 중반 경의 후쿠오카현 오고오리시(小郡市) 하사코노미야 2호분(도 15-17, 馬田 외 1979)에서는 모두 조족문과 비슷한 타날이 시문된 도질토기(도 20-8 · 9)가 출토되었다. 6세기 중반~후반의 후쿠오카시 西區 이시가모토(石ヶ元)고분군(도 15-19)에서는 7호분에서 조족문토기가, 9호분에서 마한계 壺가 출토되었다(도 20-10 · 11, 松浦 編 2003). 또 6세기 말의 후쿠오카현 지쿠시군(筑紫郡) 나카가와마치(那珂川町) 관논야마(觀音山)고분군 中原 I 군 15호분(도 15-18)에서는 도질 양이부호가 출토되었는데(도 20-4), 이것에 대해서는 일본에서 제작되었을 가능성도 고려할 필요가 있을 것이다.

4. 맺음말

3세기 후반~4세기 중반의 후쿠오카시 사와라구 니시진마치유적에서는 한반도계 토기가 다량 출토되었고, 일본의 같은 시대의 다른 유적에서는 거의 보이지 않는 부뚜막이 있는 수혈주거지도 확인되었다. 한반도계 토기와 부뚜막은 모두 마한지역과의 깊은 관련을 지적할 수 있고, 상당수의 마한계 도래인이 거주했던 것으로 생각된다. 다만 니시진마치유적에 대응하는 묘지인 후지사키유적에서는 도래인의 무덤이 확인되지 않았고, 부뚜막이 있는 주거지가 주변에 있는 유적으로 확산된 모양은 지적할 수 없다. 한편 니시진마치유적에서는 畿內, 山陰, 세트우치(瀬戸內) 등 각지의 토기도 출토되어 교역 거점의 성격이 강한 것으로 생각된다. 따라서 마한계 도래인은 교역을 목적으로 한 사람들이 아니었냐는 생각에 일차적인 체류에 머물렀다고 보는 견해마저 있다.

니시진마치유적은 4세기 후반에 취락이 단절되지만, 그것과 교대하듯이 출현한 것이 5세기 중반 이후의 후쿠오카시 사와라구 요시타케유적군이다. 요시타케유적군은 마한계 토기도 많지만, 가야・신라 토기도 많아 한반도 각지에서 온 도래인이 이주했을 가능성도 있다. 또 유적 주변에서는 철기 및 철생산의 흔적도 많이 보이기 때문에 철생산 등의 기술을 필요로 한 倭人의 요구에 응해 도래했을 가능성도 생각할 수 있을 것이다.

5세기가 되면 후쿠오카 평야의 동쪽에 있는 후쿠오카현 신구우마치(新宮町) 유우스・미시로지구유적군, 후쿠오카현 후쿠쓰시 쓰야자키고분군 주변의 취락유적에서도 마한계 도래인의 존재를 지적할 수 있게 된다. 특히 쓰야자키고분군 주변에서는 오키노시마 제사를 주관한 무나카타씨의 유력자 밑에 도래인이 모이고 있었던 상황이 추측된다. 또 이 유적들 혹은 거기에서의 도래인의 존재는 그들이 일본열도를 동쪽으로 확산해가는 과정을 생각하는 데 있어 중요할 것이다.

고분 자료를 보면 후쿠오카시 남구 로지고분과 후쿠오카시 西區 스키자키고분에서는 마한계 양이부호를 모방한 土師器가 출토된 바가 있어 4세기 말경 북부 큐슈의 횡혈식석실 출현에 있어 마한계 도래인이 관여했을 가능성이 있다. 5세기 후반이 되면 북부 큐슈의 횡혈식석실은 영산강유역에서의 횡혈식석실의 성립에 영향을 준 것으로 생각되지만, 그 시기에는 마한계 토기가 북부 큐슈의 수장묘에서 출토되어 양자의 관계는 쌍방향적이다. 백제 웅진기는 백제와 왜 왕권의 관련이 밀접하지만, 한편에서 전라남도에서는 북부 큐슈계의 횡혈식석실 더욱이 전방후원형 고분이 출현한다. 북부 큐슈계의 횡혈식석실이나 전방후원형 고분의 피장자에 대해서는 여러 학설이 있지만, 선학이 지적하듯이(김낙중 2008) 백제와 왜왕권 사이를 매개한 북부 큐슈의 수장층과 마한의 사람들이었다고 생각된다.

본고를 작성하는 데 있어 아래의 여러 선생님께서 교시, 협력을 주셨다. 깊은 감사의 마음을 지문을 빌어 전한다. (敬稱略, 五十音順)
大庭孝夫 久住猛雄 高久健二 武末純一 武田光正 寺井誠 広瀬雄一 宮本一夫 吉田東明 吉村靖德

* 표, 도면, 참고문헌은 일본어 원문을 참조.

VI. 畿内に定着した 百済系馬飼集團

- 大阪・蔀屋北遺跡を中心として -

宮崎泰史　大阪府教育委員會

1. 蔀屋北遺跡の概要

　蔀屋北遺跡は大阪府の東部、四條畷市大字蔀屋・砂に所在し、生駒山地から流出する小河川によって形成された沖積地に立地する縄紋時代から近世にかけての複合遺跡である。

　平成11年度(2000年3~4月)および12年度(2000年11月)の試掘調査によって新規に周知された(宮崎2002)。平成13年度(2001)より「なわて水みらいセンター」建設に伴う発掘調査を開始し、平成18年度までに7ヶ所の調査区(H地区・A~F調査区)、約25000㎡の調査が終了し、その成果は昨年度に報告書が刊行された(大阪府教育委員会2010)。その後、各調査区を接続する小規模な調査が行われ、来年度に報告書が刊行される予定である。

　調査の結果、古墳時代(5~6世紀)に属する遺構・遺物が多数検出され、古墳時代を代表とする集落遺跡として注目されている。浅い谷や区画の溝によって5つの居住域(北東・南東・南西・西・北西)に分けられている(図01)。検出された遺構は竪穴住居73棟、掘立柱建物84棟、井戸27基(うち井戸枠に船材を利用した井戸6基、井桁をもつもの1基)、土坑、溝などである(大阪府教育委員会2010)。なお、井戸枠に転用された船材のうち1基(井戸E090805)はモミ属で他はスギであった。

とりわけ、馬具(木製の輪鐙・鞍、鑣轡)、馬の埋葬土壙、多量の製塩土器、韓式系土器、U字形板状製品(焚口縁飾り)の出土によって、馬の飼育に関わった集落で、集落に居住した人々の出自が朝鮮半島西半部とのつながりが深い人々であったことが指摘されている。

集落は5世紀前半に形成され、5世紀中頃~後半に最盛期を迎え、6世紀後半まで継続するが、7世紀以降(一部、10世紀、12世紀に掘立柱建物が確認されるが)は主に水田域そして畑地として利用されていく。

以下に、蔀屋北遺跡を特徴づける馬具(木製の輪鐙・鞍、鑣轡)、馬、多量の製塩土器とともに、韓国との関わりが深い資料である陶質土器、韓式系(硬質・軟質)土器、U字形板状製品、移動式カマド、そして注目されている資料として骨角製品、鉄製品についても合わせて紹介していきたい。

2. 集落域から見つかった馬具

古墳ではなく、集落域から実用的な馬具3点セットが出土。いずれも一連の遺構と考えられる大溝からの出土で、居住域を区画する大溝H11から輪鐙、集落域を西限する大溝Fから鞍、大溝E090001から鑣轡。これらの資料は、同じ四條畷市に所在する南山下(みなみさげ)遺跡出土の馬形埴輪(図02)に表現された実用的な馬装具の表現と共通する点で、当遺跡で飼育されていた馬に装着していた姿を具体的にイメージさせてくれる。

1) 木製輪鐙 (図03)

(1) 概要

H地区の大溝H11の3層から2点出土。1点(図03-1)は高さ20.6cm、幅15.65cmを測る。輪部は平面楕円形で、内径縦7.3cm、横10.6cmで、断面梯形を呈し(内側が広い)、幅2.3~2.6cm、厚さ1.8~2.2cmを測る。柄部はやや上開きで、断面は隅丸長方形を呈し、長7.3cm、上方幅3.8cm、下方幅2.55cm、厚さは1.3~1.9cmをはかる。柄部の上方に1.5×1.8cmの横長方形の孔(鐙韁孔)をあけている。ここに鐙韁(皮紐)を装着して鞍に連絡したものである。柄部上縁及び鐙韁(みずお)孔の内縁上部は、著しく磨耗している。これは鐙韁が結ばれていた痕跡で、長期にわたって使用されていたことを物語る。鐙韁孔や輪部の摩滅の痕跡から、乗馬する人の右足を乗せるものと考えられる。表面は丁寧に調整されており、輪部を削り込んで断面梯形にすることで、軽く、また重量のかかり具合を考慮して、柄部の基部を厚くするなど、実用品として行き届いた細工を施している。なお、鐙韁孔のやや下に径0.3cm、深さ0.3cmの断面擂鉢形の穴をあけている。これは前面を意識したための印と思われる。材質はカシ(アカガシ亜属)で、木取りは柾目である。2点目(図03-2)は柄部を欠き、残存高は13.3cmを測る。輪部は平面長楕円形で、内径縦8.1cm、横9.7cmで、断面隅丸長方形を呈し、幅2.3~2.6cm、厚さ1.8~2.2cmを測る。図03-1に比べて形態的に洗練されておらず、整形はやや粗い。材質はカシ(アカガシ亜属)で、木取りは柾目である。なお、供伴する須恵器はI型式2~5段階(TK216~TK47)である。

(2) 特徴・意義

①図03-1の柄部は短く、輪部の内形が楕円形で、輪部の断面が梯形を呈するなどの点から、製作方法は異なるものの、その形状は滋賀県新開古墳例の木心鉄板張輪鐙に近似する。心材はいずれも木製ではあるが、作り方が異なり、木心鉄板張輪鐙は、木を曲げて輪の形をつくり、木の両端を吊手の形にのばして、曲げにより生じた吊手下端の空間には三角形の木をはめて整え、鉄板で一部または全体を覆い、鋲留めしたもの。

②図03-1の表面は丁寧に調整されており、輪部を削り込んで断面梯形にすることで、軽く、また重量のかかり具合を考慮して、柄部の基部や踏み込み部を厚くするなど、実用品として行き届いた細工をしている。一方で、図03-2は図03-1と異なり比較的粗い作りであり、製作技術の平準化があまり進んでいないことも示している。

③柄部上端、鐙韁孔内縁、輪部の一側縁の摩滅痕から、図03-1が実際に使用されたものであることが明らかとなった。また、輪部の上位内側の傾きからも、

乗馬する人の右足を乗せるものと考えられる。

　④古墳時代後期(6世紀中頃)までの古墳から出土する馬具類の中で、鐙が欠けている事例が多い。このことは、古墳への副葬品を含めて5世紀~6世紀には多くの木製の輪鐙(刳り貫き)が使われていた事を推測させる。

(3) 類例 (図04~07)

　　・宮城県仙台市藤田新田遺跡(5c)⇒全長31.9cm、左足用(後藤ほか1992、岩見1996)
　　・滋賀県長浜市神宮寺遺跡(5c末~6c後半)⇒残存長15.0cm(丸山1993、西原2002)
　　・奈良県桜井市纏向遺跡(4c初め−布留１式)⇒残存長16.3cm(橋本2002)
　　・寝屋川市讃良郡条里遺跡(5c) (奥村編2008a)
　　・寝屋川市讃良郡条里遺跡(5c) (森本編2009a)

2) 鑣轡 (図08)

　E調査区の大溝E090001中層から出土。銜と引手が遊環によって連結され、銜外環に鹿角製鑣が挿し込まれ、さらに鑣に立聞金具が装着された状態で検出された極めて稀な例。銜と引手が遊環を用いて連結されるのは百済および伽耶の轡にみられる特徴であり、そして形状が韓国清州新鳳洞72号墳(車勇杰・趙詳紀・呉允淑1995)から出土した鑣轡と類似していることなどから、朝鮮半島南西部からの移入品ないしは、移入品を模倣して製作したものと考えられている。しかし、百済で2条振りの銜と遊環の組合う例は見られない点、銜外環より大きい遊環と短い一条線引手などの特徴から後者の見解が指摘されている(諫早2008)。なお、供伴する須恵器はI型式2~4段階(TK216~TK23)で、調査担当者は5世紀前半頃に比定している(岩瀬2010)。

3) 鞍 (図09)

　F調査区の大溝F中層aから出土。後輪(しずわ)と呼ばれる背もたれの位置にある部分で、内外とも黒漆が塗られている。現存幅46.5cm、高さ27cm、最大厚4.5cmで、トチノキの枝別れ部分や根元などのような湾曲部分を利用して作られている。木取りは柾目である。なお、供伴する須恵器はI型式3段階(TK208)である。いままでに日本国内での木製鞍の出土例は19遺跡23例が報告されている(表1)。

　以上、同一の遺構から実用的な馬具のセットが出土したことは、集落遺跡で使用された馬装を把握する上で貴重な資料となっている。

3. 馬

1) 骨から見た馬の出現

(1) 古墳時代前期以前のウマ(縄文、弥生、古墳時代前期)

- 北九州市長行遺跡縄文晩期の土坑馬骨
- 長崎県大浜遺跡弥生時代後期(A.D.40年馬歯)
- 山梨県塩部遺跡・東山北遺跡4世紀後半の周溝墓の溝中より馬歯
- 大阪市亀井遺跡(古墳時代前期布留II式以前)ウマ右上顎前臼歯(中西他編1982)

(2) 古墳時代中期以降

　馬具の研究から、4世紀末～5世紀初めの古墳の副葬品として現れるので、騎馬用の馬具の登場とともに、ウマそのものも持ち込まれたものと考えられる。

　→馬具の出土、騎馬の普及は馬の飼育がなされていたことを意味する。

　→馬具の普及するのは5世紀半ばから末で、馬の飼育に成功し、広く普及していたことを示す。

　　→馬形埴輪大阪府藤井寺市野中宮山古墳、兵庫県赤穂市蟻無山一号墳、福岡県田川市猫迫一号墳の例から5世紀前半には登場。

2) 遺跡出土の馬の大きさ

　　1991年の段階(西中川1991)でウマの出土は、475ヶ所の遺跡(縄文〜近世)。ウマの体高は109〜139cmで、平均126.39cm。なお、2005年の段階で、大阪府域では120遺跡、339件が報告されている(積山・別所・宮崎2005)。
　　→始皇帝兵馬俑の陶馬は、体高133m

3) 馬の出土状況

(1) 古墳(犠牲馬・殉葬馬)

　　・古墳内
　　・古墳外

(2) 集落域

　　・食料残滓として、溝、土坑より出土
　　・祭祀儀礼として、溝、土坑、井戸、柱穴より出土
　　・埋葬

(3) 生産域(水田)

　　・畦畔内、畦畔に近接して、水口(みなくち)、坪境溝より出土

4) 蔀屋北遺跡の馬

(1) 概要

　　ウマ、イヌ、シカ、イノシシ、クマネズミorドブネズミ、ネズミ、ウシ、イタ

チ科、タヌキ、イヌ科などの哺乳類の他に鳥類、魚類、両生類、爬虫類、貝類などの動物遺存体が約1400点出土している（安部2010）。哺乳類は約1000点で、その内同定できたものは475点（ウマは254点と半数以上を占める）。出土遺構は馬埋葬土坑（土坑A940・A1345・A1483）、馬埋納土坑（A655）、土坑、井戸、大溝、区画溝（A950）、溝、ピットで、おもにA調査区（南西居住域）から出土。

　最小個体数については5世紀では15個体、5〜6世紀は9個体、6世紀は6個体で、時期が下がるにつれて減少。

(2) 集落域から見つかった馬埋葬土坑

土坑A940（図10）

　A調査区の中央部、区画溝の西側に接して検出され、南北2m、東西1.5m、深さ0.3mを測る馬埋葬土坑である。土坑内からウマの全身骨が検出された。馬骨は、頭部を北に置き、右側位を上にした全身骨で、頭部を土坑壁に持たせ掛け、前足は伸展し、後足は折り曲げた状態で検出された。年齢は5〜6歳。体高は約127cmで、日本在来馬でいう御崎馬（体高124〜130cm）の小さいクラス程度の体格である。性別は頭の先端および骨盤の残りが悪いため不明。古墳時代の中期の馬埋葬土坑はいくつか知られているが、骨格の一部分が残るのみで、土坑の大きさや骨の位置関係から馬そのものを埋葬したことがわかる例が大半で、今回の例は極めて稀な資料といえる。

　いままで馬の大きさ（体高）は一部分の骨の長さから推定されていたが、全身骨格が残っていたことで、当時の馬の大きさを知る上で貴重な資料となっている。

　また報告されている古墳時代の馬埋葬土坑は、古墳に伴うものがほとんどで、集落域から見つかった例は今回がはじめてである。同程度の御崎馬の体高に比べて、臼歯列長が大きいことが特徴としてあげられ、頭が大きい馬であることがわかる。

土坑A1345（図11）

　A調査区の中央南側、先述した土坑A940の南約30mで検出された土坑である。南北1.8m、東西1m、深さ0.4mを測り、土坑内からウマの上下顎骨が検出された。上下顎臼歯列が土坑の壁に持たせ掛けた状態で検出された状況は、土坑

A940と同様であり、土坑の小口部に頭が位置すること、他の骨を検出すること
ができなかったが、土坑埋土にリン分が多量に含まれていたことから、本来全身
が埋葬されていたと考えられる。歯冠高より年齢は3~4才歳と推定され、右下顎
第3後臼歯の最後方の咬頭は未崩出である。

　　土坑A1483

　　区画溝A950のテラス、A調査区北西で検出した。長軸2.0m、短軸1.7mの略
半円形の平面形を呈する土坑で、深さ0.3mを測る。埋土からウマの頭蓋骨、左
右下顎骨が出土しているが、臼歯のみ遺存。遺存していた上下臼歯列のうち前臼
歯は、未崩出で乳臼歯の下方で発育している様子を留めており、第1・2後臼歯は
崩出直後の状態であり、第3後臼歯は未崩出であった。臼歯の崩出状態から年齢
は2~3歳と推測される。今回の例は、乳臼歯が遺存していたことで、集落内おい
て若い馬を飼育していたことを直接的に証明する資料となった。

(3) 集落域から見つかった馬埋納土坑

　　土坑A655（図12）
　　A調査区の中央南側、土坑A1345の東11mで検出された土坑である。長辺0.8
m、短辺0.6m、深さ0.2mを測る長方形で、土坑内からウマの上下顎骨が出土し
た。馬骨は上下顎骨が横臥した状況で検出され、土坑内の片側に偏在した。出土
状況から頭と首の一部を埋納したと考えられ、祭祀的な様子がうかがえる。年齢
は4~5歳程度。注目される点は、第2前臼歯の歯冠部前位中央にわずかな窪みを
認められた。この窪みが銜に接する位置に相当することから、銜を使用していた
痕跡と考えられる。このため、遅くともこの年齢には集落内において乗馬を目的
とした調教を行っていたことを示す好例といえる。

4. 製塩土器

　　ウマの出土例が増える5世紀前~中頃（I型式2~3段階、TK216~208）には、

高さ7cm、重さ50gほどのコップ形の製塩土器が出現し、I型式4~5段階(TK23
~47)に急増する。中でも土坑A1135から、一遺構で最多の製塩土器が出土して
いる。下層から多量の須恵器、土師器とともに鳥足文タタキメの認められる陶質
土器や滑石製の双孔円板2点・臼玉88点、砥石そして移動式カマド、U字形板状
土製品とともに、焼土・炭層・灰層に混じって夥しい数の製塩土器約82kg、個体
数にして推定1641個体にのぼる資料が同時に出土した(図13)。

　製塩土器は加熱などの使用によって表面の摩耗が激しいもの、摩耗の程度が
弱いものもある。また、破片となって出土しているが、完形に復元されるものも
多い。このため割れて捨てられたというよりも、割って捨てたという状況が考え
られた。

　馬の飼育に塩が不可欠であることは、8世紀の史料ではあるが、官牧の管理・
運営、馬の飼育方法等について規定した『養老律令』(ようりょうりつりょう)「厩
牧令」(きゅうもくりょう)に記されている。実際に出土した量は他の遺跡と比較
して、その量をはるかに超えており、牧での使用を推定させるものである。

5. 朝鮮半島との深いつながりを示す土器・土製品

　「鳥足文タタキ目土器」、「直線文タタキ目土器」を含む陶質土器、韓式系土器
(軟質・硬質)、U字形板状土製品、移動式カマドなど。

1) 陶質土器, 韓式系(硬質・軟質)土器

　百済系(栄山江流域)の蓋・瓶・甕、百済系(鎮川地域)の甕、百済系の鉢、小伽
耶系(固城地域)の壺・坏身(図14・15)、そして平行・正格子・斜格子・縄席・直
線文・鳥足文タタキ目が施された韓式系土器(図16・17)などが出土している。

(1) 鳥足文タタキ目

　通常の平行タタキ目に、鳥の足の形をタタキ板に彫りこんだもの(図16-10・18)で、「鳥足文タタキ土器」(田中清美1994)、「鳥足形タタキ文土器」(竹谷俊夫1995)、「鳥足文タタキメの土器」(櫻井久之1998)などと呼称され、韓国では「鳥足垂直集線文」とも呼称されている。土師質と須恵質のものがあり、土師質のものが大半を占める。大阪府域では須恵質のものは大阪市瓜破遺跡(鎌田1987)、八尾市久宝寺遺跡(八尾市文化財調査研究会2001)、寝屋川市楠遺跡、大東市メノコ遺跡(中逵1998)、東大阪市池島・福万寺遺跡(大阪府文化財調査研究センター1997)、松原市大和川今池遺跡(大阪府教育委員会1996)で報告されている。

(2) 直線文タタキ目

　通常の平行タタキ目に、ほぼ直角に一本の直線をタタキ板に彫りこんだもの(図16-12・20)で、韓国では、「単線横走垂直集線文」と呼称されている。この種のタタキ目をもつ土器は、朝鮮半島の南西部、すなわち百済中心地域や栄山江流域との係わりをもつ韓式系土器であることが明らかにされている。なお、直線文タタキ目は大阪府南部にある陶邑窯跡群(TK73、TK85号窯跡)から見つかっていることから、「U字形板状土製品」とともに、日本列島に須恵器製作を伝えた人々の故地(窯の操業者の出自)を示す資料としても注目されている(宮崎2006)。

　大阪府域での出土例は堺市大庭寺遺跡(冨加見ほか1990)、大東市メノコ遺跡(中逵1998)、富田林市岸之本南遺跡(橋本1999)、八尾市小阪合遺跡(大阪府文化財調査研究センター2000ｄ)、陶邑窯跡群(中村浩編1978)である。

2) U字形板状土製品(焚口縁飾りたきぐちふちかざり)

(1) 名称

　U字形板状土製品は造り付けの竈などの焚き口の前面に立て、それを保護・装飾するための土製品で、形状から「U字形土製品」、用途から「竈焚口枠」(徐賢珠

2003)、「造付け竈の付属具」(田中清美2003)、「竈枠装飾」(權五榮・李亨源
2006)とも呼称されている。

(2) 出土例

　国内では大阪府11遺跡、奈良県1遺跡。

　茨木市溝咋遺跡(大阪府文化財調査研究センター2000a・b)、堺市ＯＮ231号
窯跡(西口1994)、堺市大庭寺遺跡(冨加見ほか1990)、寝屋川市讃良郡条里遺跡
(長保寺、浜田編1993)、寝屋川市高宮八丁遺跡(濱田延充2001)、寝屋川市讃良
郡条里遺跡(蔀屋北、奥村編2008c、森本編2009c)、四條畷市蔀屋北遺跡(藤田
2010)、八尾市小阪合遺跡(大阪府文化財調査研究センター2000c)、八尾市八尾
南遺跡(八尾市文化財調査研究会1995a)、八尾市中田遺跡(八尾市文化財調査研
究会1995b)、八尾市池島・福万寺遺跡(畑2008)、一須賀古墳群内(鹿野200
7)、奈良県天理市中町西遺跡(奈良県立橿原考古学研究所編2003)。

(3) 時期

　四條畷市蔀屋北遺跡例及び寝屋川市讃良郡条里(蔀屋北)遺跡例は5〜6世紀、
八尾市池島・福万寺遺跡例は6世紀、堺市大庭寺遺跡例は奈良時代、八尾市中田
遺跡例は中世、一須賀古墳群内及び茨木市溝咋遺跡例は時期不明、ほかの例は5
世紀。

(4) 遺構の種類

　韓国：窯、住居址、廃棄場、古墳の封土や周溝
　日本：包含層、河川、窯、土坑、溝

(5) 用途と系譜

　従来、「用途不明の生駒西麓産の土製品」(西口1991)、「用途不明板状土製品」
と呼称され、国内では大阪府寝屋川市域でのみ出土例が報告され、約20点の破片
が確認されていた。用途については、カマドに関係する道具(組み立て式の移動
式カマド・つくり付けカマドの焚口あるいは掛け口等の付属品)ではないかと考
えられていた(濱田1993)。

　1996年に韓国全羅南道光州市の月田洞遺跡(林永珍・趙鎮先・徐賢珠1996)
で、地上建物(掘立柱建物)に付随する溝状遺構などから出土したことで、韓式系
土器と同様に韓国に系譜が求められることが明らかとなった。しかし、全体の形
状がわかる資料がない状態で、用途についても推定の域をでることはなかった
(濱田2001)。

　その後、2000年に蔀屋北遺跡で全体の形がはじめ判明し、成形・製作工程に
ついては、粘土塊を作業台の上で、平面U字形の板状に作り、内・外縁に突帯を
貼り付け、焼成の前(生乾きの段階)に中央で「相欠き」(あいがき)状に切り離し
て、焼成していることが明らかとなった(図18)。また、大量の製塩土器、須恵
器、土師器とともに出土した天井部に「平坦部をもつ移動式カマド」(図17の下)の
焚口の端部(突帯を張り付けている)の形状と同様な作りをしていることなどか
ら、カマドなどの焚口を保護・装飾するための土製品の可能性が考えられ、形状
から「U字形板状土製品」と呼称した(宮崎2002)。

　続いて韓国ソウル風納土城9号住居内から竈の焚き口の前面に立った状態で出
土したことから、その用途の一端が明らかとなった(国立文化財研究所2001)。

　蔀屋北遺跡では、100片以上の出土例が確認され、大きさも80~110cmと数
タイプの大きさに分けられことから、造り付けの竈に限らず、そして屋内外にか
かわらず暖房施設等の焚き口にも使用していた可能性を考慮して「焚口縁飾り」と
呼称している(宮崎2006)。その後、蔀屋北遺跡では621片(290個体で、最小個
体数は16~19)の出土例があり、大きさについても幅80~114cmとバラエティー
が見られる。突帯の有無などで7タイプに分類され、詳細な分析がなされている
(藤田2010)。しかしながら、竪穴住居をはじめとしてU字形板状土製品が使用
された状態で見つかった例は確認されていない。唯一、大阪府東大阪市の池島・
福万寺遺跡では土製品の再整理の結果、使用されていたことを示す状態で出土し
ていることが明らかになった(畑2008)。2つの造り付けカマドを内部にもつ建物
30のカマド1からU字形板状土製品(第19図)が出土している。時期は6世紀前~
中頃で、竪穴ではあるが、西側に柱列を設けた片屋根をもつ建物と報告されてい
るものである(畑・井上2002)。

　なお、この種の土製品は韓国内では西半部に分布(第20図)していることが明
らかにされている(徐賢珠2003、田中2003、濱田2004、權五榮2005、權五榮・

李亨源2006)。

3) 移動式カマド

　移動式カマドは、先に触れたU字形板状土製品そして羽釜とともに蔀屋北遺跡では5世紀中〜後半頃(TK203〜TK23)に出現する。陶質土器、韓式系土器(壺・甑・平底鉢)よりも後出する。そしてコップ形の製塩土器の最盛期と重なる点で、「移動式カマド」、「U字形板状土製品」、「羽釜」、「コップ形の製塩土器」は、その出現の背景に何らかの関連性が想定される。丁度、馬の歯・骨の出土量が多い段階でもあり、馬の飼育に関してあらたに外部からの人の流入が考えられる。

　図17の下は土坑A1135の下層より出土した移動式カマドである。平底の甑を倒立させたような形態を呈し、水平な天井部をもつ。掛け口は径21.9×22cmの円形を呈する。天井部幅28.9×29cm、基部幅43.3cm、高さ32cmを測る。体部上位に1対の角状の把手が下向きに取り付けられている。掛け口は天井部で屈曲して、幅約3.6cmの平坦面をつくり、端部はヘラケズリ調整を施し、シャープな面をつくる。焚き口の庇部分は、上部がやや上方に張り出す、「付け庇」である。焚き口の上部からつづく庇は、基部に向かうほど張り出しの度合いが弱くなる。庇高は先端部を一部欠損するが、掛け口高(天井部)を上回らないタイプ。庇の上面・左右側面には、製作〜乾燥時の支えとして使用した植物茎の痕跡と考えられる竹管文状のスタンプ痕が認められた。その平面および断面の形状が一定していないことから、先端がやわらかい(植物質?)棒状のものを使用したものと考えられる。焚き口は、幅36.4cm、高さ25.2cmをはかり、立面形は肩のまるい台形をなす。焚き口の両側は端部を内外に肥厚させ、幅広の面をもつ。

　焚き口の背面には径3.2×3.4cmの円形の「煙り出し孔」を穿つ。焚き口の裾部両側には、支脚状の低い小突起を付し、わずかに裾あきになる。背面については欠損のため、小突起の有無は不明。体部外面には縦方向の平行タタキメ、内面はナデ調整を施している。胎土中には雲母・角閃石が多量に含まれ、暗灰褐色を呈する、いわゆる「生駒西麓産」と呼ばれるものである。

　把手の下面側には、庇の上面・左右側面に観察されたような、竹管文状のスタンプ痕が各一ヶ所に認められた。煙り出し孔・内面の上部には、煤の付着が認められた。また、赤変した部分が天井部内面と体部内面下半、焚き口周辺に認められた。掛け口の内外面に施されたヘラケズリ調整は、倒立して成形した時に生じた、はみ出した粘土を整えるためであろう。おそらく、かまどの製作方法は、把手の付け方や庇部分の支え痕跡(竹管文状のスタンプ)から、平底の甑のような器を倒立させ、焚き口・掛け口を開けて製作されたと考えられる。

　なお、水平な天井部をもつ移動式カマドは、今までのところ蔀屋北遺跡、寝屋川市讃良郡条里遺跡、長保寺(ちょうぼじ)遺跡(浜田1993)、東大阪市鬼虎川遺跡(宮崎編2002)のみで確認されている。

6. 骨角製品

　骨角製品は鹿角加工品を含めて25点で、内訳は鹿角製刀剣装具4点、鹿角製刀子柄4点、骨角製管玉2点、有孔骨角製品3点、卜骨3点、鹿角製加工品9点である。大半は大溝から出土した。

　なかでも鹿角製刀剣装具については一般の集落から出土することは稀で、特に柄頭は古墳の副葬品としてのみ報告例が知られている資料である。

　一般に、刀剣装具は柄装具と鞘装具に大きく分けられ、柄装具は柄頭(つかがしら)・柄間(つかあい)・柄縁(つかぶち)、鞘装具は鞘口・鞘間(さやあい)・鞘尾(さやじり)装具の部品からなり、鹿角製の刀剣装具には柄頭、柄縁、鞘口、鞘尾がある。

　小林行雄氏、置田雅昭氏の研究成果(小林1976、置田1985)にしたがい、刀剣を左に佩用することを前提に、各部分を頭(頭端)、尾、背、腹、佩表(はきおもて)、佩裏(はきうら)と呼称する(図21)。なお、「佩表、佩裏」を側面と呼称する場合もある。

　調査では柄頭装具(以下、装具を省略)2点(図23・24)、柄(柄頭＋柄間)1点(図25)、鞘尾1点(図26)が出土している。柄頭については、内部が貫通する「円筒形タイプ」と貫通しない「円柱形タイプ」の2つに大きく分けられる。「円筒形タイプ」は頭側面から円形、尾側面から方形の孔を穿っている。「円柱形タイプ」は頭側面の中央を半球状に彫り窪め、尾側面に方形の穴を穿っている。尾側面の孔・穴はいずれも柄(柄間)を挿入するためのものである。

　置田雅昭氏の木製柄(把)装具AI類の柄頭(置田1985)は「円柱形タイプ」を模倣したものである。なお、讃良郡条里遺跡(蔀屋北)では土製の「円筒形タイプ」が出土している(奥村編2008c)。

　両タイプの頭端部は基本的に平坦につくり、中央やや腹側面寄りに突帯をつくり出し、突帯の下端に段を設けている。さらに、突帯または段に対して直交するかたちで、上下二方から溝を刻んでいる。なお、突帯については、痕跡的に稜として存在するもの、また、つくり出さない例もある。次に、外周面に直弧文を飾るもの、何ら文様を施さず鹿角本来の自然面を残しているもの。また、側面に護拳用のベルト(勾金、まがりがね)を通すための「潜り孔」(くぐりあな)を設けている場合もある。図23・24は円筒形タイプ、図25は円柱形タイプに相当する。

　図23はF調査区の大溝F中層bから出土した。第1叉と第2叉間の角幹(図22)をやや斜め気味にカットし、管状に整えている。斜めにカットすることで、柄挿入穴に柄(柄間装具)を装着すれば、頭端をもたげた姿に復元できる。長さ38.77mm、最大径32.71mmを測る円筒形で、両端は平滑に研磨され、側面観は平行四辺形を呈している。潜り孔に通した紐も遺存するなど保存状態は極めて良好である。頭端面の中央に径15.89×14.95mmの円形の孔を穿ち、その上下二方から溝を刻んでいる。腹側下位寄りに段を設けているが、突帯は作り出していない。円形の孔周辺、溝に赤色顔料が付着していた。蛍光X線分析の結果、赤色顔料は水銀朱(辰砂)による赤色と判定されている。

　外周面には直弧文などの文様はなく、鹿角本来の自然面のままで、一切加工を施していないが、頭端の孔の周辺や溝に見られたように、水銀朱を塗布している。側面のやや尾側寄りに二孔一対の紐通しの潜り孔を穿ち、内部に紐が遺存していた。潜り孔は略円形を呈し、径は3.42～5.43mmで、紐(蔓状の繊維?)は太さ3.15～3.55mmを測る。尾側面に穿たれた柄挿入孔は径17.15×17.45mmの隅丸方形を呈し、柄の入り込む長さは1.15cmで、その部分には接着剤に使用されたと考えられる黒色物質が付着していた。穴の周辺は柄が押し込まれたことを示

すやや光沢を帯びた磨滅痕が明瞭に観察され、実際に柄が柄頭に挿入されていた
ことを物語っている。

　図24はE調査区の大溝E090001中層から出土した。図23を一回り大きくした
タイプで、長さ41.52mm、最大径36.11mmを測る。角の表面は一部剥離し、全
体的にひび割れが進行し、保存状態は悪い。頭端面の中央に径16.45mmの円形
の孔を穿ち、その上下二方から溝を刻み、腹側下位寄りに段を設けている。突帯
の有無については表面のひび割れによって判然としないが、かすかに反り上がっ
ているようにも見える。このため、突帯ではなく、稜として存在する可能性も考
慮しておきたい。外周面には直弧文などの文様はなく、鹿角本来の自然面のまま
で、一部に朱の付着が観察された。図23と同様に全体に塗布していた可能性が考
えられる。

　側面(佩表)の頭端、尾端寄りに二孔一対の紐通しの潜り孔を設けている。潜
り孔は縦長の楕円形を呈し、径は4.03~5.21mmで、紐(蔓状の繊維？)は太さ
3.39mmを測る。

　尾側面に穿たれた柄挿入孔は幅19.96mm、厚さ14.99mmの長方形を呈し、
柄の入り込む長さは1.9~2.0cmで、その部分には接着剤に使用されたと考えら
れる黒色物質の痕跡が一部確認された。穴の周辺は柄が押し込まれたことを示す
やや光沢を帯びた磨滅痕が観察され、実際に柄が柄頭に挿入されていたことは明
らかである。

　以上のように(図23・24)は、内部が貫通する円筒形タイプで、突帯をもうけ
ず、外周面に角本来の自然面を残し、潜り孔をもつ点で、徳島県恵解山二号墳西
棺出土例(末永雅雄・森浩一1966)に共通する。頭端部内面と外周面に塗布され
た朱は、毎年生え変わる角の生命力とあいまって柄頭に特別な意味合いが込めら
れているのであろう。

　柄(図25)はH地区の大溝H11の5層下位から出土した。右角の第1叉と第2叉
間の角幹をやや斜め気味にカットし、柄頭と柄間を一緒につくり出している。柄
間は途中で折損しており、現存長91.65mmを測る。柄間は57.06mmほど残存
し、背には木製品に見られるような茎を落とし込む溝は認められず、約1cmの平
坦面を作り出している。中央での断面形は上部を裁断したような紡錘形で、径
16.14×21.11mmを測り、両端に向けて徐々に広がる。柄頭は円柱形タイプで、

長さ34.46mm、幅31.28mm、厚さ32.89mmを測る。柄頭端面の中央には径約2cmの円形の浅い窪み(深さ0.6mm前後)をもうけ、円形の窪みの下半には痕跡的ではあるが三角形の稜線がみられる。柄頭の外周及び柄間の背側面は鹿角本来の自然面を残している。頭端面の円形の窪みが浅い点、上下二方からの溝が認められない点を除けば、木製品ではあるが、奈良県天理市布留遺跡の出土例(山内1995)にきわめて似ている。本例は、4世紀中頃から後半にかけての層中より出土していることから、柄頭の円柱形タイプの祖形となるものと考えられる。型式的に円柱形タイプから円筒形タイプへと変遷していく可能性が考えられる。

　図26は鞘尾で、E調査区の大溝090001中層から出土した。第2叉の部分を縦長に利用している。断面形は扁平な六角形で、長さ38.84mm、幅76.07mm、厚さ26.28mmを測る。頭側面、尾端面、腹面は平滑にカットしているが、腹面の中央付近は第2叉の形状をよく残している。外周面には他遺跡の例では直弧文を施しているが、本例は直弧文を刻まず、簡易的な線刻が佩表の上位と下位、佩裏の下位に刻まれているのみで、鹿角本来の自然面を多く残している。頭側面には鞘木を挿入するための径21.44×9.68mm、深さ20.39mmの長方形の穴を穿っている。

　なお、鹿角製鞘尾は、集落址では奈良県天理市布留遺跡(山内1995)、寝屋川市讃良郡条里遺跡(奥村編2008a)についで三例目となる。

7. 鐵製品

　保存状況に恵まれたため鉄製品の残りは極めて良好で、若干の錆が付着しているだけであった。直刃鎌、曲刃鎌、鑿、轡、刀子、鏃、釣針などが出土している(図28)。とくに，「曲柄刀子」(まがりえとうす)は彫りこまれた文様も鮮明で、刃は研げば十分に使用できるほどである。この種の刀子は、「異形刀子」(内田1990)、「曲がり刀子」(岡山県古代吉備文化財センター1997)などと呼称されている。時期は4世紀から6世紀前葉にみられ、韓国に祖形を求める見解がある。

　曲柄刀子(図29)は刃部と柄部は共造りで、全長16.3cm、刃長5.8cm、最大刃幅0.292cmを測る。柄が上方に屈曲する形状から、鹿角製刀子を模したものと考えられる。柄部の断面は長方形を呈し、柄元での幅0.463cm、厚さ0.933cm、柄頭では幅0.747cm、厚さ1.147cmと柄頭に向かって徐々に幅・厚さが増す。柄部の左右側面には、枠取りした区画内に鏨状工具によって綾杉状に文様を彫り込んでいる。同様の例は、文様の有無は不明であるが、寝屋川市讃良郡条里遺跡（奥村編2008b）、福岡県甘木市池の上墳墓群D-3号・D-5号（橋口達也編1979）にも見られる。さらに、柄部の下面、刃部の棟には鏨状工具で「×」印が彫り込まれている。棟に「×」印を彫り込んでいる例は、大阪市瓜破遺跡（池田2002）に次いで二例目となる。

番号		遺跡名	所在地		出土遺構	部位	時期	高さ	幅
1	1-1	百舌鳥陵南	大阪府	堺市	溝	前輪	5世紀後半	23	36.3
2	1-2	〃	〃	〃	〃	後輪	5世紀後半	21	41.3
3	2	八尾南	〃	八尾市	井戸SE-04	前輪	5世紀中	22	39
4	3-1	讃良郡条里 (長保寺)	〃	寝屋川市	河川	前輪	5世紀中？	(19.5)	(35.5)
5	3-2	讃良郡条里	〃	〃	溝	後輪	5世紀後半	20.1	41.8
6	4	上津島	〃	豊中市	流路	前輪？	5世紀中	[16]	[10.8]
7	5	蔀屋北	〃	四條畷市	大溝	後輪	5世紀中	27	46.6
8	6	玉櫛	〃	茨木市	土坑	前輪	6世紀中	20	36
9	7	谷	奈良県	榛原町	自然流路	後輪	5世紀後半	(17.5)	(46.5)
10	8-1	十六面・ 薬王寺	〃	田原本町	土坑SK01	破片	5世紀中 (中期後半)		
11	8-2	〃	〃	〃	土坑SK02	破片	5世紀(中期)		
12	9	下田東	〃	香芝市	旧河道 30001	後輪	5世紀(中期)	20	41
13	10	長柄	〃	御所市	居館濠	後輪	5世紀後半	(20)	-
14	11	石本	京都府	福知山市	大溝	前輪？	6世紀中	(20)	(38)
15	12	神宮寺	滋賀県	長浜市	自然河川 SR01	前輪	5世紀後半	(19)	(39)
16	13	吉武	福岡県	福岡市	河川	前輪	5世紀中	(21.2)	(40)
17	14	立花寺	〃	〃	河川		6世紀		
18	15	石木	佐賀県	三日月町	河川	前輪	6世紀前半以降	20.5	38.5
19	16-1	吉野ヶ里	〃	神崎町	土坑	前輪	6世紀	26.5	35.5
20	16-2	〃	〃	〃	〃	後輪	6世紀	31	51.6
21	17	牟田寄	〃	佐賀市	土坑 SK15004		5世紀末		
22	18	榎田	長野県	長野市	河川SG3	後輪	5世紀中or後半	26.5	47.6
23	19	下田	群馬県	新田町	河川	前輪	5世紀後半	-	-

表 2 _ 須惠器編年對照表

『陶邑』III 中村 浩氏案 1978・2001（型式）	『陶邑』III 中村 浩氏案（段階）	田辺昭三氏 旧案 1968	田辺昭三氏 新案 1981	森 浩一氏案 1958 1962	山田邦和氏案 1998	西 弘海氏 飛鳥編年 1986	暦年代（参考）
I型式	第1段階（前期）				I期 前期 古段階（大庭寺窯式）		5世紀前半
I型式	第1段階（後期）	I期 TK73型式	TK73型式（一須賀2号窯段階／TK73号窯段階）	I期 前半	I期 前期 新段階（高蔵寺73号窯式）		412年
I型式	第2段階	I期 TK216型式	TK216型式	I期 前半	I期 中期 古段階（高蔵寺216号窯式）		
I型式	第3段階	I期 TK208型式	TK208型式（ON46号窯段階／TK208号窯段階）	I期 前半	I期 中期 新段階（高蔵寺208号窯式）		5世紀中頃
I型式	第4段階	I期 TK23型式	TK23型式	I期 後半	I期 後期 古段階（高蔵寺23号窯式）		471年
I型式	第5段階	I期 TK47型式	TK47型式	I期 後半	I期 後期 新段階（高蔵寺47号窯式）		5世紀後半
II型式	第1段階	II期 MT15型式	MT15型式	II期	II期 前期 古段階（陶器山15号窯式）		6世紀前半
II型式	第2段階	II期 TK10型式	TK10型式（TK10号窯段階）	II期	II期 前期 新段階（高蔵寺10号窯式）		6世紀中頃
II型式	第3段階	II期 （　）	TK10型式（MT85号窯段階）	III型式 前半	II期 古段階（陶器山85号窯式）		6世紀後半
II型式	第4段階	II期 TK43型式	TK43型式	III型式 後半	II期 後期 中段階（高蔵寺43号窯式）		588年
II型式	第5段階	II期 TK209型式	TK209型式	III型式 後半	II期 後期 新段階（高蔵寺209号窯式）		
II型式	第6段階	III期 （　）		III型式 末	III期 初期（高蔵寺217号窯式古段階）	飛鳥I 590年代～640年代	616年前後／641年／645年／648年
III型式	第1段階	III期 TK217型式	TK217型式	IV期 前半	III期 前期 古段階（高蔵寺217号窯式新段階）	飛鳥II 640年代～660年代	660年
III型式	第2段階	III期 （　）	TK46型式	IV期 前半	III期 前期 新段階（高蔵寺46号窯式新段階）	飛鳥III 660年代後半～670年代	682～685年
III型式	第3段階	III期 （　）	TK48型式	IV期 後半	III期 後期 古段階（高蔵寺48号窯式）	飛鳥IV 680～690年代	694～710年
IV	第1段階	IV MT21型式	MT21型式	V 前半	IV 前期 陶器山21号窯式	飛鳥V 690～700年代	701～710年
IV	第2段階	IV （　）（　）	（　）（　）	V 前半	IV		716～725年／749年
IV	第3段階	TK7型式	TK7型式		高蔵寺7号窯式		753年／781～784年
IV	第4段階	TK7型式	TK7型式				8世紀末
IV	第1段階	TK122型式	MT83型式				
IV	第2段階	MT5型式	MT83型式				824年

（宮崎泰史 2007「陶邑の変遷」『年代のものさし-陶邑の須恵器-』平成17年度冬季企画展 大阪府立近つ飛鳥博物館）の図2・3を一部加筆して転載
引用文献
　中村 浩編 1978『陶邑』III 大阪府教育委員会
　中村 浩 2001『和泉陶邑窯 出土須恵器の型式編年』芙蓉書房出版
　田辺昭三 1966『陶邑古窯址群I』平安学園考古学クラブ
　田辺昭三 1981『須恵器大成』角川書店
　森浩一 1958「和泉河内窯出土の須恵器編年」『世界陶磁全集』第1巻 河出書房
　森浩一・石部正志 1962「後期古墳の討論と回顧」『古代学研究』第30号 古代学研究会
　山田邦和 1998『須恵器生産の研究』学生社
　西弘海 1986『土器様式の成立とその背景』真陽社

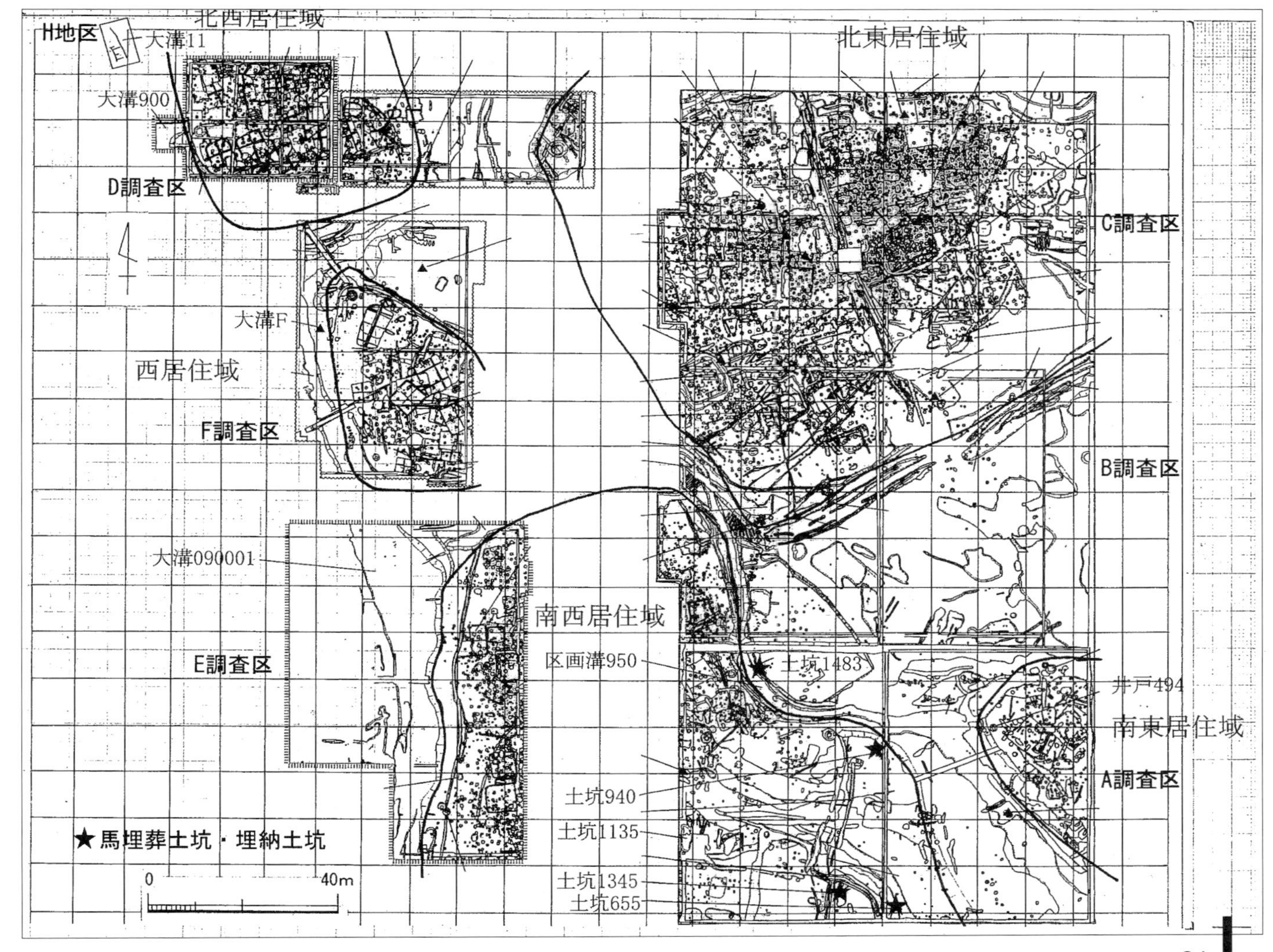

H地区
北西居住域
大溝11
大溝900
D調査区
北東居住域
C調査区
大溝F
西居住域
F調査区
B調査区
大溝090001
南西居住域
E調査区
区画溝950
土坑1483
井戸494
南東居住域
A調査区
土坑940
土坑1135
土坑1345
土坑655
★ 馬埋葬土坑・埋納土坑
0
40m

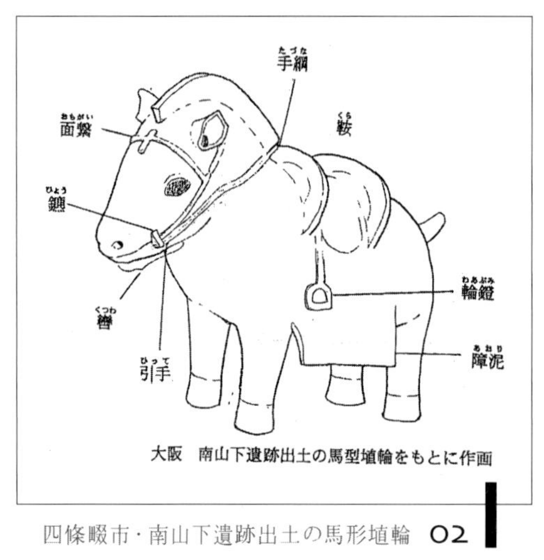

四條畷市・南山下遺跡出土の馬形埴輪　02

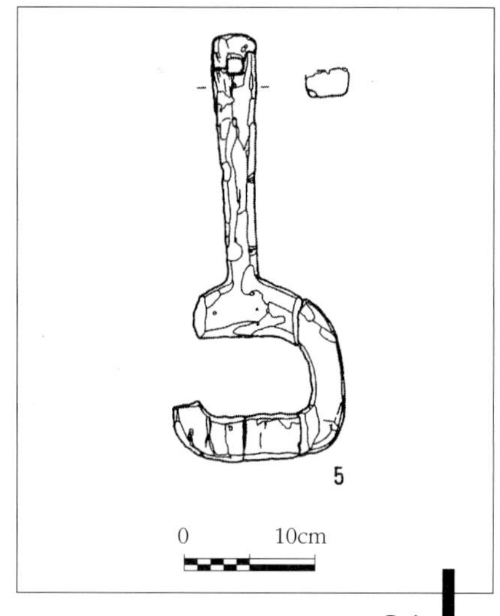

藤田新田遺跡の木製輪鐙　04

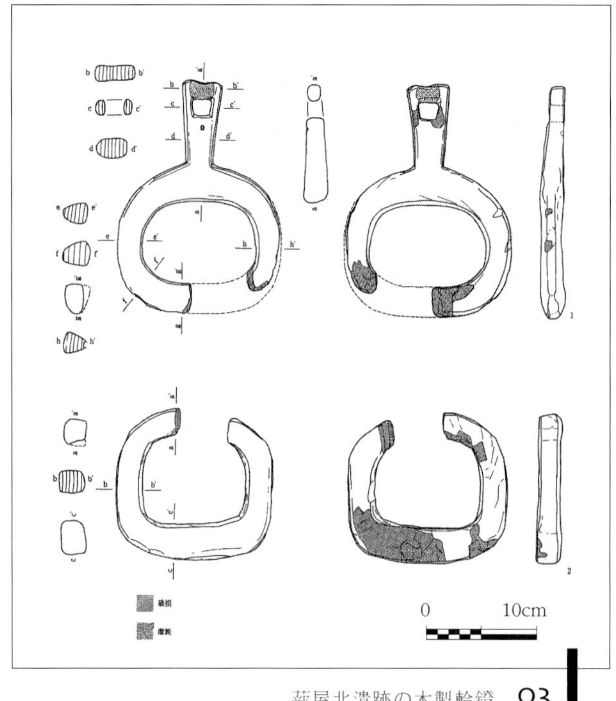

蔀屋北遺跡の木製輪鐙　03

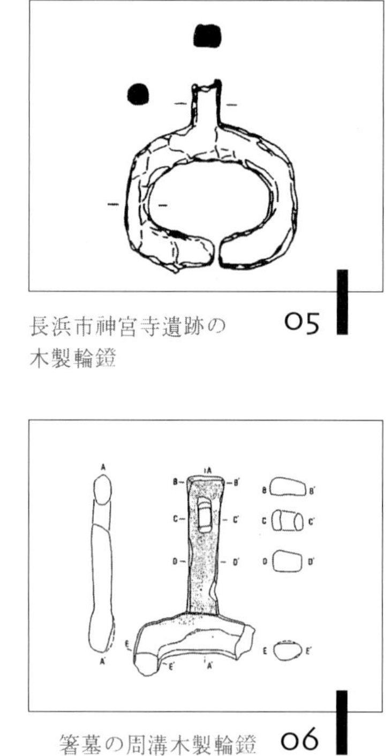

長浜市神宮寺遺跡の　05
木製輪鐙

箸墓の周溝木製輪鐙　06

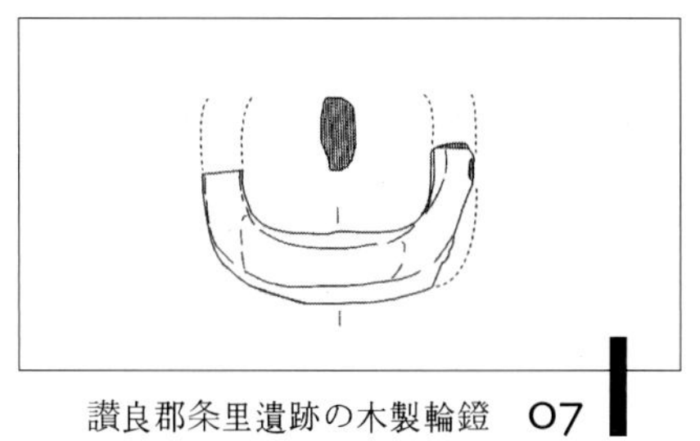

讃良郡条里遺跡の木製輪鐙　07

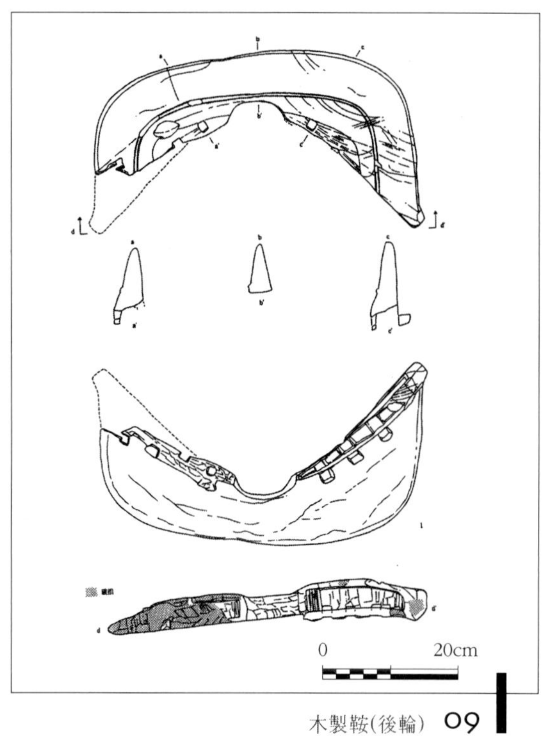

木製鞍(後輪)　09

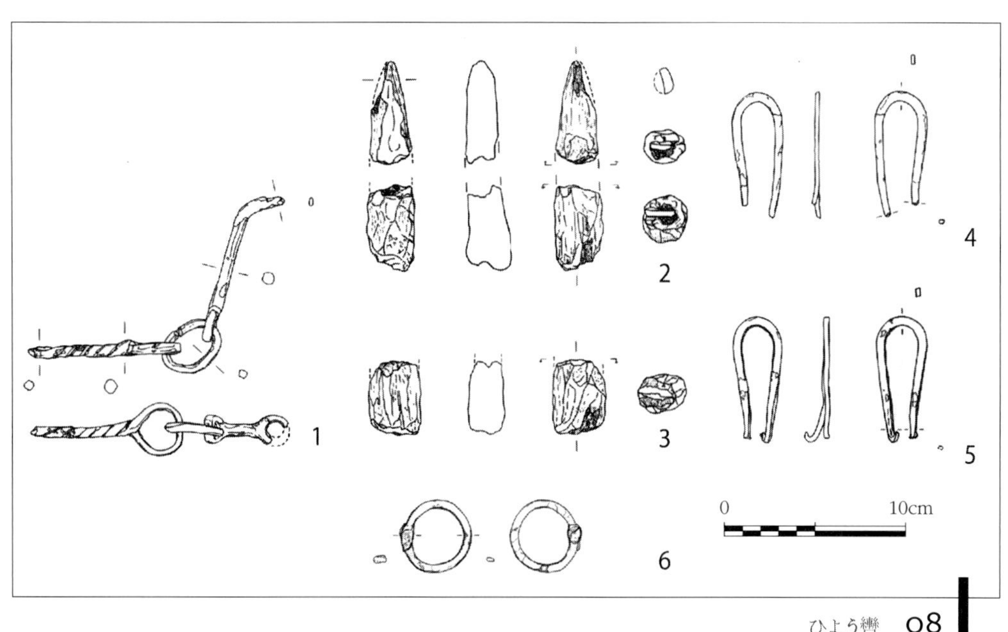

ひょう轡　08

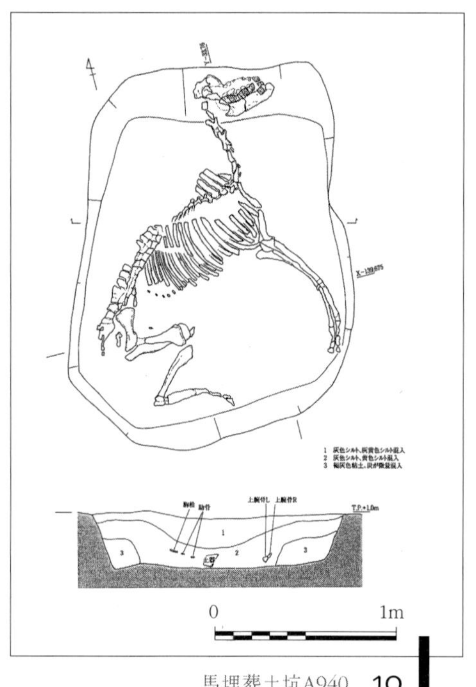

馬埋葬土坑A940　**10**

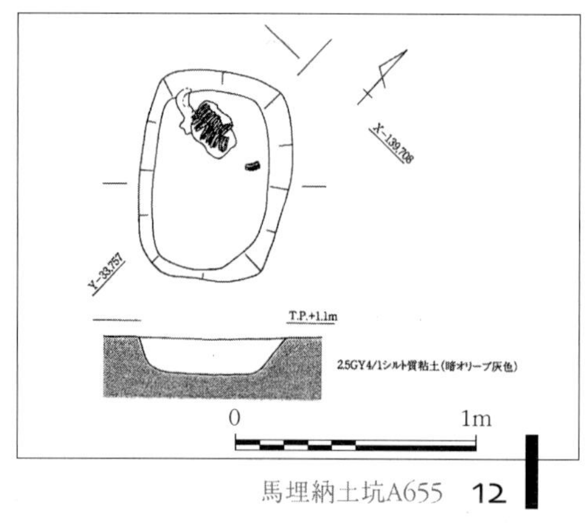

馬埋納土坑A655　**12**

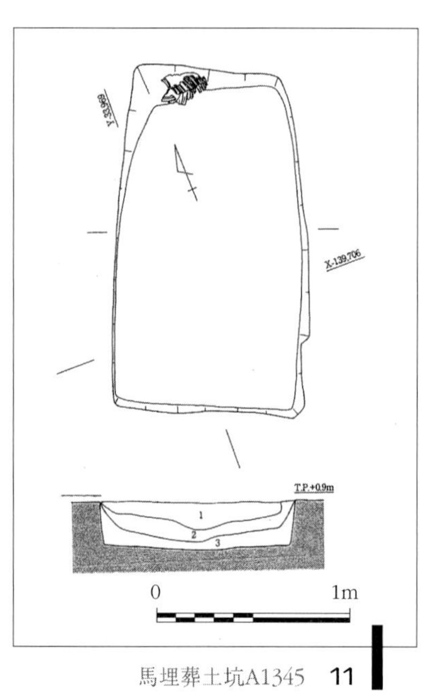

馬埋葬土坑A1345　**11**

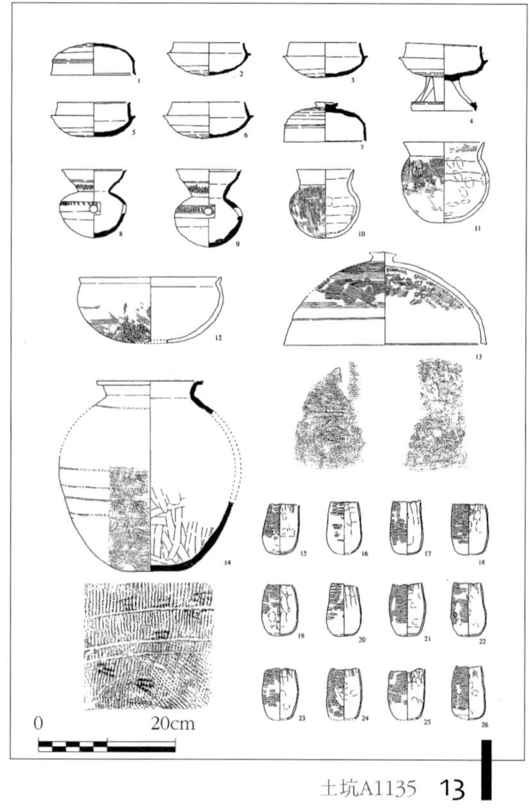

土坑A1135　**13**

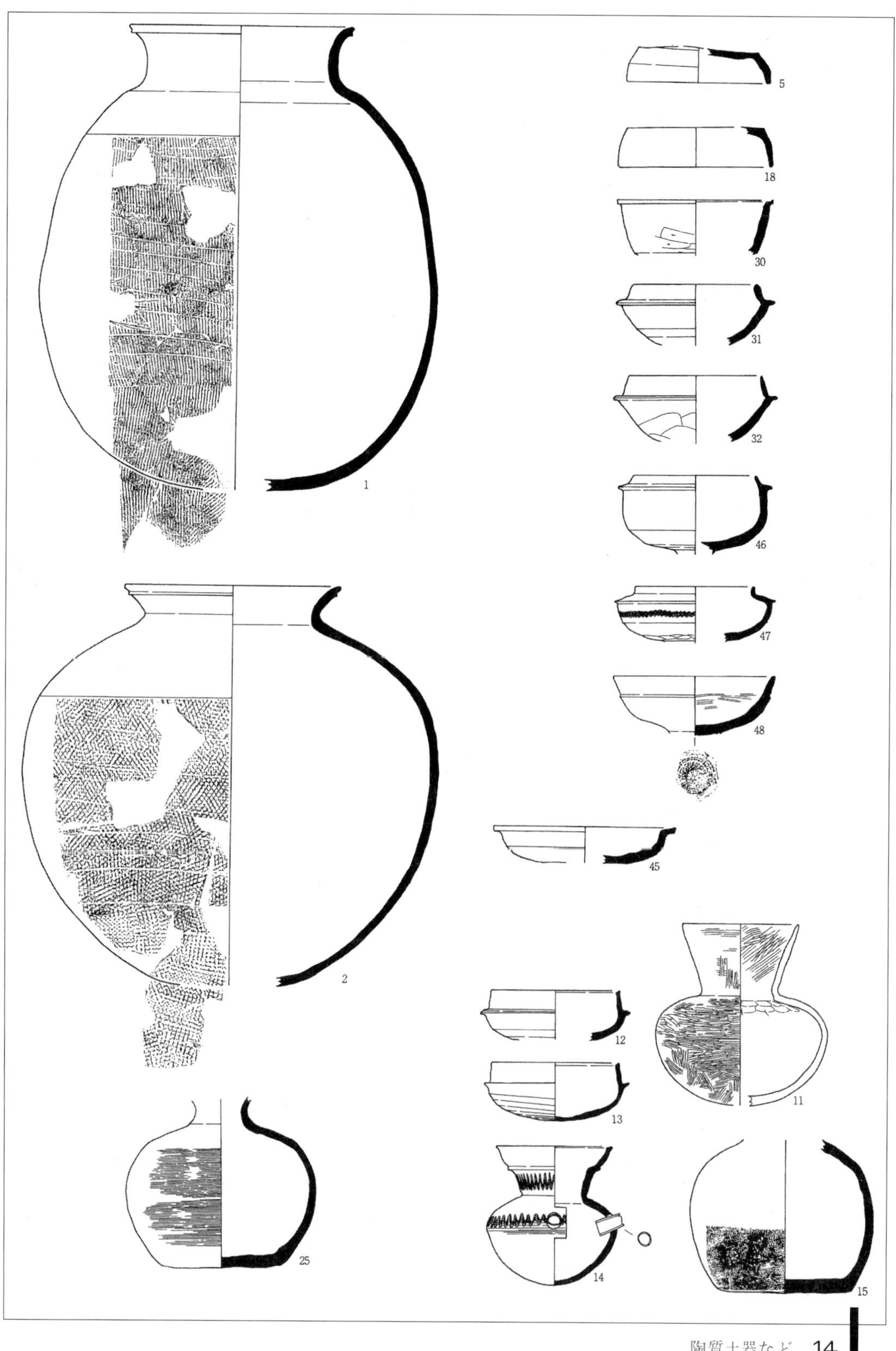

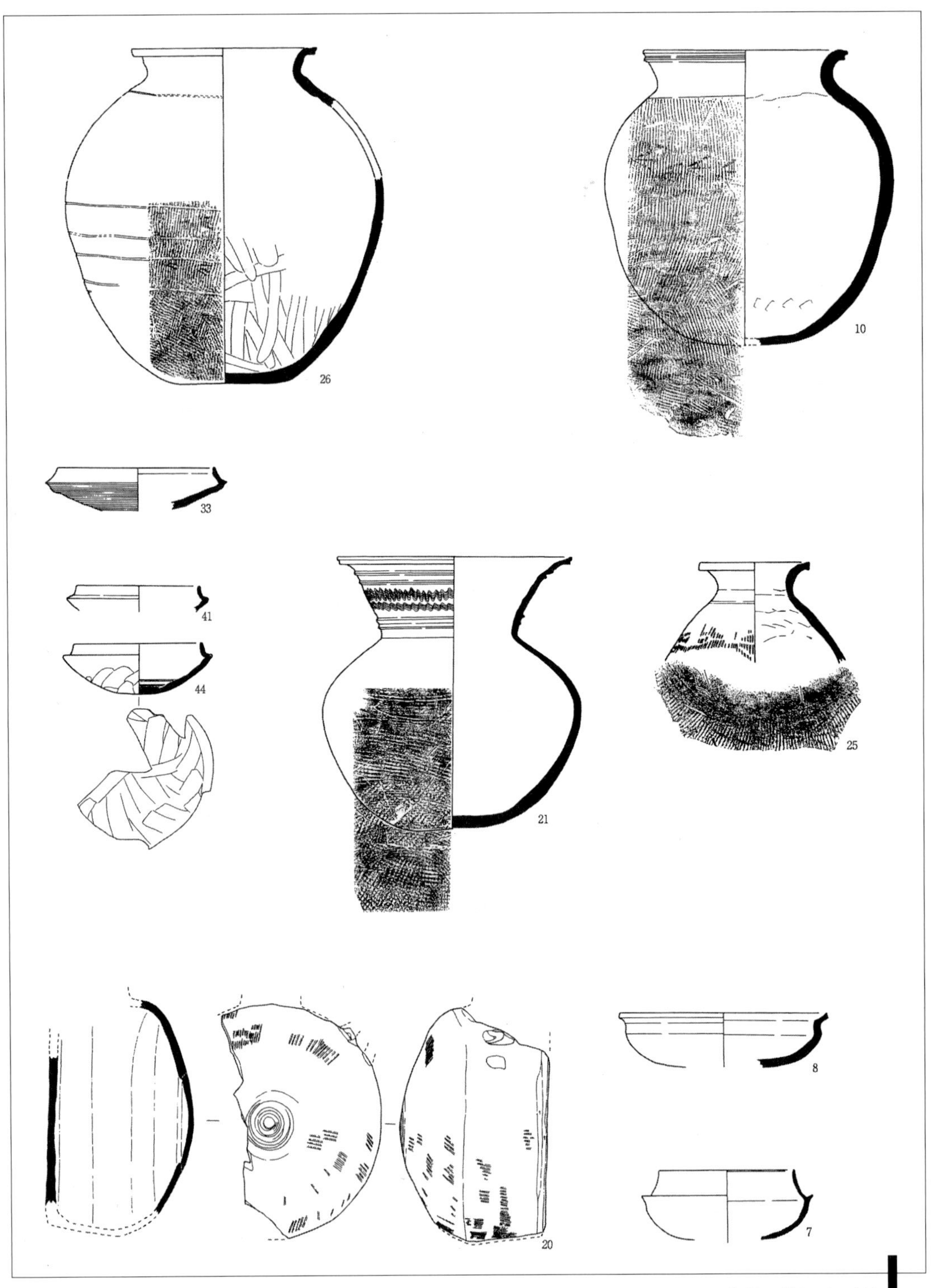

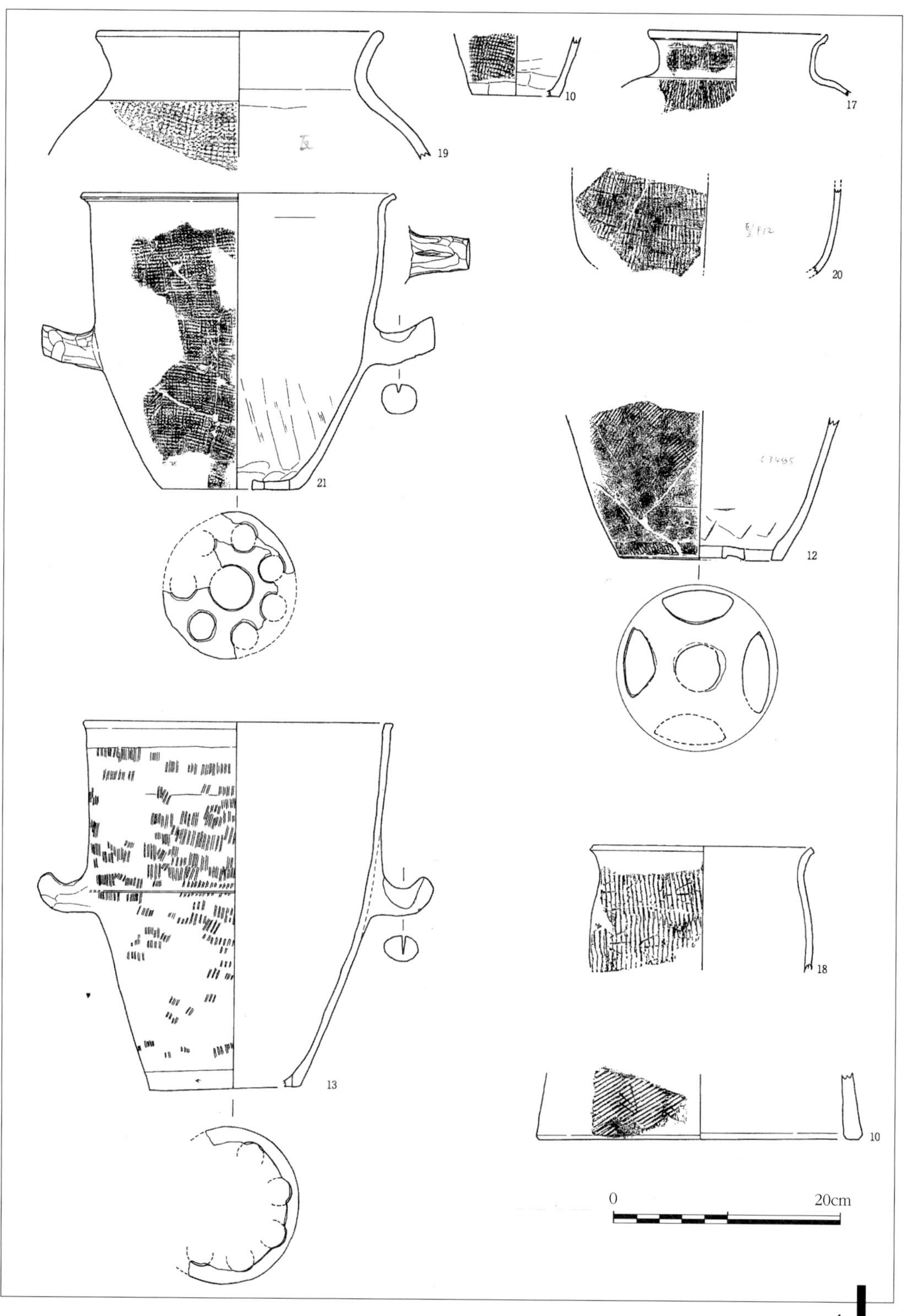

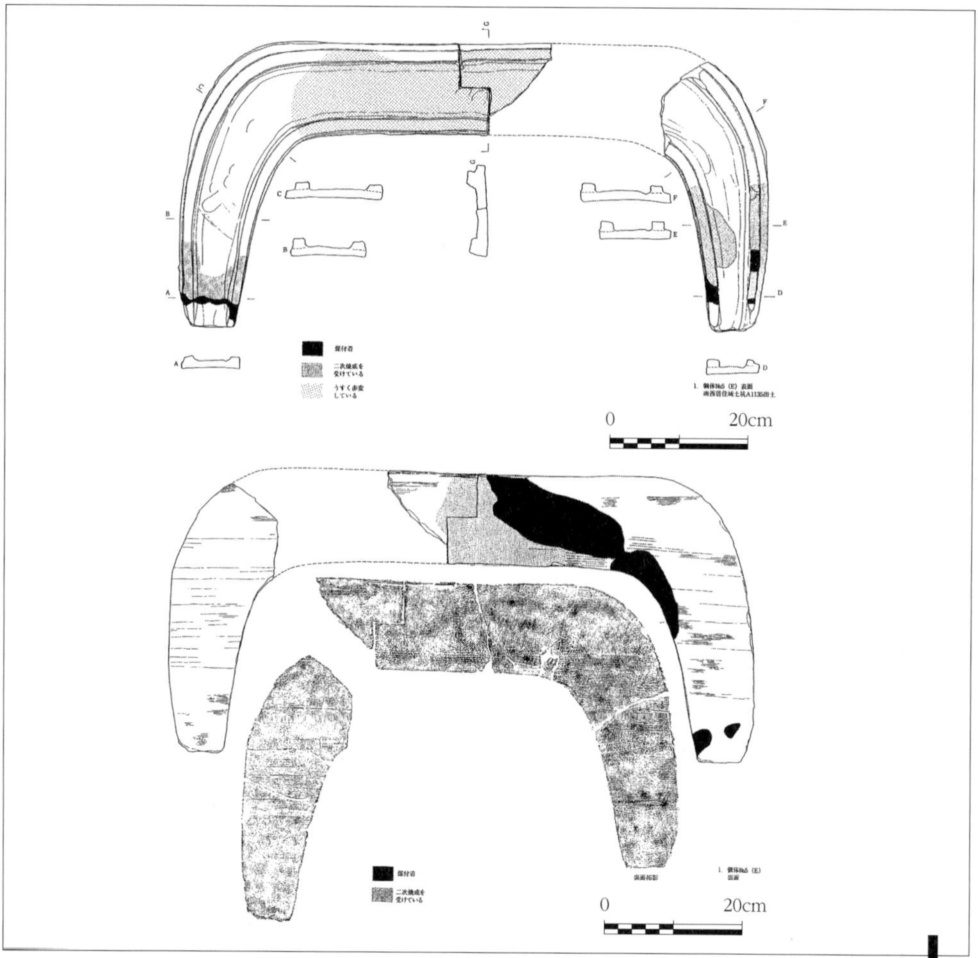

U字形板状土製品　**18**

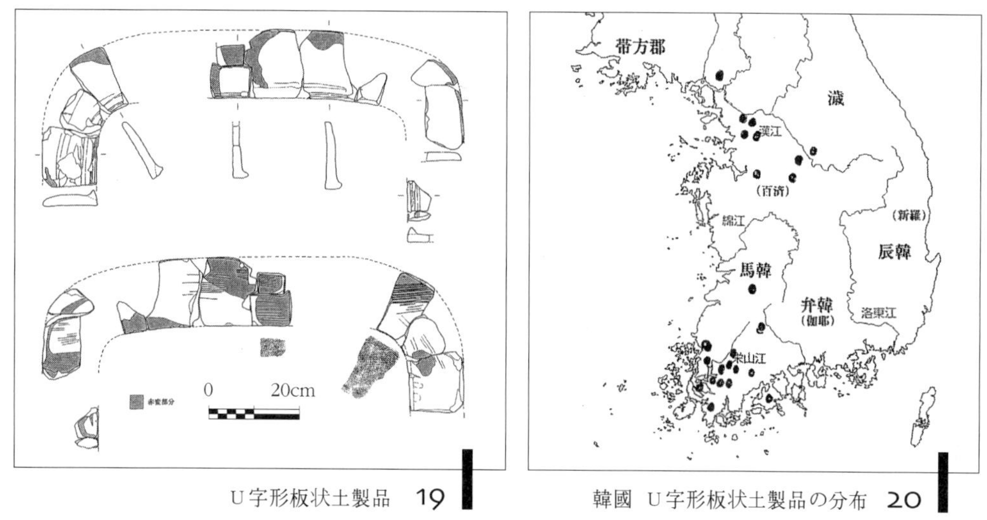

U字形板状土製品　**19**

韓國　U字形板状土製品の分布　**20**

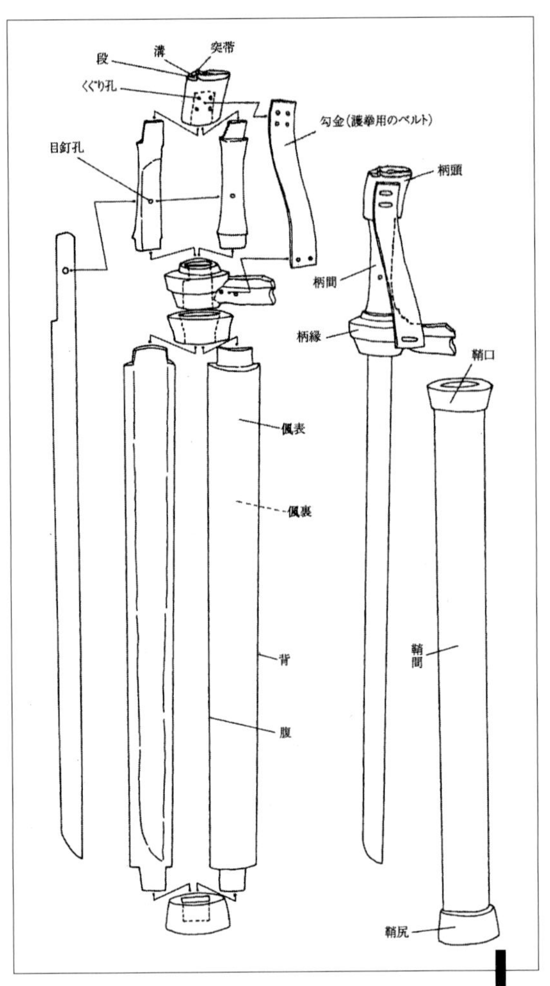

木装太刀の部品組合せ模式　**21**

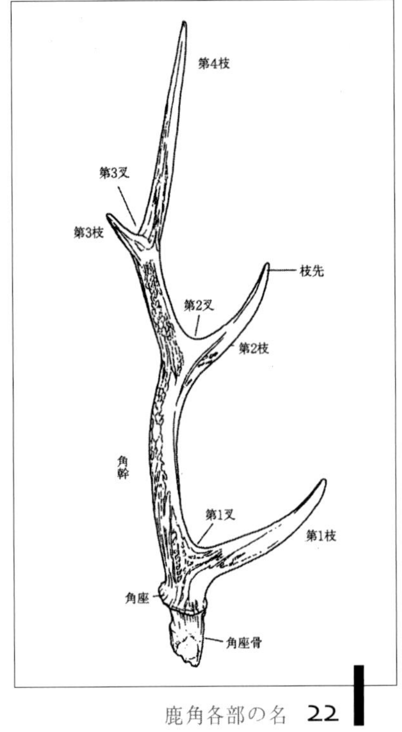

鹿角各部の名　**22**

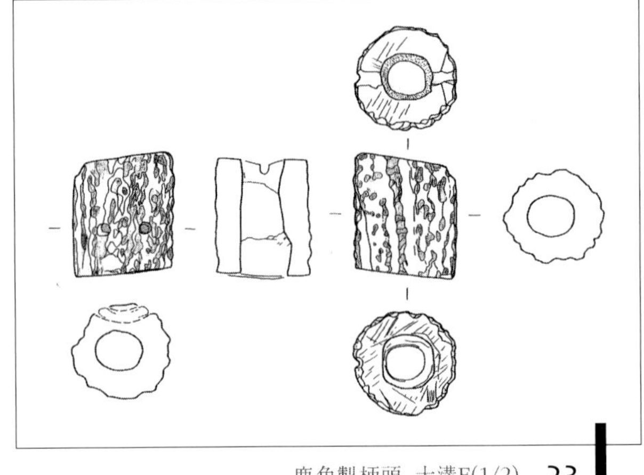
鹿角製柄頭　大溝F(1/2)　**23**

鹿角製柄頭　大溝E090001(1/2)　**24**

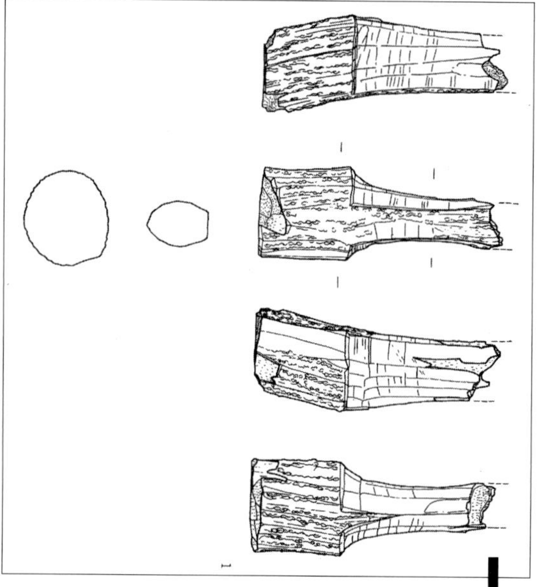

鹿角製柄　大溝H11(1/2)　**25**

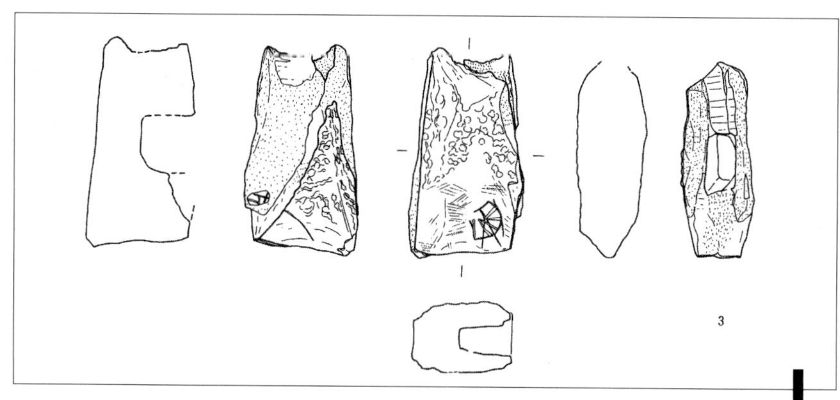

鹿角製鞘尻　大溝E090001　**26**

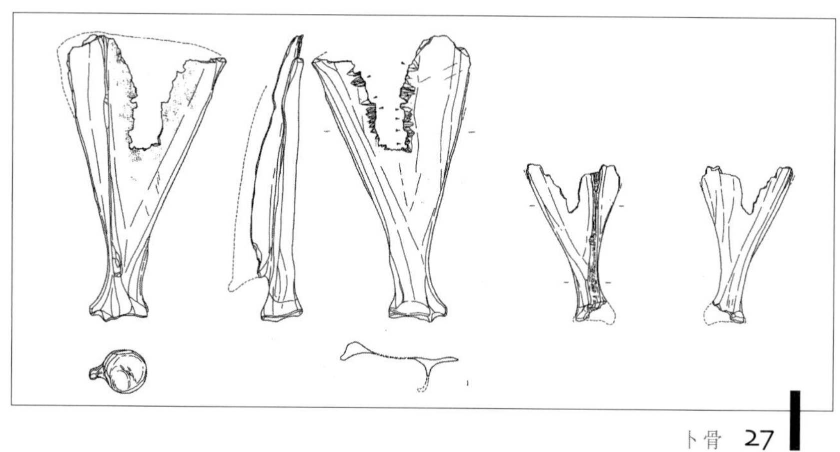

卜骨　**27**

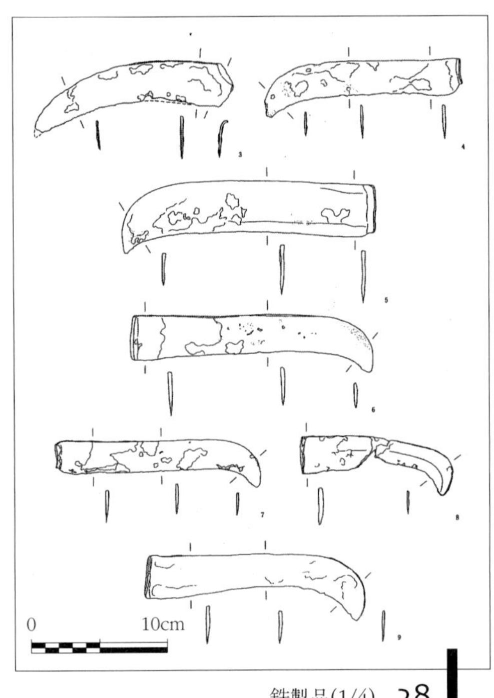

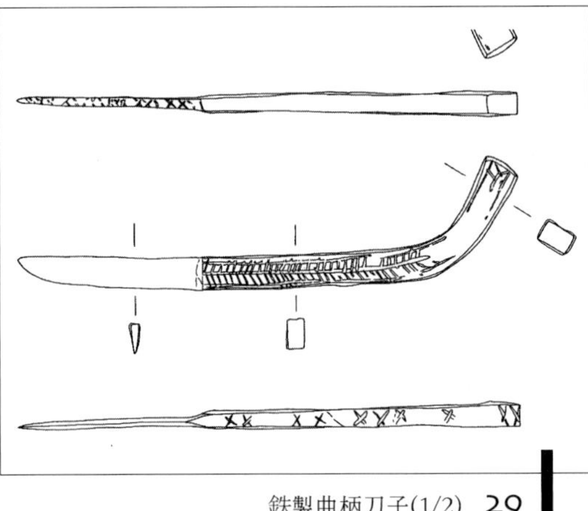

0   10cm

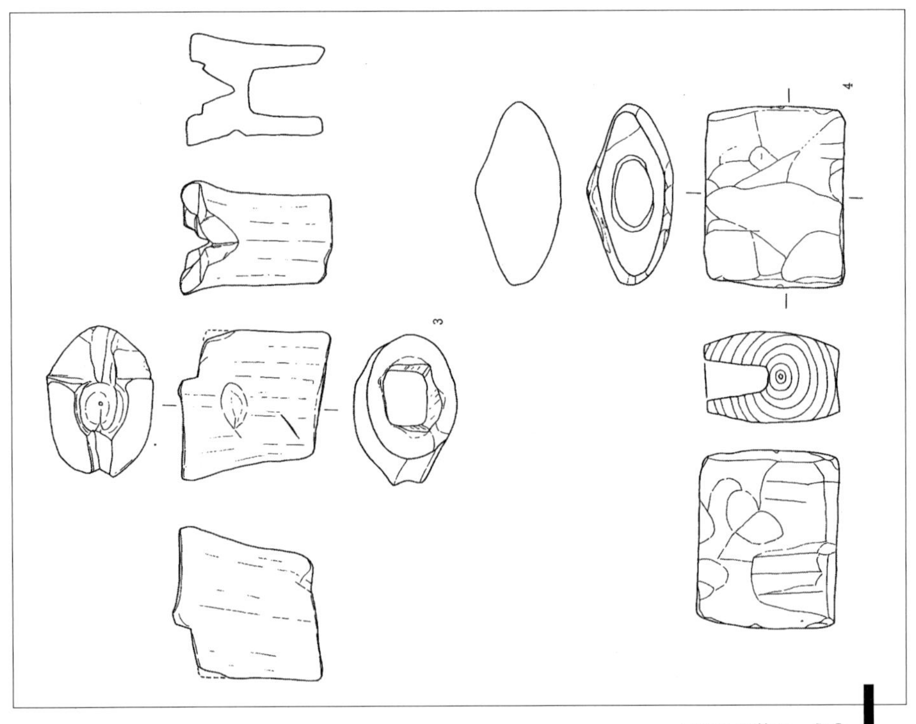

参考文献

참고문헌

安部みき子, 2010, 「蔀屋北遺跡出土の動物遺体」, 『蔀屋北遺跡Ⅰ』, 大阪府埋蔵文化財調査報告第2009−3.

諫早直人, 2008, 「鑷子状鉄製品と初期の轡」, 『大隈串良岡崎古墳群の研究』, 鹿児島大学総合研究博物館研究報告No.3.

池田研, 2002, 「金属製品」, 『瓜破遺跡発掘調査報告Ⅱ』, 財団法人大阪市文化財協会.

一瀬和夫, 1996, 「太刀外装の変化」, 『金の大刀と銀の大刀−古墳・飛鳥の貴人と階層』, 平成8年度秋季特別展.

内田律雄, 1990, 「いわゆる異形刀子について」, 『新開古墳群』, 島根県隠岐島前教育委員会.

林永珍・趙鎮先・徐賢珠, 1996, 『光州月田洞遺跡』, 全南大学校博物館・光州広域市.

岩瀬透, 2010, 「鉄製品」, 『蔀屋北遺跡Ⅰ』, 大阪府埋蔵文化財調査報告第2009−3, 大阪府教育委員会.

大阪府教育委員会, 1996, 『大和川今池遺跡発掘調査概要・ⅩⅢ』.

＿＿＿＿＿＿＿, 2010, 『蔀屋北遺跡Ⅰ』, 大阪府埋蔵文化財調査報告第2009−3.

(財)大阪府文化財調査研究センター, 1997, 『池島・福万寺遺跡発掘調査概要ⅩⅧ−94−1・2調査区の概要−』.

＿＿＿＿＿＿＿＿＿, 2000a, 『溝咋遺跡(その1・2)』, (財)大阪府文化財調査研究センター調査報告書第49集.

＿＿＿＿＿＿＿＿＿, 2000b, 『溝咋遺跡(その3・4)』, (財)大阪府文化財調査研究センター調査報告書第50集.

＿＿＿＿＿＿＿＿＿, 2000c, 『小阪合遺跡』, (財)大阪府文化財調査研究センター調査報告書第51集.

＿＿＿＿＿＿＿＿＿, 2000d, 『小阪合遺跡』, (財)大阪府文化財調査研究センター調査報告書第51集.

岡山県古代吉備文化財センター, 1997, 「中山古墳群の概要」, 『岡山県埋蔵文化財発掘調査報告121』.

置田雅昭, 1985, 「古墳時代の木製刀把装具」, 『天理大学学報』第145輯, 天理大学学術研究会.

奥村茂輝編, 2008a, 『讃良郡条里遺跡VII』, (財)大阪府文化財センター調査報告書第182集.

__________, 2008b, 『讃良郡条里遺跡VII』, (財)大阪府文化財センター調査報告書第182集.

__________, 2008c, 『讃良郡条里遺跡VII』, (財)大阪府文化財センター調査報告書第182集.

__________, 2008d, 『讃良郡条里遺跡VII』, (財)大阪府文化財センター調査報告書第182集.

鎌田博子, 1987, 「瓜破」, 『韓式系土器研究』I, 韓式系土器研究会.

後藤秀一ほか, 1992, 「藤田新田遺跡」, 『宮城県文化財調査報告書』第148集, 宮城県教育委員会.

小林行雄, 1976, 「鹿角製刀剣装具」, 『古墳文化論考』, 平凡社.

權五榮, 2005, 「百済考古学の新情報−渡来系文物の研究のためにー」.

權五榮・李亨源, 2006, 「壁柱(大壁)建築研究のために」, 『日韓集落研究の現況と課題(II)』.

国立文化財研究所, 2001, 『風納土城』I.

櫻井久之, 1998, 「鳥足文タタキメのある土器の一群」, 『大阪市文化財協会研究紀要』創刊号.

鹿野塁, 2007, 「一須賀古墳群出土U字形板状土製品」, 『大阪府立近つ飛鳥博物館館報11』.

末永雅雄・森浩一, 1966, 『眉山周辺の古墳−恵解山古墳群節句山古墳群−』, 徳島県文化財調査報告書第9集.

積山洋・別所秀高・宮崎泰史編, 2005, 「大阪府域の牛馬骨出土遺跡一覧(CD−ROM)」, 『大阪の部落史第1巻史料編』, 部落解放・人権研究所.

徐賢珠, 2003, 「三国時代の竈の焚口枠について」, 『韓国考古学報』50輯.

徐賢珠(大竹弘之訳), 2004, 「三国時代の竈の焚口枠について」, 『韓式系土器研究』VIII, 韓式系土器研究会.

竹谷俊夫, 1995, 「日本と朝鮮半島出土の鳥足形タタキ文土器の諸例−その分布と系譜−」, 『西谷眞治先生古希記念論文集』, 勉誠社.

田中清美, 1994, 「鳥足文タタキと百済系土器」, 『韓式系土器研究』V, 韓式系土器研究会.

__________, 2003, 「造付け竈の付属具」, 『続文化財学論集』, 文化財学論集刊行会.

車勇杰・趙詳紀・呉允淑, 1995, 『清州新鳳洞古墳群』, 忠北大学校博物館調査報告第44冊.

中逵健一, 1998, 『メノコ遺跡発掘調査報告書』, 大東市教育委員会.

中西靖人・宮崎泰史・西村尋文編, 1982, 『亀井遺跡』, 財団法人大阪文化財センター(122頁).

中村浩編, 1978, 『陶邑III』, 大阪府文化財調査報告書第30輯, 大阪府教育委員会.

西口陽一編, 1991, 『讃良郡条里遺跡発掘調査概要・II』, 大阪府教育委員会.

__________, 1994, 『野々井西遺跡・ON231号窯跡』, 財団法人大阪府埋蔵文化財協会調査報告書第86輯.

西中川　駿代表, 1991,「古代遺跡出土骨からみたわが国の牛」,『馬の渡来時期とその経路に関する研究』, 平成2年文部省科学研究費補助金(一般研究B)研究成果報告.

奈良県立橿原考古学研究所編, 2003,『中町西遺跡』, 奈良県立橿原考古学研究所調査報告第85冊.

橋口達也編, 1979,『池の上墳墓群』甘木市文化財調査報告第5集, 甘木市教育委員会.

橋本高明, 1999,『岸之本南遺跡発掘調査概要』, 大阪府教育委員会.

橋本輝彦, 2002,「纒向遺跡第109次出土の木製輪鐙」,『古代武器研究』第3号.

畑暢子, 2008,「資料紹介池島・福万寺遺跡出土U字形板状土製品」,『大阪文化財研究』第33号, 財団法人大阪府文化財センター.

畑暢子・井上智博, 2002,「遺構・遺物」,『池島・福万寺遺跡2』(福万寺I期地区), 財団法人大阪府文化財センター調査報告書第79集.

濱田延充編, 1993,『長保寺遺跡』, 寝屋川市教育委員会.

濱田延充, 2001,「用途不明板状土製品について」,『韓式系土器研究』VII.

＿＿＿＿＿, 2004,「U字形板状土製品考」,『古代学研究』第167号.

冨加見泰彦・山上雅弘編, 1990,『陶邑・大庭寺遺跡II』, 財団法人大阪府文化財協会調査報告書第50輯.

藤田道子, 2010,「蔀屋北遺跡出土のU字形板状土製品について」,『蔀屋北遺跡I』, 大阪府埋蔵文化財調査報告第2009−3.

丸山雄二, 1993,「神宮寺遺跡の調査」,『滋賀考古学』第9号, 滋賀考古学研究会.

宮崎泰史編, 2002,『鬼虎川遺跡第22次調査概要報告』, 大阪府教育委員会・財団法人東大阪市文化財協会.

宮崎泰史, 2002,『讃良郡条里遺跡(蔀屋北遺跡)発掘調査概要』IV, 大阪府教育委員会.

＿＿＿＿＿, 2006,「渡来人との関わり」,『年代のものさし―陶邑の須恵器』, 近つ飛鳥博物館.

＿＿＿＿＿, 2010,「骨角製品」,『蔀屋北遺跡I』, 大阪府埋蔵文化財調査報告第2009−3.

森本徹編, 2009a,『讃良郡条里遺跡IX』,(財)大阪府文化財センター調査報告書第188集.

(財)八尾市文化財調査研究会, 1995a,「八尾南調査第8次調査」,『八尾南遺跡』,(財)八尾市文化財調査研究会報告47.

＿＿＿＿＿＿＿＿＿＿, 1995b,「中田遺跡第8次調査」,『中田遺跡』,(財)八尾市文化財調査研究会報告49.

＿＿＿＿＿＿＿＿＿＿, 2001,『久宝寺遺跡第24次発掘調査報告書』,(財)八尾市文化財調査研究会報告69.

山内紀嗣, 1995,「木器」,『布留遺跡三島(里中地区)発掘調査報告書』, 埋蔵文化財天理教調査団.

渡邊昌宏, 1996,「鹿角の呪力」,『卑弥呼の動物ランド―よみがえった弥生犬―』, 平成8年度春季特別展, 大阪府立弥生文化博物館.

宮崎泰史　大阪府教育委員會 ｜ 번역 : 이기성　한신대학교

1. 蔀屋北遺蹟의 槪要

시토미야기타유적(蔀屋北遺蹟)은 오사카부(大阪府)의 동부, 시조나와테시(四條畷市) 大字蔀屋・砂에 위치하고, 이코마산지(生駒山地)로부터 흘러내리는 소하천에 의해 형성된 충적지에 입지한 죠몽시대(繩紋時代)부터 근세에 이르는 복합유적이다.

平成 11年度(2000년 3~4월) 및 12年度(2000년 11월)의 시굴조사에 의해 새롭게 알려지게 되었다(宮崎 2002). 平成 13年度(2001)부터 '나와테미즈미라이센터(なわて水みらいセンター)' 건설에 따른 발굴조사가 개시되어 平成 18年度까지 7개소의 조사구(H지구・A~F조사구), 약 25,000m²의 조사가 종료되었으며, 그 성과는 작년 보고서로 간행되었다(大阪府敎育委員會 2010). 그 후 각 조사구를 연결하는 소규모적인 조사가 실시되었고 내년에 보고서가 간행될 예정이다.

조사 결과 고분시대(古墳時代, 5~6세기)에 속하는 유구・유물이 다수 검출되었고, 古墳時代를 대표할만한 취락유적으로서 주목받고 있다. 얕은 계곡이나 구획된 溝에 의해 5개의 주거역(北東・南東・南西・西・北西)으로 구분된다(도 01). 확인된 유구는 수혈주거지 73동, 굴립주건물 84동, 우물 27기(이 중 우물틀에 船材를 이용한 우물 6기, 우물 난간을 가진 것 1기), 토광, 溝 등이다(大阪府敎育委員會 2010). 우물틀로 전용된 船材 중의 1기(井戸 E090805)는 전나무屬이고 나머지는 삼나무이다.

특히 마구[목제의 등자(輪鐙)・안장(鞍), 재갈(鑣轡)], 말의 매장토광, 다량의 제염토

기, 한식계토기, U자형판상제품(부뚜막장식)의 출토로 말의 사육과 관련된 취락이며, 이 취락에 거주한 사람들의 기원이 한반도 서반부와 깊은 관계가 있었던 점이 지적되고 있다.

취락은 5세기 전반에 형성되어 5세기 중반경~후반에 최성기를 맞이하며, 6세기 후반까지 지속되지만 7세기 이후(일부 10세기, 12세기의 굴립주건물이 확인되지만)는 주로 수전 또는 밭으로 이용되게 된다.

아래에서는 蔀屋北遺蹟을 특징 지우는 마구[목제의 등자(輪鐙)·안장(鞍), 재갈(鑣轡)], 말, 다량의 제염토기와 함께 한국과 관련 깊은 자료인 도질토기, 한식계(경질·연질)토기, U자형판상제품, 이동식 부뚜막(移動式カマド), 그리고 주목되는 자료로 골각제품, 철제품에 대해서도 아울러 소개하도록 한다.

2. 취락역에서 발견된 마구

고분이 아닌 취락역에서 실용적인 마구 3점 세트가 출토되었다. 모두 일련의 유구로 여겨지는 大溝로부터 출토된 것으로 주거역을 구획하는 大溝H11에서 輪鐙, 취락역의 서쪽 경계인 大溝F에서 안장, 大溝E090001에서 재갈이 출토되었다. 이 자료는 같은 四條畷市에 소재하는 미나미사게유적(南山下遺蹟) 출토의 마형하니와(馬形埴輪)(도 02)에 표현된 실용적인 馬裝具의 표현과 공통된다는 점에서 본 유적에서 사육되었던 말에 장착되었던 모습을 구체적으로 떠올릴 수 있게 한다.

1) 木製輪鐙 (도 03)

(1) 개요

H지구 大溝H11의 3층에서 2점이 출토되었다. 1점(도 03-1)은 높이 20.6cm, 폭 15.65cm이다. 輪部는 평면 타원형이고 내경 세로 7.3cm, 가로 10.6cm로 단면 사다리꼴을 보이며(안쪽이 넓음), 폭 2.3~2.6cm, 두께 1.8~2.2cm이다. 柄部는 약간 위쪽으로 벌어져 있어 단면은 말각장방형을 보이며, 길이 7.3cm, 상부 폭 3.8cm, 하부 폭 2.55cm,

두께 1.3~1.9cm이다. 柄部의 위쪽에 1.5×1.8cm의 횡장방형 구멍(鐙靼孔)이 뚫려있다. 여기에 鐙靼(미즈오, 가죽 끈)을 장착하여 안장과 연결했던 것이다. 柄部 上緣 및 鐙靼 구멍의 內緣 上部는 현저하게 마모되어 있다. 이것은 鐙靼이 연결되었던 흔적으로 장기간에 걸쳐 사용되었던 것을 뜻한다. 鐙靼孔이나 輪部의 마모 흔적으로 보아 승마하는 사람의 오른쪽 다리를 올리는 것으로 생각된다. 표면은 정성들여 조정하였고, 輪部를 깎아 단면 사다리꼴로 만들었다는 점에서 가볍고 또는 무게가 실리는 것을 고려하여 柄部의 기부를 두껍게 하는 등 실용품으로서 빈 틈 없는 세공을 하고 있다. 또한 鐙靼孔의 약간 아래쪽에 직경 0.3cm, 깊이 0.3cm의 斷面擂鉢形의 구멍이 뚫려있다. 이것은 前面을 의식한 표시로 생각된다. 재질은 떡갈나무이고 재목의 마름질은 곧은 나뭇결(柾目)을 하고 있다. 두번째 것(도 03-2)은 柄部가 결실되어 잔존 높이는 13.3cm이다. 輪部는 평면장타원으로 내경 세로 8.1cm, 가로 9.7cm, 단면 말각장방형으로 폭 2.3~2.6cm, 두께 1.8~2.2cm이다. 도 03-1과 비교하여 형태적으로 세련되지 않고 형태 조정은 약간 조잡하다. 재질은 떡갈나무이고 마름질은 곧은 나무결을 하고 있다. 또한 공반되는 스에키(須惠器)는 I型式 2~5段階(TK216~TK47)이다.

(2) 특징 · 의미

① 도 03-1의 柄部는 짧고 輪部의 내형이 타원형이며, 輪部의 단면이 사다리꼴을 보인다는 점 등에서 제작방법은 다르지만 그 형상은 滋賀縣 新開古墳(시가현 신가이고분) 例의 木心鐵板張輪鐙과 유사하다. 心材는 모두 목제이지만 제작방법이 달라 木心鐵板張輪鐙은 나무를 구부려서 輪의 형태를 만들고 나무의 양단을 손잡이 형태로 늘려 구부림에 의해 생긴 손잡이 하단의 공간에는 삼각형의 나무를 끼워 넣어 정리하고, 철판으로 일부 또는 전체를 덮어 핀으로 고정시켰다.

② 도 03-1의 표면은 세밀하게 조정되어 있고, 輪部를 깎아 단면 사다리형으로 만듦으로써 가볍고 또한 중량이 나가는 것을 고려하여 柄部의 기부와 발이 걸리는 부분을 두껍게 하는 등, 실용품으로서 빈 틈 없는 세공을 하였다. 한편 도 03-2는 도 03-1과 달리 비교적 조잡하게 만들어져 제작기술의 평준화가 그리 진행되지 못했음을 보여주고 있다.

③ 柄部 上端, 鐙靼孔 內緣, 輪部 한쪽의 마모흔으로 도 03-1이 실제로 사용되었음이 분명해졌다. 또한 輪部의 상단부 내측의 경사로 보아 승마하는 사람의 오른쪽 다리를 올린 것으로 생각된다.

④ 古墳時代 後期(6세기 중엽)까지의 고분에서 출토된 마구류 중에서 등자가 결실

된 사례가 많다. 이것은 고분의 부장품을 포함하여 5~6세기에는 많은 목제 輪鐙(나무를 도려내어 만든 것)이 사용되었음을 추측할 수 있다.

(3) 사례 (도 04~07)

　・宮城縣 仙台市 藤田新田遺蹟(미야기현 센다이시 후지다신덴유적, 5세기) ⇒ 길이 31.9cm, 왼발용(後藤 외 1992, 岩見 1996)
　・滋賀縣 長浜市 神宮寺遺蹟(시가현 나가하마시 진구지유적, 5세기 말~6세기 후반) ⇒ 잔존 길이 15.0cm(丸山 1993, 西原 2002)
　・奈良縣 櫻井市 纒向遺蹟(나라현 사쿠라이시 무키마쿠유적, 4세기 초 - 布留1式) ⇒ 잔존 길이 16.3cm(橋本 2002)
　・寢屋川市 讚良郡條裏遺蹟(네야가와시 사라군죠우리유적, 5세기)(奧村編 2008a)
　・寢屋川市 讚良郡條裏遺蹟(네야가와시 사라군죠우리유적, 5세기)(森本編 2009a)

2) 鑣轡 (도 08)

E조사구의 大溝E090001 중층에서 출토되었다. 銜과 손잡이가 遊環에 의해 연결되고, 銜 外環에 녹각제 鑣가 삽입되어 있고 鑣에 立聞金具가 장착된 상태로 검출된 매우 드문 예이다. 銜과 손잡이가 遊環을 이용하여 연결된 것은 백제 및 가야의 재갈에 보이는 특징이며 형태가 한국 청주 신봉동 27호분(車勇傑·趙詳紀·吳允淑 1995)에서 출토된 鑣轡와 유사한 점 등으로 한반도 서남부로부터의 유입품 내지는 유입품을 모방하여 제작된 것으로 생각된다. 그러나 백제에서 2조로 꼬은 銜과 遊環이 조합되는 예가 보이지 않는 점, 銜外環보다 큰 遊環과 짧은 一條線 손잡이 등의 특징에서 후자의 견해가 지적되고 있기도 하다(諫早 2008). 또한 공반되는 須惠器는 Ⅰ型式 2~4段階(TK216~TK23)로 조사 담당자는 5세기 전반경으로 비정하고 있다(岩瀨 2010).

3) 鞍(도 09)

F조사구의 大溝F 中層a에서 출토되었다. 시즈와(後輪)로 불리는 등받이의 위치에

있는 부분으로 내외 모두 검은 칠(黑漆)이 칠해져 있다. 현존 폭 46.5cm, 높이 27cm, 최대두께 4.5cm로 상수리나무의 가지 부분과 뿌리 등과 같은 만곡된 부분을 이용해 만들고 있다. 마름질은 곧은 나무결이다. 또한 공반하는 須惠器는 I型式 3段階(TK208)이다. 지금까지 일본 국내에서의 목제 안장의 출토 예는 19遺蹟 23例가 보고되어 있다(表 1).

이상 동일한 유구에서 실용적인 마구 세트가 출토된 점은 취락유적에서 사용되었던 馬裝을 파악하는데 귀중한 자료가 된다.

3. 馬

1) 뼈로 본 말의 출현

(1) 古墳時代 전기 이전의 말(繩文, 彌生, 古墳時代 前期)

· 北九州市 長行遺蹟(키타큐슈시 나가유키유적) 繩文晩期의 토광, 말뼈

· 長崎縣 大浜遺蹟(나가사키현 오오하마유적) 彌生時代 後期(A.D.40년 말이빨)

· 山梨縣 塩部遺蹟 · 東山北遺蹟(야마나시현 시오베 · 히가시야마키타유적) 4세기 후반 주구묘 溝에서 말 이빨

· 大阪市 亀井遺蹟(오사카시 카메이유적, 古墳時代前期 布留II式 이전) 말의 右上顎前臼齒(中西他編 1982)

(2) 古墳時代 中期 이후

마구연구 결과, 4세기 말~5세기 초반 고분의 부장품으로 출현하기 때문에 기마용 마구의 등장과 함께 말 자체도 들어온 것으로 생각된다.

→ 마구의 출토, 기마의 보급은 말의 사육이 행해짐을 의미한다.

→ 마구가 보급되는 것은 5세기 중반에서 말엽으로, 말의 사육에 성공하여 널리 보급된 것을 보여준다.

→ 馬形埴輪 大阪府 藤井寺市 野中宮山古墳(오사카시 후지이테라시 노나카미야야마 고분), 兵庫縣 赤穂市 蟻無山一號墳(효고현 아코우시 아리나시야마 1호분), 福岡縣 田川市 貓迫一號墳(후쿠오카현 타가와시 네코자코 1호분)의 예로 보아 5세기 후반에는 등장.

2) 유적 출토 말의 크기

  1991年 단계(西中川 1991)에서 말의 출토는 475개소의 유적(繩文~近世)에 달했다. 말의 신장은 109~139cm로, 평균 126.39cm이다. 그리고 2005년 단계에 大阪府지역에서는 120유적 339건이 보고되어 있다(積山・別所・宮崎 2005).
  → 진시황제 병마용의 陶馬는 신장 133cm

3) 말의 출토상황

(1) 고분(희생마・순장마)

　・고분 내
　・고분 외

(2) 취락역

　・음식 찌거기로 溝, 토광에서 출토
　・제사 의례로서 溝, 토광, 우물, 기둥구멍에서 출토
　・매장

(3) 생산역(수전)

　・논두렁내, 논두렁에 근접하여 물이 들어오는 입구, 坪境溝(경계를 이루는 구)에서 출토

3) 蔀屋北遺蹟의 馬

(1) 개요

  말(ウマ), 개(イヌ), 사슴(シカ), 멧돼지(イノシシ), 곰쥐 또는 시궁쥐(クマネズミ or ドブネズミ), 쥐(ネズミ), 소(ウシ), 족제비 科(イタチ科), 너구리(タヌキ), 개科(イヌ科) 등의 포유류 외에 조류, 어류, 양생류, 파충류, 패류 등의 동물유체가 약 1400점 출토되

었다(安部 2010). 포유류는 약 1000점으로 그 중 분류가 가능한 것은 475점(말이 254점 으로 반수 이상을 점한다)이다. 출토유구는 馬埋葬土坑(土坑 A940·A1345·A1483), 馬埋納土坑(A655), 토광, 우물, 大溝, 區畫溝(A950), 溝, 피트이고, 주로 A 조사구(서남 거주역)에서 출토되었다.

최소 개체수에 대해서는 5세기에 15개체, 5~6세기는 9개체, 6세기는 6개체로 시기 가 내려감에 따라 감소한다.

(2) 취락역에서 확인된 馬埋葬土坑

土坑 A940(도 10)

A조사구의 중앙부, 區畫溝의 서측에 접하여서 확인된 남북 2m, 동서 1.5m, 깊이 0.3m의 馬埋葬土坑이다. 토광내에서 말의 전신뼈가 확인되었다. 말뼈는 머리부분을 북쪽에 두고 오른쪽을 위로 한 전신뼈로서, 두부를 토광벽에 기대고 있으며 앞다리는 쭉 뻗었고 뒷다리는 구부린 상태로 확인되었다. 연령은 5~6세, 신장은 약 127cm로, 일 본 재래마인 禦崎馬(미사키우마, 신장 124~130cm)의 작은 급 정도의 체격이다. 성별은 머리의 선단 및 골반의 잔존상태가 나쁘기 때문에 명확하지 않다. 고분시대 중기의 말 매장 토광은 몇 예가 알려져 있지만, 골격 일부분이 남아있을 뿐이고 土坑의 크기나 뼈 의 위치관계에서 말 자체를 매장한 것을 알 수 있는 예가 대부분으로 이번 예는 매우 드 문 자료라 할 수 있다.

지금까지 말의 크기(體高)는 일부분의 뼈 길이로 추정하였지만, 전신골격이 남아있 어 당시 말의 크기를 아는데 귀중한 자료가 되고 있다.

또한 보고된 고분시대의 말매장토광은 고분에 수반된 것이 대부분인데, 취락역에서 발견된 예는 이번이 처음이다. 같은 정도의 禦崎馬의 신장과 비교하여 어금니열길이 (臼齒列長)가 큰 점을 특징으로 들 수 있어, 머리가 큰 말임을 알 수 있다.

土坑 A1345(도 11)

A 조사구의 중앙 양측, 앞서 서술한 土坑 A940의 남쪽 약 30m에서 확인된 토광이 다. 남북 1.8m, 동서 1.0m, 깊이 0.4m로 토광내에서 말의 위아래턱뼈가 출토되었다. 위 아래턱 어금니열이 토광 벽에 기댄 상태로 확인된 상황은 土坑 A940과 같고, 토광의 小 口部에 머리가 위치하는 점, 다른 뼈가 확인되지는 않았지만 토광내부토에 인이 다량 으로 함유되어 있는 점에서 원래 전신이 매장되었다고 생각된다. 이빨의 길이로 보아

연령은 3~4세로 추정되고 오른쪽 아래턱 第3後臼齒의 가장 뒷부분의 咬頭는 아직 나지 않은 상태이다.

土坑 A1483

　區畫溝A95의 테라스, A조사구 북서쪽에서 확인되었다. 장축 2.0m, 단축 1.7m의 평면형태 반원형의 토광으로 깊이 0.3m이다. 매립토에서 말의 두개골, 좌우아래턱뼈가 출토되었으나 어금니만 잔존해 있다. 잔존한 上下臼齒列 중 前臼齒는 나지 않은 상태로, 乳臼齒의 아래쪽에 자라고 있던 상태에 머물러 있으며, 第1·2後臼齒는 난 직후의 상태로 第3後臼齒는 아직 나지 않았다. 어금니가 난 상태로 보아 연령은 2~3세로 추측된다. 이번 예는 乳臼齒가 잔존되어 있다는 점에서 취락안에서 어린 말을 사육하고 있음을 직접적으로 증명하는 자료가 된다.

(3) 취락역에서 확인된 馬埋納土坑

土坑 A655(도 12)

　A조사구의 중앙 남측, 土坑 A1345의 동쪽 11m에서 확인된 土坑이다. 장변 0.8m, 단변 0.6m, 깊이 0.2m의 장방형으로, 土坑 내에서 말의 위아래턱뼈가 출토되었다. 말뼈는 위아래턱뼈가 옆으로 누운 상태로 출토되었고, 토광내의 한쪽에 치우쳐 있다. 출토상황으로 보아 머리와 목 일부를 매납하였다고 생각되어 제사적인 양상을 알 수 있다. 연령은 4~5세 정도이다. 주목할 점은 第2前臼齒의 齒冠部 前位中央에 약간 패여 있는 곳이 확인된다. 이 패여 있는 곳이 銜(재갈)과 접하는 위치에 해당한다는 점에서 재갈을 사용했던 흔적으로 생각된다. 이것으로 보아 늦어도 이 연령에는 취락내에서 승마를 목적으로 한 훈련이 실시되었음을 나타내는 좋은 예라 할 수 있다.

4. 제염토기

　말의 출토 예가 증가하는 5세기 전반~중엽(I型式 2~3段階, TK216~208)에는 높이 7cm, 무게 50g 정도의 컵형태의 제염토기가 출현하고, I型式 4~5段階(TK23~47)에 급증한다. 그 중에서도 土坑 A1135에서 단일 유구 최다의 제염토기가 출토되고 있다. 하층에서 다량의 須惠器, 土師器(하지키)와 함께 조족문타날이 확인되는 도질토기와 활석제의 쌍공원판 2점·臼玉 88점, 지석, 그리고 이동식 부두막, U자형판상토제품과 함께 소토·숯층·재층에 섞여 상당한 수의 제염토기 약 82kg, 개체수로는 추정 1641개체에 달하는 자료가 동시에 출토되었다(도 13).

　제염토기는 가열 등의 사용으로 인해 표면의 마모가 심한 것, 마모의 정도가 약한 것도 있다. 또한 파편으로 출토되고 있지만, 완형으로 복원되는 것도 많다. 이 때문에 깨져서 버려졌다기 보다는 깨어서 버렸다는 상황을 생각해 볼 수 있다.

　말 사육에 소금이 불가결하다는 것은, 8세기의 사료이기는 하지만 官牧의 管理·運營, 말의 사육방법 등에 대해 규정한 『養老律令(요우료리츠료)』「廏牧令(큐목쿠료)」에 기술되어 있다. 실제 출토된 양은 다른 유적과 비교하여 그 양을 훨씬 넘어서고 있어 목장에서의 사용을 추정할 수 있다.

5. 한반도와 깊은 관계를 나타내는 토기·토제품

　'鳥足文타날토기', '直線文타날토기'를 포함한 도질토기, 한식계토기(연질·경질), U자형판상토제품, 이동식 부뚜막 등.

1) 도질토기, 한식계(경질·연질)토기

　백제계(영산강유역)의 뚜껑·시루·병, 백제계(진천지역)의 옹, 백제계의 발, 소가야계(고성지역)의 호·壞身(도 14·15), 그리고 평행·정격자·사격자·승석·직선문·조족문타날이 시문된 한식계토기(도 16·17) 등이 출토되고 있다.

(1) 鳥足文타날

　통상의 평행타날문에 鳥足의 형태를 타날판에 새겨 넣은 것(도 16-10·18)으로, '鳥足文タタキ土器(조족문타날토기)'(田中淸美 1994), '鳥足形タタキ文土器(조족형타날문토기)'(竹穀俊夫 1995), '鳥足文タタキメの土器(조족문타날문양토기)'(櫻井久之

1998) 등으로도 불리며, 한국에서는 '鳥足垂直集線文'으로도 불리고 있다. 土師質과 須惠質의 것이 있고, 土師質이 대부분을 차지한다. 오사카부 지역에서 須惠質의 것은 大阪市瓜破遺蹟(오사카시 우리와리유적, 鎌田 1987), 八尾市 久寶寺遺蹟(야오시 큐호우지유적, 八尾市文化財調査研究會 2001), 寢屋川市 楠遺蹟(네야가와시 쿠스노키유적), 大東市メノコ遺蹟(다이토우시 메노코유적, 中逵 1998), 東大阪市 池島·福萬寺遺蹟(히가시오사카시 이케시마·후쿠만지유적, 大阪府文化財調査研究センター 1997), 松原市 大和川今池遺蹟(마츠바라시 야마토가와이마이케유적, 大阪府敎育委員會 1996)에서 보고되었다.

(2) 직선문타날

통상의 평행타날문에 거의 직각으로 한 줄의 직선을 타날판에 새겨 넣은 것(도 16-12·20)으로, 한국에서는 '單線橫走垂直集線文'으로 불린다. 이러한 종류의 타날문을 지닌 토기는 한반도의 남서부, 즉 백제 중심지역이나 영산강유역과의 관계를 가진 한식계토기임이 밝혀져 있다. 디욱이 직신문타닐은 오사카부 남부에 있는 陶邑窯蹟群(스에무라요지군, TK73, TK85號窯蹟)에서 발견된 점에서 'U字形板狀土製品'과 함께 일본 열도로 스에키 제작을 전한 사람들의 출신지(가마 조업자의 출신)를 나타내는 자료로서도 주목되고 있다(宮崎 2006).

오사카부지역에서의 출토예는 堺市 大庭寺遺蹟(사카이시 오바데라유적, 富加見 외 1990), 大東市 メノコ遺蹟(中逵 1998), 富田林市 岸之本南遺蹟(톤다바야시 키시노모토미나미유적, 橋本 1999), 八尾市 小阪合遺蹟(야오시 코사카이유적, 大阪府文化財調査研究センター 2000d), 陶邑窯蹟群(中村浩編 1978)이다.

2) U字形板狀土製品(부뚜막장식)

(1) 명칭

U字形板狀土製品은 만들어 붙인 부뚜막 등의 아궁이 앞에 세워 이를 보호·장식하기 위한 토제품으로, 형태로부터 'U字形土製品', 용도로부터는 '竈焚口枠(아궁이틀)'(徐賢珠 2003), '고정식 부뚜막의 부속구'(田中淸美 2003), '竈枠裝飾(부뚜막틀장식)'(權五榮·李亨源 2006)으로도 불리고 있다.

(2) 출토예

일본내에서는 大阪府 11유적, 奈良縣 1유적이다. 茨木市 溝咋遺蹟(이바라키시 미조이쿠유적, 大阪府文化財調査研究センター 2000a · b), 堺市 ON231號窯跡(西口 1994), 堺市大 庭寺遺蹟(富加見ほか 1990), 寢屋川市 讃良郡條裏(長保寺, 쿄우보지)遺蹟(浜田 編 1993), 寢屋川市 高宮八丁遺蹟(네야가와시 다카미야핫쵸유적, 濱田延充 2001), 寢屋川市 讃良郡條裏(部屋北)遺蹟(奧村編 2008c, 森本編 2009c), 四條畷市 部屋北遺蹟(藤田 2010), 八尾市 小阪合遺蹟(大阪府文化財調査研究センター 2000c), 八尾市 八尾南遺蹟(야오시 야오미나미유적, 八尾市文化財調査研究會 1995a), 八尾市 中田遺蹟(야오시 나카타유적, 八尾市文化財調査研究會 1995b), 八尾市 池島 · 福萬寺遺蹟(畑 2008), 一須賀古墳群內(이치스카고분군, 鹿野 2007), 奈良縣 天理市 中町西遺蹟(나라현 텐리시 나카마치니시유적, 奈良縣立橿原考古學研究所編 2003).

(3) 시기

四條畷市 部屋北遺蹟例 및 寢屋川市 讃良郡條裏(部屋北)遺蹟例는 5~6세기, 八尾市 池島 · 福萬寺遺蹟例는 6세기, 堺市 大庭寺遺蹟例는 奈良時代, 八尾市 中田遺蹟例는 中世, 一須賀古墳群內 및 茨木市 溝咋遺蹟例는 시기불명, 나머지 예는 5세기이다.

(4) 유구의 종류

한국 : 가마, 주거지, 폐기장, 고분의 봉토와 주구
일본 : 포함층, 하천, 가마, 토광, 구

(5) 용도와 계보

종래 '용도불명의 生駒西麓産 토제품'(西口 1991), '용도불명 판상토제품' 으로 불렸으며, 일본내에서는 大阪府 寢屋川市域에서만 출토례가 보고되어 약 20점의 파편이 확인되었다. 용도에 대해서는 화덕에 관계된 도구(조립식의 이동식 화덕 · 고정식 화덕의 아궁이 혹은 솥걸이부 등의 부속품)가 아닐까 라고 여겨져 왔다(濱田 1993).

1996년 한국 전라남도 광주시의 월전동유적(林永珍 · 趙鎭先 · 徐賢珠 1996)에서 지상건물(굴립주건물)에 부수된 구상유구 등에서 출토됨으로써 한식계토기와 같이 한국에서 계보를 구할 수 있음이 분명해졌다. 그러나 전체 형상을 알 수 있는 자료가 없는 상태로 용도에 대해서도 추정할 수 밖에 없었다(濱田 2001).

그 후 2000년에 蔀屋北遺蹟에서 전체형태가 처음으로 판명되고, 성형·제작공정에 대해서는 점토덩어리를 작업대 위에서 평면 U자형의 판상으로 만들고, 내·외연에 돌대를 붙여 소성전(건조 단계)에 중앙에서 '相欠き(아이가키, 절반씩 만들어 붙임)' 형태로 잘라내어 소성하였음이 밝혀졌다(도 18). 또한 대량의 제염토기, 스에키, 하지키 등과 함께 출토된 천정부에 '평탄부를 가진 이동식 화덕'(도 17의 아래) 아궁이의 연부(돌대를 붙임) 형태와 같은 구조를 하고 있는 등, 화덕 등의 아궁이를 보호·장식하기 위한 토제품일 가능성이 상정되고, 형태로부터 'U자형판상토제품'으로 불리었다(宮崎 2002).

이어서 한국 서울 풍납토성 9호 주거지 내에서 부뚜막 아궁이의 前面에 세워진 상태로 출토된 점에서 그 용도의 일단이 밝혀졌다(國立文化財研究所 2001).

蔀屋北遺蹟에서는 100편 이상의 출토 예가 확인되고, 크기도 80~110cm의 여러 타입의 크기로 나뉘는 점에서 고정식 부뚜막뿐만 아니라, 건물 내외에 관계없이 난방시설 등의 아궁이에도 사용되었을 가능성을 고려하여 '아궁이 테두리장식'으로 칭하고 있다(宮崎 2006). 그 후 蔀屋北遺蹟에서는 621편(290개체로 최소개체수는 16~19)의 출토예가 있고, 크기에 대해서도 폭 80~114cm라는 다양성이 인정된다. 돌대의 유무 등으로 7형식으로 분류되며 상세한 분석이 이루어지고 있다(藤田 2010). 그러나 수혈주거지를 비롯하여 U자형판상토제품이 사용되었던 상태로 발견된 예는 확인되지 않는다. 유일하게 大阪府 東大阪市의 池島·福萬寺遺蹟에서는 토제품의 재정리 결과, 사용되었음을 보여주는 상태로 출토되고 있음이 밝혀졌다(畑 2008). 두 개의 고정식 부뚜막을 내부에 가진 건물 30의 부뚜막1에서 U자형판상토제품(도 19)이 출토되었다. 시기는 6세기 전반~중엽이고, 수혈이기는 하지만, 서쪽에 柱列을 설치한 한쪽 지붕만을 가진 건물로 보고되어 있다(畑·井上 2002).

또한 이런 종류의 토제품이 한국내에서는 서반부에 분포(도 20)하고 있음이 밝혀져 있다(徐賢珠 2003, 田中 2003, 濱田 2004, 權五榮 2005, 權五榮·李亨源 2006).

3) 이동식 부뚜막

이동식 부뚜막은 앞서 언급한 U자형판상토제품, 그리고 솥과 함께 蔀屋北遺蹟에서는 5세기 중반~후반경(TK203~TK23)에 출현한다. 도질토기, 한식계토기(호·시루·평저발)보다 후에 나타난다. 그리고 컵형태의 제염토기의 최성기와 중복된다는 점에서 '이동식 부뚜막', 'U자형판상토제품', '羽釜(솥)', '컵형태의 제염토기'는 그 출현 배경에 어떠한 관련성이 상정된다. 마침 말의 이빨·뼈의 출토량이 많은 단계이기도 하여 말 사육과 관련해 새로이 외부로부터 사람의 유입을 생각해 볼 수 있다.

도 17의 아래는 土坑 A1135의 하층에서 출토된 이동식 부뚜막이다. 평저의 시루를 거꾸로 세운 듯한 형태를 보이고, 편평한 천정부를 가지고 있다. 掛口(솥을 거는 부분)는 직경 21.9×22cm의 원형이다. 천정부 폭 28.9×29cm, 기부 폭 43.3cm, 높이 32cm이다. 체부 상부에 한 쌍의 뿔모양 파수가 아래를 향해 붙여져 있다. 솥을 거는 부분은 천정부에서 휘어져 폭 약 3.6cm의 평탄면으로 단부는 깎기조정(ヘラケズリ)을 하여 날카로운 면을 만든다. 아궁이의 차양 부분은 상부가 약간 윗쪽으로 삐져나온 '付け庇(차양)'이다. 아궁이의 상부에서 계속 이어지는 차양은 기부로 향할수록 돌출 정도가 약해진다. 차양 높이는 선단부가 일부 결손되어 있지만, 솥걸이부의 높이(천정부)를 상회하지 않는 타입이다. 차양의 상면·좌우측면에는 제작~건조시의 지지대로 사용했던 식물 줄기의 흔적으로 생각되는 竹管文狀의 찍힌 흔적이 인정된다. 그 평면 및 단면의 형상이 일정하지 않기 때문에 선단이 부드러운 (식물질?) 봉상의 것을 사용했다고 여겨진다. 아궁이는 폭 36.4cm, 높이 25.2cm이고, 입면형태는 어깨가 둥근 台形을 이룬다. 아궁이의 양측은 단부를 안팎으로 두껍게 하여 폭이 넓은 면을 가지고 있다.

아궁이의 背面에는 직경 3.2×3.4cm의 원형 '배연공'을 뚫었다. 아궁이의 裾部 양측에는 支脚狀의 낮은 조그만 돌기를 붙여 약하게 벌어진다. 배면에 대해서는 결손으로 인해 조그만 돌기의 유무는 불명이다. 동체부 외면에는 세로방향의 평행타날, 내면은 물손질 조정을 하고 있다. 태토 중에는 운모·각섬석이 다량 함유되어 있어 암회갈색을 띠는 소위 '生駒西麓産'으로 불리는 것이다.

파수의 아래면쪽은 차양의 상면·좌우측면에서 관찰되었듯이 竹管文狀의 스탬프 흔적이 각각 한군데에서 확인된다. 배연공·내면의 상부에서는 연기의 부착이 확인되었다. 또한 빨갛게 변한 부분이 천정부 내면과 동체부 내면 하부, 아궁이 주변에서 확인되었다. 掛口 내외면의 깎기 조정은 거꾸로 세워 성형했을 때 밀려나온 점토를 정리하기 위한 것이었을 것이다. 아마도 부뚜막의 제작방법은 부착 방식이나 차양 부분의 지지대 흔적(竹管文狀의 스탬프)에서 평저의 시루와 같은 그릇을 거꾸로 세워서 아궁이·掛口를 뚫어 제작했다고 생각된다.

또한 수평인 천정부를 가진 이동식 화덕은 지금까지 鄀屋北遺蹟, 寢屋川市 讚良郡

條裏遺蹟, 長保寺遺蹟(浜田 1993), 東大阪市 鬼虎川遺蹟(히가시오사카시 키토라가와 유적, 宮崎編 2002)에서만 확인되고 있다.

6. 골각제품

골각제품은 녹각가공품을 포함해 25점이고, 내용은 녹각제 도검장식구 4점, 녹각제 도자손잡이 4점, 골각제 관옥 2점, 유공골각제품 3점, 복골 3점, 녹각제가공품 9점이다. 대부분은 大溝에서 출토되었다.

이 중에서도 녹각제 도검장식구는 일반 취락에서 출토되는 일은 드물며 특히 柄頭는 고분의 부장품으로서만 보고례가 알려져 있는 자료이다.

일반적으로 刀劍裝具는 柄裝具(손잡이장식)와 鞘裝具(칼집장식)로 크게 나뉘며, 柄裝具는 柄頭·柄間·柄緣, 鞘裝具는 鞘口·鞘間·鞘尾裝具의 부품으로 이루어지는데, 녹각제의 도검장식에는 柄頭, 柄緣, 鞘口, 鞘尾가 있다.

小林行雄, 置田雅昭의 연구성과(小林 1976, 置田 1985)를 따라 도검을 왼쪽에 패용하는 것을 전제로 각 부분을 頭(頭端), 尾, 背, 腹, 佩表, 佩裏로 칭한다(도 21). 또한 '佩表, 佩裏'를 측면으로 부르는 경우도 있다.

조사에서는 柄頭裝具(이하 裝具는 생략) 2점(도 23·24), 柄(柄頭＋柄間) 1점(도 25), 鞘尾 1점(도 26)이 출토되었다. 柄頭에 대해서는 내부가 관통된 '원통형타입'과 관통되지 않는 '원주형타입'의 두 가지로 크게 나뉜다. '원통형타입'은 頭側面에서 원형, 尾側面에서 방형의 구멍을 뚫었다. '원주형타입'은 頭側面의 중앙을 반구형으로 파고, 尾側面에서 방형의 구멍을 뚫었다. 尾側面의 孔·穴은 모두 柄(柄間)을 삽입하기 위한 것이다.

置田雅昭의 木製柄(把)裝具 AI類의 柄頭(置田 1985)는 '원주형타입'을 모방한 것이다. 더욱이 讃良郡條裏(部屋北)遺蹟에서는 토제의 '원통형타입'이 출토되고 있다(奧村編 2008c).

양타입의 頭端部는 기본적으로 평탄하게 만들고, 중앙의 약간 腹側面 가까이에 돌대를 만들어 돌대의 아랫부분에 단을 만들었다. 또한 돌대 또는 단에 직교하는 형태로 상하 두 곳에 溝를 새겼다. 또한 돌대는 흔적만 남아 능으로서 존재하는 것, 또는 만들지 않은 예도 있다. 다음으로 外周面에 直弧文을 장식한 것, 어떤 문양도 시문하지 않고 녹각 본래의 자연면을 남기고 있는 것, 또 측면에 護拳用의 벨트(勾金)를 통과시키기 위한 '潛孔(물건을 통과시키기 위한 구멍)'을 뚫은 경우도 있다. 도 23·24는 원통형타입, 도 25는 원주형타입에 해당한다.

도 23은 F조사구의 大溝F 中層b에서 출토되었다. 第1叉와 第2叉 사이의 角幹(도 22)을 약간 비스듬하게 자르고, 管狀으로 정리하였다. 비스듬하게 자름으로써 손잡이 삽입 구멍에 손잡이(柄間裝具)를 장착한다면 頭端을 쳐든 형태로 복원할 수 있다. 길이 38.77mm, 최대경 32.71mm인 원통형이고 양단은 매끈하게 연마되어 측면에서 보면 평행사변형을 보여준다. 潛孔에 뀐 끈도 남아있는 등 보존상태는 극히 양호하다. 頭端面의 중앙에 직경 15.89×14.95mm의 원형 구멍을 뚫고, 그 상하 두 곳에 홈을 새기고 있다. 腹側下位 가까이에 단을 설치하고 있지만, 돌대는 만들지 않았다. 원형의 구멍 주변, 홈에 적색 안료가 부착되어 있다. 형광X선 분석 결과, 적색안료는 수은주(辰砂)에 의한 적색으로 판명되었다.

外周面에 직호문 등의 문양은 없고, 녹각 본래의 자연면인 채로 일체 가공을 하고 있지 않지만, 頭端의 구멍 주변이나 홈에 보이는 것처럼 수은주를 도포하였다. 측면의 약간 尾側 가까이에 구멍 두 개가 대응하는 끈을 꿰는 潛孔을 관통해 내부에 끈이 남아 있다. 潛孔은 거의 원형을 보이며 직경은 3.42~5.43mm로 끈(넝쿨 형태의 섬유?)은 두께 3.15~3.55mm이다. 尾側面에 뚫린 손잡이 삽입 구멍은 직경 17.15×17.45mm의 말각방형을 보이며, 손잡이가 삽입되는 부분의 높이는 1.15cm로 그 부분에는 접착제로 사용되었다고 여겨지는 흑색 물질이 부착되어 있다. 구멍의 주변은 손잡이가 삽입되었다는 것을 나타내는 약간 광택을 띤 마모흔이 명료하게 관찰되어 실제로 손잡이가 柄頭에 삽입되었음을 말해주고 있다.

도 24는 E조사구의 大溝E090001 中層에서 출토되었다. 도 23을 두 배로 크게 한 타입으로 길이 41.52mm, 최대직경 36.11mm이다. 角의 표면은 일부 박리되었으며 전체적으로 균열이 진행되어 보존상태가 나쁘다. 頭端面의 중앙에 직경 16.45mm의 원형 구멍을 뚫고, 그 상하 두 곳으로부터 홈을 새기고 腹側下位 가까이에 단을 설치하였다. 突帶의 유무에 대해서는 표면의 균열 때문에 분명하지 않지만 희미하게 휘어 올라간 듯이 보인다. 이 때문에 돌대가 아니라 능으로 존재할 가능성도 고려해 두고자 한다. 外周面에 직호문 등의 문양은 없고 녹각 본래의 자연면 그 자체로 일부에 朱의 부착이 관찰되었다. 도 23과 같이 전체에 도포하였을 가능성을 상정할 수 있다.

側面(佩表)의 頭端, 尾端 가까이에 두 개의 구멍이 대응하는 끈을 꿰는 潛孔이 뚫려 있다. 潛孔은 세로가 긴 타원형으로 직경은 4.03~5.21mm이며 끈(넝쿨모양의 섬유?)은 두께 3.39mm이다.

尾側面에 뚫린 손잡이 삽입공은 폭 19.96mm, 두께 14.99mm의 장방형을 보이고 손잡이가 들어가는 부분의 길이는 1.9~2.0cm로 그 부분에는 접착제로 사용되었을 것으로 생각되는 흑색 물질의 흔적이 일부 확인되었다. 구멍의 주변은 손잡이가 밀어 넣어졌음을 나타내는 약간 광택을 띠는 마모흔이 관찰되어 실제로 손잡이가 柄頭에 삽입되었음이 밝혀졌다.

이상과 같이 도 23·24는 내부가 관통되는 원통형타입으로 돌대를 만들지 않았으며, 外周面에 녹각 본래의 자연면을 남기고 潛孔을 가진다는 점에서 德島縣 惠解山二號墳(토쿠시마현 에게야마 2호분) 西棺出土例(末永雅雄·森浩一 1966)와 공통된다. 頭端部 內面과 外周面에 도포된 朱는 매년 다시 돋아나는 뿔의 생명력과 서로 어울려져 柄頭에 특별한 의미가 담겨져 있었던 것일 것이다.

손잡이(도 25)는 H지구의 大溝H11의 5層 下位에서 출토되었다. 오른쪽 뿔의 第1叉와 第2叉 사이의 角幹을 약간 비스듬하게 잘라 柄頭와 柄間을 함께 만들었다. 柄間은 도중에 잘려져 잔존 길이는 91.65mm이다. 柄間은 57.06mm 정도 잔존하고, 등면에는 목제품에서 보이는 줄기를 떼어낸 흔적은 확인되지 않으며 약 1cm의 평탄면을 이루고 있다. 중앙의 단면형태는 상부를 잘라낸 듯한 방추차형으로 직경 16.14×21.11mm이며, 양단을 향해 서서히 넓어진다. 柄頭는 원주형타입이고, 길이 34.46mm, 폭 31.28mm, 두께 32.89mm이다. 柄頭 端面의 중앙에는 직경 약 2cm 원형의 얕게 패인 곳(깊이 0.6mm 전후)을 만들었으며 원형의 패인 곳 아랫부분에는 흔적처럼 보이기는 하지만 삼각형의 능선이 보인다. 柄頭의 外周 및 柄間의 등면은 녹각 본래의 자연면이 남아 있다. 頭端面의 원형의 패인 곳이 얕다는 점, 상하 양쪽으로부터 홈이 확인되지 않는다는 점을 제외하면, 목제품이기는 하지만 奈良縣 天理市 布留遺蹟(나라현 텐리시 후루유적)의 출토예(山內 1995)와 극히 닮아 있다. 이 예는 4세기 중엽부터 후반에 걸친 층에서 출토되고 있기 때문에 柄頭의 원주형타입의 조형이 될 것으로 생각된다. 형식적으로 원주형타입에서 원통형타입으로 변천해 가는 가능성을 상정할 수 있다.

도 26은 鞘尾이고, E조사구의 大溝090001 中層에서 출토되었다. 第2叉 부분을 세로로 이용하고 있다. 단면형태는 편평한 육각형으로 길이 38.84mm, 폭 76.07mm, 두께 26.28mm이다. 頭側面, 尾端面, 腹面은 판판하게 잘려 있지만, 腹面의 중앙부근은 第2

叉의 형상이 잘 남아있다. 外周面에 다른 유적의 예에서는 직호문이 시문되어 있지만, 이 예는 직호문을 새기지 않고, 간단한 선각이 佩表의 윗부분과 아랫부분, 佩裏의 아랫부분에 새겨져 있을 뿐으로 녹각 본래의 자연면을 많이 남기고 있다. 頭側面에는 鞘木을 삽입하기 위한 직경 21.44×9.68mm, 깊이 20.39mm의 장방형 구멍이 뚫려있다.

鹿角製鞘尾는 취락지에서는 奈良縣 天理市 布留遺蹟(山內 1995), 寢屋川市 讚良郡條裏遺蹟(奧村編 2008a)에 이어 세 번째 예가 된다.

7. 철제품

보존상황이 매우 좋았기 때문에 철제품의 잔존은 매우 양호해 약간의 녹이 부착되어 있을 뿐이다. 直刃鎌, 曲刃鎌, 鑿, 轡, 刀子, 鏃, 釣針 등이 출토되었다(도 28). 특히 '曲柄刀子'는 새긴 문양도 선명하고 날은 연마하면 충분히 사용할 수 있을 정도이다. 이런 종류의 도자는 '異形刀子'(內田 1990), '曲がり刀子'(岡山縣古代吉備文化財センター 1997) 등으로 불리우고 있다. 시기는 4세기에서 6세기 전엽으로 한국에서 조형을 찾고자 하는 견해가 있다.

曲柄刀子(도 29)는 날부분과 손잡이 부분이 같이 만들어진 것으로, 길이 16.3cm, 인부길이 5.8cm, 최대 인부폭 0.292cm이다. 손잡이가 위쪽으로 휘어지는 형태로 보아 녹각제 도자를 모방한 것으로 생각된다. 손잡이 부분의 단면은 장방형을 나타내며 柄元은 폭 0.463cm, 두께 0.933cm, 柄頭는 폭 0.747cm, 두께 1.147cm로 柄頭를 향해 서서히 폭·두께가 증가한다. 柄部의 좌우 측면에는 전체를 잘라낸 구획안에 끌형태의 공구에 의해 지그재그형의 문양이 새겨져 있다. 같은 예는 문양의 유무가 불명확하지만 寢屋川市 讚良郡條裏遺蹟(奧村編 2008b), 福岡縣 甘木市 池の上墳墓群(후쿠오카현 아마기시 이케노우에분묘군) D-3號·D-5號(橋口達也編 1979)에서도 보인다. 또한 柄部의 하면, 인부의 등에는 끌형태의 공구로 '×'印이 새겨져 있다. 등에 '×'인을 새기고 있는 예는 大阪市 瓜破遺蹟(池田 2002)에 이어 두 번째가 된다.

* 표, 도면, 참고문헌은 일본어 원문을 참조.

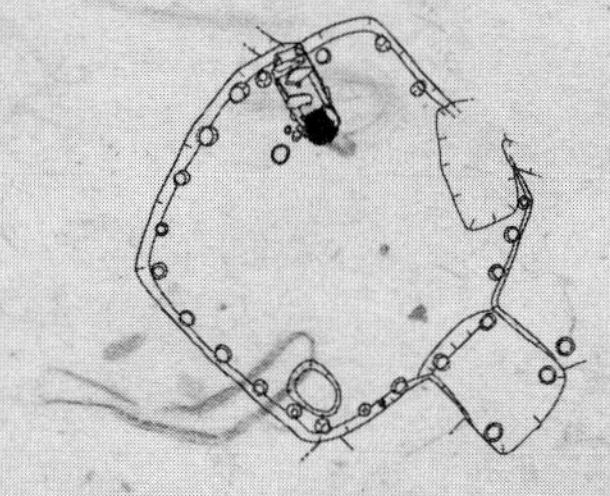

VII.
지정 토론문

VII-1. 「중부지방 원삼국~백제 주거 변천」에 대한 토론문   신희권

VII-2. 「호서지역 마한·백제 주거지 연구」를 읽고   서현주

VII-3. 「湖南地域 馬韓·百濟住居 構造와 展開」를 읽고   장덕원

VII-4. 「九州에 形成된 馬韓·百濟人의 集落」에 대한 토론 요지   金武重

VII-5. 「畿內에 정착한 百濟系 馬飼集團」에 대한 토론요지   成正鏞

VII-1.
「중부지방 원삼국~백제 주거 변천」
에 대한 토론문

신 희 권 문화재청

　서울·경기 일원 및 강원 영서·영동지역을 아우르는 한반도 중부지방에서는 '呂' 지형 또는 '凸' 지형의 평면형데를 띤 수혈주기지들이 곳곳에서 발굴되고 있다. 최근에는 풍납토성의 발굴조사 이후 대형의 6각형 주거지가 집중적으로 발견됨으로 해서 이 지역의 집단 취락 혹은 개별 유적에 대한 조사와 연구에 활기를 더하고 있다. 이번에 발표하는 남양주 장현리유적 또한 한강의 지류인 왕숙천유역의 충적대지에 조성된 대표적인 원삼국시대 유적으로 주거지 85동을 비롯한 150여 기의 유구가 발굴되었고, 개중에는 상호 중복된 것들이 많아 이를 통한 시간적 변화상을 살필 수 있는 중요한 자료로 평가되고 있다.

　일반적으로 원삼국시대 주거지의 속성은 그 규모를 비롯하여 출입구를 포함한 평면형태, 수혈의 깊이 및 바닥 처리, 내부에 시설된 구들 혹은 노지, 벽체 시설 등 다양하게 추출할 수 있는데, 본 발표문에서는 장현리 주거지의 개별 속성들을 분석한 후 특별히 단계 설정에 유의한 것들을 토대로 장현리유적의 변천 과정을 추론하였다. 이에 토론자는 이러한 방법론과 결론과 관련하여 원삼국시대에서 백제시대로 넘어오는 과도기의 문제 등 평소 이 시기 주거양상에 대해 고민해 오던 문제를 중심으로 몇 가지 질문하는 것으로 토론을 대신하고자 한다.

1. 주거지의 단계 설정에 관한 문제

발표자는 장현리 주거지의 제 속성 가운데 구들의 형태와 아궁이의 위치에 주목하여 3단계의 변화과정을 거치는 것으로 보았다. 즉 구들시설의 유형에 따라 5개 유형으로 분류하고, 'ㄱ'자형 구들이 채용된 A유형과 B유형은 1단계로, 'ㅡ'자형 구들의 아궁이가 출입구 반대편 우측모서리 또는 우단벽 중앙에 설치된 C-1유형과 C-2유형을 2단계로, 'ㅡ'자형 구들의 아궁이가 출입구 반대벽 중앙부에 마련된 D유형을 3단계로 설정하였다. 토론자 또한 구들의 형태가 이 시기 주거지의 변화상을 반영하는 가장 중요한 속성이라는 점에는 전적으로 공감하고 있다. 그러나 이 밖에도 주거지의 평면형태 또한 시간성을 반영하는 중요한 속성이라고 보는데, 그 이유는 주거지의 평면형태가 구들의 형태 및 아궁이의 위치와도 밀접히 연관되어 있기 때문이다. 비록 발표자가 장현리유적에서는 방형계와 오각형 또는 육각형 주거지가 상호 중복되어 나타나기 때문에 평면형태만으로는 일률적인 변화상이 파악되지 않는다고 하였지만, 일반적으로 중부지방 원삼국시대 주거지에서는 평면형태의 변화가 분명한 시간성을 반영한다는 점으로부터 토론자는 장현리유적 역시 'ㄱ'자형 구들이 시설된 방형 또는 오각형 주거지에서 'ㅡ'자형 구들의 육각형 주거지로 변화하는 큰 흐름에서 예외적일 수 없다고 생각한다.

이에 토론자는 장현리 주거지를 발표자가 설정한 A유형과 B유형의 1단계와 C유형과 D유형을 합친 2단계의 두 단계로 구분하되, 각 단계를 일반적인 시대구분에서의 원삼국시대와 백제시대로 설정함이 어떨까 생각한다. 특히 C1유형의 74호 주거지와 C2유형의 58호 주거지는 둘 다 육각형으로 면적이 $80m^2$ 이상의 대형으로 토론자가 지속적으로 주장해 온 한성백제 중앙양식(일명 '풍납동식 주거지')의 주거지임에 틀림없다고 생각되기 때문에 C유형이 등장하는 2단계부터는 명확히 한성백제의 영역권 내로 편입된 것으로 보는 것이 타당하다고 생각한다. 이에 대한 발표자의 견해가 어떠한지 궁금하다.

2. 주거지의 위계화에 대한 문제

발표자는 "장현리 원삼국시대 취락은 동시기부터 다양한 가옥구조로 출발하는데,

동시기 가옥구조의 차이는 사용목적에 따른 차이나 신분에 의한 위계에 따른 차별화의 결과로 이해된다"라고 하면서 위계화의 증거는 유물의 질과 양 및 특정 신분 표식적 유물의 출토여부에서 찾고 있다. 반면 주거지의 규모는 위계화의 차이로 해석하기 어렵다고 보았으나, 실제로 발표문의 IV장 주거의 변천 부분에서는 1단계의 초대형 주거지인 43호 주거지(112m²)는 철 생산과 관련된 최상위의 주거지로 볼 수 있고, 2단계의 74호(82m²)와 58호(100m²) 주거지 또한 대형으로 뚜렷한 위계화의 증거로 제시될 수 있다고 하였다.

발표문만 보자면 전제로 삼았던 주거지의 규모가 위계화의 차이로 보기 어렵다는 의견과 실제 분석결과는 다소 모순되게 제시된 것이 아닌가 싶다. 토론자는 최근 서울·경기 일원에서 진행된 일련의 발굴조사 결과로 볼 때, 출토유물과 더불어 주거지의 규모는 거주자의 신분과 위계를 반영하는 가장 중요한 속성이 될 수 있다고 보는데, 이에 대한 발표자의 보충 설명과 견해를 듣고 싶다.

3. 출토유물과 편년의 문제

발표자는 장현리 1단계의 토기 특징을 경질무문토기에 격자 타날이 확인되며, 타날문 호를 모방한 경질무문토기가 등장하는 점과 외반구연에 그루터기형 파수가 부착된 경질무문토기 평저 시루의 존재 등을 들어 3세기 초로 편년하였다. 2단계의 토기는 시루와 자비용기에 타날문토기가 채용되는 등 새로운 기종이 출현하는 시기로 특히 45호 출토 시루를 풍납토성 가-2호에 비교하고, 경질무문토기 발과 타날문토기 발이 공존하는 시기로서 3세기 중엽으로 편년하였다. 3단계는 경질무문토기가 사라지고 타날문토기의 비중이 높게 나타나며, 마연과 저부 깎기, 직구호의 경향, 사격자 암문 등의 특징을 들며 한성백제 단계로 옮겨진 이후의 3세기 후반으로 편년하였다.

이와 같은 편년안에 따르면 결국 장현리 주거지는 3세기 초에서 후엽까지의 단기간에 점유된 유적으로 볼 수밖에 없는데 과연 그러한지 궁금하다. 혹여 장현리 주거지를 3단계로 설정하면서 1단계는 백제의 영향이 미치기 이전, 2단계는 일부 백제의 영향이 감지되는 시기, 3단계는 백제의 영향권 내에 완전히 편입된 시기라는 다소 도식적인 틀을 세운 후에 장현리유적 자체에 대한 검토보다는 기존의 연대관에 그대로 대입함으로써 도출된 편년안은 아닌지 여쭙고 싶다.

아울러 개별 유물에 대해서는 면밀한 관찰을 통해서 구체적인 대안을 제시함이 마땅하나 남양주라는 지리적 특성을 감안하면, 장현리유적이 풍납토성과 몽촌토성 등 한성 중앙에서 유행하던 토기가 전래되기 유리한 지역임에도 불구하고, 직구단경호나 광견호, 무뉴식 뚜껑, 고배 등 전형적인 한성 중앙양식의 토기가 거의 존재하지 않는 점이 대단히 의아하다. 이러한 원인이 혹 장현리유적이 지리적으로 한성과 가까운 지역임에도 불구하고 토기 제작에 있어서 재지적 전통이 강하게 오랫동안 지속되었던 특징인지 아니면 시간적으로 전형적인 한성 중앙양식의 토기가 도입되기 이전 단계에 속하는 것인지 등에 대한 발표자의 견해를 밝혀주기 바란다. 덧붙여 그러한 견해의 근간이 되는 장현리유적의 성격을 포천 자작리 등으로 대표되는 백제 한성기 지방거점 취락으로 볼 수 있는지 아니면 그와는 다른 성격의 취락으로 보아야 하는지에 대한 의견도 함께 개진해 주셨으면 한다.

끝으로 질문이라기보다는 향후 중부지방의 원삼국시대와 백제시대 주거지의 연구를 위한 약간의 제언으로 이번 토론을 마무리하고자 한다. 토론자가 본 발표문을 접하고 수차례 읽어가며 토론을 준비하던 중 받았던 가장 큰 느낌은 발표자가 장현리유적을 비롯한 한반도 중부지방의 원삼국시대 문화를 철저히 중도유형문화로 귀결시키고 있으며, 그것이 기반이 되어 결국 백제로 성장하였다는 일관된 입장을 견지하고 있다는 점이다. 물론 북한강유역의 강원 영서지역에서 한강 수계를 따라 내려오면서 상당수 유적에서 그러한 경향성이 인지되는 것이 사실이지만, 최근 김포 일대와 서해안을 따라 발견되고 있는 방형계 주거지는 인근의 주구토광묘 또는 분구묘 등과 함께 기존의 중도유형문화와는 다른 계통으로 볼 수밖에 없는 것들이다. 이미 다수의 유적이 보고된 영동 해안지방의 주거지 또한 독자적인 특징들이 간취되는 바, 중부지방 전체를 놓고 보면 나름대로의 지역적 특성들이 고려되어야 할 것으로 생각한다. 특히 주거지는 특정 집단이 거주하던 생활공간이므로, 그 주변에는 반드시 이들을 보호하기 위한 방어시설과 사후에 이들을 매장한 분묘 유적도 공존할 것이다. 그러한 의미에서 주거지 연구는 필수적으로 관방유적과 분묘유적과의 비교 연구가 수반되어야 함이 마땅하다. 따라서 향후 중부지방의 원삼국시대에서 백제시대 주거지를 연구함에 있어서는 이와 같은 복합적인 비교 연구를 통해 보다 다각적이고 포괄적인 접근이 이루어지길 기대한다.

서 현 주 　한국전통문화학교

VII-2.
「호서지역 마한·백제 주거지 연구」를 읽고

　　이 글에서는 호서지역의 마한과 백제 한성기 주거지에 대해 지역별로 나누어 정리한 후, 구조와 출토유물을 중심으로 주거지의 변화 양상을 크게 3단계로 구분하여 살펴보고 있다. 발표자는 주거지의 평면형태, 주공의 배치, 벽구, 노지와 부뚜막, 쪽구들 시설 등 시간성을 반영하는 속성들을 중심으로 중요 주거지들을 언급하고, 출토 토기의 구성 비율 등을 통해 유적의 시기를 판단하면서 호서지역 주거지의 단계를 설정하고 있다. 이는 호서지역의 마한에서 백제로의 변천 과정을 파악하기 위한 작업 중 하나라고 할 수 있을 것이다. 토론은 주거지의 지역별 양상과 분기 설정의 내용을 중심으로 몇 가지 의문점을 말씀드리는 것으로 대신하고자 한다.

　　첫째, 발표자는 지역별 양상 중 곡교천유역을 설명하면서, 주거지의 구조에 따른 조영 순서는 4주식→凸자형→비4주식으로 확인되지만 출토유물로 보아 시기 차이는 거의 없을 것이라고 언급하고 있다. 그리고 아산 갈매리와 천안 용원리유적에서는 한성 백제 주거지의 전통인 벽주식·凸자형 주거지가 4주식 주거지와 함께 등장한다고 하였다. 그런데 용원리유적의 사례로 보면, 출입부를 부가한 주거지의 영향으로 4주식 주거지에도 출입부가 부가되거나 4주공이 벽주식화(모서리에 큰 주공이 있고 그 사이에 작은 주공들이 비교적 촘촘하게 배치)되는 변화 등이 나타나는데, 이러한 주거지에서는 승문이나 조족수직집선문 토기, 적갈색계 평저 시루(시루공 - 중앙, 외곽 구분) 등이 확인되기도 한다. 비4주식 중 석재와 점토로 만든 부뚜막이 확인되는 주거지에서도 비숫한 단계의 유물들이 확인된다. 따라서 용원리유적은 시기 구분이 어느 정도 가능하며, 발표자가 제시한 II기보다 늦게까지 이어질 것으로 추정된다.

둘째, 발표자는 금강 중류역의 양상을 설명하면서, 계룡 두계리와 입암리유적에서 석재 부뚜막을 이용하는 방형계 4주식 주거지가 이어지다가 논산 원북리유적의 점토로 만든 부뚜막을 이용하는 비4주식 주거지로 변화한다고 언급하고 있다. 그런데 두계리와 입암리유적에서 석재와 점토로 만든 부뚜막 주거지는 소수에 불과하고 병에 가까운 유물이 출토되기도 하여 다른 주거지들보다 늦은 시기로 볼 수 있다. 그리고 논산 원북리유적의 연대는 수혈유구로 보아 5세기대로 보고 있지만 주거지 유물은 평저 시루(소원공), 주구부동이, 양이부호 등으로 보아 좀 더 이른 단계로 추정된다. 그리고 석재와 점토 부뚜막이 점토 부뚜막을 가진 주거지로 변화하는 것 또한 전반적인 구조 변천상 자연스럽지는 않다. 이는 발표자가 지역적인 차이를 고려하지 않고 원형계, 방형계의 4주식, 비4주식의 주거지 변화 순서를 그대로 적용한데서 나타난 문제가 아닌가 생각된다. 오히려 금강 중류역이나 금강 하류역의 호서 남부지역(서해안지역도 포함)에서는 비4주식이 많은데 비해 4주식은 소수이며 다른 지역보다 늦게까지 이어지는 것으로 판단된다.

셋째, 발표자는 주거지의 편년을 위해 대체로 경질무문토기와 타날문토기의 비율에 따라 단계를 설정하고 있는 듯한데, II · III기의 구분 기준에 대해 타날문토기를 중심으로 의견을 밝혀주셨으면 한다. 특히 이 시기에는 경질무문토기의 존재 여부만으로 단계를 구분하기는 어렵다고 판단된다. 도 08에 의하면, 발표자는 진천 삼룡리 89-1호 주거지는 I 기, 연기 응암리(공주대박물관) 2호나 계룡 입암리 18호 주거지는 III기에 속하는 것으로 보고 있는데, 심발(격자문), 무경식의 장란형토기(사격자문), 원저단경호(격자문) 등의 유물 내용으로 보아 응암리유적(공주대박물관)을 이 시기까지 내려 보기는 어렵다고 판단된다. 발표자는 4주식 주거지가 소수이고 경질무문토기가 상대적으로 적은 금강 하류역이나 서해안지역의 유적들 또한 대부분 III기로 보고 있는데 서산 기지리유적(원저 시루 등) 등은 발표자의 II-1기 정도로 추정된다.

넷째, 호서지역에서 가장 많은 주거지가 조사된 대전 용계동유적(360여기)은 아직 정식 보고가 이루어지지는 않았지만, 원형계와 방형계(4주식, 비4주식) 주거지가 나타나는데 각각 이른 시기와 늦은 시기로 볼 수 있으며 입지 차이도 있다고 언급하였다(도 09에 의하면 유적은 II기로 보고 있음). 용계동유적의 시기 폭이 좀 더 클 가능성은 없는지, 이른 시기와 늦은 시기의 주거지에서 유물상의 차이는 나타나는지에 대해 말

쏨해 주셨으면 한다.

마지막으로, 발표자는 청원 연제리유적의 구가 돌려진 유구들(2~5호 주거지)을 주거지로 다루고 있지만, 이 유구들은 내부에서 노지나 부뚜막시설이 확인되지 않는 점, 주변에서 제련로 등 철 생산 관련 유구도 발견되고 지상건물지 등도 상당수 보이는 점에서 일반적인 주거지가 아니라 아산 갈매리유적의 공방지와 유사한 것으로 추정된다. 그리고 발표자는 대전 신대동유적 등에서 'U'자형 주거지라는 표현을 사용하고 있는데, 'U'자형이 평면 타원형(추정)과 구별되어야 하는 것인지 궁금하다.

VII-3.
「湖南地域 馬韓 · 百濟住居 構造와 展開」를 읽고

장 덕 원 국립공주박물관

조규택 선생님의 발표 잘 들었습니다. 조규택 선생님은 호남지역의 마한과 백제주거(취락) 자료를 분포권, 주거의 구조와 난방 체계 그리고 주거의 전개양상 등 크게 3부분으로 나누어 이 지역의 전반적인 마한 · 백제취락의 특징을 짚어주었습니다. 호남지역은 호서지역에 비해 백제세력에 의한 병합시기가 늦은 이유로 토착적인 마한계 주거문화의 양상이 다소 늦게까지 지속되었던 점은 토론자도 공감하는 부분이며, 호남 서부 · 동부의 주거양상(주거지의 평면형태)의 대별 및 각 소지역 내의 지역적 특성에 대한 의견에도 같은 생각을 가지고 있습니다. 그렇지만 몇 가지 의문점이 있어 질문하고자 합니다.

첫째, 마한주거는 평면형태에 따라 두 가지로 구별이 가능하며, 그 분포권에 있어서 확연한 차이가 나는데, 이것은 마한 소국의 위치 파악에 유용할 것이라고 하였습니다. 그런데 분포권역을 12개의 권역으로 나누었다면, 그 소지역권에 따른 마한 주거문화의 차이가 분명한지 그에 대한 설명을 부탁드립니다.

둘째, 이 지역의 4주식 주거지의 경우 지붕을 높이 올리고 벽체 시설을 갖춰 내부공간을 넓게 활용할 수 있을 것으로 파악하였습니다.

4주식 주거지의 경우 4개의 주기둥과 부뚜막 시설을 감안하면 공간활용에 제약을 받았을 것으로 생각됩니다. 호서지역과 호남지역 그리고 경기일부지역에서 확인되는 4주식 주거지 내 부뚜막 시설은 소위 '一'자형이 주로 사용되는데, 이것은 기둥배치에 따른 공간 활용의 제약을 극복하려는 차원에서 이루어졌다고 생각됩니다. 특히 호서지역은 4주식 주거지가 비4주식 주거지로 대체되면서 사용되는 부뚜막의 형태가 'ㅡ'자형보다는 'ㄱ'자형과의 결합양상이 높은데, 발표자의 생각은 어떠신지 질문하고 싶습니다.

셋째, 천안 일대가 목지국이 존재하였던 지역으로 비정되고, 4주식 주거지의 발생지역으로 보는 관점을 참고할 때 4주식주거지의 차령산맥 이남으로의 확산은 한성백제세력의 남하와 같은 정치적인 문제와 관련성이 높다고 보고 있습니다. 그리고 현재까지의 연구를 참고하면 원삼국시대 화재주거의 원인은 자연적인 요인보다는 군사적 혹은 정치적인 문제에서 기인했다는 관점이 농후합니다. 비록 조사과정에서 자연적 혹은 인위적인 실화를 밝히는 작업이 어렵다는 것은 토론자도 공감합니다.

호남지역의 마한세력의 소멸 시기를 보는 시각은 두 가지로 요약되는데, 발표자께서는 함평 소명유적이 속한 영산강유역의 마한세력이 근초고왕대를 기점으로 병합된 것으로 생각하시는지 질문을 드리고 싶습니다. 만약 그렇지 않다면 화재주거의 원인을 마한세력 간의 정치적인 요인에서 찾을 수 없는지 설명을 부탁드립니다.

넷째, 호남지역의 IV단계 하한(5세기 중후엽)과 V단계는 마한 주거의 소멸, 백제주거의 확산과 백제의 지방 지배가 강화되는 시기로 백제의 수혈주거와 지상건물이 본격적으로 확산되며, 판석재 부뚜막시설이 상용되었다고 하였습니다. 즉 5세기 중후엽인데, 이 시기는 한성백제의 함락이라는 역사적인 사건과 관련됩니다. 이 사건으로 인해 한성백제지역의 유민은 지속적인 이동을 일으켰고, 그 중 일부는 서일본지역에 정착하여 한반도계 주거지, 취사와 난방시설, 토기류 등의 물질문화를 남기게 되었다는 견해가 있습니다. 시기는 5세기 중엽을 전후한 때로 보고 있습니다.

그런데 이보다 앞선 시기인 고분시대 전기의 북부 큐슈와 키나이 일부지역에서는 점토를 사용한 부뚜막시설을 갖춘 가옥이 사용되지만, 일본열도 전역으로 보급되지 못하고 단절되는데, 이러한 한반도계 주거문화의 전파 시기는 발표문의 III-2단계와 상동합니다. 이 단계의 양상은 화재주거의 증가, 대규모 마을의 산발적인 출현으로 요약되는데, 북부 큐슈와 키나이지역에서 나타나는 한반도계 주거문화의 주체가 그러한 요인으로 이주한 영산강유역의 마한세력 일부일 가능성은 없는지 발표자의 의견을 듣고 싶습니다.

VII-4.
「九州에 形成된 馬韓·百濟人의 集落」에 대한 토론 요지

김무중 중부고고학연구소

한일 고고학에 있어서 주된 관심사 중의 하나로 교류 또는 교역과 관련된 물질자료의 분포와 거점지역의 위치, 나아가 교역의 주체에 관한 것이라 할 수 있다. 크게 보면 청동기시대 농경문화의 전래 이후, 樂浪郡 설치 전후~멸망까지의 교섭, 삼국시대 초기(古墳時代 前期)의 교섭 등 대체적으로 이와 같은 흐름이 상정된다.

최근에는 북한강유역의 가평 대성리유적에서 彌生時代 後期의 고배편이 출토되었고, 동해안 강릉 강문동유적에서는 土師器가, 김해 회현리패총에서는 현재 滋賀縣지역인 近江系土器 2점이 확인되고 있다(武末純一 外 2010 : 81~100). 이제까지 古墳時代 中期 이전의 자료가 일본열도와 가까운 한반도 남부지역에서 출토되거나, 日本列島産 또는 관련 유물이 한반도 남부지역에 가까운 北部 九州, 山陰地域에 집중되는 상황과는 다르게 다양한 물질자료가 갑자기 여러 지역에서 확인되는 형국이다.

이들 자료는 교차편년에 이용되어 해당 지역의 편년체계 수립에도 참고할 수 있는 자료이므로, 향후 한일 양국의 학문적 교류도 더욱 강화되고 깊어져야 할 필요성이 제기된다. 그런 점에서 오늘 학술대회는 시의적절한 것으로 평가할 수 있다.

더욱이 일본 北部 九州지역의 기준 유적인 西新町遺蹟에 대한 조사 성과의 소개와 출토 유물의 분석은 한반도 중남부지역의 3~4세기 취락연구는 물론, 지역간 교섭 연구에도 많은 기여를 할 것으로 판단된다.

이상과 같은 인식을 토대로 重藤輝行 선생의 발표에 대해 몇 가지 질문하고자 한다. 다만 3차례 현장을 견학한 정도인 토론자로서는 北部 九州地域의 3~5세기에 걸친 고고자료의 동향에 대해 소상하게 알지 못한다. 혹 잘 이해하지 못한 부분에 대해서는 널리 양해하여 주시길 부탁드린다.

1. 西新町遺蹟의 도래인과 그 원향과 관련하여

　　西新町遺蹟은 기원전 2~1세기(彌生時代 中期)의 취락·옹관묘지, 3세기 전반~4세기 중엽경(彌生時代 後期終末~古墳時代 前期)의 취락으로 구성된 복합유적이며 총 525기의 주거지가 조사되었다. 그러나 우물과 13차 조사에서 검출된 도랑(溝) 외에는 취락을 구성하는 굴립주건물, 竪穴住居址를 구획하는 명확한 도랑·목책 등의 실태가 거의 해명되지 않았다는 문제가 있는 것으로 개관하고 있다. 그리고 동시기 일본의 다른 유적에서 전혀 보이지 않는 부뚜막이 달린 주거지가 집중적으로 출토하고 있는데, 한반도계 토기, 부뚜막이 마한지역과의 깊은 관련이 지적되며, 상당수의 마한계 도래인이 거주하였던 것으로 생각하고 있다.

　　(1) 한반도계 토기, 부뚜막(?)이 마한지역과 깊게 관련되어 있다는 점을 구체적인 사례를 들어 설명하고 있으나, 노형토기 또는 대부호, 경질의 단경소호, 외절구연 고배(제시되어 있지 않으나 第13次 出土品) 등 일부 토기류는 영남지역, 특히 김해지역의 토기류도 섞여 있다. 수적인 우월성으로 마한계라고 한정할 수 있는가? 아울러 부뚜막을 가진 주서시의 경우노 최근 영남지역의 취락조사 성과를 보면 다양한 평면 형태와 부뚜막이 많이 확인되고 있는 점에서 향후 재검토가 필요할 것이다.

　　(2) 부뚜막의 채용과 함께 시루(甑)가 다수 출토되고 있다. 그런데 시루와 함께 사용되는 용기로서 한반도 중남부지역은 연질의 옹 혹은 장란형토기가 보편적으로 공반되는데 반하여, 西新町遺蹟의 경우 그러한 자료가 분명하지 않다. 선택적 수용의 결과로 보아도 되는지 의견을 부탁드린다.

2. 西新町遺蹟에 대응하는 墓域과 관련하여

　　西新町遺蹟에 대응하는 묘지인 후지사키(藤崎)유적에서는 지금까지 方形周溝墓 18기가 조사되었으나, 도래인의 묘는 확인되지 않는다고 지적하고 있다.

　　후지사키(藤崎)유적 제32차 2호주구묘 SD098에서 노형토기, SD251에서 이중구연토기가 출토되고 있음이 확인되는데(福岡市敎育委員會 2004, 參考圖面 參照), 약간 변형된 유물이지만 도래인과 관련된 유물로 볼 수 없는지? 만약 관련이 없다면 왜 그러한 현상이 발생하였다고 생각하는지? 西新町遺蹟과 관련된 묘역으로 상정되는 별도의 유적이 있는지? 설명을 부탁드린다.

3. 교역의 거점과 주체와 관련하여

1의 질문과 관련하여 西新町遺蹟에서는 동시기 일본의 다른 유적에서 전혀 보이지 않는 부뚜막이 달린 주거지가 집중적으로 출토되고 있다. 한반도계 토기, 부뚜막이 마한지역과의 깊은 관련이 지적되며, 상당수의 마한계 도래인이 거주하였던 것으로 생각하고 있다. 아울러 畿內·山陰·瀬戸內 등 일본 각지의 토기도 출토되고 있어 교역거점의 성격이 강한 유적으로 판단하고 있다. 또한 2의 질문과 관련, 西新町遺蹟에 대응하는 묘지인 후지사키유적에서는 도래인의 무덤이 확인되지 않았고, 부뚜막이 설치된 주거지가 주변의 유적으로 확산된 양상이 확인되지 않는다. 따라서 마한계 도래인은 교역을 목적으로 한 사람들이 아닌가라는 관점에서 일차(時)적인 체류에 머물렀다고 보는 견해마저 있다고 지적하고 있다.

(1) 彌生時代 後期 終末부터 취락이 확대되고, 그것과 함께 대외교류를 말해주는 한반도계 토기, 부뚜막 등이 증가하는 양상을 지적하고 있다. 그것과 함께 한반도계 혹은 한반도를 경유한 물품으로 전세된 것으로 보이는 貨泉, 납 조각(鉛片), 琉璃鎔范 외에는 교역의 산물로서 지적될 만한 물품이 보이지 않는다. 인근의 博多遺蹟群에서 보이는 送風管, 鍛造薄片, 粒狀滓 철기 생산과 관련된 유물뿐만 아니라 철기도 극소수에 불과하다. 교역의 산물은 무엇인가?

(2) 2와 관련하여 西新町遺蹟을 교역의 거점이라 할 때, 西新町遺蹟을 관리한 교역의 주체에 대하여 ①수장층과 전혀 관계없이 자유로이 행해졌는가? ②近畿의 大和政權과 관련되어 있는가? ③재지세력과 관련되는가? 궁금하다. 이와 관련 발표에서 보듯이 토기나 부뚜막 등 마한계의 자료가 우월함에도 金官加耶와 倭政權, 양측의 의향에 의해 설정된 國際交流港이라는 견해(武末純一 2004·2010 : 3~20, 久住猛雄 2007 : 20~26)도 있는데, 발표자의 의견 혹은 주된 견해가 있으면 설명하여 주시길 바란다. 아울러 金官加耶와 倭政權, 양측의 의향에 의해 설정되었다면 마한계 주민의 역할은 무엇이었을까?

4. 西新町遺蹟의 존속시기와 관련하여

西新町遺蹟의 土師器 編年은 절대적이지 않지만 공반하는 한반도계 토기의 편년적 위치, 즉 한반도 남부 각 지역의 토기 편년의 정합성을 판단하는 보조 자료로 활용할 수 있을 것이다. 이는 여전히 합리적인 편년체계와 지역별 평행관계가 수립되어 있지 않은 실정을 감안하면 北部 九州지역의 편년에 관심이 두어진다.

발표자는 西新町遺蹟에서 畿內·山陰·吉備지역의 토기와 함께 한반도계 토기, 부뚜막이 급증하는 것은 西新町 Ⅲ式 이후로 보고 있다. 西新町遺蹟 Ⅲ식 古段階 중에 쇼나이(庄內)식과 후루(布留)식의 경계로 보고, 그 시점을 일본에서의 고분시대 시작 시기인 기원후 250년경이라 한다. 하한(西新町遺蹟의 단절)은 4세기 중엽경으로 설정하고 있다. 반면 3세기 말~4세기 말로 西新町遺蹟의 존속시기를 달리하는 경우도 있어 약간 혼란스럽다. 발표자의 입장을 다시 한 번 설명하여 주시길 부탁드린다.

5. 北部 九州의 횡혈식석실의 출현과 관련하여

"① 福岡市 南區 老司古墳, 福岡市 西區 鋤崎古墳에서는 마한계 양이부호를 모방한 土師器가 출토되고 있으며, 4세기 말경 北部 九州에 횡혈식석실이 출현할 즈음에 마한계의 도래인이 관여했을 가능성이 있다"라고 기술하고 있다. 토론자는 北部 九州에 있어서 횡혈식석실의 출현이 마한의 영향과 관련됨을 지적한 것으로 생각하고 있는데, 일본 학계에서는 中國 南朝의 영향, 백제의 영향 등을 거론하고 있는 것으로 알고 있다. 발표자의 견해가 있으면 부탁드린다.

〈참고문헌〉

久住猛雄, 2007, 「'博多灣貿易'の成立と解體 -古墳時代初頭前後の對外交易機構-」, 『考古學研究』 第53
　　　卷 第4號(通卷212號), 考古學研究會.
武末純一, 2010, 「集落からみた渡來人」, 『古文化談叢』 第63集, 九州古文化研究會.
武末純一 外, 2010, 「金海 會峴里貝塚 出土 近江系土器」, 『考古學探究』 第8號, 考古學探究會.

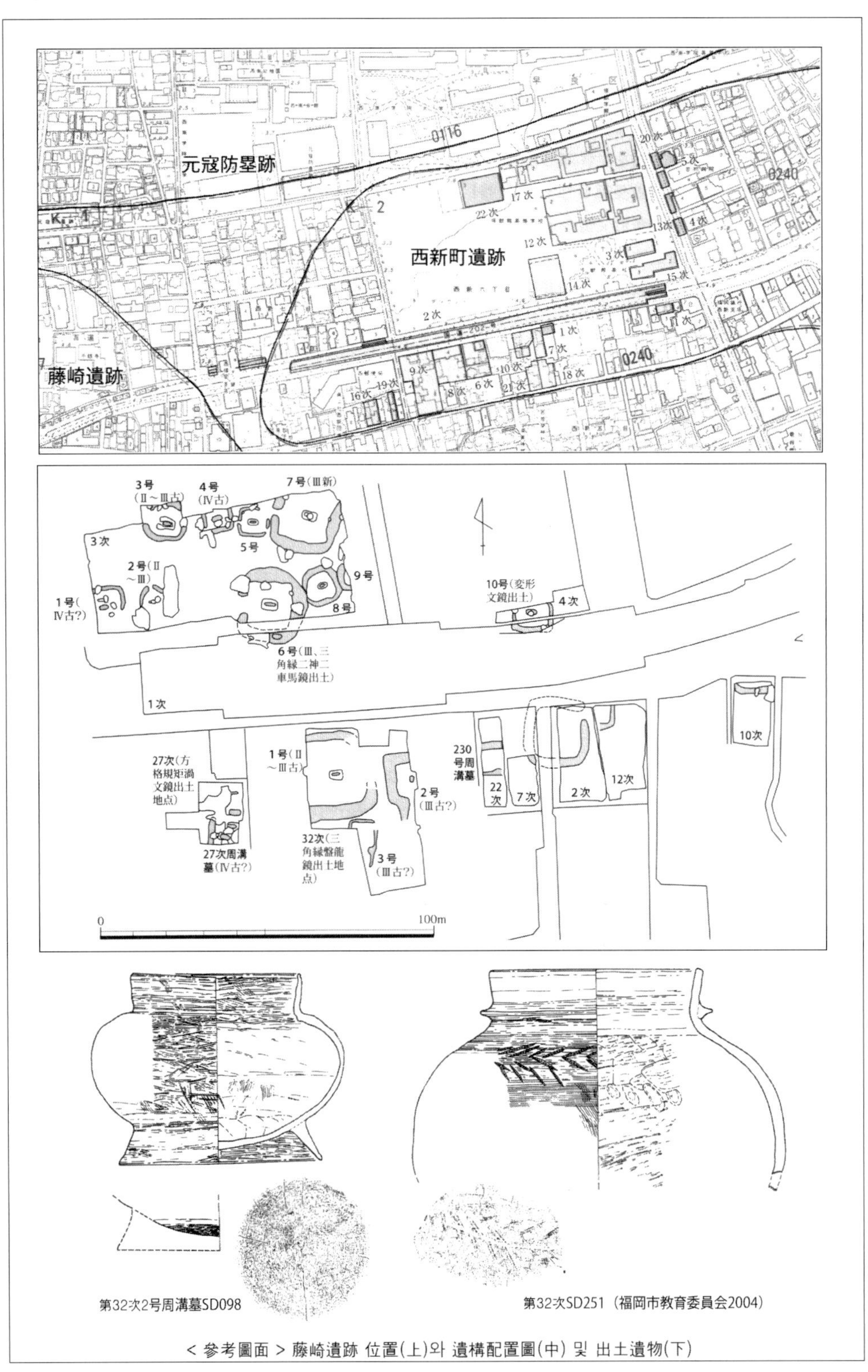

第32次2号周溝墓SD098　　　　　　　　第32次SD251（福岡市教育委員会2004）

< 參考圖面 > 藤崎遺跡 位置(上)와 遺構配置圖(中) 및 出土遺物(下)

VII-5.
「畿內에 정착한 百濟系 馬飼集團」에 대한 토론요지

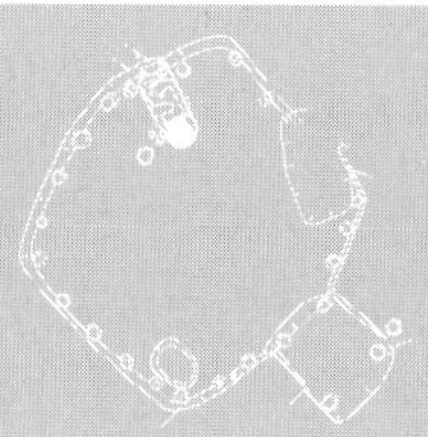

성정용 충북대학교

1. 大阪 蔀屋北遺蹟은 한반도 도래계집단의 활동과 관련하여 조사 초기부터 연구자들에게는 대단히 중요한 유적으로 인식되어 있있는데 이번 빌표를 통해 蔀屋北遺蹟의 실체가 한국 쪽에 제대로 알려지는 계기가 되었다고 보이며, 그 조사 성과를 정리하여 발표해 주신 宮崎泰史 선생님께 먼저 감사의 말씀을 드린다. 그런데 겨우(?) 25,000㎡ (약 8,000평) 정도에 불과한 유적을 6년에 걸쳐 장기적으로 전면 조사하고 이어 소규모 보완조사까지 진행한 것은, 한국과 일본의 공사 관행 차이 등 여러 요인에서 비롯되었을 수 있겠지만 그리 쉽지만은 않은 일이었을 듯하다. 우리의 경우 이보다 훨씬 대규모의 유적들도 정해진 공기에만 맞추려는 발주처 측의 요구와 여기에 한국인 특유의 근면성과 속도전까지 덧붙여져 1~2년도 채 걸리지 않아 완료되는 사례들을 비일비재하게 보게 된다. 물론 오랜 시간을 조사한다 하여 꼭 고고학적 지식이 더욱 크게 획득되는 것은 아니지만, 대규모 발굴에 따른 고고학적 지식 증가 수혜의 이면에 여러 문제가 도사리고 있을 수 있음을 생각해 보게 된다. 이와 관련하여 먼저 蔀屋北遺蹟을 이처럼 장기적으로 조사하게 된 경위와 과정, 그에 따른 장단점 등을 말씀해 주셨으면 한다.

2. 일반적으로 자연 취락들은 한 장소에 장기간 거주할 경우 생활쓰레기나 오폐수, 주변 식생자원 고갈 등의 환경적 문제에 직면하게 되면서, 취락의 재배치나 이동 등의 변화가 발생할 가능성이 높아질 것으로 예상된다. 蔀屋北遺蹟의 경우 얕은 계곡과 인위적인 區劃溝 등에 의해 모두 5개의 居住域으로 나뉘며, 5세기 中頃~後半을 중심연대

로 하여 대략 200여 년간(5~6세기) 지속된 것으로 보고 있다. 이 유적은 취락 전체가 완전히 조사된 것은 아니지만, 조사 구역 내에서 시간의 경과에 따른 거주역의 변동이 관찰되는지 그리고 궁극적으로 이 유적이 폐기된 이유는 무엇으로 보고 있는지(정치적? 환경적?...)?

3. 蔀屋北遺蹟에서는 말의 사육과 관련하여 다량의 製鹽土器가 출토되는 것이 특징이며, 이동식 부뚜막도 이와 관련될 가능성을 제기하고 있다. 충분히 수긍할 만한데, 아직 한국에서는 제염과 관련시킬 수 있는 고고학적 자료가 확실하지 않아 상호 제염방식의 차이 등에 대한 비교가 현실적으로 불가능한 실정이다. 그래도 향후 비교연구의 기초를 위한 시금석으로서, 도래계로 보이는 蔀屋北遺蹟 점유 집단의 제염방식이 순전히 재지의 일본열도적인지 아니면 조금 다른 요소가 보이는지 고고학적으로 관찰된 내용이 있으면 말씀해주시기 바란다.

4. 다량의 韓式土器와 부뚜막장식 등으로 보아 이 유적을 도래계 특히 백제계집단의 것으로 보는 것에 대해 전적으로 동감한다. 다만 이 유적의 초출시기가 백제 漢城期이므로 그 기원지도 한강과 금강, 영산강유역 등으로 다양할 수 있으며, 기원지에 따라 출자 집단의 성격이나 한반도와의 관계 등도 조금씩 다를 수 있을 것이다. 발표자는 평행선문 타날의 경우 백제중심지 및 영산강유역과 관계를 가진 한식계토기로 보아 다소 지역을 넓게 비정하고 있는데, 출토 유물 중 표비 등의 철기는 지역성을 찾기 어렵지만 아궁이장식(U字形板狀土製品)은 그 형태에 따라 관련지역을 추적해 볼 수 있을 것 같다. 아궁이장식은 크게 모서리가 각진 것과 둥근 것으로 나뉠 수 있는데, 각진 것은 풍납토성을 포함한 중부지역에서 주로 출토되고, 둥근 것은 파주 주월리 것 외에는 주로 영산강유역에서 출토되는 양상을 보이고 있다. 그런데 蔀屋北遺蹟을 포함한 일본 畿內지역에서는 둥근 형태의 아궁이장식 출토예가 압도적으로 많아(徐賢珠 2003), 영산강유역과 왜 중심부 사이에 형성된 모종의 관계를 보여주는 듯하다. 아궁이장식을 포함한 다양한 문물들의 백제지역에서의 기원지를 좀 더 좁힌다면 어디로 상정하고 있으며, 그리고 그 유입배경은 어떻게 생각하고 있는지 궁금하다.

5. 제염토기와 함께 말 희생으로 보이는 매장 수혈들이 여러 개 발견된 것을 감안하면, 이 유적의 성격을 마사집단과 관련시키는 것은 충분히 수긍할 만하다. 蔀屋北遺蹟

이 위치한 河內지역은 마사집단으로 유명한데, 계체천황이 507년 즉위할 때 여러 사람들이 계체를 옹립하고 있음을 알려 천황에 즉위할 수 있도록 결정적 도움을 준 사람이 바로 河內 馬飼首 荒籠이란 인물로서 즉위 후 후대하는 기록이 있는데[1], 河內 마사집단 물질문화의 기반을 본다면 그 우두머리 또한 도래계일 가능성이 제기되고 있다. 문헌에 나오는 마사집단과 직접 연결시키는 것이 쉽지 않겠으나

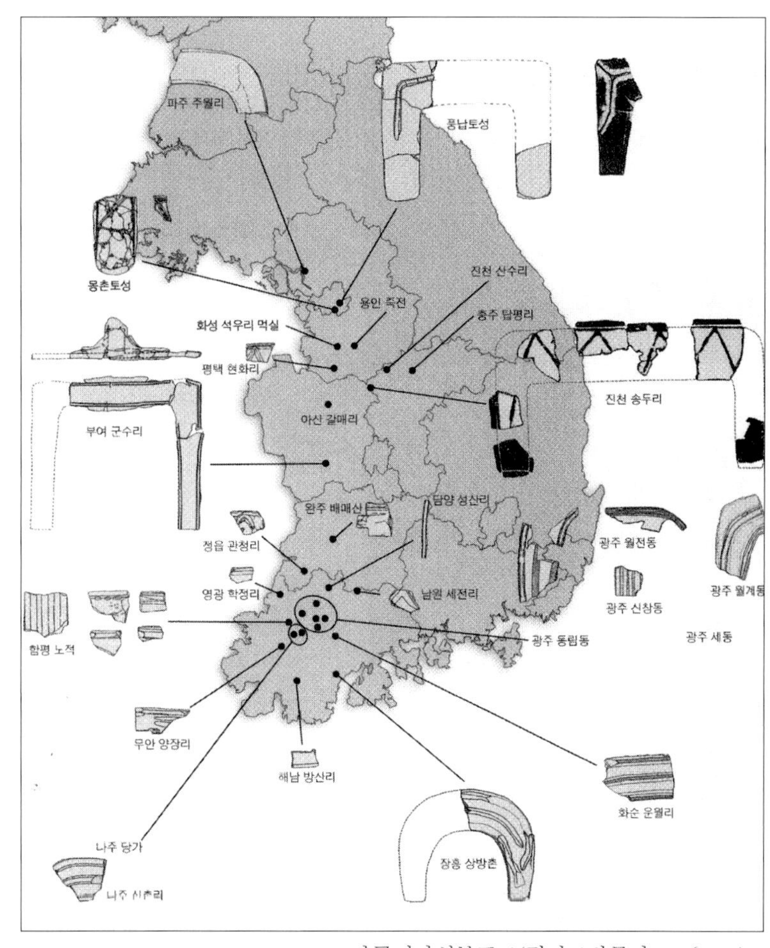

아궁이장식분포도(경기도박물관 2006 : 70)

蔀屋北遺蹟의 규모나 조사 성과로 보아, 이 유적 집단이 당시 河內 馬飼집단에서 차지하고 있던 사회적 위치 및 이 집단의 운영 주체 등을 추정해 볼 수 있을까?

---

1 春正月丙寅 遣臣連等、持節以備法駕。奉迎三國。夾衛兵仗。肅整容儀。警蹕前駈。晏然而至。於是男大迹天皇晏然自若。踞坐胡床。齊列陪臣。旣如帝坐。持節使等。由是敬憚。傾心委命。冀盡忠誠。然天皇意裏尙疑。久而不就。適知河內馬飼首荒籠。密奉遣使。具述大臣大連等所以奉迎本意。留二日三夜。遂發。乃喟然而歎曰。懿哉馬飼首。汝若無遣使來告。殆取蚩於天下。世云。勿論貴賤。但重其心。盖荒籠之謂乎。及至踐祚。厚加荒籠寵待。(『日本書紀』卷十七 継体天皇 元年條)

〈참고문헌〉

경기도박물관, 2006,『漢城百濟』특별전 도록.

徐賢珠, 2003,「三國時代 아궁이틀에 대한 考察」,『韓國考古學報』50, 韓國考古學會.

林永珍 外, 1999,『伏岩里古墳群』, 全南大學校博物館.

樋泉岳二, 2007,「VI.動物遺體 分析」,『牙山 葛梅里(III地域)遺蹟 -分析 및 考察-』, 고려대학교 고고환경
　　　연구소.

徐賢珠, 2003,「三國時代 아궁이틀에 대한 考察」,『韓國考古學報』50, 韓國考古學會.

VIII. 종합토론 녹취

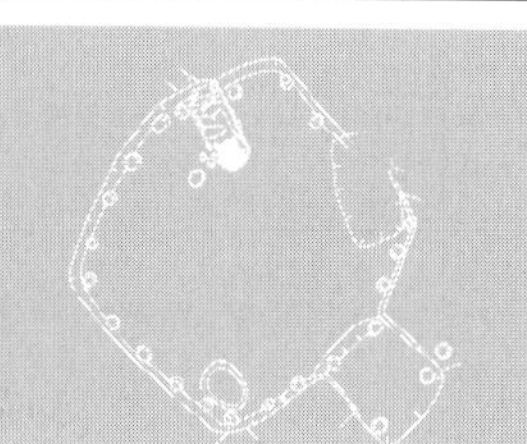

사회자 : 권오영(한신대학교)

토론자 : 김무중(중부고고학연구소)

　　　　미야자키 타이지(大阪府敎育委員會)

　　　　박순발(충남대학교)

　　　　서현주(한국전통문화학교)

　　　　성정용(충북대학교)

　　　　시게후지 테루유키(佐賀大學)

　　　　신연식(중앙문화재연구원)

　　　　신희권(문화재청)

　　　　장덕원(국립공주박물관)

　　　　조규택(국립전주박물관)

　　　　홍지윤(중앙문화재연구원)

통　　역 : 이기성(한신대학교)

　　　　히라고리 다쯔야(부산대학교)

류형균 : 종합토론이 이어지도록 하겠습니다. 종합토론은 한신대학교 권오영 선생님의 사회
　　　　로 진행하도록 하겠습니다. 마이크를 권오영 선생님께 넘깁니다. 권오영 선생님 부
　　　　탁드리겠습니다.

청중 : 박수..

권오영 : 예. 전 한신대학교의 권오영이라고 합니다. 다른 선생님들은 아까 다 한 번씩 인사
를 하셨고, 오늘 종합토론에 다섯 개 주제를 같이 묶어주기 위해서 충남대학교의 박
순발 교수님이 와 계십니다. 잠깐 인사드리겠습니다.

미리 말씀을 드리겠습니다. 지금 4시 15분인데 6시에는 무조건 끝내겠습니다. 이야
기하다가도 중간에 그냥 끊어버릴 수도 있고 그래서 무조건 6시에는 끝내겠습니다.
오늘 중앙문화재연구원 10주년을 기념해서, 그리고 국립공주박물관 전시도 있고,
국립공주박물관, 중앙문화재연구원, 백제학회 3개 기관이 합동으로 학술대회를 하
게 됐습니다. 지금 서울·경기에서부터 구주를 지나서 오사카까지 다섯 개 지역의
자료들을 보니까 공통점도 있고, 차이점도 있고 해서 요즘 국제화, 세계화, 다문화
하는데 이미 그 시기에 다 그 일들을 했구나 이런 생각들을 해봤습니다. 좀 짧게 이
학술회의가 만들어지게 된 경과만 짧게 말씀을 드리겠습니다. 한 5~6년 전쯤 됐을
까요, 지금 여기 와계신 오사카의 고야마다 선생님이 충남대학교의 학술대회에 오
셔서 어떤 유적 이름을 말씀하시면서 백제를 공부하려면 그걸 모르면 안 된다며, 도
대체 유적 이름을 외울 수가 없는 어려운 이름을 말하고 가셨습니다. 이게 시토미야
키타라고 하는 참 발음하기 어려운 유적이었습니다.

그 이후에 이것이 머릿속의 화두가 되어서 오사카에 갈 때마다 유적과 유물을 볼 때
마다 놀라는 것이 백제지역의 유물들하고 참 비슷하다는 것을 느껴왔습니다. 그러
다가 올해 초에 참 오랜만에 보고서가 발간되었는데, 발굴자 중에 한 분으로 오늘
발표하신 미야자키 선생님이 아직 일본에서 본격적인 토론대회를 안 했지만 이 시
토미야키타유적을 가지고 한국에서 학술대회를 한 번 해보자 이렇게 제안을 하셨습
니다. 제가 뾰족한 수가 없어서 그냥 숙제로 담고 있었는데 오늘 축사해 주신 노중
국 선생님이 지금 백제학회 회장이신데, 백제학회도 올해 학술대회를 한 번 만들어
봐라 하셨고요. 그래서 고민 고민하다가 몇 달 전에 중앙문화재연구원에서 연구원
들 교육이 끝나고 화장실에서 조상기 원장님을 만났습니다. 그래서 화장실에서 그
짧은 한 일분밖에 안 되는 시간에 둘이 결정을 하게 되었습니다. 그래서 마침 중앙
문화재연구원과 국립공주박물관이 함께 이번에 전시를 준비한다 해서, 그럼 3개 기
관이 같이 해서 이번 학술대회를 개최하게 되었습니다.

자, 아까 다섯 개의 개별 발표가 있었고 그에 대한 토론이 질문만 하고 그에 대한 답
을 못 들었죠. 그래서 이렇게 진행해볼까 합니다. 개별발표에 대한 답을 한 분씩 듣
고, 그 다음에 박순발 선생님께선 각각 다섯 개의 주제에 대해서 한번 횡으로 좀 엮

어 달라는 부탁을 드리고, 그 다음에 마지막으로는 제가 준비했던 한 너, 댓가지의 질문을 좀 하면서 발표자 토론자 구분 없이 그렇게 진행을 해볼까 합니다. 크게 이의 없으시면 그렇게 하겠습니다. 저는 이런 학술대회가 끝나고 나면은 뭔가 얻은 게 있어야 된다, 뭔가 최소한의 합의를 하나 보는 게 있거나, 의견의 불일치를 보는 것이 정확히 무엇인지 기억할 필요가 있다고 생각됩니다. 그리고 미리 짧게 말씀드리자면 '도래인' 이라는 표현은 한국 측에서는 사용하지 않는 게 좋겠다는 이런 말들이 나왔습니다. '도래' 라고 하는 것은 말 그대로 바다를 건너서 오는 것이니까 일본 측 입장에서는 그게 정당한 표현이 되겠지만 한국 측의 입장에서는 '도래인' 이 아니고, 일본으로 건너갔기 때문에 다른 표현을 쓰자 해서 '이주민' 이라는 말로 통일해 쓰도록 하겠습니다.

자, 그러면 홍지윤 선생님의 발표가 아까 있었고 신희권 선생님이 질문하셨는데 거기에 대한 홍지윤 선생님의 답을 들어보겠습니다.

홍지윤 : 네 안녕하십니까? 중앙문화재연구원 홍지윤입니다. 신희권 선생님께서 크게 3가지 문제에 대해서 질문하셨고 작게는 한 네 가지에서 다섯 가지 정도의 질문이 있는 것 같습니다. 그래서 앞에서부터 차례대로 설명을 드리도록 하겠습니다.

먼저 단계 설정 부분에서 왜 지금 크게 'ㅡ' 자형 구들과 'ㄱ' 자형 구들로 나눠서 5단계로 구분해도 충분하지 않겠느냐 라는 그런 질문이셨고요, 그리고 1단계는 원삼국시대 그리고 유입단계는 백제로 전환된 이후로 보는 것이 어떠냐는 그런 의견을 말씀하셨습니다.

그런데 처음에 얘기했듯이 장현리유적의 변천을 이후의 중복관계를 중심으로 해서 살펴보다 보니까 백제로 접어들었다고 생각되는 C1유형과 C2유형 부분, 이 유형 사이에서의 중복관계를 살펴보면, C1유형을 파괴하고 D유형이 설정된 것 하고, C2유형을 파괴하고 D유형이 설정되고 해서 일단 주거지가 파괴·매몰이 되고, 그 이후에 주거지가 등장할 시기까지는 일정 정도 시간이 필요하다는 의미에서 중복관계에 따라 시기성을 반영한다고 생각을 하여, 세 가지 단계로 구분을 했었습니다.

그래서 2단계부터 보면 지표의 영향이라든지 유물 편 등이 한성백제와 관련성을 보이는 유구들이 일부 확인이 되고 있고요. 그 단계에서부터 백제화의 경향을 보인다고 생각하고, 다음 3단계부터는 완전히 백제에 예속되는 단계로 하여 크게 세 개의 분기, 또는 세 단계로 설정을 했었습니다.

그리고 두 번째로 주거지 위계화에 대한 문제인데요, 저도 마찬가지로 주거지 규모를 가지고 설정해야 한다고 판단하여 그렇게 했었는데, 51페이지 쪽에 보면 주거지

규모의 차이로만 가지고 위계화의 차이를 판단하기는 어렵다는 얘기를 잠깐 적은 것 같습니다. 그런데 여기서 주거지 규모는 유적 내에서 대체로 조사되는 규모만을 가지고는 단계를 구분하지 않고 얘기하기에는 어렵지 않겠느냐는 의미에서 그렇게 표현을 했던 거고요. 그래서 단계를 나눠놓고 위계를 보니까 1단계에서는 큰 주거지가 있고, 작은 주거지들이 같이 배치되는 양상을 보이고, 2단계에서는 큰 주거지들과 작은 주거지가 확연하게 구분되어서 나타나는 경향이 보이고, 3단계에서는 아주 작은 주거지들만이 나오는 그런 형태로 있어서 일단 주거지 규모를 가지고 위계를 파악할 수 있다고 생각하고 글을 썼습니다.

그리고 출토된 유물의 양이나 실제 출토 유물을 가지고 주거지에 살던 사람들의 위계를 직접 대입시키기는 어려움이 있는데, 유물이라는 것이 이동성이 있고, 백제 유물이 어떤 폐기과정이나 폐기된 이후에 그 유물이 다른 곳으로 이동되었을 가능성까지 염두에 둔다면 단지, 그 주거지에서 출토되는 유물만을 가지고 그 주거지의 위계가 상위라고 얘기하기에는 약간 어렵지 않을까 생각해서 주거지 규모로 그 위계를 살펴봤다는 말씀을 드리겠습니다.

그리고 세 번째 편년의 문제에 대해서 두 가지 정도를 질문하신 것 같은데요. 사실 편년의 문제는 아까 잠깐 말씀드렸듯이 제가 특별히 이 시기에 대해서 정확한 연대를 설정할 수 있는 근거를 가지고 있지는 못합니다. 그래서 기존의 분류했던 선생님들의 의견을 그대로 인정을 해서, 그 의견을 받아들여 편년의 기초로 활용했다는 말씀을 드리겠습니다. 그리고 한성백제의 중앙 양식이 장현리유적에서 보이지 않는 것에 대해서 어떻게 생각하느냐는 그런 질문이 있으셨는데요. 제가 중앙 양식이라고 하는 것이 도면에 표현이 되어있지 않는 상태로 신희권 선생님께 자료가 간 이후, 자료를 준비하면서 이번 발표자료를 만들게 되었습니다.

신희권 선생님이 약간 당황스럽다고 말씀을 하시더라고요. 어쨌든 한성백제 중앙양식의 토기는 일단 2단계부터 장현리 주거지 내에는 포함된다고 생각하고요, 3단계 이후에는 주거지내에서 중앙양식과 직접 관련되는 유물은 없습니다. 그래서 그것은 아마 백제의 가장 하류취락으로 정의된 이후의 상황을 반영하는 것이 아닌가하고 생각하고 있습니다.

권오영 : 제가 사전에 양해의 말씀을 드린 것이 아마 오늘 서울·경기지역의 발표·토론하는 분들은 이 정도 이야기가 오늘 토론하시는 끝이 아닐까 싶은데, 내용이 주로 일본과의 교류와 관련된 일이기 때문에 시간을 많이 드릴 예정입니다. 오늘 주제 자체는 주거지 구조와 유물을 통한 교류 문제가 되기 때문에 연대문제는 제가 칠판에 미리

정리를 해놨습니다. 그래서 발표자들 견해를 쭉 정리해 보니까 대개 장현리유적이 한성 1기에 속한다는 것은 부정할 사람이 없을 것 같고요, 그 다음에 니시진마치유적도 대개 한성, 우리가 말하는 한성 1기에 속한다고 이해하시면 되기 때문에 연대에 대한 세부적인 토론은 오늘은 좀 양해를 구하고 주로 교류문제를 가지고 이야기하겠습니다. 그런 면에서 신희권 선생님 말씀 부탁드립니다.

신희권 : 저는 교류 측면에서는 앞으로 중간 중간 기회가 있을 것으로 생각되어서, 혹시 기회가 되면 그때 말씀을 드리도록 하겠습니다.

권오영 : 기회가 없을지도 모르는데요?

신희권 : 아. 기회를 만들도록 하겠습니다.

권오영 : 예. 오늘 들으셨지만 구주하고 오사카지역의 자료가 주로 호남지역하고 많이 비슷하다보니까 아마 열띤 토론은 호남지역 발표 · 토론자 분하고 구주 · 오사카지역 발표 · 토론자 분들 사이에 벌어질 것 같아서, 예, 좀 아쉽긴 하지만 어쩔 수가 없을 것 같습니다. 그 다음에 이제 신연식 선생님 발표하신 내용에 대한 서현주 선생님의 질문이 있었고요, 거기에 대한 답변을 부탁드리겠습니다.

신연식 : 예. 중앙문화재연구원의 신연식입니다. 서현주 선생께선 네 개, 다섯 가지 정도에 대해서 질문을 하셨는데, 먼저 첫째 천안 용원리유적 관련해서 천안 용원리유적이 시기가 어느 정도 구분이 가능하고, 5세기 때, 그러니까 4세기 중반 이상 넘어가지 않겠느냐 라고 말씀을 하셨습니다. 그리고 또 그 중에 석재하고 점토하고 같이 섞여서 부뚜막이 시설되는 것이 좀 더 늦게까지 가지 않겠냐 라고 말씀을 해주셨습니다. 먼저 그것에 대한 답으로 천안 5개 유적에서 출토된 유물을 경도와 관련해서 구분을 해보니까 약 70% 정도가 연질토기이고 한 30%가 경질토기였습니다. 그래서 이런 걸로 봐서는 완전히 고강도의 소성 기술이 아직 전환되지 않는 단계로 볼 수 있고 또 문양면에서도 승문이나 침선문, 평행문, 그리고 교차 평행선문 등 큰 여러 가지 문양이 있지만 하류층 주거지에서 특히 격자문이 가장 큰 비중을 차지하고 있기 때문에 시기가 서현주 선생님께서 말씀하신 것 보다는 그렇게 크게 넘어가지는 않지 않겠느냐 라고 생각을 했고요. 그리고 이 안에서도 유구가 몇 차례 중복된 예들이 몇 개 나왔는데요. 그 유구에서 출토된 유물 상에서는 보고자들은 별 차이가 없다고 하는데, 유구를 주거지의 군집을 보면 3단계나 4단계 정도는 충분히 구분이 가능하지 않겠느냐 라고 생각을 합니다.

그리고 두 번째로는 금강 중류역의 양상을 설명하면서 2단계보다는 3단계의 유적만 있고, 2단계 전 단계는 유적이 없지 않느냐라는 말씀을 해주셨습니다. 그래서 제가 발표할 때 서두에 앞서서 논산 원북리나 그리고 계룡 두계리, 입암리유적을 설명드리면서 처음에 논고를 작성할 때보다 정리를 하면서 보니까 논산 원북리유적의 경우에는 수혈유구를 가지고 이렇게 봤었는데, 막상 주거지를 자세히 보니까 수혈유구보다는 빠른 단계의 시기가 아닌가 그래서 논산 원북리의 경우에는 2단계로 다시 수정을 했습니다. 그리고 계룡 입암리유적의 경우 석재가 섞인 노지, 석재하고 같이 시설한 노지가 논산 원북리유적 보다는 늦은 시기로 볼 수 있겠습니다.

그리고 세 번째 것은 방금 두 번째하고 중복되어서 이것은 제외하기로 하고요. 그리고 용계동유적의 경우에는 제가 한 3세기 중반부터 4세기 중반, 한 2세기 때에 들어간다고 말씀을 드렸는데, 용계동유적은 현재 보고서 작업을 진행하고 있어, 아직 전체적인 윤곽이 나타나지는 않았지만, 출토된 유물의 양상이나 유물의 기종, 타날 문양, 구연부 형태의 종류를 봤을 때 아마 아무리 뒤로 가더라도 4세기 중후반 이상은 넘어가지는 않는 것으로 생각을 했습니다.

그리고 토론자께서는 청원 연제리유적의 구가 둘러진 2호에서 5호 주거지를 아산 갈매리유적 근방과 유사한 것으로 생각하지 않겠느냐 라는 말씀을 해주셨는데요. 저희가 그 주변에서 제철과 관련된 유구가 확인되어서 특히 제철과 연관된 자료가 나오지 않을까 해서 많은 관심을 가지고 조사를 했었는데, 제철관련 공방지로 보기는 어렵다, 그런 증거는 전혀 나오지 않았다라고 이야기를 했습니다. 그런데 제 생각에는 만약에 구가 둘러진 방형의 주거지라고 한다면 노지가 확인되지 않는 점으로 봤을 때는 서현주 선생께서 주거지가 아니고 공방지 시설이 아니겠느냐고 하셨지만, 꼭 그 시대에 노지가 없다고 해서 100% 주거지가 아니라고 할 수는 없는 것입니다. 그래서 저는 혹시 주거지가 아니라고 한다면 제철관련 공방지보다는 다른 용도의 시설이 설치된 것이 아닌가라는 생각을 해봅니다.

그리고 마지막으로 신대동유적의 주거지는 평면형태가 타원형이나 원형의 주거지 말고, 일자형태의 평면으로 표현을 했는데요. 용계동유적의 항공사진을 보면서 유구배치도를 보니까 용계동유적에서도 원형이나 타원형 주거지가 나왔는데, 능선과 평행하게 조영된 타원형 주거지가 있는 반면에, 직교하게 조영된 주거지가 신대동유적 3호·5호 주거지가 해당하고, 7호 주거지의 경우에는 조성방향이 달라서 그렇게 일자형으로 보일 수 있다는 생각을 했고요. 5호 주거지의 경우는 경사면 위쪽에 있는 벽이 원형으로 돌아가지 않고 약간 말각방형으로 돌아가는 형태를 띠고 있습니다. 그래서 이게 아마 원형이 아닌 방형계, 말각방형의 형태가 아닐까 라는 생각을 했습니다. 이상입니다.

권오영 : 예. 서현주 선생님 말씀하실 부분이 많겠지만, 오늘 연대문제는 조금 참으시고 그 나머지 것만 가지고 이야기를 좀 해야 되겠습니다. 예 부탁드립니다.

서현주 : 연대 문제를 주로 발표자께서 언급을 하셨고 아마 그 어떤 지역적인 특징이나 교류 문제와 관련해서는 나중에 얘기가 나오면 함께 하겠습니다. 그리고 이런 평면형태에 대한 문제는 지역적으로 좀 차이를 보이면서 나타나는 부분이 백제화 과정과 또 관련된다고 생각을 하기 때문에 그 부분을 주로 발표자께서 말씀하셔서 언급을 했던 거고요 만약 그 부분에 또 추가를 할꺼면 다음에 한꺼번에 하겠습니다.

권오영 : 예. 호서지역 발표·토론자 분들은 나중에 또 하실 말씀이 많습니다. 그러면 두 분 모두 'U' 자형 평면의 주거지는 어떻게 보시는 겁니까? 원형으로 보시는 겁니까?

신연식 : 대전 신대동에서 나왔던 3호나 7호 주거지의 경우에는 타원형이 조성된 방향이, 입지가 달라서 그런 것 같고, 그 중에 5호 같은 경우에는 남아있는 형태로 봐서는 말각방형계가 아닌가라고 생각을 하고 있습니다.

권오영 : 여기서 잠깐 정리하고 넘어가겠습니다. 서울·경기·영동·영서지역이 대개 주거지 평면이 육각형, 방형, 오각형도 있지만 일단 출입시설이 부가된다는 공통점이 있다는 이야기가 나왔습니다. 그 다음에 호서지방은 방형이 많고, 대전을 중심으로 한 갑천유역은 원형, 타원형도 있다. 그리고 육각형 내지는 출입구가 있는 것들은 대개 한성백제와의 관련성 속에서 돌출적으로 나온 것이라고 이렇게 정리가 됐습니다. 그 다음에 호남지방의 주거지 평면이 어떤지를 들어보고 구주와 오사카는 어떤지 비교를 해보면 좋을 것 같습니다.

자, 이제 세 번째 조규택 선생님께서 말씀하신 호남지역에 대한 토론을 장덕원 선생님의 질문에 답변을 두 가지만 해주십시오.

조규택 : 네. 먼저 고민했던 부분에 대한 질문을 패스해주셔서 장덕원 선생님께 감사드리고요, 아마 전체적인 질문에 대한 내용은 마한백제의 주거지의 주거양상, 그게 또 지역적으로 어떻게 차이를 보이는가, 이게 그 주거 집단의 성격에 있어서 마한과 백제 세력의 정치적인 관계와도 관련성이 있지 않나. 그랬을 때 그런 모습들을 우리가 어떻게 읽어낼 수 있을까 하는 사례인 것 같습니다. 그래서 제가 내용을 설명하는 가운데서 아마 잠깐잠깐 언급을 해서 장덕원 선생님이 질문을 수정을 해주셨는데요, 일단 그 질문한 부분이 있기 때문에 구조적인 부분에서 잠깐 말씀을 드리겠습니다. 사주식 주거의 관계에 있어서 장덕원 선생님은 호서지역 주거지를 정리하면서 주거지 평면에 있던 부뚜막과의 관계, 그 형태에 따라서 사주식 주거에서 비사주식 주거지로 나가는 과정에 따라 부뚜막 양상들도 형태가 좀 변하고 있다. 그랬을 때 그런

형태의 변화가 과연 사주식 주거가 공간활용이라는 측면이 전체적으로 반영이 된거냐 아니면 또 다른 의미가 있느냐는 그런 질문들이 많습니다. 일단은 결론을 말씀드리면 사주식 주거와 그 다음에 비사주식 주거가 나타나는 호남 쪽의 양상들을 보면 지역적으로 주거집단의 부뚜막시설의 채용 과정인 것 같습니다. 다시 말씀드리면 'ㅡ'자 형태나 아니면 'ㄱ'자 형태가 어느 정도 그 형태상에서 변화되는 발전 모습들이 보이고 있거든요. 그랬을 때 사주식 주거, 비사주식 주거가 많습니다. 쓰는 집단, 아니면 선호하는 집단에 따라서 그것들을 사용하는 관계가 나타나기 때문에 비사주식, 사주식 주거 같은 경우도 먼저 'ㅡ'자 형태가 출현하고, 또 이어서 'ㄱ'자 형태도 맞물려서 등장을 하는 것 같습니다. 이에 또 비사주식 주거도 역시 'ㅡ'자 형태에서 'ㄱ'자 형태, 여기에서는 언급은 되어있지 않지만 양쪽으로 꺾이는 형태도 나타나고 있습니다. 그래서 꼭 굳이 이것이 어떤 사주식 주거 또는 비사주식 주거의 관계만을 얘기해서 설명하기에는 조금 어려운 부분도 일정부분 있는 것 같습니다.

역시 좀 전에 말씀 드린 것처럼 과연 우리가 마한백제 주거양상을 통해서 어떤 집단을 얼마만큼 정치적 관계, 아니면 사회적 변화, 이런 것들을 읽어낼 수 있느냐 하는 그런 문제인 것 같은데요. 나아가서 과연 이쪽에 있는 호남지역 집단들이 과연 대외적으로 일본의 열도 특히 큐슈나 키나이쪽과 어떤 관계가 있느냐 하는 질문인 것 같습니다. 오전에 기조강연에서도 나왔지만 과연 주민들이 이주를 했느냐, 아니면 도래를 했느냐, 이주 집단이다, 여러 가지 얘기가 나오고 있습니다만 여기에서 일단 말씀 드린 것처럼 과연 이게 영산강유역 세력을 국한시켜서 얘기를 할 때, 그 세력들과의 관계가 있느냐 없느냐 그런 문제일 것 같은데요. 저도 사실은 이 부분에 대해서는 앞으로 공부해야 할 부분인 것 같고 다만 여기서 말씀드릴 수 있는 것은 과연 이주민들의 이주라는게 결국은 자의든 타의든 뭔가 그 당시의 사회적인 변화, 정치적인 변화와 역동적으로 맞물려 있을 것 같습니다. 결국은 큐슈지역 같은 니시진마치유적에서 나오는 마한계 토기들, 마한계 주거양상들이 조금 시기적으로 앞서고 있습니다. 반면에 그 이후에 5세기 이후로 가서는 약간 단절된 모습에 있다가 다시...(오디오 맞물림)

권오영 : 조 선생님 조금 간단하게 해주십시오. 왜냐하면 그건 본격적으로 뒤에 나오는 얘기니까요. 조금 간단하게 해주십시오.

조규택 : 예, 제가 너무 앞서간 것 같습니다.

권오영 : 너무 앞서갔습니다. 지금.

조규택 : 예. 그래서 다시 정리를 하면, 일단은 주민의 이주나 아니면 집단의 이동은 분명하게 있었던 것 같습니다. 그 시점은 3세기 후반에서 4세기 때 그 유적에서 나타나는 양상처럼 그 무렵에 주민들의 어떤 교류관계가 있었던 것 같고, 5세기 중엽 이후에 또 한 번의 어떤 관계들이 형성되었던 것 같습니다. 자세한 건 또 다음에 말씀드리겠습니다.

권오영 : 예. 고맙습니다. 그 정도로 하고요. 장덕원 선생님이 질문한 것에 대한 답이 하나 안 나온 게 있는데요, 마한 이른바 마한주거지를 12개 권역으로 나눴는데 거기에 대한 차이가 있느냐 이런 질문이 있었는데 거기에 대한 답을 안하셨는데, 간단하게 차이가 있다 없다 이것만 말씀해 주시기 바랍니다.

조규택 : 네. 일단 결론을 말씀드리면 역시 주거 문화 양상이라는 게 물론 그 집단의 성격도 있겠지만 자연환경이라는 측면들이 많이 반영이 되어 있는 걸로 보는 게 사실이거든요. 그래서 수계와 산줄기 구분에 따라서 제가 12개의 권역으로 구분했습니다. 그런데 그 구분에 따라서 발표할 때 말씀드린 것처럼 크게 동부와 서부에 평면형태에 있어서 큰 차이가 보입니다. 또 하나 주목해야할 것은 구조적인 측면에서 평면형태에서 사주식 형태들이 나오는 것이 결국은 서해안 일대, 영산강 일대 등 집중되어 있는 지역들이 나타나고 있습니다. 반면에 금강 하류나 만경강유역 이 일대는 주거 집단의 규모가 상당히 많지만 사주식 주거지는 그 비율이 현저하게 떨어지는 측면들이 있습니다. 그만큼 지역적인 차이들이 있는 건 사실이고요, 또 하나 시기적으로 동부산간의 경우에는 원형계 주거가 상당히 지속되는 기간이 깁니다.

권오영 : 예. 그 정도 답변으로 하고요, 왜냐하면 어차피 호남 쪽 발표하신 분들은 나중에 하실 이야기가 많으니까 좀 아끼셔도 됩니다. 오늘은 주로 말씀하셔야 되니까 그 정도로 하시고요. 거기에 대한 장덕원 선생님도 조금 뭐 하실 말씀 있으시면 답변해 주시기 바랍니다.

장덕원 : 예. 제가 아까 두 번째 질문 드렸던 거는 제가 이쪽 지역에 대한 연구를 하면서 사주식 주거도 비사주식 주거에 시간적인 차이도 없잖아 있었지만 공간적인 차이를 갖고 그런 말씀을 드렸고, 특히 이제 주목되는 유형이 공주대학교 박물관에서 발굴했던 서천 지산리유적을 들 수 있습니다. 거기는 2호나 6호 · 7호, 아니면 42호나, 서천 송내리 있고 그 다음에 58호 · 59호 주거지를 보시면 저는 개인적으로 쌍쪽구들이라던가 복합식이라고 명명을 했는데요. 복합식 같은 경우에는 주거지 안에 쪽구들과 부뚜막이 같이 시설이 됩니다. 근데 이 주거지들의 공통점은 비록 열기라 해도 비사주식 주거지라는 것에서 착안을 해서 역시 기둥이 네 개가 있는 공간적인 활용보다

는 이 기둥이 없음으로 해서 이런 시설들이 더 실용적으로 활용되지 않았을까 하는 차원에서 그런 질문을 드렸습니다.

권오영 : 네, 고맙습니다. 자 일단 정리하겠습니다. 그래서 호남지방의 경우에는 서부와 동부에서의 주거지 유물형태가 다르다. 그리고 그것을 조금 더 좁혀보자면 장래에는 12개의 소권역으로 까지 세부적인 차이들이 나올 수가 있을 것이다. 다만 지금은 그렇게 세분할 수가 없다. 이 정도로 정리가 되겠죠. 그래서 주거지의 평면형태, 기둥의 배치방식, 그 다음에 부뚜막의 형태, 그 다음에 벽체의 존재유무, 그 다음에 출입시설 문제 등등 여러 가지 특성을 보았을 때 호남지방이 크게는 동부와 서부로 갈라지면서 동부는 대개 원형 주거지가 많다. 이것은 호남 동부만이 아니라 영남 일부 지역도 마찬가지로 아까 말씀드린 호서지역의 대전 일대도 그렇습니다. 대개 이 정도가 주거지 구조에 있어 마한백제 주거지들의 지역성 내지 어떤 차이점이 될 것이고요, 거기에 수반되는 취사용기들은 사실은 오늘 발표에서 그렇게 많이 이야기가 안 나왔지만 대신에 아까 쉬는 시간을 통해서 전시품들을 보시면서 머릿속에 서울·경기와 충청과 호남이 어떻게 다른 지 머릿속에 그려보시고, 자 지금부터 바다를 건너서 후쿠오카로 가겠습니다. 그래서 시게후지 선생님에 대한 김무중 선생님의 질문이 있었고, 다시 거기에 대한 답변을 부탁드리겠습니다.

시게후지 : (이하 통역을 통한 내용임) 네, 먼저 김무중 선생께서 이 발표 관련해 본질적인 질문을 해주셔서 너무 감사드리고 싶습니다. 김무중 선생께서 지적해주신 바와 같이 니시진마치유적에서 출토된 토기 중에는 영남지역, 특히 김해지역의 토기가 있습니다. 그러나 이번 발표에, 발표제목의 관계로 마한계토기가 있다는 것을 강조한 발표가 되었습니다. 또한 니시진마치유적에서 영남지역의 토기와 같다는 것은 지적하신 바와 같습니다. 다만 그 양으로 볼 때 양적으로는 마한계토기가 많다고 생각할 수 있기 때문에 역시 그 지역과 깊은 관련이 있다는 것을 보여주는 것으로 생각합니다. 이 부분에 대해서는 도 04, 05, 07의 영남지역의 토기도 포함한 한반도와 관련이 된 토기, 그것도 완형에 가까운 토기를 다 거의 대부분 실었습니다.

네, 두 번째 질문에 대한 답변입니다. 부뚜막에 대해서 영남지역의 자료하고 비교를 해보면 나름 해석이 가능하지 않느냐가 그러한 질문이었습니다. 말씀하신 바와 같이 그렇게 생각을 하고요.

네, 지적해 주신 바와 같이 니시진마치유적에서는 연질의 장란형토기가 거의 출토되지 않았습니다. 예, 그것은 일본의 재래의 도자기 하지끼 옹으로 개화한 것이 아닐까라는 생각을 합니다.

네, 니시진마치유적의 묘지를 이야기하시는 것 같습니다. 후지사키유적에서는 그러한 이주민과 직접 관련된 토기가 없다고 생각을 하고요. 그것은 발표에서도 말씀드렸습니다. 그렇다면 왜 무덤이 없느냐 라는 질문이 나을 것 같은데 그 부분에 대해서는 정주생활하지 않고 바로 귀국을 했기 때문에 매장되지 않았던 가능성을 산정하고 있습니다.

네, 니시진마치유적이 교역거점이라고 말씀을 드렸습니다. 그렇다면 무엇을 교역을 했느냐라는 질문인데, 예, 교역의 산물로서는 김무중 선생께서도 역시 지적해 주신 바와 같이 철기, 철소재를 생각하고 있습니다.

예, 교역의 주체에 대한 질문이었습니다. 김무중 선생께서 세 가지 가능성을 제시하셨습니다. 첫 번째 수장층과 전혀 관계없이 자유롭게 이루어진 것인가. 두 번째 긴키(近畿)의 야마토정권과 관련된 것인가. 세 번째 재지세력과 관련된 것인가. 이 세 가지를 제시해 주셨습니다. 이러한 부분은 니시진마치유적의 성격과 관련된 본질적인 질문이라고 생각을 합니다. 제 개인적으로는 금관가야가 왜정권의 관여는 부정하지는 않습니다만, 그다지 큰 결정력을 가지지는 않았다고 생각을 합니다. 그렇게 본다면 김무중 선생님께서 제시하셨던 세 번째 재지세력이 관련된다고 생각을 합니다. 그리고 그러한 이미지를 가진다면은 5·6세기대의 동향과 연속적으로 교섭을 할 수 있지 않을까 생각을 합니다.

그리고 연대문제에 대해서는 다음을 생략하고요. 마지막 질문입니다. 북부 구주의 초기 횡혈식석실에 대한 질문입니다. 저는 로지고분, 히사키고분에서 양이부호가 출토되었기 때문에 축조에 있어서 마한사람들이 관계가 있다고 생각을 했습니다. 예, 물론 중국 남조의 영향, 백제의 영향이 있지요. 예, 저도 그것을 완전히 부정하는 입장은 아닙니다. 예, 그러나 북부 구주 중에서 가장 오래된 횡혈식석실인 로지고분, 히사키고분에서 양이부호가 출토되었다는 것은 단순한 우연이라고 간과할 수 없다고 생각을 합니다. 따라서 백제, 그 입구구조에 횡혈식석실이 도입된 단계에 있어서 백제, 마한사람들이 준비를 했다고 생각을 하고 있습니다. 물론 다른 유물에서도 증명할 순 없지만 생각하고 있습니다.

권오영 : 예. 혹시 청중석에서 사회자가 연대문제를 너무 우습게 보는건 아니냐 그런 식의 오해가 있을까봐 제가 칠판에 적어놨지만, 일본에서의 토사기, 하지끼 연대가 왔다 갔다 하기 때문에 여기서 우리가 토론을 구체적으로 하더라도 생산적인 답이 나올 수가 없습니다. 지금 시게후지 선생님께서 발표하신 니시진마치유적은 우리로 치자면은 대개 한성1기와 좀 병행한다 정도로 이해하시고 뒤에 나오는 고분들은 한성2기

에 해당한다는 정도로 이해하시면 되겠습니다. 정리를 하기 전에 김무중 선생님도 다시 한 번 하실 말씀 있을 것 같은데요?

김무중 : 사실 뭐 세부적으로 질문 드릴 일은 아닌데요, 굉장히 유명한 유적임은 틀림이 없고 저도 가서 여러 가지 봤는데, 너무나 단발적이란 말이죠. 이게 시게후지 발표자님께서도 일시적으로 보면 마치 이주한 것이 아니냐, 이렇게 되는데, 그런 계기가 결국은 5세기 이후에 점점 넓게 퍼져간다 이런 식인데요. 그렇다 하더라도 3, 4세기에 그 기간 동안에 니시진마치유적이 가지고 있는 여러 가지 유물이나 분위기를 보면 너무 단발적이다 이런 생각이 들어요. 그런 부분을 뭔가 해결을 해야 할 것 같아서 말씀을 드린거고요.

또 하나는 첫 번째 질문을 했습니다만, 원향지 문제를 얘기했는데 아까 이제 여러분도 혹시 149쪽에 보시면 중간 정도에 있습니다. 29번이네요. 도면 중에 29번에 지금 고배가 있습니다. 그게 이제 시게후지 선생님은 발표하시면서 152쪽 도 11의 25번 화장동 것을 비교하면서 여기에서 제작된 경우냐 아니냐 이렇게 말씀을 또 하셨던 말이죠. 앞으로 자료가 제작하면 하니까 이 부분에서 저도 이제 지적을 할 텐데, 사실 이 토기도 최근에 서산의 예천동에서 나온 게 있습니다. 그래서 한 지역이라고 너무 이렇게 단정적으로 딱 얘기할 수 있느냐 하는 문제도 사실은 섞여 있거든요. 그래서 그런 차원에서 질문을 좀 했습니다.

권오영 : 예. 감사합니다. 정리를 좀 하겠습니다. 일단 1번 질문에 대해서 시게후지 선생님은 마한이라고 말씀을 하셨습니다. 혹시 부산이나 대구 가서 뭐 진한이나 변한이라고 다시 말씀을 바꾸시지 않을 것으로 알겠습니다. 그래서 진·변한계 유물도 나오긴 하지만 압도적인 다수는 마한이다 이랬을 때 김무중 선생님의 지적은 그것이 호남이나 호서까지 포함하느냐, 혹은 전남 일부만 포함하느냐, 이런 부분은 조금 더 체계화 할 필요가 있지 않느냐 하는 정도로 정리가 되겠고요. 그 다음에 이제 니시진마치유적에 살던 사람들의 무덤이 없습니다. 과연 이게 갔다가 그냥 곧바로 돌아가서 그런 것이냐, 아니면 우리가 못 찾고 있는 것이냐 아니면은 있는데 모르는 것이냐. 이 문제는 김무중 선생님이 준비한 자료 중에 252페이지에 보면 니시진마치유적의 서쪽에 후지사키 분묘군이 있습니다. 거기 보시면 이것이 과연 구조적으로 어떤 구성이냐, 야요이시대 이후의 방형주구묘라고 볼 수도 있겠지만, 방분일 수도 있고, 요즘 또 한반도에서 많이 발견되는 관창리형 주구묘의 계통을 이은 주구묘일수도 있거든요, 그래서 이 문제는 마지막에 뒤에 다시 한 번 정리할 것이니까 그 정도로 넘기시고요. 그 다음에 세 번째 교역의 주체에 대해서는 아까 말씀하신 것이 결

국은 금관가야나 왜 중추의 역할도 없는 건 아니지만 기본적으로 그 지역의 후쿠오카 재지세력들의 주도에 의해서 이뤄진 것으로 본다. 이렇게 말씀을 하셨습니다. 네 번째는 생략을 하셨고, 다섯 번째 역시 5세기 이후에 가서도 이 지역에서 4세기 말경 이 이후에도 역시 마한의 영향이 계속 보인다. 양이부호 같은 경우에도 볼 수 있다. 이렇게 정리를 하셨습니다.

자, 그럼 지정토론에서의 마지막, 미야자키 선생님에 대해서 성정용 선생님이 한 다섯 가지 됩니까? 질문을 하셨고, 거기에 대한 답을 좀 부탁드리겠습니다.

미야자키 : 기본적으로 그 첫 번째 질문이 되겠습니다. 왜 한 번에 그렇게 쭉 발굴하지 않고 장기간 걸쳐서 발굴조사 했느냐라는 것인데 기본적으로 이 유적 자체는 하수도 시설하고, 공사하고 관련된 입지라서 결국은 공사일정에 맞춰가면서 유적의 범위가 확장된 경우입니다.

그리고 지금 보시게 되면 여러 부분으로 구획이 되어 있는데 이것의 좋은 점으로 보게 되면 일단 조그만 구역을 한 번 발굴해서 어느 정도 알고 나면, 그 다음에 다른 부분을 팔 때 그 실수하거나 그런 가능성이 점점 줄어들고 또 다른 부분을 조사함으로써 또 다른 부분에 대한 정정이라든가 수정 같은 것들이 가능했다라는 점은 장점이라고 할 수가 있습니다. 그리고 실제 예를 말씀드리게 되면 E조사구의 大溝라고 커다란 게 있는데 만약에 거기를 먼저 조사하게 되었다면 유물도 워낙 많이 나오고 하기 때문에 그 유적 내에서 시기 구분 같은 것들이 불가능했을 텐데. 이 도면의 왼쪽 상단에 보면 H지구라고 해서 조그맣게 되어있는 이 부분을 조사했기 때문에 굉장히 철저하게 층위를 구분할 수 있었고, 그걸 기반으로 다른 지구들에 대한 토층조사가 가능했다는 것이 실제적인 장점이겠습니다. 이것은 실제 조사에 참여했던 사람들이 농담으로 이야기했던 것인데 가장 처음 H지구에서 등자가 나왔기 때문에 F조사구에서도 또 마구가 나올 것이라는 인식을 갖고서 조사를 해서 마구들이 다 출토되는 것이 아닐까라고도 이야기를 했습니다.

두 번째 질문입니다. 거주역이 어떻게 변해 가거나 그랬는가. 그리고 이 유적이 폐기된 이유는 무엇일까. 엄밀하게 이야기를 하면은 205페이지 보면요, 북동거주역이라고 되어 있는게 가장 먼저 시작을 하고 약간 시간차이를 두고 다른 거주역들이 등장하기는 하지만은 기본적으로 이 거주역 자체가 그대로 이어지게 됩니다. 그 북동거주역이 수혈 같은 것들이 많기도 하고 또 집중적으로 대형이 분포합니다. 그렇기 때문에 거주에 있어서 가장 주된 부분이 북동거주역일 것이고 남서거주역은 아까 발표에서 말씀드렸던 것처럼 말과 관련된 것들이 많기 때문에 어느 정도는 각 구역별로 각자 역할 또는 성격이 구분되어 있었을 것이다라고 볼 수 있습니다. 그리고 유적이 어떻게 폐기되게 되었는가라는 것에 대해서는 이 층위에서 보게 되면 6세기 후반 층위에 두터운 모래층이 있어서 이 유적의 북쪽 부분에는 자연하천이 있었는데, 아마 자연하천의 범람에 의해서 한 번에 다 이렇게 묻히게 된 것이 아닐까라고 생각을 하고 있습니다. 그리고 그 과도기 7세기 때 층이 되면 다시 수전 같은 것들이 이 지역에 영위되고, 그리고 10세기 정도가 되면 거주역이라고 하는 것들에 좀 주거지 같은 게 등장을 하게 되는데 그것도 이제 북동거주역의 극히 일부분에 불과하고 그리고 이것은 거주역으로는 그리 많이 사용되지는 않았습니다.

세 번째는 제염토기에 관련된 내용입니다. 그리고 제염토기는 일본의 죠몽시대부터 계속해서 사용되었던 것이기 때문에 어떤 외부의 영향이라기 보다는 일본의 전통적인 것이라고 이야기를 할 수가 있습니다. 그런데 5세기 중엽이 되어서 한 7cm 정도의 컵처럼 생긴 제염토기가 대량으로 출토되는 것들은 아마도 말 사육하고 관련이 깊은, 말에게 소금을 먹이기 위해서 그런 것과 관련이 있는 대량의 제염토기가 나온 것은 아닐까라고 그렇게 되겠습니다. 그리고 7cm 정도라고 생각을 하게 되면 그 안에 들어가는 소금의 양이 말이 한 번에 먹는 사료에 딱 넣을 수 있는 그 정도의 소금의 분량이라고 보통 이야기가 되고 있기 때문에 그런 면에서 본다면 상당히 흥미롭다고 할 수가 있습니다.

그리고 4번에 대해서는 일단 'U' 자형 토제품에 관해서 말씀을 드리겠습니다. 기본적으로 시토미야키타에서 출토되는 것은 'U' 자형 토제품에서 어깨부분이 둥근 것들이 일반적이고 그것보다 약간 앞선 시기에 있는 것들 중에서 어깨부분이 각이 진 것이 나오는데 시기적으로 약간 차이가 있지 않을까 생각합니다. 그리고 시토미야키타유적은 전체연대를 보게 되면은 5세기에서 3/4분기 정도가 가장 이른 단계이기 때문에 한반도의 영향을 받았다 할지라도 한반도에서는 한참 성행한 이후 단계의 것을 영향을 받아서 만든 것이 아닐까. 그리고 정확하게 예를 들자면 한반도의 어느 부분하고 연계했을까라고 했을 때는 정확히는 모르겠지만 광주로 기억이 되는데 거기에서 보았던 것들이 돌대가 붙은 것들이 거의 동일한 모양을 하고 있던 것을 한번 본 적이 있습니다.

5번으로 넘어가도록 하겠습니다. 지금 보여드리는 것이 이제 발견된 면적에 불과하지만은 이 유적은 굉장히 넓은 유적으로 여기서부터 이 유적의 범위는 유적의 북쪽으로 500m 정도까지는 더 확대되어서 나가는 그런 대규모 유적입니다. 그리고 지금 발굴된 부분이 전체 유적에서의 가장 중심지는 아닐거고 아마 실제 중심지는 이 발굴부분에서 약간 동쪽에 치우친 부분, 동쪽으로 좀 더 가면 원래 유적의 중심부분이 있지 않을까라고 발굴담당자하고 이야기를 한 적이 있습니다. 기본적으로 아까 질문에서 나왔던 『일본서기』에 나오는 그 마사집단이라고 하는 기사와 이 유적이 관련이 있다고 생각합니다. 그런 것에 관련되어 말씀을 드리면 목각제품 중에서 원래 일반 취락에서 나오는 것이 아니고, 분묘에서 출토되는 것이 기본인데 분묘도 대형의 무덤은 아니고 약간 그보다는 작은 규모의 무덤에서 출토되는 유물입니다. 그 이미지도 대왕이라고 하는 야마토정권이 있었을 것이고 각각의 지역에 따라서 예를 들면 스에무라는 스에키를 만들고 그 다음에 이 시토미야키타유적은 말을 기르고 다른 유적은 철기를 만들고 등등의 딱 집단별로 배분같은 것들이 있었을 것이라는 커다란 이미지를 갖고 있습니다.

그리고 토론문에는 없지만 마지막으로 '이 유적에 살던 사람들의 무덤은 어디 있을까?' 라고 하는 질문에 이 유적 자체 내에서는 마구가 나왔었던 구에서 하니와가 소편이 조금 나오고는 있습니다. 하지만 이 유적 내에서 무덤이라고 추정될 만한 유구는 지금까지 발견되지는 않았습니다. 그래서 도면으로 205페이지 도면을 보시게 되면 도면을 눕혀서 보았을 때, 오른쪽 부분이 동쪽이 될 텐데 그 동쪽으로 가서 6세기 중엽 정도의 고분은 확인되고 있습니다. 그런데 아직 5세기 때 고분은 조사사례가 없습니다. 그래서 지금까지의 조사에서는 주변에서 주구 비슷한 흔적들이 조금씩 나오는데 아직 조사 사례가 없어서 그렇지 만약 더 조사가 진전되면 그런 무덤 같은 것도 나오지 않을까라고 생각을 하고 있습니다. 네, 이상입니다.

권오영 : 성정용 선생님 더 하실 말씀 있으십니까?

성정용 : 예. 첫 번째 질문했던 의도는 장기간 조사하게 되면 발주처 쪽에서 얼마나 많은 압력을 넣었을까 얼마나 힘들게 괴롭혔을까 이런 부분을 이야기 했던 것이었는데 장점만 좀 얘기해 주셨습니다. 그건 그렇고. 네 번째 문제의 경우에 원향이 어딜까 한 번 추정해 보는 그런 것을 좀 해야 되지 않을까 싶어서 그런 건데요, 간단하게 영산강유역에 조금 비슷한 것이 많다고 넘어가셨는데 이 부분은 좀 더 심도 있게 논의를 하면 어떨까 싶습니다.

권오영 : 예. 정리하겠습니다. 첫 번째는 정리할 필요 없을 것 같구요. 두 번째도 6세기 후반의 자연재해로 취락이 폐절됐다고 정리하셨고, 세 번째 성정용 선생님이 질문한 의도는 그걸 겁니다. 이 시토미야키타유적에 살았던 마사집단, 말 키우는 집단이 한반도에서 왔다고 하는데, 그 키우던 말을 먹이기 위한 소금을 만들던 제염토기는 한반도에서 보이지 않는 기술이거든요, 그래서 일단은 그 취락 내에 소금 만드는 사람들

도 살았고 혹시 그들은 왜인들 아니냐 뭐 이런 것 때문에 질문하신 것 같은데, 거기에 대한 답은 아직 정확히 못 들었고, 하여튼 제염토기가 많이 나온다는 정도로 넘어가겠습니다.

그 다음에 'U'자형의 아궁이테, 아궁이틀, 부뚜막장식, 조액판 등 여러 가지 용어로 나오는 그 유물에 대해서는 역시 영산강유역과 가장 흡사하다는 이야기를 하셨습니다. 저도 이 유물을 보러 갔는데, 시토미야키타에 무려 그 단일지역에서 300여 개체가 나왔습니다. 앞으로 혹시 이 주제 공부하시는 분들은 이거 안 보고서는 논문 쓸 수 없다는 거 참고로 알려드립니다.

그 다음에 다섯 번째 이야기는 이 유적을 만든 사람들이 혹시 『일본서기』에 나오는 한마사부, 즉 6세기 초에 새로운 천왕인 계체가 등극하는 데에 결정적인 힘을 보탠 한마사부와 관련되지 않느냐 그리고 그들의 사회적 위치가 어떠냐 이런 질문이었는데, 거기에 대해선 높긴 높지만 그 위치가 그렇게 높은 건 아니다. 그리고 한 마사부와의 관계에 대해서는 말씀을 직접 안하고 넘어가셨습니다.

그 다음 마지막에 이 사람들이 남긴 무덤은 어디 있느냐 역시 니시진마치유적과 마찬가지로 아직 이 사람들의 무덤이 발견되지 않고 있습니다. 조금 시기적으로 늦은 것들은 있는데 정작 이 유적의 최성기인 5세기 중후반의 무덤은 없다라고 말씀하셨고, 이 문제 역시 제일 뒤에 다시 다루도록 하겠습니다.

지금까지 다섯 개의 주제에 대한 질문과 답변을 듣고 다시 또 재토론을 했는데 여기서 박순발 선생님께서 한번 전반적으로 말씀을 해 주시길 바랍니다.

박순발 : 예. 그 종합토론 사회 옆에 앉혀놓은 까닭이 뭔가 했더니만, 종합토론에 대해 정리를 좀 해달라는 것이군요. 오늘 주제가 이주와 교류이기 때문에 일본 측에서도 유적을 빨리 발표하시고, 유적의 성격도, 니시진마치 같은 경우에 무덤과 관련한 이야기도 나옵니다. 물론 이주라고 보기엔 어렵죠. 그리고 시토미야키타유적의 경우도 글쎄 과연 우리가 지금 말하고 있는, 일본에서 말하는 도래, 혹은 이주인가 하는 문제, 근본적인 개념을 우선 정리해야 되는 것이 아닌가라는 생각이 듭니다. 최근에 이 주제가 금년의 한국고고학대회에서도 논의가 되었습니다만, 사람이 장기적으로 이주를 한다고 할 때 거기에 수반되는 것으로서 식생활과 관련된 부분, 그리고 장묘제를 포함한 부분 등이 중요할 것입니다. 또한 그와 관련되는 유구로서 식생활을 반영하는 주방시설이라든지, 주택, 가옥구조 이런 점이 주목되어야 할 것입니다. 니시진마치와 같은 경우는 정확하게 그러한 부분 모두를 갖추고 있다고 할 수 있습니다. 다만 한 가지 아까도 얘기했습니다만 솥에 해당하는, 자비용기가 중요할 것 같습니다.

그 가운데는 큰 솥 그리고 작은 솥, 요즘 말로하면 냄비솥과 같은 것도 있을 텐데, 심발형토기가 바로 그에 해당하겠지요. 만약 한반도에서 일본으로 건너간 이주자일 경우 가장 중요하게 여겼을 것이 바로 밥솥일 것입니다. 일본 현지의 음식문화가 아직 한반도와 같지 않은 단계라면 적어도 밥솥은 들고 가는 것이 필요하겠지요. 그런 입장에서 본다면 한반도계 자비용기의 존재는 이주와 관련되는 것으로 볼 수가 있겠는데, 문제는 그러한 자비용기를 비롯한 음식문화 관련 유물의 지속성 정도가 또한 중요할 겁니다. 일시적인 이주의 경우에도 간단한 자비용기를 휴대하고 갈 수 있지만, 다수인들이 장기적으로 이주한 경우에는 본격적인 식생활 관련 용기들이 다량으로 등장할 가능성이 더욱 높다는 것이죠.

만약에 장기 지속성이 없다고 한다면, 이주민의 정착이라 판단하기는 어렵지 않느냐는 것이 저의 생각입니다. 니시진마치에 대한 전반적인 성격과 관련해서 우리가 깊이 생각해볼 문제는 바로 이와 관련된 평가입니다. 한반도에서도 교류와 관련된 유적들이 있고, 일본에도 쓰시마나 이끼 등지에서 그런 유적들이 있습니다만, 그러한 경우 식생활과 관련된 완비된 세트가 확인되지는 않습니다. 만약 그런 경우라면 일부의 식생활 관련 용기의 존재로써 이주를 주장하기는 어렵지 않나 하는 것입니다. 이런 점에서 본다면 니시진마치의 성격은 상당히 단기 교류와 관련된 것이라 보아야 할 것입니다. 혹은 한반도와 일본 열도를 오가면서 교역에 종사하던 사람들이 머물렀던 현지 숙소와 같은 곳일 가능성도 있습니다. 그 경우 일정한 규모의 사람들이 한반도에서 긴나가 상당기간 체류하다가 다시 되돌아가는 서류시설 성격의 유적이라 할 수 있겠지요. 그 경우에 그러한 거류지의 운영주체가 누군가 하는 것이 문제가 되는데 조금 전에 그와 관련된 이야기를 하면서 재지의 세력을 상정한 경우가 있었는데, 과연 그럴까하는 생각이 듭니다. 왜냐하면 니시진마치에는 한반도와 관련된 유물이 많긴 합니다만 또한 일본열도 각지에서 온 것도 상당히 많단 말이죠. 그런 점에서 보면 니시진마치의 운영 주체의 성격을 재지세력으로만 국한하는 것은 다소 설명이 쉽지 않습니다. 이곳에 체류하였던 사람들의 출신지를 시사하는 유물들이 잘 알려져 있느니 만큼 그에 대한 검토가 필요하겠지요. 한편 시토미야키타의 도면을 보면 백제 한성시기의 토기도 있고, 그리고 평면식 이동 그 부뚜막에 거는 솥은 김해 예안리에서 나온 것과 똑같은 것도 있어서 한반도의 특정지역으로부터 이주만을 상정하기는 쉽지 않습니다. 목마와 관련된 일종의 전문가집단이라고 한다면 그들이 반드시 가족을 모두 대동하지 않았을 가능성도 있습니다. 현지 생활은 재지의 사람들로부터 도움을 받았을 수도 있지요. 그런 점에서는 니시진마치유적과는 다소 성격을 달리하는 것이 아닌가 하는 생각도 있습니다.

권오영 : 예. 고맙습니다. 자 이래서 오늘 종합토론에서 계획했던 이제 2부까지 끝난 겁니다. 그러니까 개별발표에 대한 토론, 그리고 박순발 선생님의 전반적인 평가가 끝났고, 지금 시간이 정확히 37분 남았습니다. 그래서 네 가지 주제를 다루긴 조금 빠듯하긴 한데 조금 빨리해 보겠습니다.

첫 번째 주제는 주거지 구조의 문제입니다. 두 번째는 무덤의 문제입니다. 세 번째는 말과 배의 문제입니다. 네 번째는 취사용구, 이렇게 네 가지를 다루어 보겠습니다. 아까 발표자께서도 조금 생각을 해봤지만 사실 니시진마치하고 시토미야키타의 주거지는 방형 평면에, 부뚜막이 한쪽 벽 가운데 붙어 있습니다. 그리고 시토미야키타의 경우에는 심발형토기 혹은 그것과 비슷한 하지끼가 뒤집어져서 솥받침 같은 역할도 하고 이렇게 쓰이고 있기 때문에 그런 걸 좀 머리에 넣어 두고 다시 이야기를 하겠습니다. 자, 니시진마치하고 시토미야키타유적의 주거지 구조를 일본 선생님께서 발표하셨으니까, 그 구조를 머릿속에 넣으시면서 서울·경기, 그리고 충청·전라 이 지역의 주거지 구조와도 비교해서 말씀을 해주시기 바랍니다.

사실은 통역하시는 동안 말씀을 드리겠지만, 그렇다면 시토미야키타에 벽주건물이 있느냐 이런 문제가 또 있겠죠. 백제 중앙과의 관계가 있다면 벽주건물, 사실 오늘 발표하신 미야자키 선생님에 의하면 최근에 한 동 나왔다고 합니다. 대개 일본의 긴키지역에서 백제와 관련된 유적에서만 대개 벽주건물이 나오거든요, 근데 시토미야키타는 지금까지 안 나왔었는데 최근에 한 동이 나왔다. 그래서 이 문제는 본격적으로 다루지는 못하겠지만 일단 수혈주거지부터 이야기를 하겠습니다.

자, 먼저 그러면 시게후지 선생님한테 마이크를 건네겠습니다.

시게후지 : 예. 니시진마치유적에서 발견된 주거지는 방형주거지고, 발표에서도 말씀드렸습니다만 방형주거지가 주류를 이루고 있습니다. 97페이지를 보시면 이게 부뚜막과 연도 형태분류가 되어 있는데 그 위쪽에 나와 있는 그러한 주거지하고 유사하다고 생각을 합니다. 호남지역 쪽의 자료와 유사하다고 볼 수 있습니다. 그리고 부뚜막의 구조를 보면 판석을 사용하지는 않습니다만 중부지역의 마한, 백제계의 주거지, '呂' 자형 주거지와 같이 모서리 부분에서 연도가 나오는 그러한 형태로 43페이지에 나와 있는 그 모식도 중에 C1, C2유형과 같은 형태가 있습니다. 따라서 같은 주거지 안에 주거지라 하더라도 주거지의 평면형태, 그리고 그 부뚜막형태에 있어서 차이가 있기 때문에 그것은 서로 비교하면서 검토를 해야 되지 않을까 생각합니다.

권오영 : 예. 지금 말씀이 방금 얘기가 나왔던 97페이지로 다시 돌아왔는데 97페이지 표 중에

서 'T' 자형하고 'ㄱ' 자형 이런 부뚜막들이 주로 나온다 이런 말씀이셨고요. 그 다음 위치에 대해서는 43페이지에 C형 같은 것들도 있다. 이 정도로 정리가 됐습니다.

미야자키 : 시토미야키타유적에서 주거지는 방형 그리고 약간 긴 장방형이 주체를 이루고 있습니다. 그리고 부뚜막을 보게 되면 알기 쉽게 43페이지의 도면을 보시게 되면 D유형에서 가장 오른쪽 끝에 25%라고 되어있는 것이 일반적이 되겠습니다. 약간 오른쪽으로 치우칠 수는 있겠는데 가운데 있는 것이 일반적이고, 한 쪽 코너에 붙는 것들이 더 이전시대의 것입니다. 5세기 전반에서 중엽 정도가 되면 지각으로 고배를 거꾸로 세워놓은 것을 가지고 쓰는 것들도 있는데 5세기 이후가 되게 되면 소형의 옹과 같은 것들을 거꾸로 뒤집어 지각 용도로 사용하고 있습니다.

권오영 : 예. 일본식 표현으로 쓰면 옹이라고 하는데 우리로서는 심발형, 혹은 바닥이 둥근하지끼 옹 등 이런 것들입니다. 자, 두 분의 말씀에 대해서 서울·경기, 그 다음에 호서, 호남지역에 대해서 발표하고 토론하신 선생님들 중에 자유롭게 좀 평가를 하시거나 아니면 질문하실 게 있으시면 말씀하시기 바랍니다. 조규택 선생님 제가 아까 너무 많이 중간에 끊었는데 지금 말씀을 하시라고 아까 끊은 거였습니다. 말씀을 좀 해 주시죠.

조규택 : 네. 갑자기 말문이 막히는데요. 좀 전에 시게후지 선생님께서 니시진마치유적과 비교를 해서 말씀을 하셨는데, 저도 154페이지 도면을 보면서 말씀드려야 할 것 같은데요. 몇 가지 평면 형태나 부뚜막시설 이런 측면에서는 이쪽 호남지역의 마한계 주거지하고 거의 유사한 측면들이 있습니다. 그런데 이제 문제는 구조적인 측면에서 중심기둥하고 상부구조를 어떻게 하냐의 차이가 될 건데요. 그런 측면에서는 사주식 주거라고 할 수 있는 것이 발견되지 않고, 또한 그 벽구 시설부분도 일단 니시진마치유적에서는 확인이 되지 않는 걸로 보이고 있습니다. 그래서 그런 세부적인 차이가 있고, 또 역시 중요한 부뚜막 시설의 경우에는 한쪽 벽에 단순하게 'ㅡ' 자 형태, 꺾어진 'ㄱ' 자 형태들이 나타나고 있는데요, 이 형태들은 역시 호남지역에서도 확인이 되고 있습니다. 다만 155페이지를 보면 부뚜막의 형태들도 약간 시기적인 차이가 있는 것 같습니다. 그래서 4단계 정도 가면, 조금 더 집중되는 양상들이 보이고 있어서 부뚜막의 처음 등장과 발전하는 과정들이 시기적인 차이가 나타나고 있는 점에서는 호남지역하고 조금 관련이 있는 것 같습니다.

권오영 : 예. 고맙습니다. 제가 지금 시게후지 선생님한테 여쭤봤더니, 니시진마치유적에서는 방형주거지인데 왜 주공이 없냐 했더니 그것이 없는 것이 아니라 그 유적의 땅자체가 모래가 되어서 주공이 남아있지 않답니다. 그래서 그런 것이지 정확히 알 수

가 없기 때문에 이것이 사주식인지 아닌지는 숙제가 남을 것 같습니다. 자. 그러면 호서지역을 발표하시고 토론하신 신연식 선생님과 서현주 선생님께서 혹시 궁금한 것이 있거나 아니면 하실 말씀이 있으면 얘기해 주시죠. 호서지역과 좀 비교를 해가면서 호남만 비슷하지 않다, 호서도 비슷하다, 뭐 이런 말씀을 하셔도 좋고요.

신연식 : 여기에서 보니까 모두 방형만 있는데요, 혹시 원형이나 타원형 주거 형태가 거기서도 나타나는지, 그리고 마찬가지로 타원형 주거지에서 나오는 부뚜막, 터널형 그런 구조가 보이는지 궁금합니다.

권오영 : 제가 급해서 그냥 통역을 제가 해드립니다. 원형은 없답니다. 일단 니시진마치에 원형은 없답니다. 그리고 지금 말씀하신 꺾어지는 터널형도 없다고 그러네요. 그니까 일직선으로 뻗은 방형, 오로지 거의 단일, 단순한 것 같습니다. 자, 그럼 서울 · 경기지역 더 하실 말씀이 있으실 것 같은데요. 간단하게 부탁드리겠습니다.

신희권 : 지금 보면 이제 니시진마치는 대체로 C유형에 가깝고 시토미야키타는 아마 마지막 D유형에 가까울 것 같은데, 전반적인 부뚜막의 변천 과정은 우리하고도 크게 다르지 않을 것 같습니다. 그래서 저는 부뚜막 자체가 한성백제의 가장 큰 주거구조를 반영하는 요소로 볼 수 있다고 생각을 하는데요. 그런 측면에서는 역시 마한, 호서지역과 호남지역 이전의 어떤 한성지역과의 직접적인 영향관계도 혹시 니시진마치나 시토미야키타유적에서 이렇게 간주되는 요소들이 있는지, 부뚜막 이외에 그런 부분들을 여쭤보고 싶습니다.

권오영 : 그 질문은 시간상 시토미야키타에 대해서만 이야기를 드리겠습니다. 지금 통역하는 동안에 제가 말씀드리자면 니시진마치에서는 백제 중앙과 관련된 것은 보이지 않는다고 그러구요. 이제 오사카 쪽을 들어보겠습니다.

미야자키 : 한성 중앙과의 관계에서 지금 하나 확인되는 것이 아까 말씀하셨던 대벽건물이 나오는데 205페이지 도면을 보시게 되면 가장 위쪽으로 D조사구와 오른쪽으로 C조사구가 있습니다. 그 D조사구와 C조사구를 잇는 그 조사구가 이 도면에서는 빠져 있는데 그 가운데 부분을 일단 조사를 했었는데, 거기에서 대벽건물 한 동이 확인되고, 또 그런 것들하고 관련이 있지 않은가 생각합니다.

권오영 : 예. 시토미야키타유적에서도 백제 중앙과 관련된 유물은 드물다. 아마 대벽건물, 벽주건물 한 동이 있는 정도라고 말씀을 하셨습니다.

신희권 : 아까 박순발 선생님께서도 말씀하셨지만 사실 시루 같은 것은 거의 한성양식으로 봐도 무방하다고 보이거든요. 그리고 이제 아까 U자형판상토제품, 저희는 아궁이틀장식이라고 하는 것들도 지금 진천 송두리 얘기도 하셨고 영산강, 광주 월계동과도

가장 유사하지 않느냐라는 말씀을 하셨는데 실제로 성정용 선생님께서는 풍납토성 같은 경우에 이렇게 직각으로 꺾이고, 그 다음에 밑으로 내려오면서 둥글어 지는 경향이 있지 않느냐고 토론에서도 잠시 지적을 하셨는데요. 최근의 발굴 결과들을 보면 반드시 그런 것 같지는 않습니다. 풍납토성에서도 둥그런 형태의 그런 틀 장식들이 나오고 있습니다. 그래서 돌대도 단순히 어떤 장식적인 문양으로서의 효과보다는 실제로 어떤 접착과 관련해서 그 틀 자체가 부뚜막 아궁이부에 붙이는 것이기 때문에 접착과 관계된 실용적인 기능 또한 살펴봐야 된다고 생각을 합니다. 그래서 좀 더 부뚜막 장식 U자형판상토제품에 대해서는 그 생성부터 호서, 호남지역 전체적으로 다시 한 번 검토가 되어야 하지 않을까라는 설명입니다. 질문은 아닙니다.

권오영 : 예. 서울·경기지역을 제외하려고 했더니 제외하지 말라고 계속 그러십니다. 저도 시간이 없어서 말씀 많이 못 드리겠는데요, 토기 중에 보면 분명히 서울·경기지역 토기 영향을 받은 것들이 있습니다. 그리고 더더욱 중요한 문제는 일본에 말이 가는데 말이 갈 때 물론 영산강 유역에도 말뼈가 좀 나오긴 하죠. 하지만 백제 중앙의 어떤 영향이 없이 그냥 말이 가는 건 아닐 것이다라고 예상되어서요, 자연스럽게 말 문제로 가겠습니다. 성정용 선생님 간단하게 아까 그 마구를 보셨는데 마구만 가지고서는 이것이 신라계인지, 가야계인지, 백제계인지 구분이 가능한지 아닌지만 간단하게 말씀해 주시죠.

성정용 : 예. 206페이지 1번에 있는 표비 갖고 말씀하시는 거지요? 도면 한 번 보시기 바라겠습니다.

권오영 : 몇 페이지지요?

성정용 : 207페이지의 도 08의 1번입니다. 도 08에 지금 표비가 실려 있는데요. 이 표비의 제작기술이 오른쪽 위에 보시면 짧게 꺾어진 부분이 있지 않습니까? 이 부분이 인수인데요, 인수가 꺾어진 부분이 역시 백제적인 특징이라서 백제적인 기술을 갖고 만든 거 아니겠느냐라고 말씀하셨는데요, 그 대신 왼쪽에 있는 길게 되어 있는 부분이 말 입에 들어가는 함부분입니다. 이 함은 꼬아서 만들었기 때문에 약간 여러 가지 기술이 섞여 있습니다. 그래서 발표문에서도 백제 사람인 본인이 직접 가서 만든 것보다는 현지에서 뭔가 백제적인 것을 모방해서 만들었을 것 아니겠느냐라고 말씀을 하셨는데, 대체로 그렇다고 합니다. 왜냐하면 이렇게 인수부분의 경우와 함이 5세기 단계가 되면 정형화되었다면 똑같이 꼬지 않고 그냥 철모 하나만 들어있을 경우가 많습니다. 그래서 만약 백제에서 건너간 공인이 만들었다면 이것보다는 좀 다른 형태로 왔을 것 같아서 뭔가 변형된 거라고 볼 수 있는데 그렇다면은 백제계라고 할

수는 있어도 정확하게 어디에 원적을 두고 있을지, 직접적으로 갖다가 확실하게 서
울 중심인지, 아니며 금강유역인지 어디든 딱 집어서 얘기하기는 쉽진 않을 것 같습
니다.

권오영 : 예. 알겠습니다. 그러니까 크게 보면은 백제계 마구인 것은 인정할 수 있는데 구체
적으로 백제의 어디냐는 건 불분명하고, 그 다음에 일본에서 백제마구를 모델로 해
서 만들었을 가능성이 좀 있다, 대개 그 정도로 정리하면 되겠습니까?

성정용 : 네.

권오영 : 예. 그 다음에 이제 배의 문제가 되겠습니다. 준구조선이라고 해서 완전한 구조선은
아니지만 상당히 발전된 배가 시토미야키타유적에 도달하고 그 배를 전용해서 우물
의 틀로 쓰는 것인데, 그 배의 실물을 보았더니 사실 크기가 작아요. 거기에 말 실어
봤자 한 두 세 마리 밖에 안 될 것 같습니다. 그래서 과연 백제에서 오사카까지 그 위
에 말을 태워서 가면 말이 스트레스로 죽고, 물에 빠져죽고, 굶어죽고 그랬을 텐데,
하여튼 그 말을 과연 배 한 척에 준구조선에 몇 마리 정도 태우고 갔을지, 그리고 준
구조선의 재료가 일본산입니다. 그 나무 자체가 삼나무입니다. 딱 유일하게 하나만
전나무고 나머지는 삼나무, 그래서 배의 그 재료가 되는 나무는 또 어디 것인지. 그
것만 말씀해 주세요.

미야자키 : 정확한 것은 아니고, 그냥 조사자 분들이 이야기하는 대로 그 우물 중에서 여섯 기
가 그 배의 선재를 전용한 것이 되는데, 그 중에서 하나만 전나무고 나머지는 삼나무
인데, 삼나무는 일본에 가장 많은 것이기 때문에 나머지 것들은 일본에서 만든 것들
이다라고 생각을 하고 있는데, 그 중에 하나 전나무는 혹시 한반도에서 말을 싣고 왔
던 배의 역할이 다 끝나고, 우물의 틀로 전용했던 것은 아닐까라고 공식적으로 이야
기하는 것은 아니고, 그런 식의 의견이 있기도 합니다. 배 자체도 길어봐야 10m 정
도이기 때문에 권오영 선생님이 말씀하신 것처럼 여러 마리의 말을 실을 수는 없었
을 것입니다.

권오영 : 그럼 두, 세 마리 정도 싣는 겁니까?

미야자키 : 만약 작은 말이라고 한다면 …

권오영 : 예. 이제 바다를 통해서 백제에서 오사카까지 과연 그 조그만 배에 말을 얼마나 태
울 수 있을까의 문제고, 또 하나는 그 배가 도착한 다음에 수명이 다해서 그 배를 우
물틀로 바꿔서 쓰거든요. 그 얘기는 다시 갈 순 없다는 얘긴데, 문제는 거기서 나오
는 배의 재료가 한반도가 아니라 일본열도에 있는 것이기 때문에, 중간에 배도 좀
갈고 이렇게 해서 가지 않았을까 이런 생각을 좀 해본 거였습니다. 하여튼 그 중의

나무 하나는 전나무이기 때문에 한반도 것일 가능성이 있다. 이런 정도로 이야기를 해서, 말과 배 이야기는 이 정도로 넘어가겠습니다.

그 다음에 무덤이야기입니다. 니시진마치하고 시토미야키타 주변에 정말 도래인들의 무덤이 없는 것인가, 이 문제인데 일본 연구자들이 생각하는 도래인의 무덤이 무엇인지, 어떤 형태의 무덤이 나오면 그것을 일본말로 도래인 우리말로 이주민의 무덤으로 볼 수 있을지. 과연 어떤 것이 나와줘야만 이것이 이주민의 무덤이다 이렇게 볼 수 있을지, 거기에 대한 답변을 좀 부탁드리겠습니다.

시게후지 : 도래인의 무덤이라고 결정하는 기준으로서는 먼저 매장시설이 한반도와 관련 깊은 구조를 가지고 있다고 볼 수 있는 경우, 그리고 장례방식은 일본의 고분시대의 전기에 보이지 않는 특이하면서 한반도와 공통점을 가지고 있으면 도래인의 무덤이라고 생각을 할 수 있습니다. 따라서 하나의 요소만 가지고 하는 게 아니라 여러 요소를 복합적, 종합적으로 생각을 하고 도래인의 무덤이라고 결정하는 게 적당하다고 생각합니다. 그렇게 볼 때 후지사키유적의 무덤에서는 그러한 요소가 보이지 않는다는 겁니다.

권오영 : 오사카쪽은?

미야자키 : 기본적으로 시토미야키타유적이라는 것은 말을 기르는 것과 관련이 있기 때문에 예를 들어서 무덤이 있으면 주변에 구덩이를 파고 말의 뼈를 묻는다던지 그런 것이 나오면 이 유적에 살던 사람들의 무덤이라는 것을 확실하게 이야기를 할 수도 있을 것입니다. 그리고 만일 도래인이 시토미야키타유적에 왔다고 하더라도 그렇게 많은 사람은 아니었고, 기술 혹은 말이 왔을 때 같이 왔다든지 하면 말의 사육이라든지 그 전파에서 보면 수 명에 불과한 사람들이었고, 또 그 사람들이 와서 여기에 정주를 했다 하더라도 이 시토미야키타유적에 살았던 것은 아닐 것이고, 외부에 이미 기존에 도래해서 살고 있었던 도래인 마을에 포함돼서 살았을 가능성이 크지 않을까? 그리고 그런 사람들과 상관없이 도래인의 무덤양상을 명확하게 이야기하기에는 좀 힘들겠습니다.

권오영 : 예. 아까 잠깐 이야기가 나와서 그런데 발표요지 252페이지에 있는 이 후지사키유적, 이 유적을 시게후지 선생님은 도래인의 무덤으로 보기에는 아직 조건이 맞지 않다는 말씀을 하셨습니다. 그 다음에 미야자키 선생님도 역시 시토미야키타유적에서 이주민들과 관련된 무덤은 아직 확실치 않다고 말씀하셨는데, 이제 몇몇 한국 연구자들이 의문을 품고 있습니다. 그것은 횡혈식석실로만 찾으려고 하는 것이 아니냐, 예를 들어서 요즘 발굴이 되는 많은 자료가 특히 호서 지역에서 방형의 평면을 갖는

주구묘들이 많기 때문에 그런 것을 감안한다면 달라지지 않을까. 예를 들어 시토미
야키타유적 주변에는 시조나와테시의 많은 유적들이 있는데 그 중에 나라이유적이
있습니다. 유적을 보면 방형의 평면에 주구가 돌아가고 그 주구 안에서 말뼈가 나오
는데, 가운데는 아무것도 없습니다. 이것을 제사장으로 보고 있습니다. 그런데 요즘
와서 보면 한반도에서도 서남부쪽에서 이렇게 매장주체부는 이미 깎여버리고 주구
만 남아있는 분구묘가 많이 있기 때문에 혹시 그런 것들도 누가 좀 착안을 해서 살
펴본다면 그것이야말로 이주민들의 무덤이 아닐까 이렇게 볼 수 있는 기회가 올 것
같습니다. 그래서 이런 측면에서 토기로 넘어 갈 텐데요, 저 서현주 선생님께서 시
토미야키타 유물과 그 다음에 니시진마치 유물을 많이 보신 걸로 알고 있는데 오늘
이 자리를 통해 그 유물에 대한 감상을 말씀해 주시기 바랍니다.

서현주 : 많이 본 것은 아니고, 보고서가 나오면서 좀 더 다양하게 정리가 되어있기는 할 것
같은데요. 니시진마치 유물은 상대적으로 시토미야키타에 비해서 그 양이 그렇게
많지는 않았었는데, 아까 발굴자께서도 말씀하셨던 것처럼 한반도 어느 곳과 유물
을 관련시킬 것이냐는 문제에서 기종의 종류와 또 기종형태들을 관련시켜서 고창이
라던지 고창을 포함을 해서 전라남도 쪽까지 말씀을 하고 계신 것 같습니다. 그래서
좀 더 검토가 되기는 해야 되겠지만 어쨌든 저는 이중구연토기의 경우 평저이중구
연토기 나오는 데가 호서지역은 별로 없거든요. 그래서 그 평저이중구연토기가 남
해안쪽 이라든지 전남 동부지역도 얘기하셨지만 그쪽도 별로 많지 않은 상태였습니
다. 그래서 주로 서해안 쪽 고창부터 함평, 영광, 이 쪽 일대에 주로 평저이중구연토
기가 좀 집중되어 있어서 그 토기를 포함해서 나머지 토기들도 서해안이나 서남해
안 쪽에서 나오고 있어서 발표자께서 얘기하신대로 그 지역에 관련시킬 수 있지 않
을까라는 생각이 들어요. 그리고 시토미야키타 유물에 있어서도 박순발 선생님도
말씀하셨던 것처럼 여러 지역에 한국 여러 지역의 유물이 있지 않나라는 생각을 하
고 있습니다. 물론 영산강유역하고도 관련시킬 수 있는 유물은 있다고 생각을 하고
있고요, 그리고, 말과 관련되는 그런 집단, 내지는 일부에서 가게 되는 문제가 영산
강 유역과의 관계만으로 갈 수 있다고 생각하지는 않기 때문에 좀 더 한반도에서도
넓은 지역의 토기와 비교를 한꺼번에 해야 될 텐데, 그 중에 하나 기종종류로 말씀
을 드린다면 저는 한성백제 중앙의 토기보다 호서나 호남지역까지의 토기와 관련이
있지 않나라는 생각을 사실 그 토기의 종류를 보고 했었고요, 시루나 시루에 있는
문양이라든지, 문양도 또 격자무늬가 꽤 많이 사용이 되고 있거든요, 조족문도 있지
만, 시루의 전체적인 형태가 동이형에 가깝기보다는 발형에 가까우면서 대형화된

것들이 있고, 또 주구토기는 호서 북부부터 그 위쪽은 서해안을 빼고 나면 그렇게 많지 않은 것 같은데 그런 기종의 종류로 봤을 때도 호서나 호남지역과 관련되지 않을까라는 생각을 했었습니다. 아까 보니까 파배도 보이고 있었고 그런 기종의 종류에 있어서 그런 생각을 좀 가졌습니다.

권오영 : 조금만 더 해주시죠. 시간이 6분 남았습니다.

서현주 : 아! 예. 시토미야키타에 있었던 U자형토제품이 있었습니다. 오사카 쪽에는 그게 좀 보이고 있었는데 나라 쪽이랑, 오늘 얘기가 된 그 앞에 니시진마치유적 내지는 큐슈 쪽에서는 별로 보이지 않아서 어쨌든 오사카 쪽에서 그런 유적이 주목이 됐는데 그 유물하고 관련해서는 가장 비슷한 것이 현재까지 있는 곳은 호서지역에서도 최근에 좀 많이 나왔습니다. 그런 유물이 호서지역까지는 별로 없고요. 지금까지는 주로 광주쪽에 집중되고 있는데, 문제는 한국에서도 그 유물은 상대적으로 소수라고 하는 점입니다. 일본에서는 오히려 더 집중적으로 보이는 형식이, 한반도에서 좀 소수고 현재는 광주에 몇 점이 보이구요, 영광, 영암, 나주에 소수가 보이고 있어서, 어쨌든 그것이 영산강유역을 거쳐서 갔는지 아니면 영산강 유역에서도 그런 유적은 일본계 유물들이 좀 보이는 유적입니다. 그래서 그런 관계 속에서 유물들이 있게 됐는지 그럼 영산강유역에서 오히려 그 형태보다는 다른 형태가 더 집중되고 있는 모습이어서 어쨌든 그 관계가 있긴 하지만, 지금은 영산강유역하고만 관계가 있다 이렇게 말하기에는 좀 힘들지 않을까라는 생각입니다.

권오영 : 예. 알겠습니다. 정리하자면, 니시진마치 단계에는 주로 호남쪽 영향이 많이 보이고 시토미야키타에 가서는 호남 플러스 호서의 영향이 보인다는 말씀으로 정리할 수 있겠고요. 그럴 수밖에 없는 것이 말이 갈 때는 분명히 그 국가의 중앙과의 관계가 있을 것이기 때문에 백제나 아니면 일본이나 중앙을 빼놓고 얘기하기는 좀 쉽지 않을 것이라는 생각입니다. 김낙중 선생님도 무슨 하실 말씀이 분명히 있을 텐데요.

김낙중 : 일본에서 한 2년 살았는데 제가 처음에는 김치를 담으려고 했더니 일본 슈퍼에는 새우젓이 없었어요. 한반도에서 어떤 유물들이 옮겨질 때 그 현지에 맞게 선택되고 변형이 되는 과정이 있고, 또 그런 것을 온돌로 보겠습니다. 일본사람들이 한반도 온돌 좋아하지만 현지에 지금 온돌 거의 안 쓰이고 있습니다. 또 하나가 아까 생활하고 직접 관련된 자비 용구들 뭐 시루라든지 심발형토기 이런 것들은 많이 나오는데 이와 같이 나오는 것들 중에 특히 가야계통의 도질토기 이런 것들이 같이 나오곤 합니다. 그런데 그 유물들이 거기에 남게 하는 주도적인 위치를 한 사람들이 누구냐, 또 솔직히 말해서 일본에서 한반도계 토기를 어디 것이냐 하고 추정을 해달라고 하

면 답이 없습니다. 사실은 그래서 너무 복합적인 양상들이라 쉽게 단정하기는 어렵지만 전체적인 동향들은 한반도 서남부 쪽과 관련되어 있으니까 주목해서 볼 필요도 있겠다고 생각합니다.

권오영 : 네. 자 오늘 하실 말씀들 많으시겠지만 뒤에 따로 정리하고 제가 간단하게 정리를 하겠습니다. 오늘 발표에서 서로 한국 측하고 일본 측하고 그리고 한국 내에서도 세 군데의 권역, 일본에서도 두 군데 지역 해서 서로 비교해 보면서 야~ 비슷하구나. 아니다, 좀 다르구나. 이 정도를 느끼는 정도였고, 그러면서 그들의 고향이 어디냐 어디 유물과 비슷한지 좀 비교해보는, 사실 어떻게 보면 제일 낮은 수준의 토론입니다. 사실은 이번에 첫 번째 이런 모임이기 때문에 이 정도밖엔 안 되겠지만 나중에는 이러한 유물들이 어떤 과정에서 어떤 체계 속에서 이동이 되었고, 또 3세기, 4세기, 5세기에 한반도 서남부와 그리고 백제와 일본열도와의 교류가 어떤 모습을 갖는지, 이런 걸 그려야 되는데 사실 오늘은 거기까지는 좀 무리한 목표였고, 대개 이 정도로 해서 백제권역과 마한, 그리고 일본 규슈와 오사카지역과 어떤 공통점과 차이점을 갖고 있는지 서로 비교하여 본 정도로 만족하시길 바랍니다. 여기서 토론을 끝내도 되겠죠? 굳이 더 말씀하시겠다고 하시는 분은 절대 안 계실 것으로 알겠습니다. 여기서 끝내겠습니다.

류형균 : 두 시간이 좀 안 되는 일정으로 종합토론을 진행해주신 권오영 선생님과 발표자, 토론자, 통역하신 선생님들 고생하셨습니다.